Malaysia
mit Singapur und Brunei

Susanne Reichenberg

DUMONT RICHTIG REISEN

Inhalt

Malaysia – Palmenstrand und Regenwald

Reisen in Malaysia

West-Malaysia
Schmelztiegel der Völker

Sarawak
Im Land der Kopfjäger

Sabah
Land unter dem Wind

Brunei

Singapur

Tips & Adressen

Verzeichnis der Karten und Pläne

Malaysia Palmenstrand und Regenwald

Annäherung
How do you like Malaysia?

»How do you like Malaysia?« – »Wie gefällt Ihnen Malaysia?« – lautet die Frage, die Gastgeber in Malaysia als erste stellen, wenn sie es mit ausländischen Touristen zu tun haben. Und die kommen meist ein bißchen ins Schleudern. Wie die Malaysier selber. Denn trotz ihres allenthalben zur Schau gestellten Nationalstolzes sind sie sich nicht so ganz sicher, sonst würden sie nicht so häufig fragen.

Was soll man sagen über ein Land, von dessen hypermodernem Hauptstadtflughafen man zu einem Dschungelabenteuer mit den Nachfahren der Kopfjäger starten kann? Was ist das für ein Land, in dem ein hektischer chinesischer Geschäftsmann an der Börse mit zwei Handys gleichzeitig telefoniert und ein paar Ecken weiter Hühner auf der Straße laufen, alles im Schatten des höchsten Gebäudes der Welt?

Malaysia hat kein Image und ist kein Klischee, Malaysia ist nicht ein Reiseziel, sondern mindestens zehn. Den Touriswerbern bereitet das natürlich einige Schwierigkeiten, weil sie sich nicht entscheiden können, welche Zielgruppe nun angesprochen werden soll. Strandurlauber oder Regenwald-Trekker, Taucher oder Hobby-Ornithologen, Business-Traveller oder Schnäppchenjäger, Rucksacktouristen mit Abenteuerlust oder gesetzte Weltreisende in Spendierlaune.

Im Gegensatz zu den Nachbarstaaten Thailand und Indonesien, die alljährlich Millionen von Touristen aus Europa und Übersee beherbergen, ist Malaysia fast noch ein Geheimtip. Überlaufene Strände und Sehenswürdigkeiten, die man vor lauter Gedrängel kaum mehr sehen kann, gibt es hier (noch) nicht. Nightlife à la Phuket oder geschliffene Kulturprogramme wie auf Bali gibt es auch (noch) nicht.

Für die meisten Malaysia-Reisenden führt der Weg aus Europa zunächst nach Kuala Lumpur, manche werden auch in Singapur ankommen. In beiden Fällen ist die Landung im Fernen Osten vergleichsweise sanft, die Flughäfen sind modern, und in den meisten Städten gibt es alles, was das westliche Herz begehrt. Der Verkehr fließt (oder steht) auf mehrspurigen Straßen, die Hotels gehören zu internationalen Ketten, die Modemarken sind fast wie zu Hause und das große gelbe M des amerikanischen Fastfood-Filialisten leuchtet auch hier. In Kuala Lumpur fällt der Start in das Abenteuer Südostasien etwas leichter als im rundumsanierten Singapur. In der Hauptstadt von Malaysia können Chinesen noch ungehindert ihr geschäftiges Chaos anrichten und Chinatown in einen lebhaften Basar mit Entenfüßen und *copy watches* verwandeln. Mitten in Kuala Lumpur ruft der Muezzin fünfmal täglich zum Gebet, und sogar in der Metropole stehen die Räder still, wenn zum Freitagsgebet gerufen wird.

Die meisten Besucher zieht es nach den ersten Tagen in den ganzjährig heißschwülen Städten ans Meer. Die schönsten Strände von West-Malaysia liegen an der Ostküste der Halbinsel. Von Kuantan Richtung Norden bis zur thailändischen Grenze bei Kota Bahru erstrecken sich hier schier endlose goldene Sandstrände. Fischerdörfer wie Cherating und Marang haben sich inzwi-

Für Robinson-Ferien bestens geeignet – Pulau Rawa an der Ostküste von Malaysia

schen zu kleinen Touristenzentren entwickelt, die längst nicht mehr nur von Rucksackreisenden frequentiert werden. Inzwischen gibt es hier – noch in gebührendem Abstand voneinander – großzügige Hotelanlagen für Urlauber mit gehobenen Ansprüchen.

Die Strände um die Koralleninseln sind feinsandig und weiß, das Wasser ist türkisblau, klar und reich bevölkert von bunten Fischen – beste Bedingungen für Schnorchler und Taucher, mit einer Einschränkung allerdings: Von November bis Februar ist Regenzeit, in der zwar auch die Sonne scheint, aber heftige Regenstürme das Wetter bestimmen. Wer in diesen Monaten Sonne und Strand sucht, sollte nach Langkawi vor der Westküste fahren. Neben Langkawi findet man die besten Strände der Westküste auf den Inseln Penang und Pangkor, ansonsten ist die Küste an der Straße von Melaka mit Stränden nicht so reich gesegnet wie die Ostseite der Halbinsel.

Dafür kann man hier die reiche Geschichte des Landes erleben: Angefangen von Überresten aus der Zeit der großen Hindu-Reiche in Kedah über die ersten Zeugnisse des Islam in Melaka bis zu den Hinterlassenschaften der britischen Kolonialzeit in den Cameron Highlands und in Georgetown auf der Insel Penang. Die Westküste ist die wirtschaftlich am weitesten entwickelte Region von Malaysia, die seit Jahrhunderten Kaufleute und Einwanderer aus aller Herren Länder angezogen hat. Nirgendwo erlebt man das Vielvölkergemisch von Malaysia intensiver als in den Städten der Westküste.

Wer sich für die malaiische Kultur interessiert und ein traditionelles Schattenspiel oder eine Batikwerkstatt besuchen will, ist in Kota Bahru und Kuala Terengganu an der Ostküste besser aufgehoben. Dort stellen die Malaien die Bevölkerungsmehrheit.

Und in der Mitte, zurückgezogen im dschungelbedeckten Herzen der malai-

Die Flüsse in Sarawak sind Verkehrsweg und Badezimmer zugleich

ischen Halbinsel, leben noch die Ureinwohner dieses Einwandererlandes, die Orang Asli, malaiisch für ursprüngliche Menschen. Der Nationalpark Taman Negara in West-Malaysia bietet ihnen eine Rückzugsmöglichkeit und Reisenden die Gelegenheit, die Schönheit des primären tropischen Regenwaldes zu erleben. In keinem anderen Park ist die touristische Infrastruktur so gut entwickelt, was den Taman Negara zum meistbesuchten Nationalpark von Malaysia macht.

Abseits der bekannten Pfade liegt die Insel Borneo mit den malaysischen Lan-

Richtig Reisen *Tip*

Highlights einer Malaysia-Reise

- Rekorde in Kuala Lumpur: Das höchste Gebäude (452 m), der längste Fahnenmast (100 m), der vierthöchste Fernsehturm (421 m) und die abwechslungsreichste (weil halbjährlich wachsende) Skyline der Welt
- Historie in Melaka: Malaiische Holzpaläste, portugiesische Festungen, holländische Kirchen und chinesische *shop houses*
- *Tea time* in den Cameron Highlands: Sanft geschwungene Hügel, Teeplantagen und englische Landhäuser
- *East meets west* in Penang: Strahlend weiße viktorianische Kolonialgebäude und quirlige Straßen mit chinesischen Händlern
- Kunst in Kota Bahru: Schattenspiel und elegante Selbstverteidigung, Kreiselwettkämpfe und Drachenbau, Batik und Weberei
- Entspannen auf der Insel: Blauer Himmel, türkisblaues Wasser, weißer Sand und schattenspendende Kokospalmen auf den Inseln Perhentian, Lang Tengah, Redang, Kapas, Tioman, Rawa, Sibu ...
- Flußfahrten im Einbaum: Wanderungen unter dem Kronendach des Regenwalds und über Hängebrücken im Taman-Negara-, Kenong-Rimba- oder Endau-Rompin-Nationalpark
- Affentheater in Borneo: Nasenaffen in den Mangroven des Bako-Nationalparks und am Kinabatangan-Fluß, Orang-Utans in Matang bei Kuching und Sepilok in Sabah
- Leben im Langhaus: Im Herzen von Sarawak pflegen die Nachfahren der Kopfjäger ihren Lebensstil zwischen Moderne und Tradition, Pfefferanbau und Reisweinparties
- Höhen und Tiefen in Mulu: Ein Steinwald aus bizarren Kalksteinformationen, die größte Höhlenpassage der Welt und phantastische Tropfsteingebilde
- Klettern auf den Kinabalu: Südostasiens höchster Berg, abwechslungsreiche Vegetation, superbe Ausblicke und eine Urkunde über die erfolgreiche Besteigung
- Tauchen in Sipadan: schwimmen mit Schildkröten

desteilen Sarawak und Sabah. Statt Autobahnen und Wolkenkratzer gibt es hier Flüsse und Langhäuser. Sabah und Sarawak versprechen Abenteuer.

Die Landeshauptstadt von Sarawak ist die erste Überraschung: Mit der gepflegten Uferpromenade am Sarawak River, den kleinen Cafés und der exotischen Mischung von chinesischen Lebensmittelläden und Geschäften mit Stammeskunst der Dayak präsentiert sich Kuching als eine der angenehmsten Städte von Malaysia. Höhepunkt einer Reise in Sarawak ist der Besuch in einem Langhaus der Iban. Eine Reiswein-selige Nacht mit Tänzen und Musik auf der überdachten Veranda eines traditionellen Langhauses ist den

Wer den 4095 m hohen Gunung Kinabalu besteigt, wird mit einer Urkunde belohnt

Verzicht auf etwas Komfort in jedem Fall wert. Je nach Kondition kann man die Anreise als gemütlichen Boots-Trip oder anstrengendere Trekkingtour planen. Über die Hälfte der Landesfläche von Sarawak ist noch von tropischem Regenwald bedeckt, zehn Nationalparks bieten Unterkünfte und Trekkingrouten.

Am spektakulärsten ist wohl der Gunung-Mulu-Nationalpark. Nur wenige wissen, daß hier eines der größten Höhlensysteme der Erde verborgen liegt, dessen schönste Kammern auch ›normalen‹ Besuchern ohne Höhlenforscherambitionen offenstehen. Im Dschungel des Parks begegnet man Mitgliedern des Stammes der Penan, die teilweise noch als nomadische Jäger und Sammler umherziehen.

Obgleich man auch hier auf komfortable Hotels nicht verzichten muß – es gibt sogar einige mit Swimmingpool mitten im Dschungel – ist etwas Unternehmungsgeist gefragt, will man zu entlegenen Langhäusern oder Naturparks vordringen. Und – wie könnte es in Malaysia anders sein – entsprechend Ausgerüstete können die Reise in die Vergangenheit via Internet planen.

Tierfreunde kommen vor allem in Sabah auf ihre Kosten: In Sepilok befindet sich eines der weltweit vier Rehabilitationszentren für Orang-Utans, vor der Küste von Sandakan legen riesige Meeresschildkröten ihre Eier ab, in den Mangrovensümpfen des Kinabatangan-Flusses kann man die bizarren Nasenaffen bestaunen, im Regenwald des Danum Valley leben noch wilde Elefantenherden, und beim Tauchen um die Insel Sipadan begegnet man kleinen Haien und anderen großen Fischen. Wer hoch hinaus will, kann den Gunung Kinabalu, den mit 4095 m höchsten Berg Südostasiens, bezwingen.

Bei aller Vielfalt und allen Gegensätzen, die man in Malaysia findet, eines ist überall gleich: Die sprichwörtliche malaysische Gastfreundschaft. Man erfährt

sie in den einfachen Hütten der Einheimischen, die ganz selbstverständlich das fetteste Huhn für Gäste opfern, und man spürt sie in den Fünf-Sterne-Hotels, wenn auf der Rechnung »No tip, please« – »Kein Trinkgeld, bitte« – steht. Denn Gastfreundschaft kann man mit Geld nicht kaufen, Gastfreundschaft ist selbstverständlich – eine Erfahrung, die nach einer Reise in Malaysia die Beantwortung der vielgestellten Frage ziemlich leicht macht.

Landeskunde im Schnelldurchgang Malaysia

Name: Persekutuan Tanah Malaysia (Föderation Malaysia); Hauptstadt: Kuala Lumpur (schlammige Flußmündung); Größe: Mit 328 450 km^2 etwas kleiner als die Bundesrepublik Deutschland, davon entfallen 129 700 km^2 auf West-Malaysia, 123 520 km^2 auf Sarawak und 75 230 km^2 auf Sabah.

Einwohner: 21,8 Mio., 17,5 Mio. in West-Malaysia, 2 Mio. in Sarawak und 2,2 Mio. in Sabah; Bevölkerungsgruppen: 59 % Malaien und andere *bumiputra* (eingeborene Volksgruppen), 26 % Chinesen, 8 % Inder, andere 7 %, Bevölkerungswachstum: 2,0 %, 35,2 % der Bevölkerung sind unter 14, 6,1 % über 60 Jahre alt, Lebenserwartung: 71 Jahre.

Landessprache: Malaiisch ist Amtssprache, Englisch wird nahezu überall verstanden und gesprochen, außerdem verschiedene chinesische Dialekte und Tamil

Religion: Staatsreligion Islam (mehr als 50 % der Bevölkerung), Buddhismus (30 %), Hinduismus (7 %), Christentum (6 %), der Rest entfällt auf andere Glaubensrichtungen und Naturreligionen.

Zeitzone: MEZ plus sieben Stunden, während der Sommerzeit plus sechs Stunden

Klima und Reisezeit: Malaysia liegt knapp über dem Äquator, in allen Landesteilen herrscht tropisches Klima mit Tagestemperaturen zwischen 24 und 33° Celsius und einer Luftfeuchtigkeit zwischen 70 und 98 %. Im Hochland werden die Temperaturen kühler, auf 1500 m Höhe sind es maximal 27° Celsius, nachts nur bis 10 bis 15 Grad. Die durchschnittliche jährliche Regenmenge beträgt 2540 mm, im Hochland ist es fast doppelt soviel. Die Halbinsel Malaysia liegt von Oktober/November bis Januar/Februar im Einfluß des regenreichen Nordost-Monsuns. Der trockene Südwest-Monsun streift die Halbinsel von Mai bis September. In der Zeit zwischen den beiden Monsunen, meist im März und April, wechseln heiße und trockene Perioden mit gelegentlichen Gewitterstürmen ab. Sabah und Sarawak haben weniger ausgeprägte Regenzeiten, hier fällt fast überall mehr Niederschlag als auf der Halbinsel: durchschnittlich 3000 mm, oft bis zu 5000 mm pro Jahr. Die feuchtesten Monate sind auch hier Dezember und Januar, die trockensten Juli und August.

Geographie: Malaysia besteht aus zwei Landesteilen, die durch das Südchinesische Meer voneinander getrennt sind. Die **Halbinsel Malaysia** wird von einer langen, relativ schmalen Gebirgskette, der Main Range oder Banjaran Titiwangsa, durchzogen.

Höchste Erhebung mit 2187 m ist der Gunung Tahan, der längste Fluß ist der Pahang mit 475 km. Die Hügel gehen zu beiden Seiten in ein fruchtbares Schwemmland über. Im Westen beherrschen große Mangrovensümpfe die Küstenlandschaft, an der Ostküste der Halbinsel ziehen sich kilometerlange Sandstrände hin, denen zahlreiche Koralleninseln vorgelagert sind.

Sarawak liegt im nordwestlichen Teil von Borneo. Die Landschaft geht von flachen Küstengebieten mit riesigen Flußdeltas in hügelige Gebiete über, die von tropischem Regenwald bedeckt sind. Sarawaks höchster Gipfel ist der Gunung Murud (2425 m), gefolgt vom Gunung Mulu (2371 m), der eines der größten natürlichen Höhlensysteme der Welt birgt.

Sabah nimmt den nordöstlichen Teil von Borneo ein. Das Binnenland wird durch die Crocker Range, einen 400 bis 1900 m hohen Gebirgszug, von der nordwestlichen Küste isoliert. Mit 4095 m ist der Gunung Kinabalu der höchste Berg in Südostasien. Malaysia ist noch zu über 50 % mit tropischem Regenwald bedeckt.

Geschichte: Spuren erster Besiedlung vor etwa 35 000 Jahren fanden Archäologen bei Ausgrabungen in der Niah-Höhle in Sarawak. Die ersten malaiischen Stämme kamen um 100 v. Chr. aus Kontinental-Asien auf die Halbinsel. Bis kurz nach der ersten Jahrtausendwende stand die malaiische Halbinsel unter dem Einfluß eines mächtigen Hindu-Königreiches. Arabische Händler machten im 14. Jh. den Islam bekannt. Die Portugiesen waren 1511 die erste westliche Kolonialmacht, ihnen folgten Holländer und Briten, die den größten Einfluß ausübten. Seit dem späten 18. Jh. waren sie durch die Handelsgesellschaft East India Company aktiv, 1914 umfaßte die Kronkolonie British Malaya die gesamte Halbinsel Malaya. Sarawak wurde seit 1841 von den Weißen Rajas, der englischen Familie Brooke, regiert, Sabah gehörte seit 1881 zur British North Borneo Company.

Die einst als Kopfjäger gefürchteten Iban pflegen heute weniger kriegerische Traditionen

In den 20er Jahren des 20. Jh. begann sich eine nationalistische und antikoloniale Bewegung zu bilden, die durch die japanische Besatzung während des Zweiten Weltkriegs verstärkt wurde. Nach dem Krieg bildeten sich politische Parteien, und am 31. 8. 1957 wurde die Federation of Malaya eine autonome Nation im britischen Commonwealth. Singapur wurde 1959 unabhängig. 1963 stießen Singapur, Sarawak und Sabah zur neuen Föderation, die fortan Malaysia hieß. Singapur zog sich 1965 wieder zurück, um eine unabhängige Republik zu werden.

Im Mai 1969 kam es zu Rassenunruhen zwischen Malaien und Chinesen, in deren Folge die Regierung ein Programm zum sozialen Ausgleich und zum wirtschaftlichen Aufschwung initiierte. Die 80er Jahre brachten weiteren wirtschaftlichen Aufschwung und ein neues Programm, die »Vision 2020«, derzufolge Malaysia bis zum Jahre 2020 ein vollständig entwickeltes Land werden soll.

Staat und Politik: Malaysia ist ein föderativer Staat mit einer konstitutionellen Monarchie. 13 Bundesstaaten und zwei Bundesterritorien (darunter die Hauptstadt Kuala Lumpur) bilden das Bündnis. Die Mehrheit der Staaten liegt auf der Halbinsel (Johor, Negri Sembilan, Melaka, Selangor, Perak, Kedah, Perlis, Kelantan, Terengganu und Pahang); Sabah und Sarawak sowie das Bundesterritorium Labuan auf der Insel Borneo. Neun der 13 Bundesstaaten sind Sultanate, die Sultane oder Rajas herrschen in einer Erbmonarchie. Alle fünf Jahre wählen sie aus ihren Reihen ein Staatsoberhaupt, das als König oder *Yang-di-Pertuan Agong* für ganz Malaysia eingesetzt wird.

Das Parlament Malaysias ähnelt dem britischen: Es setzt sich aus einem Unterhaus *(dewan rakyat)* und einem Oberhaus *(dewan negara)* zusammen. Für das Unterhaus werden alle fünf Jahre in demokratischen Wahlen 177 Volksvertreter gewählt. Von den 69 Mitgliedern des Oberhauses werden 26 gewählt und 43 vom König bestimmt.

Die größten politischen Parteien des Landes entsprechen den drei großen Bevölkerungsgruppen: Die stärkste Partei ist seit der Unabhängigkeit die *United Malays National Organization* (UMNO), zusammen mit der *Malayan Chinese Association* (MCA) und dem *Malayan Indian Congress* (MIC) bildet die UMNO ein Regierungsbündnis, die *Barisan Nasional* (Nationale Front). Die UMNO stellt traditionell den Premierminister, seit 1981 Mohamad Mahathir. Die wichtigsten Oppositionsparteien heißen *Democratic Action Party* (DAP), *Parti Rakyat Malaysia* (PRM), *Parti Islam Se-Malaysia* (PAS) und *Gerakan Rakyat Malaysia.*

Wirtschaft: Malaysia gehört zu den weltweit größten Exporteuren von Kautschuk, Zinn, Palmöl und Holz. Außerdem besitzt es große Erdöl- und Gasvorkommen. Rohstoffe machen über 50 % des Exports aus, die Ausfuhr industrieller Erzeugnisse, vor allem auch elektronischer Bauteile, 36 %.

In den 80er und 90er Jahren des 20. Jh. lag das jährliche Wirtschaftswachstum zwischen 7 und 8 %, seit Beginn der Asienkrise 1997 ist es deutlich zurückgegangen und im ersten Halbjahr 1998 gar in eine Rezession umgeschlagen.

Handel und Tourismus leisten mit einem Anteil von 11 % am Bruttosozialprodukt einen erheblichen Beitrag zur Wirtschaft des Landes. Der Tourismus verbucht seit Jahren gute Zuwachsraten, von mallorquinischen Zuständen sind Malaysias Strände jedoch noch weit entfernt. Die Zahl der deutschsprachigen Besucher ist im Jahr 2000 zum erstenmal über die 100 000er Marke gestiegen.

Eine Halbinsel und eine halbe Insel
Geographie und Klima

Malaysia besteht aus zwei großen Landesteilen: Dem südlichen Abschnitt der malaiischen Halbinsel, auch West-Malaysia oder *Peninsula Malaysia* genannt, und dem nördlichen Teil der Insel Borneo mit den Bundesstaaten Sabah und Sarawak. Da beide Gebiete kürzestenfalls 650 km Luftlinie über das Südchinesische Meer trennen, bringt es Malaysia auf sehr stattliche Ausmaße. Von West nach Ost erstreckt es sich über 2200 km. Das Staatsgebiet liegt knapp über dem Äquator in der tropischen Klimazone. Mit einer ganzjährigen Durchschnittstemperatur von 30° Celsius, einer hohen Luftfeuchtigkeit und einer üppigen Vegetation ist Malaysia ein Tropenland wie aus dem Bilderbuch. Im Gegensatz zu den Nachbarn Indonesien oder den Philippinen erlebt Malaysia nur sehr selten schwache Erdbeben, es gibt keine aktiven Vulkane, und auch die tropischen Stürme verlieren viel von ihrer zerstörerischen Kraft, bevor sie die Küsten von Malaysia erreichen.

Ein Paradies? Nicht ganz, denn auch hier schreitet die Industriegesellschaft voran und gefährdet Erde, Wasser und vor allem den einmaligen Regenwald. Die Holzindustrie ist ein wichtiges Standbein der malaysischen Wirtschaft, Kautschuk- und Ölpalmenplantagen versprechen schnelleren Profit als nachhaltig bewirtschaftete Regenwälder.

West-Malaysia

Die malaiische Halbinsel erstreckt sich von Kontinental-Asien über 1500 km südwärts in den indonesischen Archipel hinein. An der schmalsten Stelle, am Isthmus von Krab in Thailand, ist sie nur etwa 50 km breit, die breiteste Stelle liegt etwa auf der Höhe der Stadt Ipoh, hier trennen West- und Ostküste gut 300 km Luftlinie. Die nördliche Hälfte der Halbinsel wird von Thailand eingenommen, die 800 km von der thailändischen Grenze bis nach Singapur am Südzipfel sind malaysisches Territorium.

Eine nord-südlich verlaufende Bergkette formt das Rückgrat West-Malaysias. Die Main Range – oder malaiisch Banjaran Titiwangsa – besteht aus Granitgestein, dessen Sedimentdecke durch millionenjahrelange Verwitterung größtenteils abgetragen ist. Mehrere Gipfel der Main Range erreichen Höhen um 1800 m, der höchste Berg ist der Tahan im Taman-Negara-Nationalpark mit 2187 m. An einigen Orten, etwa auf Langkawi und in der Gegend um Ipoh, findet man schroffe Kalksteinhügel, die wie riesige Finger aus der Landschaft ragen und an die charakteristischen Motive der chinesischen Landschaftsmalerei erinnern.

Die Erosion der Hügellandschaft hat über Jahrtausende ein fruchtbares Schwemmland geschaffen. Entlang der Westküste eignet sich die von Mangrovenwäldern geschützte Ebene hervorragend für die Landwirtschaft. In den Bundesstaaten Kedah und Perlis wird Naßreis angebaut, weiter südlich Richtung Johor herrschen Kautschuk- und Ölpalmenplantagen vor.

Nicht nur die landwirtschaftliche Nutzbarkeit macht die Westküste zur wirtschaftlich bedeutendsten Region in Malaysia: Hier gibt es auch die ergiebigsten Zinnerzlagerstätten der Welt. Dank der leichten Zugänglichkeit und der hohen Qualität des im *Western Tin Belt* geförderten Zinns ist Malaysia der weltweit bedeutendste Zinnexporteur.

An der Ostküste liegen zwar auch kleinere Zinnfelder, doch wird hier seit einigen Jahren überwiegend Erdöl gefördert. In Küstenentfernungen von fast 250 km lagern ausgedehnte Öl- und Gasreserven, auch hier handelt es sich um Spitzenqualitäten, die wegen ihrer Schwefelarmut denen des Nahen Ostens überlegen sind.

Ost-Malaysia

Die beiden ost-malaysischen Bundesstaaten Sabah und Sarawak liegen auf Borneo, der drittgrößten Insel der Welt. Während der letzten Eiszeit, als der Meeresspiegel deutlich unter dem heutigen Niveau lag, war Borneos Landmasse mit Java, Sumatra und der malaiischen Halbinsel verbunden. Erst vor 12 000 Jahren, als die Eiskappen endgültig schmolzen, wurde die Insel Borneo isoliert.

Geologisch ist die Insel vergleichsweise »jünger« als West-Malaysia: Erst vor ungefähr 15 Mio. Jahren erhob sich Borneo aus dem Meer. Die Granitfelsen des Kinabalu auf Sabah haben sich wohl erst vor 2 Mio. Jahren in Bewegung gesetzt – und wachsen immer noch alljährlich um einige Millimeter.

Bizarre Kalksteinfelsen setzen häufig dramatische landschaftliche Akzente, das spektakulärste Beispiel sind die Pinnacles im Gunung-Mulu-Nationalpark in Nord-Sarawak: Ein Steinwald aus mehreren Hundert scharfkantigen, bis zu 50 m hohen Stelen, geformt durch Regen und Sonne, ragt aus den niedrigen Bäumen des Bergregenwalds heraus. Die Kraft des Wassers war es auch, die in diesen Kalksteingebirgen die Ausformung von Höhlen vorantrieb. Die Mulu-Höhlen, die noch längst nicht vollständig erforscht sind, gelten als eines der ausgedehntesten Höhlensysteme der Welt.

Sarawak ist im Süden durch eine mancherorts über 2000 m hohe Gebirgskette von Kalimantan, dem indonesischen Teil Borneos, getrennt. Im hügeligen Hinterland entspringen zahlreiche Flüsse, die große Mengen an Schwemmstoffen mit sich tragen und sich in das Südchinesische Meer ergießen. Die etwa 700 km lange Küstenlinie von Sarawak ist größtenteils von dichten Mangrovenwäldern gesäumt, dahinter liegt fruchtbares Schwemmland.

Die Küstenlinie von Sabah ist durch stärkere Zergliederung fast doppelt so lang, zahlreiche Buchten bieten hier die besten natürlichen Häfen auf Borneo. Der Erdölreichtum dieser Region ist schon fast sprichwörtlich: Vor der Küste von Sarawak, Sabah und Brunei gibt es Öl- und Gasvorkommen, die zu den größten der Welt zählen.

Klima

Malaysia liegt nur knapp über dem Äquator – überall herrscht tropisches Klima mit hohen Temperaturen und reichlich Niederschlägen. So dicht am Äquator gibt es kaum Schwankungen in der Tagesdauer: Es ist immer 12 Stunden hell. Es gibt auch keine Jahreszeiten, die Temperaturen sind das ganze Jahr über gleich, meist um die 30° Celsius, im Hochland etwas kühler. In den Bergen kann es in 1500 m Höhe nachts auf 15, manchmal sogar 10° Celsius abkühlen. Null Grad mißt man allerdings nur auf dem Gipfel des Kinabalu in Sabah. Die Luftfeuchtigkeit ist ebenfalls konstant hoch: Zwischen 70 und 98 %. Die durchschnittliche jährliche Regenmenge beträgt 2540 mm, im Hochland oft über 5000 mm.

Attraktion des Gunung-Mulu-Nationalparks in Nord-Sarawak sind bizarre Kalksteinformationen, die sogenannten Pinnacles

Immerhin fallen die meisten Niederschläge während der Regenzeit: Die Halbinsel Malaysia liegt von November bis Januar/Februar im Einflußbereich des regenreichen Nordost-Monsuns. Dann kommt es vor allem an der Ostküste zu regelrechten Regenstürmen, manchmal auch zu Überschwemmungen. Die See ist rauh und die Schiffspassage zu den Inseln oft unmöglich. Im Landesinnern spürt man den Monsun auch, Dschungeltrekken wird dann ein schlammiges Vergnügen, die lästigen, wenngleich harmlosen Blutegel mögen die Feuchtigkeit hingegen sehr und sind in der Regenzeit besonders aktiv.

Angenehmeres Reisewetter bringt der trockene Südwest-Monsun, der Malaysia von April bis September/Oktober streift. In dieser Zeit fallen in allen Landesteilen die geringsten Niederschläge. Zwischen den beiden Monsunen, meist im März und Oktober, wechseln heiße und trockene Perioden mit gelegentlichen Gewitterstürmen ab.

Grundsätzlich ist der Himmel über Malaysia immer in Bewegung: Innerhalb einer Stunde können sich dunkle Gewitterwolken bilden, die sich kurz und heftig abregnen und dann wieder die Sonne vom strahlendblauen Himmel herabscheinen lassen.

Leben im Jurassic Park
Tier- und Pflanzenwelt

Ohne größere Unterbrechungen durch Eiszeiten oder Vulkanausbrüche konnte sich in Malaysia das Ökosystem Regenwald über Millionen Jahre entfalten – die malaysischen Regenwälder gelten als die ältesten der Welt. Ihr Artenreichtum ist eindrucksvoll, Wissenschaftler zählten mehr als 8000 Arten blühender Pflanzen, über 200 Baumarten, 200 Säugetierarten, mehr als 600 Arten von Vögeln, an die 100 verschiedene Echsenarten, ungezählte (weil weit über 100 000) Insektenarten und 130 Spezies an Schlangen.

Bei einer Bestandsaufnahme wurde 1995 ermittelt, daß 44 % der Landfläche der Halbinsel Malaysia mit tropischem Regenwald bedeckt sind, in Sabah machen Tropenwälder noch knapp 60 % der Fläche aus, in Sarawak fast 70 %. Da die häufigsten Nutzpflanzen des Landes auch Bäume sind – Ölpalmen und Kautschukbäume –, sind selbst die landwirtschaftlich genutzten Gebiete oft Wälder. Die Zahlen sagen freilich nichts über Naturschutzbemühungen aus, so stehen nur knapp 6 % der Halbinsel Malaysia unter Schutz.

Flora

An den Küsten wachsen Mangrovenwälder, Lebensraum für viele Wasservögel und Krustentiere und zugleich wichtiger Schutz der Küsten vor Meereserosion. In Küstennähe findet man oft auch *kerangas,* sumpfige Strauchwälder, auf deren nährstoffarmen Böden höhere Bäume nicht wachsen können. In den Bergen begrenzen heftige Fallwinde das Wachstum der Bäume. Unter den lichten Kronendächern der Bergregenwälder gedeihen reichlich Farne, sogar bis zu 3 m hohe Baumfarne. Die geduckten Bäume der Nebelwälder in Höhen ab 2000 m bieten mit ihren wie Zotteln von den Ästen hängenden Moosen und Flechten eine Märchenwaldkulisse.

Der Inbegriff des tropischen Regenwalds, der Dipterocarpus-Wald mit steil-aufragenden Baumriesen, dichten und relativ lichtundurchlässigen Baumkronen, Lianen und Schmarotzern wächst in den mittleren Höhenlagen bis 1300 m.

Dem Klischee vom undurchdringlichen Dschungel entspricht der Regenwald in Malaysia jedoch selten. Überraschenderweise ist gerade der unberührte Regenwald oder Primärwald bis auf ein paar wirre Luftwurzeln und Lianen erstaunlich durchsichtig. Für dichtes Strauchwerk fehlt das Sonnenlicht, das die Baumriesen mit ihrem dichten Blätterdach abschirmen. Die Höhe der Bäume beträgt meist 30 bis 45 m, manche Baumarten erreichen sogar 70 bis 80 m und ragen wie übergroße Brokkoli aus dem Blättermeer heraus. Dieses Streben in lichte Höhen ist typisch für den Tropenwald, bei genauerem Hinsehen erkennt man die vertikale Staffelung in mehrere ›Etagen‹.

Im obersten Stockwerk, in den Baumkronen, gibt es genügend Licht für eine intensive Photosynthese, die Grundvoraussetzung für die Bildung von Blättern, Blüten und Früchten. Dadurch angelockt, leben im Blätterdach des Regenwalds auffallend viele Tiere, auch größere Säugetiere wie Affen, besonders aber Insekten und Vögel. In den Astver-

Naturschutz und Romantik
Holzbarone gegen Kopfjäger

Waldsterben ist eines der wenigen deutschen Wörter – neben Kindergarten, Angst und Sauerkraut – das Eingang in den englischen Sprachschatz gefunden hat. Organisationen wie Greenpeace und Robin Wood machten mit spektakulären Aktionen auf Schäden und Verursacher aufmerksam, und Sticker wie »Rettet die Bäume« klebten bald an vielen Autos und Fahrrädern. Dann richtete sich die Aufmerksamkeit der Umweltschützer auf den Tropenwald. In den Tropen wird mehr gerodet, als nachwachsen kann. Der größte Verlust an Waldfläche ist in Südostasien zu verzeichnen, jährlich 1,6 % der Wälder des jeweiligen Landes.

Aus malaysischen Regenwäldern kamen 1995 ungefähr 18 Mio. m^3 Holz, davon allein 7,9 Mio. aus Sarawak; schätzungsweise 250 000 Arbeitsplätze hängen in Malaysia direkt oder indirekt von der Holzwirtschaft ab. Der Nutzholzanteil ist dort sehr hoch, mehr als 80 % aller Baumarten lassen sich industriell verwerten, zugleich werden große Flächen in Ölpalmen- und Kautschukplantagen umgewandelt oder gar für Infrastrukturprojekte vollständig gerodet.

In den 80er Jahren machte Malaysia Schlagzeilen, als die Ureinwohner in Sarawak sich mit Hilfe des Schweizer Umweltschützers Bruno Manser gegen die Holzindustrie wehrten. Mit Blasrohren und Äxten, bekleidet nur mit Lendenschurz, stellten sie sich gegen die Bulldozer; die symbolkräftigen Fotos dieser Aktion gingen durch die internationale Presse. Die Behörden reagierten zwar unmittelbar mit Verhaftungen, aber völlig wirkungslos waren die Proteste wohl nicht, jedenfalls fühlt man sich seitdem beobachtet.

Besonders in dem aufstrebenden Schwellenland Malaysia reagiert man empfindlich auf ›allwissende‹ Naturschützer aus dem Westen. Hinter aller Polemik steckt ein Körnchen Wahrheit: In Europa wurden die Wälder schon vor 200 Jahren großflächig gerodet, um Platz für landwirtschaftliche Anbauflächen und der Industrialisierung ›Dampf‹ zu machen. Länder wie Malaysia durchlaufen heute diese Phase der gesellschaftlichen und industriellen Entwicklung. Auf den gerodeten Flächen werden wichtige Exportprodukte wie Ölpalmen, Kautschukbäume, Pfefferpflanzen und Kakaosträucher angepflanzt. Der intensive Raubbau am Regenwald wird sich wahrscheinlich dann verlangsamen, wenn die Länder statt mit Rohstoffen mit industriellen Erzeugnissen auf dem Weltmarkt konkurrenzfähig werden.

Landwirtschaftliche Nutzung und die Anlage von Plantagenwäldern lassen den abgeholzten Tropenwald nicht als kahl geschlagene Rodungsfläche zurück, sondern als lebendigen Sekundärregenwald. Neuere wissenschaftliche Erkenntnisse haben erbracht, daß der Artenreichtum tropischer Sekundärregenwälder immer noch erstaunlich hoch ist und daß selbst Holzplantagen ein variantenreiches Ökosystem sind. Daher ist es umweltpolitisch fragwürdig, nur primäre Regenwälder als wertvoll zu betrachten und nicht zum Erhalt vermeintlich ›minderwertiger‹ Rest- oder Sekundärwälder zu ermutigen.

Internationale Aufrufe zum Boykott und Einfuhrbeschränkungen für Tropenholz treffen angesichts hoher und dringend für die wirtschaftliche Entwicklung benötigter Profite auf taube Ohren. Die Boykottaufrufe in Europa führten zu einem starken Preisverfall, den Malaysia durch radikaleren Einschlag und die Konzentration auf den von ökologischen Bedenken kaum tangierten japanischen Markt wieder aufgefangen hat. Der Preisverfall verleitet außerdem zur Annahme, daß die Regenwälder keinen wirtschaftlichen Wert haben und man sie besser abholzt, um sie in Plantagen zu verwandeln. Ein Preisanstieg für Tropenholz würde auch schonendere, aber teurere Methoden der Holzgewinnung ermöglichen.

Dies gesagt, muß der Erhalt der Urwälder und der Schutz von möglichst großen zusammenhängenden Gebieten das oberste Gebot bleiben, denn neben dem ökonomischen Wert hat der Wald vor allem einen ökologischen. Der Wasserhaushalt in Malaysia ist bereits ordentlich durcheinandergebracht, selbst kleinere zerstörte Areale, wie die Holzfällerstraßen, tragen zur Erosion bei und führen dazu, daß die Flüsse – immer noch Trinkwasserquelle für viele Menschen – verschlammen.

Die steigende Popularität des »Ökotourismus« zwingt mittlerweile die Behörden in Malaysia zum Umdenken. Schließlich ist der Tourismus eine unverzichtbare Einnahmequelle. Zwar ist eine ›grüne‹ politische Bewegung in Malaysia momentan noch undenkbar, aber als zahlende Touristen, die das Ökosystem Regenwald erleben wollen, sind Umweltfreunde gern im Land gesehen.

zweigungen der Baumkronen verankern sich zahlreiche Schmarotzerpflanzen, Farne und Orchideen. Würgefeigen, deren Samen Vögel in den Ästen der Baumkronen ausscheiden, lassen von oben ihre Luftwurzeln zu Boden wachsen. Diese zunächst noch zarten, beweglichen Lianen umschließen im Laufe der Zeit ihren Wirtsbaum, werden stabiler und bilden bald eigene Äste und Zweige aus, die wieder in die Höhe wachsen. Nach etwa sechs Jahrzehnten sind sie so stark, daß sie den Wirtsbaum regelrecht erwürgen und absterben lassen.

Je nach Lichtverhältnissen ranken sich eine Fülle von Epiphyten, etwa Philodendren, Baum- und Geweihfarne an den Baumstämmen empor. Sie bilden wiederum Lebensraum für allerlei Fluggetier wie insektenfressende Vögel und Fledermäuse sowie kleine Säugetiere.

Wenn sich durch umgefallene Bäume eine Lichtung gebildet hat, wachsen darin Farne, Ingwergewächse, Palmen und zahllose Baumkeimlinge zu einem dichten Gewirr, das nur mit einem Buschmesser zu durchdringen ist.

Angesichts dieser grünen Pracht erscheint es fast widersinnig, daß die meisten Regenwaldböden extrem nährstoffarm sind. Unter einer dünnen Humusschicht ist der Boden meist sandig und steinig. Die Baumwurzeln dringen deshalb auch weniger in die Tiefe vor, sondern finden die notwendige Stabilität, indem sie sich als Brettwurzeln horizontal in den oberen Bodenschichten verankern.

Die Lebewesen im dämmrigen Boden des Regenwalds sind vom Licht mehr oder weniger unabhängig und ernähren sich von dem, was von oben runterfällt: Tausendfüßler, Larven, Milben und Pilze sind relativ anspruchslos, aber für den Nährstoffkreislauf des Regenwalds von großer Bedeutung. Sie zersetzen die abgestorbenen Pflanzenteile und machen die Nährstoffe wieder verwertbar.

Fauna

Auch die Tiere im Regenwald können dem Dschungelbuch-Klischee nicht so ganz entsprechen: Eher selten hängen Schlangen mit hypnotisierendem Blick in den Bäumen, auch trompetende Elefantenherden sind rar, und die etwa 500 noch lebenden Tiger flüchten eher vor Menschen, als daß sie sie mit wildem Brüllen verjagen. Eine Begegnung mit Blutegeln und Insektenscharen ist schon wahrscheinlicher. Die meisten Tiere wird man ohnehin eher hören als sehen.

Riesige bunte Schmetterlinge schwirren durch die Luft. Ein besonders schöner, der schwarzgrüne Raja-Brooke-Schmetterling, ist ein nationales Sym-

Der Nashornvogel verdankt seinen Namen dem charakteristischen Schnabel

bol. Tausende Zikaden sorgen für ein gleichbleibendes Summen, in das besonders am frühen Morgen Vögel einstimmen.

Leuchtend blaue Eisvögel sieht man häufig an Flußufern, gern fliegen sie Booten eine Zeitlang voraus. Der bizarrste Vertreter ist wohl der Nashornvogel, ein etwa hühnergroßer, schwarzgefiederter Bewohner der Küsten- und Tieflandregenwälder. Seinem charakteristischen gelb-orangen Schnabel mit einem mehr oder minder stark ausgebildeten Horn verdankt er seinen Namen.

Geckos, Frösche (auch fliegende), Schildkröten und bis zu 1 m lange Warane bevölkern beide Landesteile, in Sarawak leben auch ziemlich große Leistenkrokodile. Von den 130 Schlangenarten sind 10 % giftig, Bisse von fünf Schlangenarten, darunter jener der Königskobra, können tödlich enden. Als wäre das nicht genug, wartet Malaysia auch noch mit der größten Schlangenart auf: Die Netz-Python kann bis zu 10 m lang werden.

Die Raubtiere unter den Säugetieren sind nahezu alle vom Aussterben bedroht. Vor allem Tiger werden von Wilderern gejagt, weil einige ihrer Organe für die chinesische Medizin unverzichtbar scheinen. Unter den Raubtieren sind auch menschenfreundlichere Vertreter zu finden. Der selten gewordene Malaienbär kann zwar Rinder anfallen, interessiert sich aber meistens nur für pflanzliche Nahrung.

Nashörner kommen in Ost-Malaysia kaum mehr vor und sind auch auf der Halbinsel nur noch an wenigen Orten, wie im Endau-Rompin-Nationalpark, anzutreffen. Zurückgezogen in den Wäldern Zentral-Malaysias und im Osten von Sabah leben noch einige Elefantenherden, die sich zuweilen bei den Dorfbewohnern unbeliebt machen, wenn sie die Felder niedertrampeln. Im Danum Valley und am Kinabatangan-Fluß in Sabah sind die Chancen, wildlebende Elefanten zu sehen, am größten. Mit etwas Glück kann man auf der Halbinsel auch noch einen der lustig aussehenden Tapire sehen. Im nächtlichen Wald kann man häufig Wildschweine, Rehe und *kancil,* winzige Zwerghirsche, beobachten.

Die Publikumslieblinge in Malaysia sind Affen. Freche Makaken leben nicht nur im Wald, sondern auch in urbanen Touristenzentren, wo ganze Horden regelmäßig gefüttert werden und sich mitunter zu einer echten Plage entwickeln können. Gibbons machen in den Baumwipfeln des Regenwalds mit ihrem typischen *Whoop whoop*-Rufen oft so viel Lärm, daß man sie mit geschultem Blick schnell sieht. Etwas scheuer sind die grotesk aussehenden Nasenaffen, die ausschließlich in den Mangrovenwäldern Borneos leben. Wegen ihrer dicken Schmerbäuche und der langen Nase werden sie von der einheimischen Bevölkerung auch *orang belanda* (holländische Menschen) genannt.

Orang-Utan ist auch ein malaiisches Wort und bedeutet Waldmensch. Die zottelig rotbehaarten Tiere, die einzigen Menschenaffen in Malaysia, leben wild nur noch in den Regenwäldern auf Sumatra und Borneo. Orang-Utans sind extrem scheu. Als Einzelgänger durchstreifen sie relativ große Gebiete, und oft ist das einzige Zeichen ihrer Existenz eines ihrer Schlafnester, das sie sich täglich neu aus Ästen und Zweigen hoch oben in den Baumwipfeln bauen. Die Tatsache, daß sie ein so großes Terrain benötigen, erschwert ihnen das Überleben angesichts schwindender Wälder. Brände riesiger Waldflächen in Kalimantan 1997 haben ihre Population vermutlich gewaltig dezimiert. In den Orang-

Richtig Reisen
Thema

Auf Tauchstation
Leben im tropischen Meer

Pulau Sipadan – das Paradies für Taucher und Schnorchler

Das warme, klare Wasser der Indischen und Pazifischen Ozeane hat in Malaysia die Entstehung von reicher Meeresfauna und -flora begünstigt. Allein die Anzahl der riffbildenden Korallenarten wird auf etwa 500 geschätzt, zehnmal mehr als in anderen Meeresgegenden.

Korallenriffe kommen nur in relativ flachen, klaren tropischen Gewässern vor. Das Korallenwachstum ist abhängig von einem stabilen Ökosystem, schon kleine Abweichungen in der Wassertemperatur, der Sonneneinstrahlung, Strömungsbewegungen und der Wasserreinheit stören das Wachstum und lassen die Korallen schlimmstenfalls absterben.

Zunächst unterscheidet man zwei große Gruppen: weiche Korallen oder See-Anemonen und Steinkorallen. Weiche Korallen kommen in allen erdenklichen Farben und Formen vor. Wie bewegliche Anemonen sitzen ihre farbenprächtigen Tentakel auf einem harten Untergrund. Obwohl der Korallenpolyp eher aussieht wie eine Pflanze, ist er doch ein weiches, manchmal fast transparentes Tier. Korallen ernähren sich von Algen und gehen mit ihnen ein symbiotisches Verhältnis ein. Weiche Korallen besitzen kein Kalksteinskelett und sind daher auch nicht riffbildend.

Dafür sorgen die Steinkorallen, die in den unterschiedlichsten Formen wachsen. Es gibt stark verästelte Korallen (jene, die am schnellsten abbrechen und am Strand unter den Füßen pieken), wie Pilze wachsende Formen, die flache Tische bilden. Die meisten Riffe Malaysias sind Saumriffe, die sich im flachen Wasser rings um Inseln bilden.

Korallenriffe bieten Lebensraum für eine ungeheure Zahl von anderen Lebewesen wie Schwämme, Seegras, Krabben, Muscheln, Meeresschildkröten und Fische. Darunter gibt es zahlreiche bizarre und farbenprächtige Exemplare, die man beim Schnorcheln bewundern kann: leuchtend orangefarbene Anemonenfische, in allen Regenbogenfarben schimmernde Papageienfische, geometrisch gemusterte Falterfische oder die großen blaugelben Kaiserfische. Gefährlich sehen die Barrakudas aus, die oft in großen Schwärmen schwimmen. Auch andere Raubfische wie kleine Riffhaie sind in malaysischen Gewässern anzutreffen. Menschen greifen sie aber, wie die meisten Tiere, höchstens dann an, wenn sie sich bedroht fühlen, daher sollte man sich vorsichtig nähern und sie keinesfalls berühren. Das gilt auch für die Korallen, auf die man sich niemals stellen sollte, auch wenn sie noch so stabil aussehen.

Malaysias Riffe schützen die Küsten vor der Wucht der Meeresbrandung und leisten einen Beitrag zur Ernährung: Auf den Märkten an der Ostküste von Malaysia kommt nahezu die Hälfte der zum Verkauf und Verzehr stehenden Fische aus den Riffen.

Aber auch hier ist Lebensraum in Gefahr. Viele Koralleninseln liegen dicht vor der Küste und sind somit ungeschützt den Schwemmstoffen ausgesetzt, welche die Flüsse ins Meer ergießen. Dabei müssen es nicht unbedingt giftige Chemikalien sein, welche die empfindlichen Korallen absterben lassen. Auch natürliche Schwebeteilchen aus Lehm können das fragile Gleichgewicht zerstören, indem sie den Lichteinfall einschränken.

Je mehr abgeholzt wird, desto stärker erodiert der Boden, desto mehr Sedimente geraten in die Flüsse und letztlich ins Meer. Davon betroffen sind bereits einige Inseln des Seribuat-Archipels, zu dem auch Tioman gehört. Nicht weniger bedrohlich sind schon geringfügige Temperaturschwankungen. 1997, im Jahr des gefürchteten El-Niño-Effekts, fiel weniger Niederschlag, und die Temperaturen waren höher als üblich, woraufhin sich einige Korallen um die Insel Perhentian bedrohlich verfärbten. Rings um die Koralleninseln Tioman, Redang und Perhentian sowie in den Gewässern vor Pulau Langkawi hat Malaysia mittlerweile Meeresschutzparks eingerichtet, in denen sogar das Sammeln der Muscheln am Strand untersagt ist.

Utan-Rehabilitationszentren in Sepilok/Sabah und Semenggoh/Sarawak werden verwaiste Orang-Utan-Babys wieder aufgepäppelt. Dort kümmert man sich auch um ältere Tiere, die man aus ihrer Gefangenschaft als Haustiere befreien konnte. Wenn sie genug gelernt haben, um ohne Hilfe im Dschungel zu überleben, wildert man die Affen wieder aus.

Handel bringt Wandel
Geschichte

Die Geschichte der malaiischen Halbinsel wurde vor allem durch die Lage an den seit alters stark frequentierten Handelsrouten zwischen Ost und West geprägt. Indische, arabische und chinesische Händler und westliche Kolonisatoren haben die Geschicke des Landes und seiner Bewohner beeinflußt. Sabah und Sarawak, die malaysischen Bundesstaaten auf Borneo, entwickelten sich lange Zeit relativ unabhängig von der malaiischen Halbinsel. Zwar stand der Namengeber der Insel Borneo, das Sultanat Brunei, seit dem 15. Jh. unter dem Einfluß des islamischen Reiches von Melaka, im unzugänglichen Regenwald der riesigen Insel entstanden jedoch eigenständige und vielfältige Kulturen.

Frühgeschichte

Die ältesten Spuren menschlicher Besiedlung im heutigen Malaysia fanden Archäologen in den 50er Jahren des 20. Jh. in den Niah-Höhlen in Sarawak. Eine Sensation war der Fund eines vermutlich 37 000 Jahre alten Schädels. Spätere Bewohner der Höhle hinterließen Steinwerkzeuge, einen Friedhof, holzgeschnitzte Särge und figürliche Malereien, die große Flächen der Höhlenwände bedecken. Auch auf der malaysischen Halbinsel, in der Nähe von Kota Tampin in Perak, wurden vor einigen Jahren steinzeitliche Werkzeuge ausgegraben. Sie stammen vermutlich von Jägern und Sammlern, die um 20 000 v. Chr. in den Kalksteinhöhlen lebten.

Ungefähr 2000 Jahre vor der Zeitenwende kamen die ersten ackerbauenden Völker aus Kontinental-Asien auf die Halbinsel. Diese Proto-Malaien waren seßhafte Bauern, kannten wahrscheinlich schon den Reisanbau, waren geschickte Töpfer und Werkzeugmacher und kleideten sich mit Baumrinde, die sie mit Stein- und Muschelschmuck zierten. Sie bauten Boote, die sie mit Auslegern seefest machten. Im Laufe der nächsten Jahrhunderte besiedelten sie das Gebiet des heutigen Malaysia und Indonesien. Archäologen sind sich nicht sicher, in welche Richtungen und zu welcher Zeit die weitere Besiedlung durch die Proto-Malaien voranschritt, fest steht nur, daß sie die bisherigen steinzeitlichen Siedler ablösten. Selbst die ältesten heute noch existierenden Stämme, die Senoi in West-Malaysia, die Rungus in Sabah und die Penan in Sarawak, sprechen Sprachen, die auf die Proto-Malaien zurückgehen.

In den nächsten Jahrhunderten riß der Migrantenstrom aus dem Norden nicht ab, seit etwa 300 v. Chr. kamen Deutero-Malaien, die Vorfahren der heutigen Malaien, auf die Halbinsel und verdrängten die proto-malaiischen Stämme in abgelegene Regionen im Landesinnern. Sie brachten Kenntnisse der Metallbearbeitung auf die malaiische Halbinsel. Bronzegongs der vietnamesischen Dongson-Kultur wurden vor allem im nördlichen und zentralen Teil der Halbinsel gefunden.

Legendäre Hindu-Reiche

Der steigende Bedarf an Luxusgütern trieb indische Händler Richtung Osten

Brahmane beim Opferritual – indische Händler verbreiteten schon früh den Hinduismus im Land

an die als märchenhaft reich beschriebenen Küsten der malaiischen Halbinsel. Es entstand ein schwunghafter Handel mit Edelhölzern, Gewürzen und medizinischen Pflanzen aus den Regenwäldern. Im Gegenzug fanden indische Gesetze, Kunst, Schrift und Architektur sowie die hinduistische Religion ihren Weg an die Küsten im Osten. Um etwa 650 n. Chr. breitete sich das Hindu-Königreich Sri Vijaya von der Insel Sumatra auf die malaiische Halbinsel aus. Kedah an der Westküste der Halbinsel wurde neben Palembang auf Sumatra zum wichtigsten Machtzentrum des Sri-Vijaya-Reiches. Steinerne Zeugen dieser Epoche können heute noch etwa am Gunung Jerai im Norden der malayischen Halbinsel bestaunt werden.

Das goldene Zeitalter des Hindu-Reiches Sri Vijaya erreichte um 900 n. Chr. einen Höhepunkt, als der größte Teil der Halbinsel, Sumatra und West-Java in seinem Einflußbereich lagen. Sri Vijaya kontrollierte den Ost-West-Handel und ließ sämtliche Schiffe, die den Seeweg zwischen Sumatra und der Halbinsel passierten, Tribut zahlen.

Warum verschwand dieses blühende Imperium im 13. Jh. von der Landkarte Südostasiens? Wahrscheinlich trugen mehrere Faktoren zum Fall des legendären Hindu-Reiches bei. Zum einen attackierte eine konkurrierende indische Seemacht die Niederlassungen von Sri Vijaya, zugleich entstand in West-Java eine neue Kraft, das Majapahit-Reich, das die Machtbereiche von Sri Vijaya eroberte.

Die Geburt des Malaientums Melaka

Nach dem Zerfall von Sri Vijaya mußten sich die chinesischen Kaufleute andere Partner suchen. Die Zeit war günstig für die Gründung einer neuen Seemacht: Melaka.

Es gibt zwei Versionen über die Gründung der Stadt. Eine wurde von einem portugiesischen Apotheker aufgeschrieben, der Anfang des 16. Jh. den Arzneihandel in der jungen Kolonie unter sich hatte. Eine andere Schilderung können wir den »Sejarah Melayu«, den malaiischen Annalen, entnehmen, deren früheste Fassung Anfang des 17. Jh. entstand. Unterschiedlich in Stil und Absicht, beschreiben beide Chroniken, daß ein Prinz des Sri-Vijaya-Reiches der Gründer Melakas war. Dieser war um 1390 zunächst an die Südspitze der Halbinsel geflohen, wo er auf einer Insel namens Tumasik eine Stadt gründete. Er nannte sie Löwenstadt, Singa Pura, das heutige Singapur.

Den »Sejarah Melayu« zufolge wurde ein paar Jahre später Parameswara, ein Nachkomme des Prinzen, von angreifenden Javanern aus Singa Pura Richtung Norden vertrieben. Er kam bis in die Gegend von Muar und gründete eine neue Niederlassung, die er nach einem dort vorkommenden Baum Melaka nannte. Als 1403 eine große chinesische Flotte in der neuen Stadt vor Anker ging, nutzte Parameswara seine Chance und verstärkte mittels Diplomatie und reicher Geschenke die Handelskontakte zu China.

Arabische Händler hatten den Islam schon etliche Jahrzehnte zuvor bekannt gemacht, Marco Polo traf bereits 1292 muslimische Gläubige in der Region. Auch chinesische Kaufleute hatten den islamischen Glauben angenommen. Vermutlich war es ein Händler aus China, der Parameswara um 1410 vom Islam überzeugte. Das islamische Reich Melaka war fortan noch attraktiver für die Händler aus Ost und West: Nicht nur, daß der Hafen durch die eingeborenen *orang laut* (See-Menschen) vor Piraten geschützt wurde, jetzt gab es auch eine Moschee und Protektion durch Glaubensbrüder. Mit Parameswara, der sich nun Megat Iskandar Shah nannte, begann das klassische Zeitalter der malaiischen Kultur.

1423 starb der Stadtgründer und hinterließ seinem Nachfolger Sri Sultan Muhammad Shah einen gut organisierten Hof, der es diesem leicht machte, Melakas Territorien zu erweitern. Sultan Muzaffar Shah, der von 1446 bis 1459 regierte, erhob den Islam zur Staatsreligion und dehnte mit Hilfe seines Ministers Tun Perak und des legendären Kriegers Hang Tuah die Grenzen des Reiches bis an die Ostküste aus. Melaka war mittlerweile eine kosmopolitische Stadt, in der sich Händler aus aller Herren Länder in sichtbarem Reichtum niedergelassen hatten.

Die Macht Melakas wurde noch von zwei Generationen von Sultanen erhalten und gemehrt, bis um 1500 Intrigen in der Sultansfamilie die Stadt erschütterten.

Herren aus allerhand Ländern Die Kolonialzeit

Die politische Instabilität konnten sich die Portugiesen zunutze machen, als sie Melaka attackierten. Kommandeur der Streitmacht aus dem Westen war der portugiesische Vizekönig Afonso de Albuquerque, der vor der Einnahme der Stadt 1511 mit abtrünnigen Untertanen paktiert hatte. Der letzte Sultan von Melaka, Mahmud Shah, floh nach Johor und gründete dort ein neues Sultanat.

Die Portugiesen wollten in Melaka nicht nur die Seerouten zu den Gewürzinseln im indonesischen Archipel sichern. Vielmehr trieb sie auch die Mission des christlichen Glaubens: Sie zerstörten die Moscheen in Melaka und bauten an deren Stelle Kirchen sowie die Festung A Famosa, deren Pforte noch heute steht. Die Kirchen im heutigen Melaka datieren zwar alle aus holländischer Zeit, jedoch kann man auch jetzt noch besonders in der Osterzeit das Erbe der portugiesischen Mission erleben, wenn sich die katholischen Gemeinden der Stadt zu Gottesdiensten und Prozessionen zusammenfinden.

Das 16. Jh. war das Zeitalter der Spanier und Portugiesen in Südostasien: 1521 erlebte der Weltumsegler Fernão Magellan in Borneo sein ›Goldenes Wunder‹, als der Sultan von Brunei ihn mit allem Pomp an seinem Hof empfing. 1577 errichteten die Spanier ihre Kolonie auf den Philippinen und unterwarfen den Sultan von Sulu, dessen Herrschaftsgebiet auch das heutige Sabah umfaßte.

Zu Beginn des 17. Jh. wendete sich das Blatt abermals: 1600 gründeten die Engländer die British East India Company, 1602 schufen die Holländer mit der Vereenigde Oost-Indische Compagnie ein Konkurrenzunternehmen.

Schon 1641 nahm die holländische Ostindien-Kompanie mit Hilfe des Sultanats von Johor Melaka ein. Den Holländern, die sich in religiöser Toleranz übten, gelang es, wieder islamische Händler in die Stadt zu holen. Sogar neue Moscheen wurden gebaut. Wenn auch die Stadt nicht wieder im alten Glanz erstrahlte, so wurde sie doch unter holländischer Hoheit zumindest ein lebhafter Hafen mit guter Infrastruktur.

Die Engländer

Mittlerweile hatten die Engländer beschlossen, den Handel in Südostasien nicht den Holländern zu überlassen und setzen auf Expansionskurs. Seit 1761 unterhielt die British East India Company erste Handelsposten in Sabah, 1764 überließ der Sultan von Sulu den Briten ganz Nord-Borneo.

1786 ließ sich Sir Francis Light als Vertreter der East India Company auf Penang nieder. Melakas Abstieg in die Bedeutungslosigkeit war besiegelt, als Sir Stamford Raffles 1819 einen britischen Handelsposten in Singapur errichtete. Raffles hatte die besseren Kontakte und Singapur die bessere Lage; das alte Handelszentrum verlor schnell an Bedeutung. Schon fünf Jahre später traten die Holländer den Briten Melaka im Tausch für britische Territorien in Indonesien ab. Die britischen *Straits Settlements* umfaßten 1826 Singapur, Melaka, Penang und einen Teil des heutigen Kedah.

Während auf der Halbinsel britische Gouverneure, Diplomaten, Kaufleute und Plantagenmanager im Auftrag der Krone ihre Position festigten, landete an der Küste Borneos 1840 der englische Eroberer James Brooke. Mit seinem

Der Löwe von Singapur
Sir Stamford Raffles

Am 29. 1. 1819 kaufte ein britischer Beamter einem malaiischen Sultan eine tropische Insel ab, um fortan von dort den Holländern im Handel mit Chinesen und Arabern Konkurrenz zu machen. Der britische Beamte war Sir Stamford Raffles, ein Kosmopolit, weitgereist, in mehreren Kulturen und Sprachen zuhause.

Die Insel ist das heutige Singapur, Geschäfte macht man dort heute nicht nur mit China und dem Nahen Osten, sondern mit der ganzen Welt.

Wie es sich für einen Weltmann gehört, wurde Stamford Raffles am 6. 7. 1781 auf hoher See geboren. Sein Vater war Kapitän des Schiffes, leider kein besonders gutverdienender, so daß der junge Raffles seine Ausbildung weitgehend selbst in die Hand nehmen mußte. Zeit seines Lebens wurde er von einem schier unstillbaren Wissensdurst getrieben, der ihm den Zugang zu den asiatischen Kulturen erleichterte.

Seine ersten Berufsjahre verbrachte er trotz großer Ambitionen recht bescheiden als Sekretär der East India Company in London. Erst nach zehn Dienstjahren, 1805, wurde man auf den ehrgeizigen Sekretär aufmerksam und schickte ihn nach Übersee. Der neue britische Posten auf der malaiischen Insel Penang war sein erster Dienstort. Schon zwei Jahre später wurde er zum Ersten Sekretär des Gouverneurs von Penang ernannt, 1810 hatte er dieselbe Stellung unter dem General-Gouverneur von ganz British Malaya inne.

Darauf folgte eine Zeit, die sowohl politisch als auch wissenschaftlich für Raffles und für die Geschicke der Region prägend waren. 1811 wurde Raffles zum Gouverneur der Insel Java ernannt. Die Engländer hatten Java just von den Holländern übernommen, deren oft ausbeuterisches Regime wollte der neue Gouverneur jedoch nicht weiterführen. Raffles setzte sich für soziale und wirtschaftliche Verbesserungen ein, reformierte das Rechtssystem und studierte die Sprache und Kultur von Java. Seine wissenschaftlichen Erkenntnisse haben unter anderem dazu beigetragen, daß man die große buddhistische Tempelanlage in Zentral-Java, den Borobodur, der unter meterhoher Vulkanasche begraben war, wiederentdeckte. Nicht nur der Kulturgeschichte widmete sich Raffles, er studierte auch Pflanzen und Tiere und gründete den Botanischen Garten in Bogor, West-Java. Dort starb auch seine erste Frau Olivia, ein Verlust, der Raffles in eine tiefe Krise stürzte. Zusammengefaßt hat er seine Forschungen zur Geschichte, Völkerkunde, Kunst und Naturgeschichte Javas in dem zweibändigen Werk »The History of Java«.

Nur wenn man sich die Leidenschaft und das Engagement für ›sein‹ Java vor Augen führt, kann man verstehen, wie sehr Raffles enttäuscht war, als nach der Schlacht von Waterloo 1816 die Briten Java wieder an die Holländer abtreten mußten. Verloren war der einträgliche Hafen in der javanischen Hauptstadt und Handelsmetropole Batavia, dem heutigen Jakarta. Raffles wurde nach Bencoolen auf Sumatra versetzt.

Von da an hatte er nur noch ein Ziel, das er zum Teil wie besessen verfolgte: die Vorherrschaft der Holländer im Südostasienhandel zu brechen. Die britische Krone war davon weniger überzeugt als Raffles, es gab weder einen offiziellen Auftrag, eine neue Handelsniederlassung zu gründen, noch offizielle Unterstützung für ihn. Ruhelos versuchte er es auf diplomatischem Wege, was von dem entlegenen Posten in Bencoolen nicht einfach war, einmal kehrte er noch nach England zurück. Ganz nebenbei entdeckte der Naturforscher Raffles in den Regenwäldern von Sumatra einige Pflanzenarten, unter anderem die *Rafflesia arnoldii*, die größte Blume der Welt.

1819 hatte Raffles den idealen Ort gefunden. Das war der Beginn des Aufstiegs der dschungelbedeckten malaiischen Insel Temasik an der Südspitze von Johor zu einem der größten Handelshäfen der Welt – Singapur. Benannt nach der historischen Stadtgründung eines javanischen Prinzen, der hier einige Hundert Jahre zuvor gelandet war.

Raffles beschloß den Handel mit dem Sultan von Johor und trug maßgeblich zur Stadtplanung bei. Die politische Kontrolle über seine Gründung hat er jedoch nie besessen. Das überließ er lieber seinem Verbündeten bei diesem Coup, dem britischen Residenten von Melaka William Farquhar. Er wurde zum ersten Gouverneur von Singapur ernannt, Raffles selbst blieb in Bencoolen auf Sumatra und stattete Singapur eher selten einen Besuch ab.

Gesundheitlich angeschlagen, war er 1824 gezwungen, seine Wahlheimat in den Tropen zu verlassen und sich wieder in England niederzulassen. Doch weder Ruhm noch Auskommen als Pensionär waren ihm vergönnt. Nach einem Streit mit der East India Company verweigerte man ihm seine Pension, so daß er seine letzten Jahre krank und verarmt auf einer Farm in der Nähe von London verbrachte. Nicht einmal ein würdiges Begräbnis wurde dem Menschenfreund Raffles zuteil, als er am 4. 7. 1826 starb. Seinen Biographen zufolge konnte sich der zuständige Geistliche nicht mit seinen humanistischen Idealen anfreunden. Erst 1832 konnten sich die Briten durchringen, Raffles mit einer Statue in der Westminster Abbey zu ehren.

Segler »The Royalist« machte er an den Ufern des Sarawak-Flusses fest und erwarb dank seines umfangreichen Waffenarsenals sogleich das Vertrauen der örtlichen Machthaber. Der Sultan von Brunei war derzeit in arger Bedrängnis, weil seine Minenarbeiter mit ihren Arbeitsbedingungen unzufrieden waren. Zu den Revoltierenden gehörten auch die als Kopfjäger gefürchteten Iban. Brooke schlug den Aufstand nieder und erhielt zum Dank die Kontrolle über Sarawak, das die Umgebung des heutigen Kuching umfaßte. Am 24.11.1841 wurde James Brooke offiziell zum Raja von Sarawak ernannt und gründete damit die ›exotische‹ Dynastie von drei Weißen Rajas, die knapp 100 Jahre in Sarawak herrschen sollte. Sein Neffe Charles übernahm 1865 als zweiter Raja ein erweitertes Territorium. 1905 hatte das Reich der Weißen Rajas mit dem Einschluß von Lawas und Limbang an der Grenze zum heutigen Brunei seine größte Ausdehnung erreicht.

Auf der Halbinsel mußten die Briten sich mit aufsässigen Untertanen auseinandersetzen. Malaiische Sultane und chinesische Geheimbünde stritten in Perak und Selangor um Rohstoffe, vor allem um Schürfrechte für Zinn, das die Engländer dringend benötigten. Im Frieden von Pangkor schlichtete der britische Gouverneur 1874 diesen Streit und sicherte den Briten gleichzeitig größeren politischen Einfluß an den malaiischen Höfen durch das Residenten-System. Fortan waren den Sultanen britische Unterhändler zugeordnet, deren Anweisungen sie – mit Ausnahme von religiösen Fragen – folgen mußten. Immerhin handelten die Engländer hier nicht wie in Borneo als private Rajas oder selbständige Unternehmer, sondern hatten seit 1867 den Status als britische Kronkolonie.

In den folgenden Jahren sicherten sie ihre Besitzungen, indem sie die einzelnen Sultanate und Staaten zu Bündnissen vereinigten. 1896 umfaßte die Föderation Malaiischer Staaten (FMS) das heutige Selangor, Negri Sembilan, Perak und Pahang. Kuala Lumpur wurde Hauptstadt. 1909 übergab Siam seine malaiischen Vasallenstaaten Kedah, Kelantan und Terengganu an die Briten, die sie zu den Unföderierten Malaiischen Staaten verbanden. Als sich 1914 Johor anschloß, war British Malaya komplett.

Die Briten handelten nach der Devise *divide and rule,* trenne und regiere, was sowohl für die Wohngebiete als auch die Arbeitsbereiche zutraf. Chinesische und indische Immigranten arbeiteten auf den Plantagen und in Minen. Besser situierte Chinesen waren weiterhin als Kaufleute tätig, aus der Kolonie Indien holte man erfahrene Beamte für die Administration. Mitgliedern der malaiischen Sultansfamilien standen die britischen Institutionen und Schulen offen, die bürgerlichen Malaien hatten jedoch relativ wenig Zugang zu Regierung und Verwaltung. Auch der exportorientierte Sektor der kolonialen Wirtschaft war ihnen verschlossen. Ein gemeinsames Schulsystem hielten die Kolonialherren nicht für notwendig, und so ist es nicht verwunderlich, daß die Kluft zwischen den Völkergruppen über die Jahre eher wuchs.

Der Zweite Weltkrieg und die japanische Besatzung

Während der Erste Weltkrieg außer dem erhöhten Bedarf Englands an Rohstoffen kaum Auswirkungen auf die Kolonie in Malaya hatte, spürte man dort den Zweiten Weltkrieg mit voller Macht.

Am 8. 12. 1941 landeten japanische Marine-Einheiten an der Ostküste der

Halbinsel und brachten bis zum nächsten Jahr die gesamte Halbinsel, Sabah und Sarawak unter ihre Kontrolle, am 15. 2. 1942 kapitulierten die britischen Truppen in Singapur vor den Japanern.

Die Besatzer behandelten die malaiische Bevölkerung meist wohlwollend, weil sie auf deren Unterstützung bei der Truppenversorgung angewiesen waren. Wer jedoch Widerstand leistete, wurde gefoltert und mißhandelt. Besonders die Chinesen auf der Halbinsel und auf Borneo bekamen den Haß der Japaner auf ihren Feind China in voller Härte zu spüren. Die von Chinesen dominierte Malaiische Kommunistische Partei MCP spielte daher auch eine tragende Rolle im Widerstand gegen die Japaner. Die Besatzung endete im August 1945 mit der Kapitulation Japans. Im September wurde die britische Kolonialregierung in Malaya wieder eingesetzt.

Der dritte Weiße Raja von Sarawak, Vyner Brooke, der 1941 vor den Japanern ins Exil geflohen war, beschloß mit der Kolonialverwaltung in London, sein Privatreich, für dessen Wiederaufbau zu zahlen er sich außer Stande sah, der britischen Krone zu übergeben. Ähnliche Verhandlungen liefen mit der British North Borneo Company in Sabah. Im Juli 1946 wurden in Jesselton (heute Kota Kinabalu) und Kuching koloniale Regierungen eingesetzt. Die Bevölkerung von Sabah begrüßte diese Entwicklung, während sich in Sarawak anfänglich Widerstand regte, der in der Ermordung des britischen Gouverneurs gipfelte.

Der Weg in die Unabhängigkeit

Auch auf der Halbinsel formierte sich der Widerstand gegen die Kolonialherren. Vor allem die Malaien waren verärgert über das britische Ansinnen, in einer künftigen Malaiischen Union die eingewanderten Chinesen und Inder zu gleichberechtigten Staatsangehörigen zu machen. Die Gründung der *United Malays National Organization* (UMNO) im März 1946 diente vor allem dem Zweck, Privilegien für Malaien zu erhalten.

An einer anderen Front kämpfte die Kommunistische Partei MCP: Mitte 1948 begann die offene Revolte gegen die britische Herrschaft, nach Morden an britischen Plantagenmanagern wurde der nationale Notstand *(emergency)* ausgerufen, der bis 1960 in Kraft blieb.

Nachdem die Briten 1952 offiziell erklärten, Malaya in die Unabhängigkeit entlassen zu wollen, bündelten die Parteien der drei Bevölkerungsgruppen ihre Kräfte: Die malaiische UMNO, die *Malayan Chinese Association* MCA und der *Malayan Indian Congress* MIC formten 1953 die *Alliance.* Mit der britischen Regierung wurde eine Verfassung für einen unabhängigen malaiischen Staat auf der Halbinsel entwickelt. 1955 wählte die Bevölkerung der Halbinsel zum ersten Mal eine gesetzgebende Versammlung, von deren 52 Sitzen 51 auf die *Alliance* entfielen. Tunku Abdul Rahman, der Präsident der UMNO, leitete die Versammlung und handelte mit den Engländern die Details der Unabhängigkeit aus. Am 15. 8. 1957 ratifizierte das Parlament die neue Verfassung. Am 31. 8. 1957 rief Tunku Abdul Rahman in Kuala Lumpur die Unabhängigkeit Malayas aus und wurde erster Premierminister.

In Singapur war es 1959 soweit, der Präsident der *Peoples Action Party* (PAP) Lee Kuan Yew wurde der erste Premierminister und Singapur ein unabhängiger Stadtstaat. In einer historischen Rede in Singapur entwarf der Tunku, wie der von den Malaysiern heute noch

Warten auf den Bus – malaiische Mädchen in Schuluniform

verehrte Politiker kurz genannt wird, 1961 die Idee einer um Singapur, Sabah und Sarawak erweiterten Föderation von Malaya. Die Buchstaben S und I im Staatsnamen Malaysia sind ein Tribut an Singapur. Am 16. 9. 1963 wurde Tunkus Traum war, Singapur, Sabah und Sarawak schlossen sich offiziell Malaysia an, Brunei lehnte den Zusammenschluß in letzter Minute ab.

Die neugewonnene Einheit war gefährdet, als 1964 Rassenunruhen zwischen der chinesischen Mehrheit und der malaiischen Minderheit in Singapur ausbrachen. Politische Differenzen über die Behandlung der beiden Bevölkerungsgruppen führten 1965 dazu, daß sich der Inselstaat von Malaysia trennte und eine unabhängige Republik wurde.

Damit waren die Zerwürfnisse zwischen den Bevölkerungsgruppen in Malaysia noch nicht beendet. Während bei den Parlamentswahlen die Partei der Malaien, die UMNO, stets als deutlicher Sieger hervorgegangen war, verlor sie im März 1969 gegenüber der Partei der Chinesen MCA erheblich an Sitzen. Zwar behielt die UMNO knapp die Mehrheit, für die chinesische Bevölkerung besonders in Kuala Lumpur war der Stimmengewinn jedoch Anlaß für ausgelassene Feiern. Diese verfehlten ihre Wirkung auf die Malaien nicht und arteten in blutige Rassenunruhen aus.

Erneut traten Notstandsgesetze in Kraft, das Parlament wurde aufgelöst und Tun Abdul Razak Direktor des *National Operations Council* (NOC), das zwei Jahre die Geschicke des Landes leitete. 1971 nahm das Parlament seine Arbeit wieder auf, und Tun Abdul Razak wurde der zweite Premierminister Malaysias. Die *Alliance,* die nun auch Parteien aus Sabah und Sarawak einschloß, wurde in *Barisan Nasional* (Nationale Front) umbenannt.

Zwischen Mohammed und Multimedia
Das moderne Malaysia

1967 schloß sich Malaysia mit seinen Nachbarn Singapur, Thailand, den Philippinen und Brunei zur *Association of Southeast Asian Nations* (ASEAN) zusammen.

1971 wurde auch innenpolitisch der Weg in die Zukunft bereitet: ein auf 20 Jahre angelegtes Programm zum wirtschaftlichen Aufbau und zur Schaffung sozialer Gerechtigkeit. Die New Economic Policy (NEP) sollte die bisher benachteiligte malaiische Bevölkerungsgruppe stärker am Wirtschaftsleben teilhaben zu lassen. Vor allem die Einnahmen aus dem Ölgeschäft förderten ein rasantes Wirtschaftswachstum, das Malaysia binnen eines Jahrzehntes in die Riege der boomenden Tigerstaaten in Asien katapultierte.

Malaysias vierter Premier Mohamad Mahathir, der 1981 zum ersten Mal gewählt wurde, profilierte sich als Wirtschaftspolitiker mit großen Plänen. Nach japanischem Vorbild propagierte er den Aufbau einer eigenen Automobilindustrie, das erste malaysische Auto, der Proton Saga, rollte im September 1985 vom Band. Mahathir ersetzte 1990 die NEP durch ein neues Programm, die *National Development Policy* (NDP). Fortan hieß die Vision »2020« – bis zum Jahre 2020 soll Malaysia zu einer wirtschaftlich vollentwickelten Nation heranwachsen.

1990 beschloß der seit 1959 in Singapur amtierende Premierminister Lee Kuan Yew, sein Amt einem jüngeren zu überlassen. Goh Chok Tong wurde neuer Premierminister und konnte sich noch sechs Jahre ungebremsten Wirtschaftswachstums erfreuen. Die Bruttosozialprodukte von Singapur und Malaysia stiegen zwischen 1990 und 1996 jährlich zwischen 6 und 8 %.

Große Infrastrukturprojekte wurden in Angriff genommen, Malaysia baute Autobahnen, Fabriken und Wolkenkratzer und plante gar zwei neue Städte im ehemaligen Plantagenland vor den Toren der Hauptstadt Kuala Lumpur. Cyberjaya soll eine Stadt nur für die Computerindustrie werden, Technologie-Unternehmen und Software-Entwickler sollen sich entlang eines *Multimedia Super Corridor* (MSC) ansiedeln, der von Cyberjaya bis in die Innenstadt Kuala Lumpurs führt und an den 452 m hohen Petronas Twin Towers endet. Die Regierung residiert seit 2000 in Putrajaya, einer Verwaltungsstadt vom Reißbrett im Süden von Kuala Lumpur.

Das Zentrum der Hauptstadt Kuala Lumpur gleicht seit Jahrzehnten einer riesigen Baustelle, beinahe monatlich wird ein neues Fünf-Sterne-Hotel, ein Shopping Centre oder ein ultramodernes Bürogebäude eingeweiht. Durch die Stadt führt eine computergesteuerte Hochbahn ohne Fahrer. Das Wachstum schien keine Grenzen zu haben …

Seit Mitte 1997 dämpft jedoch eine tiefgreifende Wirtschafskrise allzu hochfliegende Pläne. Was zunächst wie eine kurzlebige Währungsturbulenz aussah, weitete sich 1998 zu einer Rezession aus, die neben Malaysia auch die anderen Tigerstaaten Südostasiens traf und sogar vor der etablierten Wirtschaftsmacht Japan nicht haltmachte. Malaysias Währung, der Ringgit, hat zwischen Mitte 1997 und 1998 gegenüber dem US-Dollar um 40 % an Wert verloren.

Richtig Reisen
Tip

So easy-lah
Sprachkurs Manglish

Am Zeitungsstand sind alle Sprachen vertreten

Relax-lah, you holiday, so easy-lah. Ohne *-lah,* so scheint es, geht es nicht in Malaysia. *-lah* steht als Betonung am Ende von Aufforderungen, *-lah* wird eingesetzt, wenn es gilt, einen Sachverhalt mit besonderem Nachdruck festzuhalten, und ein o.k. ist erst als *o.k.-lah* ein rechtes »Ja«.

Manglish, die malaysische Version der englischen Sprache, ebenso wie das Singlish, die Singapurer Variante, unterscheidet sich nicht nur durch das unvermeidliche Suffix *lah* von der Sprache der ehemaligen Kolonisatoren.

Manglish hat einen unverwechselbaren Klang, an den man sich zuerst gewöhnen muß, bevor man sein Gegenüber verstehen kann: »You got cah?« ist nicht die Frage danach, ob man ein Auto *(car)* besitzt, sondern die Bitte um eine Visitenkarte *(card).* Merke also die erste Ausspracheregel: Konsonanten am Wortende werden gern zugunsten eines leisen Hauches weggelassen.

Ist diese erste Verstehenshürde genommen, ist Manglish eine herrlich prägnante Sprache, mit der man Sachverhalte viel schneller auf den Punkt bringen kann, als die Engländer es sich vorstellen können. Die würden beispielsweise sagen: »I'd prefer not to do that, if you don't mind.« – Wenn es Ihnen nichts ausmacht, würde ich das lieber nicht machen. Der Malaysier sagt – in dem ihm eigenen, gedehnten Tonfall und ohne Konsonanten am Wortende: »Doe – waaaan.« – Don't want.

Manglish hat einen charakteristischen Wortschatz und einen Vorrat an Sprichwörtern und Metaphern, die kein Brite auf Anhieb verstehen würde. Wie in jeder Sprache, so haben auch hier gesellschaftliche Einflüsse Form und Inhalte weiterentwickelt: »Give face-lah!«

– Gesicht geben ist eine direkte Übersetzung des cantonesischen *pei mien* und bedeutet nicht etwa jemanden anzuschauen, sondern sich großzügig jemandem gegenüber zu verhalten, ihn nicht zu beschämen, ihn nicht sein Gesicht verlieren zu lassen – eine Grundregel im Umgang mit Asiaten, die man auch in der englischen Konversation mit Malaysiern beherzigen sollte. Am besten, man spricht auch Manglish, statt sie eines vermeintlich besseren Oxford-Englisch belehren zu wollen.

Malaiische und chinesische Redewendungen werden auch manchmal ohne Übersetzung in den ›manglischen‹ Sprachgebrauch aufgenommen. So entstehen so liebenswürdige Kombinationen wie »You so ulu!« – Du bist so *ulu! Ulu* ist die malaiische Bezeichnung für den Oberlauf eines Flusses, meist eine sehr abgelegene Region, von deren Bewohnern man hier wie andernorts annimmt, daß sie nicht recht wissen, wo es langgeht.

Westliche Touristen sind angesprochen, wenn von *orang putih* – weißen Menschen oder *mat salleh* (Ursprung unbekannt, vielleicht von *mad sailor?)* die Rede ist. Chinesen benutzen manchmal auch noch den Ausdruck *kwailo* – Teufelsperson, was aber nicht diskriminierend gemeint ist. Auch jüngere Zeitgenossen werden von höflichen malaysischen Jugendlichen mit *auntie* oder *uncle* angeredet, eine Übersetzung aus dem Malaiischen, in dem Verwandtschaftsbezeichnungen als respektvolle Anrede üblich sind.

Ein »Dinner already?« zur Begrüßung ist keine Einladung zum gemeinsamen Abendessen, sondern die manglische Version von »Sudah Makan?« – Schon gegessen?, der höflichen, rhetorischen Frage nach dem allgemeinen Befinden. Wenn man wirklich einen Happen essen möchte, reicht die einfache Frage »Makan-lah?«, und man wird meist ein zustimmendes Nicken ernten und den nächsten *kedai kopi – coffee shop* – ansteuern. Der Kenner fragt nach den Spezialitäten: »Got Laksa?« – Haben Sie Laksa? wäre zum Beispiel die angemessene Frage in Penang oder Sarawak.

Bei dieser Gelegenheit ein paar Worte zur Grammatik: *Got,* die Vergangenheitsform von *to get* – bekommen – steht im ›Manglischen‹ statt des zwar nicht allzu komplizierten Hilfsverbs *have* – haben –, egal ob in diesem Zusammenhang Perfekt, Futur oder Präsens angezeigt wäre. »Got discount-lah?«, fragt man etwa beim Kamerakauf, und wenn der Händler mit »Can« antwortet, signalisiert er, daß ein Preisnachlaß wohl möglich sei. Mit dem simplen Wörtchen *can* lassen sich zahllose Zustände, Umstände und Meinungen ausdrücken. *Can do-lah* bedeutet soviel wie na klar, geht in Ordnung. »How can?« ist ein Ausdruck der Entrüstung über ein unmögliches Ansinnen.

Neben der ›manglischen‹ Auslegung der Grammatik wird auch der englische Wortschatz zuweilen sehr eigenwillig gebraucht: Kein Engländer würde behaupten, er sei *outstation,* wenn er zwecks Urlaub außerhalb der Stadt weilt. Malaysier denken sich nichts dabei, denn der Ausdruck ist ja eben seit den Tagen der Engländer gebräuchlich: Ein Posten auf dem Lande, in einer Plantage oder Mine wurde während der Kolonialzeit als *outstation* bezeichnet.

Womit wir bei der Vergangenheit wären, auch eine Eigenart des Manglish. *Last time* ist die populäre Beschreibung nicht nur für letztes Mal, sondern bezeichnet Vergangenheit ganz generell: »Last time in K.L. very traffic jam, now got Monorail, better-lah«.
Got it? Ok-lah!

Überall wackelten die Regierungen, in Indonesien zwangen die blutigen Studentenunruhen vom Mai 1998 den seit mehr als drei Jahrzehnten amtierenden Präsidenten Suharto zum Rücktritt.

Nur in Malaysia sitzt einer fest im Sattel: Mahathir kam bisher ohne Hilfe des Internationalen Währungsfonds aus, versicherte sich alter Weggenossen und beseitigte seine Gegenspieler. 1998 ließ Mahathir seinen Vize-Premier und langjährigen Finanzminister Anwar Ibrahim unter Anwendung des *Internal Security Act* (ISA) festnehmen.

Der ISA ist ein Relikt aus den 50er Jahren, als kommunistische Guerillakämpfer das Land unsicher machten. Unter dem ISA können Verdächtige ohne Gerichtsverhandlung zwei Monate lang festgehalten werden. Für eine Inhaftierung ist kein ordentliches Gerichtsverfahren notwendig, nur eine Verfügung des Innenministers, und das war 1998 in Personalunion auch Mahathir.

Der eloquente Anwar, der auch international schon als Nachfolger Mahathirs gehandelt worden war, fiel in Ungnade, weil er Mahathirs Pläne zu Devisenkontrollen nicht unterstützen wollte und die allenthalben grassierende Korruption anprangerte. Im April 1999 verurteilte das Höchste Gericht von Malaysia Anwar zu einer sechsjährigen Haftstrafe – wegen Korruption. Allen Krisen zum Trotze konnte Mahathir Malaysias Wirtschaft weitgehend stabilisieren und gewann mit seiner Allianz die Parlamentswahlen 1999. Im April 2001 wagte Mahathir gar die Bekanntgabe eines neuen Wirtschaftsplanes, kurz OPP3 genannt, der den Status Malaysias als voll entwickeltes Land bis 2010 garantieren soll.

Daten zur Geschichte

Ab 35 000 v. Chr.	Erste Spuren menschlicher Besiedlung in Perak und in den Niah-Höhlen in Sarawak
Ab 20 000 v. Chr.	Steinzeitliche Jäger und Sammler leben in Höhlen der malaiischen Halbinsel und in Borneo.
Ab 2000 v. Chr.	Protomalaiische Einwanderer aus Süd-China lassen sich auf der Halbinsel und später auch auf Borneo nieder. Mit Ackerbau und der Konstruktion von Häusern leiten sie eine neue Kulturstufe ein.
Ca. 400 v. Chr.	Deutero-Malaien wandern aus Süd- und Indochina ein und verdrängen die proto-malaiischen Stämme in abgelegene Regionen im Landesinnern. Auf der malaiischen Halbinsel beginnt die Metallzeit.
Ca. 650 n. Chr.	Das Hindu-Königreich Sri Vijaya gewinnt auf Sumatra an Macht und breitet sich auf der malaiischen Halbinsel aus.
Ca. 1200	Sri Vijaya verliert gegenüber dem neuen Majapahit-Reich auf Java an Macht.
Ca. 1400	Parameswara, ein Prinz des Sri-Vijaya-Reiches, gründet Melaka.
Ca. 1410	Parameswara tritt zum Islam über.
15. Jh.	Blütezeit des Reiches von Melaka

Die Anfang des 16. Jh. errichtete Festung A Famosa in Melaka

1511	Die Portugiesen erobern Melaka. Der letzte Sultan Mahmud Shah flieht nach Johor und gründet dort ein neues Sultanat.
1641	Mit Hilfe des Sultanats von Johor nimmt die holländische Ostindien-Kompanie Melaka ein.
1761	Die British East India Company errichtet erste Handelsposten in Sabah.
1786	Sir Francis Light läßt sich mit der East India Company auf Penang nieder.
1819	Sir Stamford Raffles errichtet einen britischen Handelsposten in Singapur.
1826	Die *Straits Settlements* umfassen Singapur, Melaka, Penang und einen Teil des heutigen Kedah.
1840	James Brooke landet in Sarawak und hilft dem Sultan von Brunei bei der Niederschlagung einer Dayak-Revolte, ein Jahr später wird er offiziell zum Raja von Sarawak ernannt.
1867	Die *Straits Settlements* werden zur Kronkolonie erklärt.
1874	Im Frieden von Pangkor schlichtet der britische Gouverneur einen Streit um Schürfrechte für Zinn und sichert den Briten größeren politischen Einfluß an den malaiischen Höfen durch das Residenten-System (vgl. S. 35).

1882	Sabah wird zu British North Borneo, 1884 wird Sandakan Hauptstadt.
1896	Die Föderation Malaiischer Staaten (FMS) wird gegründet. Sie umfaßt das heutige Selangor, Negri Sembilan, Perak und Pahang. Kuala Lumpur wird Hauptstadt.
1909	Siam übergibt die malaiischen Vasallenstaaten Kedah, Kelantan und Terengganu an die Briten, die sie zu den Unföderierten Malaiischen Staaten zusammenschließen.
8. 12. 1941	Japanische Marine-Einheiten landen an der Ostküste der Halbinsel und besetzen auch Sabah und Sarawak.
15. 2. 1942	Die britischen Truppen kapitulieren in Singapur vor den Japanern, die fast vier Jahre über Malaya herrschen und vor allem die Chinesen diskriminieren.
21. 8. 1945	Kapitulation Japans nach Atombombenangriffen der Amerikaner
September 1945	Die britische Kolonialregierung wird wieder eingesetzt.
März 1946	Gründung der *United Malays National Organization* (UMNO)
Juli 1946	Sabah und Sarawak werden britische Kronkolonie.
Juni 1948	Die Kommunistische Partei MCP revoltiert gegen die britische Herrschaft, der nationale Notstand *(Emergency)* wird ausgerufen und bleibt bis 1960 in Kraft.
31. 8. 1957	Tunku Abdul Rahman ruft in Kuala Lumpur die Unabhängigkeit Malayas aus und wird erster Premierminister.
1959	Singapur wird ein unabhängiger Staat, der Präsident der *Peoples Action Party* (PAP) Lee Kuan Yew erster Premierminister.
16. 9. 1963	Singapur, Sabah und Sarawak schließen sich Malaysia an, Brunei lehnt in letzter Minute ab.
1965	Aufgrund von Differenzen in der Rassenpolitik trennt sich Singapur von Malaysia und wird eine unabhängige Republik.
13. 5. 1969	Blutige Rassenunruhen zwischen Chinesen und Malaien in Kuala Lumpur, Notstandgesetze treten in Kraft.
Februar 1971	Das Parlament wird wieder eingesetzt, Tun Abdul Razak der zweite Premierminister Malaysias.
1981	Mohamad Mahathir wird Malaysias vierter Premier; rasantes Wirtschaftswachstum.
1984	Brunei wird unabhängig.
November 1990	Singapurs langjähriger Premier Lee Kuan Yew tritt ab, Goh Chok Tong wird neuer Premierminister.
1990–1996	Das Bruttosozialprodukt Malaysias wächst jährlich zwischen 6 und 8 %, große Infrastrukturprojekte werden in Angriff genommen.
1997–98	Eine tiefgreifende Wirtschaftskrise macht den Tigerstaaten Südostasiens, besonders Malaysia, zu schaffen, die Währung fällt gegenüber dem US-Dollar um 40 %.
1999	Der ehemalige Vize-Premier Anwar Ibrahim wird zu einer sechsjährigen Haftstrafe verurteilt.
2001	Malaysias Wirtschaftswachstum liegt wieder bei relativ gesunden 5 %, Mahathir will die Nation schon in 2010 zu einem voll entwickelten Land machen (OPP3-Plan).

Einigkeit ist Stärke
Bevölkerung und Sprachen

Die beiden Tiger auf dem Staatswappen von Malaysia halten ein Spruchband, auf dem in lateinischen und arabischen Buchstaben geschrieben steht: *Bersekutu Bertambah Mutu* – Einigkeit ist Stärke. Ein schönes Motto, das für jedes Volk und jede Nation gelten kann, aber in Malaysia hat es eine besondere Bedeutung. Denn das auffallendste Merkmal der malaysischen Gesellschaft ist das Völkergemisch, welches das Land heute zu einem Musterbeispiel der vielbeschworenen multikulturellen Gesellschaft macht – mit allen Annehmlichkeiten und Problemen.

Seit annähernd 2000 Jahren waren die Häfen der Malaien Ziel von Händlern aus aller Herren Länder und kultureller Schmelztiegel. Während der letzten 150 Jahre trafen noch einmal große Gruppen von Zuwanderern aus Indien und China ein. Heute leben 21,7 Mio. Menschen in Malaysia, davon 17,5 Mio. in West-Malaysia, 2 Mio. in Sarawak und 2,2 Mio. in Sabah.

Die Ureinwohner in West-Malaysia

Die ersten Bewohner der Halbinsel, die Orang Asli (ursprüngliche Menschen), sind wahrscheinlich die am wenigsten auffällige Gruppe. Viele leben auch heute noch nach überlieferten Traditionen und siedeln in abgelegenen Regionen in den Wäldern. Sie machen weniger als 1 % der Bevölkerung aus, ungefähr 95 600 Menschen. Es gibt 18 unterschiedliche Völker, die aufgrund sprachlicher oder

Einigkeit ist Stärke – Spruchband am National Monument in Kuala Lumpur

Begriffsverwirrung
Wer sind die wahren Malaien?

In China leben Chinesen, die Einwohner von Japan sind Japaner und die Bevölkerung von Malaysia sind Malaysier – und Malaysierinnen, natürlich. Soweit, so klar. Verwirrender wird es für manchen, wenn von Malaien die Rede ist. Nicht alle Malaien sind Malaysier, und nicht alle Malaysier sind Malaien.

Der Begriff Malaysier (englisch: *malaysian)* bezeichnet den Staatsbürger von Malaysia, und das sind heute neben den Malaien auch die eingewanderten Chinesen und Inder sowie die eingeborenen Volksgruppen. Als Malaien (englisch: *malay)* werden Menschen bezeichnet, die der malaiischen Völkerschaft angehören – und nach der malaysischen Definition auch Muslime sind. Malaien sind nicht nur in Malaysia anzutreffen, auch in Singapur, Thailand und auf den Philippinen. In Indonesien stellen sie sogar die Mehrheit der Bevölkerung.

Der Name Malaya, der seit dem 15. Jh. – der Zeit des Reiches von Melaka – die Bezeichnung für die Halbinsel zwischen Sumatra und dem Südchinesischen Meer gebräuchlich ist, stammt vermutlich noch aus der Ära des Sri-Vijaya-Reiches auf Sumatra (ab 650–1200). Überlieferungen zufolge soll Parameswara, der flüchtige Prinz und Gründer von Melaka, in der Nähe eines gleichnamigen Flusses gelebt haben. Die Briten übernahmen den Namen Malaya für ihre Kolonie auf der Halbinsel, und auch der unabhängige Staat nannte sich 1957 zunächst Malaya. Zu Malaysia wurde er erst, als 1963 Singapur dazustieß, dessen beide Anfangsbuchstaben man in den Staatsnamen einfügte. Dort sind sie geblieben, auch als der Stadtstaat sich zwei Jahre später aus der Föderation verabschiedete.

In Malaysia werden die verschiedenen Ethnien heute in zwei große Kategorien aufgeteilt: einerseits diejenigen Bevölkerungsgruppen, deren Kulturen in der malaiischen Region verwurzelt sind, andererseits die Einwanderer aus anderen Kulturkreisen, die meisten stammen aus China und Indien.

Die Angehörigen der ersten Kategorie werden auch als *bumiputra* – Söhne der Erde – bezeichnet. Dazu gehören die ethnischen Malaien islamischen Glaubens, die traditionsgemäß die Bevölkerungsmehrheit an der Ostküste der malaiischen Halbinsel stellen. Die zweite Gruppe sind die protomalaiischen Ureinwohner in West-Malaysia, die Orang Asli mit verschiedenen Untergruppen – die meisten animistischen oder christlichen Glaubens. Auch die dritte *Bumiputra*-Gruppe ist größtenteils nicht muslimisch, sondern animistisch oder christlich, sie besteht aus den eingeborenen Stämmen aus Sabah und Sarawak wie den Iban, Bidayuh und Kadazan-Dusun. Insgesamt sind etwa 59 % aller malaysischen Staatsangehörigen *bumiputra.* Die Kategorie der Nicht-*Bumiputra* besteht zu 26 % aus Chinesen, 8 % sind Inder, die restlichen

6 % machen Thai, Vietnamesen, Filippinos und Europäer aus.

Die Genauigkeit, mit der die Rassenzugehörigkeit festgehalten wird, läßt schon vermuten, daß auch in Malaysia die multikulturelle Gesellschaft nicht ganz ohne Probleme ist: Auf offiziellen Formularen wird auch heute noch nach der ethnischen Zugehörigkeit gefragt, sie steht auf dem Ausweis, und der Status als *bumiputra* bringt deutliche Vorteile im Alltag und Wirtschaftsleben mit sich. In den Universitäten gibt es Quoten, Studienplätze und Stipendien werden zuerst an *bumiputra* vergeben, Malaysier chinesischer oder indischer Abstammung haben oft keine Chance, an Hochschulen ihrer Heimat zu studieren, und müssen ins Ausland ausweichen. *Bumiputra* bekommen günstige Kredite und Rabatte beim Hauskauf. Für Firmengründungen von *bumis,* wie sie in Malaysia genannt werden, gibt es zahlreiche Förderungsmöglichkeiten.

Das alles war gedacht als Ausgleich für die jahrzehntelang von den Kolonialherren vernachlässigten Malaien – und wurde, wie vieles, was allzu entschieden durchgesetzt wird, inzwischen eine Ungerechtigkeit.

physiognomischer Gemeinsamkeiten zu den drei Großgruppen der Orang Asli zusammengefaßt werden.

Die stärkste Gruppe sind mit etwa 45 000 Angehörigen die Senoi, die hauptsächlich in den Bundesstaaten Selangor, Pahang, Perak und Kelantan leben. Die größten Völker innerhalb dieser Gruppe sind die Semai und die Temiar. Sie folgen einem animistischen Glauben und bestreiten ihren Lebensunterhalt, indem sie Brandrodungsfeldbau in den Regenwäldern betreiben.

Die Proto-Malaien, mit etwa 34 000 Angehörigen die zweitgrößte Gruppe, leben hauptsächlich im südlichen Teil von West-Malaysia, im südlichen Pahang, in Johor und Negri Sembilan. Obwohl die meisten Proto-Malaien inzwischen in festen Siedlungen mit moderner Infrastruktur wohnen, halten sie an ihrem animistischen Glauben und ihren künstlerischen Traditionen fest. Die Jakun, einer der größten proto-malaiischen Stämme, siedeln um die Seen Tasik Chini und Tasik Brera und arbeiten dort als *guides* oder Kunsthandwerker.

Die kaum noch 2000 Semang oder Negritos stellen die kleinste Gemeinschaft. Wie der Name vermuten läßt, unterscheiden sie sich von den anderen beiden Gruppen besonders aufgrund ihres Aussehens: Sie haben eine sehr dunkle Hautfarbe und schwarzes, kringellockiges Haar. Traditionell Jäger und Sammler, leben die meisten heute in seßhaften Gemeinden oder arbeiten in Plantagen. Im Dschungel des Taman-Negara-Nationalparks oder auf dem Nachtmarkt im Dorf Kuala Tahan begegnet man mitunter den Batek, die mit 1000 Menschen die größte Untergruppe der Negritos bilden.

Trotz aller Bemühungen der Regierung, die Orang Asli in einer urbanen Umgebung anzusiedeln, leben noch immer fast 50 % in den Wäldern der Halbinsel, wo sie Trockenreis anbauen und mit Blasrohren jagen. Einige treiben auch etwas Handel, indem sie Durian, Honig oder Baumharze verkaufen.

Das Land, in dem sie siedeln, ist die Basis ihrer Ernährung und ihrer sozialen Organisation, dort liegen alte Friedhöfe und andere spirituelle Stätten. Viele

Im Taman-Negara-Nationalpark leben zahlreiche Orang Asli

Orang Asli befolgen ein kompliziertes System aus Tabus und Vorschriften. Landrechte besitzen sie jedoch nicht. Zwar gibt es seit britischer Zeit ein Gesetz, nachdem ihre Siedlungsgebiete zu Reservaten erklärt werden können, doch ist dies bisher nur bei etwa 15 % aller Dörfer der Fall. In der Vergangenheit hat die malaysische Regierung, ohne große Widerstände befürchten zu müssen, Orang-Asli-Gemeinschaften umgesiedelt, um den Weg für Infrastrukturprojekte und Plantagen frei zu machen. Mit dem Neubau von Siedlungen und Schulen sollen auch die verbleibenden Dschungelbewohner von den Vorteilen eines urbanen oder kleinbäuerlichen Lebens überzeugt werden.

Als Besucher wird man kaum zu einem abgelegenen Orang-Asli-Dorf vordringen, was aufgrund des komplexen Tabusystems auch nicht zu empfehlen ist. Aufgeschlossener sind die Mahmeri-Dörfer auf Carey Island in der Nähe von Kuala Lumpur, die Dörfer der Jakun am Tasik Chini oder die Senoi, die an der Straße in die Cameron Highlands Honig und Blasrohre an Touristen verkaufen. Sehr informativ ist auch der Besuch des Orang-Asli-Museums in Kuala Lumpur.

Kelabit-Frau in Sarawak

Die Ureinwohner in Sarawak

Im Gegensatz zur Halbinsel Malaysia, wo die Orang Asli nur einen Bruchteil der Bevölkerung stellen, machen die ursprünglichen Volksgruppen in Sarawak gut die Hälfte der Einwohner aus. Unter dem Oberbegriff Dayak, was malaiisch soviel wie Hochlandmenschen bedeutet, werden unterschiedliche Stämme zusammengefaßt, die aber nicht so homogen sind, wie dieser Sammelbegriff vermuten läßt.

Mit fast 30 % der Bevölkerung von Sarawak stellen die Iban die größte Gruppe. Ihre Vorfahren, legendäre Krieger und Kopfjäger, wanderten um 1600 aus dem heutigen Kalimantan Richtung Norden über die Gebirge nach Sarawak ein. Dort ließen sie sich zunächst an den Oberläufen der Flüsse des Batang-Ai-Systems nieder, um sich im Laufe der Jahrhunderte in aggressiver Manier (Kopfjagd!) bis nach Kuching und östlich bis weit in das Hinterland des Rejang auszubreiten.

Obwohl heute zahlreiche jüngere Iban in den Städten wohnen und arbeiten, halten viele an ihren überlieferten Traditionen in den Langhäusern fest. Im Zentrum des traditionellen Lebens steht der Reis, dessen Kultivierung, Weiterverarbeitung und rituelle Bedeutung. Die meisten Iban, von einigen christlichen und muslimischen Konvertiten abgesehen, leben in einer animistischen Vorstellungswelt, in der *Antu*-Geister eine große Rolle spielen. Iban haben einen reichen Schatz an Tänzen und Musik, viele Frauen sind hervorragende Weberinnen. Die Iban sind – vorausgesetzt, man beachtet ihre Regeln – außerordentlich gastfreundlich, ein Aufenthalt in einem ihrer Langhäuser gehört zu den unvergeßlichen Erlebnissen einer Reise nach Malaysia.

Die Bidayuh, auch Land-Dayak genannt, da sie ihre Langhäuser lieber an Berghängen als an Flüssen errichten, machen etwa 9 % der Bevölkerung aus. Wie die Iban waren auch sie früher Kopfjäger und bauten an ihre Langhäuser Kulthäuser für die erbeuteten Häupter.

Die Melanau leben an den Küsten nördlich von Kuching in der Gegend von Sibu. Sie arbeiten traditionell als Fischer und Bootsbauer. Aufgrund ihres Siedlungsgebiets kamen sie früh in Kontakt zum Islam, zu dem sich heute fast alle Melanau bekennen. Die Langhäuser der Melanau zeichnen sich durch ihre wehrhafte Konstruktion aus, die früher wegen zahlreicher Piratenübergriffe unentbehrlich war. Heute wohnen viele Melanau allerdings in typischen malaiischen Holzhäusern.

Weit im Landesinnern, im Hochland von Bario an der Grenze zu Kalimantan,

Iban-Frauen in festlicher Tracht

siedeln die Kelabit noch traditionell in Langhäusern, allerdings wurden diese Gemeinschaften nach dem Zweiten Weltkrieg gründlich missioniert. Reiswein und Alkohol generell sind seitdem tabu. Traditionelle Musik und Gesänge wurden allenthalben durch christliche Lieder ersetzt. Immerhin ist die ehemals sehr abgelegene Region inzwischen mit dem Flugzeug erreichbar, so daß man eine Trekkingtour zu den Langhäusern der gastfreundlichen Kelabit unternehmen kann.

Auch die Penan, die an den Oberläufen des Rejang, Baram und um den Mulu-Nationalpark anzutreffen sind, mußten ihren überlieferten Lebensstil meist aufgeben. Nur noch ungefähr 400 Penan streifen als nomadische Jäger und Sammler durch die Regenwälder. Die meisten haben sich in einfachen Langhäusern oder Hütten niedergelassen und sind nur noch zeitweise im Dschungel unterwegs, um zu jagen oder Sago, ihre Hauptnahrung, zu ernten.

Als Orang Ulu, Menschen aus dem Landesinnern, werden die Stämme zusammengefaßt, die an den Oberläufen der Flüsse siedeln. Vor der Erfindung des Außenbordmotors waren diese Regionen nur bei ausreichendem Wasserstand nach mehrtägigen Reisen mit dem Einbaum oder wochenlangen Wanderungen erreichbar. Die Kenyah und die Kayan, die am Oberlauf des Balui leben, stellen zahlenmäßig die stärkste Gruppe. Sie haben viele Gemeinsamkeiten, neben einer hierarchischen Sozialordnung und einer ähnlichen Sprache auch ihre traditonellen Feinde, die Iban. Diese führten bis vor etwa 100 Jahren blutige Feldzüge gegen Kenyah und Kayan und vertrieben sie von ihren angestammten Siedlungsgebieten immer weiter bis an die Oberläufe der Flüsse nahe der Grenze zu Kalimantan.

Die Ureinwohner in Sabah

In Sabah gibt es eine ebenso große Völkervielfalt, mit 30 % gehört die Mehrheit der Bevölkerung zur Gruppe der Dusun. Sie besiedeln die Gebiete an der Westküste von Sabah, die Kudat-Halbinsel und die Gegend um den Gunung Kinabalu. Da die Kadazan die stärkste Untergruppe sind, wird heute häufig die Bezeichnung Kadazan-Dusun gebraucht.

Ursprünglich lebten die Kadazan-Dusun als Bauern, noch heute steht ein Großteil ihrer Feste in Zusammenhang mit ihrem Land und der Ernte. Viele sind mittlerweile in Städte gezogen, nur die Rungus, eine Untergruppe auf der Kudat-Halbinsel, leben noch traditionell in Langhäusern. Die Orang Sungai, die auch eine Dusun-Sprache sprechen, siedeln jenseits der Crocker Range an den Oberläufen des Kinabatangan.

Die hauptsächlich muslimischen Bajau, die ursprünglich von den Philippinen stammen, zogen vor etwa 200 Jahren an die Küsten Sabahs. Heute stellen sie fast 15 % der Bevölkerung. Ihr Ruf als notorische Piraten, hervorragende Reiter und Pferdezüchter hat ihnen die Bezeichnung ›Cowboys des Ostens‹ eingetragen. Die Piraterie haben sie mittlerweile aufgegeben, nicht jedoch ihre Leidenschaft für Pferde. Gelegentlich sieht man die Pony reitenden Bajau in ihren Trachten auf dem Tamu-Markt von Kota Belud nahe Kota Kinabalu. Die Bajau an der Ostküste von Sabah leben teilweise noch als Nomaden auf dem Meer, man nennt sie ›See-Zigeuner‹.

Die Murut, die dritte größere Bevölkerungsgruppe, siedelt im Südwesten in der Gegend von Tenom bis an die Grenze zu Sarawak. Murut bedeutet Bergmenschen und faßt die Stämme der Nabai, Peluan, Bokan, Tagal und Timogun zusammen. Sie leben in Langhäusern und waren früher gefürchtete Kopfjäger.

Malaien

Die Malaien stellen die größte Volksgruppe im Lande. Die Nachfahren der vor mehr als 2000 Jahren eingewanderten kontinentalasiatischen Völker leben nicht nur in Malaysia, sondern im gesamten malaiischen Archipel, in Indonesien, auf den Philippinen und auf Mauritius.

Bajau-Reiter in Sabah

Sie alle sprechen heute Sprachen der sogenannten malaiisch-polynesischen Sprachfamilie, zu der neben Malaiisch auch Javanisch, Balinesisch, das philippinische Tagalog und noch Hunderte andere Sprachen und Dialekte gehören. Die malaiische Hochsprache entstand wahrscheinlich in Sumatra, bis zur Ankunft der englischen Kolonisatoren wurde sie mit arabischen Jawi-Schriftzeichen geschrieben; in den konservativen Bundesstaaten Kelantan und Terengganu ist die arabische Schrift auch jetzt noch verbreitet. *Bahasa Melayu* (malaiische Sprache) ist heute die *Bahasa Kebangsaan,* die Amtssprache, seit 1984 auch Unterrichtssprache.

Die Malaien waren immer ein seefahrendes Volk, und daher ist es nicht verwunderlich, daß sie im heutigen Malaysia keine völlig homogene Gruppe bilden. So trifft man im Bundesstaat Johor auf Nachfahren der Bugis aus Sulawesi, auch Javaner leben in Malaysia, die Minangkabau aus Sumatra haben bis heute ihre matriarchale Kultur in Negri Sembilan lebendig gehalten. Während des Wirtschaftsbooms der 80er und 90er Jahre des 20. Jh. kamen Zehntausende indonesische Gastarbeiter ins

Land, genaugenommen auch eine malaiische Einwanderungswelle.

Die Fähigkeit, äußere Einflüsse aufzunehmen und zu assimilieren, hat die malaiische Kultur entscheidend geprägt. Der Islam, zu dem sich die Malaien in Malaysia und in Indonesien bekennen, hat in dieser Region eine ganz eigene, weltoffene Ausprägung.

Die Malaien leben traditionell im *kampung,* im Dorf, ihr Sozialgefüge ist durch einen starken Gemeinschaftssinn geprägt sowie durch überlieferte Gebräuche und Gesetze, *adat,* geregelt. Respekt vor den Eltern und der älteren Generation ist eine Grundregel des *adat,* die auch heute noch beachtet wird.

Viele Malaiinnen bedecken, dem islamischen Brauch entsprechend, ihr Haar, meist mit äußerst farbenfrohen Kopftüchern, verschleierte Frauen sieht man in Malaysia sehr selten. Die traditionelle malaiische Kleidung der Frauen, *baju kurung,* eine Kombination aus einem langen Rock und einer langärmligen Bluse aus bunten, meist weichfließendem Stoff, erfreut sich bei jungen Frauen großer Beliebtheit, auch im Geschäftsalltag.

Chinesen in Malaysia

Chinesische Tempel, Geschäfte mit chinesischen Schriftzeichen und zahlreiche chinesische Restaurants sind vor allem in den Städten nicht zu übersehen. Es gibt chinesische Tageszeitungen und chinesische Seifenopern im Fernsehen, das chinesische Neujahrsfest ist ein nationaler Feiertag in Malaysia.

Die ersten Chinesen im Lande waren Kaufleute, die schon im 5. Jh. mit ihren Handelsschiffen die Häfen der Halbinsel ansteuerten. Seit dem 16. Jh. gab es größere chinesische Gemeinden in Melaka, später auch in Singapur. Einige chinesische Händler, Minenarbeiter oder Kulis heirateten malaiische Frauen. Die männlichen Nachkommen dieser Mischehen bezeichnet man als *baba,* die Töchter als *nyonya.* Die *Baba-nyonya*-Gesellschaft hat Elemente beider Kulturen weitergeführt, verändert und so eine der lebendigsten Kulturen der Region begründet. Die *Peranakan*- oder *Straitsborne*-Chinesen leben nach den Regeln des chinesischen Konfuzianismus und sprechen einen eigenen, malaiischen Dialekt.

Als Sir Francis Light sich 1786 in Penang niederließ, benötigte er Siedler, welche die Insel urbar machten. Er versprach jedem Neu-Ankömmling die Fläche, die er bestellen konnte, als Landbesitz. Davon angelockt, ließen sich viele Chinesen auf Penang nieder.

Von den frühen chinesischen Siedlern auf Penang und den *perenakan* abgesehen, kamen die Vorfahren der meisten der heute in Malaysia lebenden Chinesen erst im 19. Jh. aus den verarmten südchinesischen Provinzen nach Malaya. Ihre Familien ließen sie in den Heimatdörfern in der Hoffnung, nach ein paar Jahren harter Arbeit im damals boomenden Malaya mit den Taschen voller Geld nach China zurückzukehren. Es kam jedoch anders. Als ab 1890 auch chinesischen Frauen die Einreise in Malaya erlaubt wurde, beschlossen viele, sich hier permanent niederzulassen.

Zwar werden die malaysischen Chinesen heute von den Behörden als homogene Gruppe betrachtet, doch stammen sie aus unterschiedlichen Kulturkreisen und sprechen verschiedene Sprachen, – Hokkien, Kantonesisch, Hakka, Hainanesisch und Teochew.

Die Familienklans wurden schon bald nach Ankunft der Chinesen zum Mittelpunkt ihres kulturellen Lebens, ihre Klanhäuser oder *kongsi* fungierten auch

Blick in ein Baba-nyonya-Haus in Melaka

als Tempel und Treffpunkte, in denen Handel getrieben wurde. Die Klanorganisationen boten Neu-Ankömmlingen erste Unterkünfte an, kümmerten sich um Bedürftige und organisierten große Begräbnisse. Die Verfassung hat 1957 allen im damaligen Malaya lebenden Chinesen die Staatsbürgerschaft übertragen. Heute leben 5,4 Mio. Chinesen in Malaysia, davon etwa 400 000 in Sarawak und 170 000 in Sabah.

Inder in Malaysia

Wenn man bedenkt, wie ›indisch‹ Malaysia sich bisweilen präsentiert – hinduistische Legenden sind die Grundlage für malaiische Tänze, Gelb ist die königliche Farbe – verwundert es fast, daß Inder nur etwa 8% der malaysischen Bevölkerung ausmachen.

Die ersten Inder landeten vor 1500 Jahren auf der Suche nach edlen Hölzern und Gewürzen an den Küsten des heutigen Malaysia. Mehr noch als die frühen Kaufleute beeinflußte das gleichzeitig entstandene Sri-Vijaya-Reich auf Sumatra die malaiische Kultur: Über 500 Jahre entwickelten sich hinduistische Kunst und Religion auf der malaiischen Halbinsel. Wenngleich die ideellen Einflüsse aus Indien nach dem Fall von Sri Vijaya weiter existierten, gab es bis zum 19. Jh. keine nennenswerte indische Bevölkerungsgruppe in Malaya.

1870 lebten über 30 000 Inder in Malaya, 1931 über 600 000. Die meisten einfachen Arbeiter kamen aus den südindischen Provinzen Tamil Nadu und Kerala sowie aus Sri Lanka. Tamilisch wird auch heute noch von vielen Indern in Malaysia gesprochen, Angehörige der oberen Schichten sprechen heute untereinander oft Englisch.

Als sich Anfang des 20. Jh. die koloniale Administration in Malaya gefestigt hatte, holten die Briten auch Angehörige der gut ausgebildeten indischen Mittelklasse ins Land, die in der Verwaltung, als Lehrer, Journalisten und Rechtsanwälte Arbeit fanden: Die Jurisprudenz ist auch heute noch eine indische Domäne. Als letzte Einwanderergruppe kamen nordindische Sikhs und Punjabis nach Malaya, die zum Teil im Polizeidienst eingesetzt wurden oder sich als Unternehmer selbständig machten.

Wie die Chinesen erhielten die Inder die Staatsbürgerschaft, als das Land 1957 unabhängig wurde. Das Hindu-Fest Deepavali ist in Malaysia ein nationaler Feiertag, Thaipusam wird auf Penang und in den Batu Caves von Kuala Lumpur beinahe überschwenglicher gefeiert als in der indischen Heimat, und das indische *roti canai* ist inzwischen so etwas wie ein ›Nationalfrühstück‹ geworden.

Muslimische-indische Geschäftsleute, nach dem tamilischen Wort für Onkel auch *mamak* genannt, sind heute aus dem Straßenbild der malaysischen Städte nicht wegzudenken. *Mamak* verkaufen indische Waren und Speisen, betreiben Juweliergeschäfte, handeln mit Seiden-Saris oder backen *Tandoori*-Hühnchen und *roti* (Brot).

Von Göttern und Geistern
Religionen

Zwar ist der Islam Staatsreligion in Malaysia, doch die Verfassung des Vielvölkerstaates garantiert Religionsfreiheit. Die Religionszugehörigkeit ist meist an die ethnische Zugehörigkeit gebunden: So sind die Malaien Muslime, die Mehrzahl der Chinesen Buddhisten oder Anhänger des Taoismus oder Konfuzianismus, die Inder Hindus, in den Städten oft Muslime. Die wenigen Christengemeinden haben chinesische und indische Mitglieder. Die meisten Bewohner von Sabah und Sarawak bekennen sich zu verschiedenen christlichen Konfessionen.

Der Islam

Mohammed (deutsch: der Gepriesene), der Religionsstifter des Islam, wurde um 570 n. Chr. in Mekka geboren. Um das Jahr 600 offenbart sich ihm Gott in Gestalt des Engels Gabriel, fortan verkün-

Bei der Andacht – Moschee in Kuching

det er die Botschaft von einem einzigen Gott, der die Welt erschaffen hat und über sie richtet. In seiner Heimatstadt erfährt er starke Ablehnung, er flieht 622 in eine kleine Stadt, die ihm zu Ehren in Medina (Stadt des Propheten) umbenannt wird. Die islamische Zeitrechnung beginnt mit dem Jahr 622, dem Auszug aus Mekka. Das arabische Wort Islam bedeutet soviel wie Hingabe an Gott, Ergebung in Gottes Willen. Im Koran, dem heiligen Buch der Muslime, sind die Lehren Mohammeds niedergeschrieben.

Das früheste Zeugnis des Islam auf der malaiischen Halbinsel ist ein Stein mit arabischen Inschriften, der in Kuala Berang in Terengganu gefunden wurde und um 1300 datiert wird. Um 1410 trat Parameswara, der Gründer von Melaka, zum Islam über. Seine Nachfolger machten den Islam zur Staatsreligion.

Die fünf Säulen des Glaubens bestimmen das tägliche Leben eines Muslim. Die erste ›Säule‹ ist der Monotheismus dieser Religion: »Es gibt keinen Gott außer Allah, und Mohammed ist sein Prophet«. Jeder Muslim sollte fünfmal täglich – vor Sonnenaufgang, mittags, nachmittags, bei Sonnenuntergang und am Abend – nach Mekka gewandt zu Allah beten. Vor dem Gebet wäscht man sich Gesicht, Hände und Füße, dann verneigt man sich dreimal nach Mekka und folgt den Gebeten und Predigten des Imam (Gemeindevorstehers).

Wohlhabende sollen Almosen geben. In Malaysia wird *sakat* als obligatorische Armensteuer einmal jährlich bezahlt. Das Fasten während des Ramadan, dem neunten Monat des islamischen Mondkalenders, ist ebenfalls Pflicht für jeden Muslim. Von Sonnenaufgang bis Son-

Ein Mann für alle Fälle
Der Bomoh

Commonwealth Games in Kuala Lumpur – 1998 fand das wichtigste Sportereignis nach den Olympischen Spielen in der Hauptstadt von Malaysia statt. Malaysia hatte seit Jahren dafür geplant, eine neue Sportlerstadt aus dem Boden gestampft, Transportmittel und Infrastruktur verbessert, die Stadt herausgeputzt. Mehrere Tausend Athleten aus allen Nationen des Commonwealth wurden erwartet, darunter die Leichtathletik-Elite aus den afrikanischen Staaten und Jamaika, die Weltklasse-Schwimmer aus Australien, Würdenträger wie die englische Queen und der Sultan von Brunei ...

Alles bestens – wenn nur nicht die Regenzeit beginnen würde. Tropischer Regen und Spiele, das wäre ein Unding. Nachdem man soviel investiert hatte, mußte unbedingt verhindert werden, daß das Sportereignis ins Wasser fällt.

Kein Problem in Malaysia. Fast jeder Sportverband hatte einen eigenen *bomoh,* eine Art malaiischen Zauberer und Wahrsager, für den Regen machen oder verhindern tägliche Übung sind. Ganz offiziell gaben die Sportverbandspräsidenten in Interviews zu Protokoll, daß man einen *bomoh* mit der Klärung der Wetterlage beauftragt habe, manche gingen sogar mehr ins Detail, einige beklagten sich auch über die hohen Kosten. Die *bomohs* sind ja auch nicht dumm, je wichtiger das Ereignis, desto höher der Preis.

Es hat dann auch nicht geregnet, obwohl die Woche vor der großen Eröffnungsfeier sehr feucht war, der mit Spannung erwartete Nachmittag war sonnig und trocken. Auch während der Spiele verhielt sich der tropische Himmel ruhig und wartete mit dem Abregnen bis sich die Queen und die Athleten wieder verabschiedet hatten.

nenuntergang darf weder gegessen noch getrunken werden. Während des Ramadan geht in Malaysia alles etwas ruhiger zu, die muslimischen Restaurants haben tagsüber geschlossen. Das Angebot an Nahrungsmitteln ist, scheinbar im Widerspruch zum Fastengebot am Tag, während des Ramadan besonders reichlich. Überall verkaufen Stände Gerichte, Kuchen und Früchte, auf die Minute genau wird dann bei Sonnenuntergang das tägliche Fasten gebrochen.

Die Pilgerfahrt nach Mekka und Medina – arabisch *hadsch* – sollte jeder Muslim wenigstens einmal im Leben unternehmen, wenn er dazu finanziell in der Lage ist. In Malaysia wurde zu diesem Zweck eigens eine Stiftung eingerichtet, die es auch den finanziell weniger gut gestellten Muslimen ermöglicht, dieses Gebot zu befolgen.

Jeder männliche Muslim sollte sich zum Freitagsgebet in der Moschee einfinden. Das Freitagsgebet beginnt gegen

Der Glaube an übernatürliche Wesen und Erscheinungen ist in Malaysia wie in vielen Teilen Asiens auch heute noch weit verbreitet. In den *kampungs* streichen des Nachts Geister und Feen umher, aber auch in städtischen Gebieten sind für viele Malaien Schutzgeister zu achten und böswillige fernzuhalten oder zu besänftigen. Und das, obwohl sich die Malaien seit Jahrhunderten zum Islam bekennen, einer streng monotheistischen Religion. Einen Widerspruch sehen darin nur ganz fundamentalistische Islamisten, von denen es in Malaysia nicht allzuviele gibt. Für die große Mehrheit der Bevölkerung ist der *bomoh* – zugleich Zauberer und Medizinmann – die Verbindung zwischen den alten animistischen Traditionen und dem Islam.

Bomohs werden nicht nur gerufen, wenn es gilt, Regen zu verhindern oder zu machen. *Bomohs* sind oft die letzte Hoffnung, wenn es gilt Herr über seltsame Erkrankungen zu werden, *bomohs* helfen bei der Partnersuche und bei unerfülltem Kinderwunsch. Sie spüren menschenfressende Tiger auf und suchen den idealen Ort für den Bau eines neuen Hauses. Nicht nur weiße Magie beherrschen sie, sie können auch üble Verwünschungen aussprechen, die der bedachten Person erhebliche Schwierigkeiten eintragen können.

Um seine Ziele zu erreichen, übt sich der *bomoh* in Meditation, meistens werden lange Litaneien, oft Verse aus dem Koran, rezitiert. Viele *bomohs* fallen in Trance oder sehen im Traum die Zukunft voraus. In ihrer Funktion als Medizinmann bedienen sie sich traditioneller Kräuterheilkunde und verabreichen zahlreiche Tinkturen und Öle.

Auf malaiischen Märkten vor allem an der Ostküste, aber auch mitten in Kuala Lumpur im Kampung Bahru sieht man sie noch häufig. Oft stehen Trauben von Männern um sie herum – potenzsteigernde Mittel sind besonders beliebt und werden aus allerlei dubiosen Ingredienzien gewonnen. Die reine Lehre ist das oft nicht mehr, der Berufsstand der ›seriösen‹ *bomoh* hat Sorgen mit dem geschäftstüchtigen Nachwuchs. Immer weniger junge Männer sind bereit, die strengen Lebensregeln eines *bomoh* zu befolgen. Für schwierigere Aufgaben sind oft längeres Fasten und Enthaltsamkeit gefordert, das Auswendiglernen der Litaneien erfordert viel Geduld. Der Fortschrittsglaube des aufstrebenden Malaysia bedeutet möglicherweise bald das Aussterben dieses Berufsstands.

12 Uhr und dauert bis etwa 14 Uhr, während dieser Zeit haben viele offizielle Stellen und Geschäfte geschlossen.

Islamisches Recht, *scharia,* wird in Malaysia von einer gerichtlichen Instanz überwacht, aber nur auf Malaien angewandt. Vorehelicher Austausch von Zärtlichkeiten ist untersagt, eine Heirat eines Muslim mit einer Andersgläubigen ist ungültig.

Die islamischen Gesetze verlangen unter anderem, daß jegliche Nahrung, die Muslime zu sich nehmen, *halal* (erlaubt) sein muß. Fleisch ist nach besonderen Regeln von einem Muslim zu schlachten, Schweinefleisch gilt als tabu. Viele Restaurants zeigen mit der Aufschrift *ditangung halal* an, daß ihre Gerichte *halal* zubereitet sind. Alkohol ist zwar nicht strikt verboten, aber der Koran warnt vor seinem Genuß. Hunde gelten Muslimen als unrein.

Wie in allen Religionen ist das Maß, in dem alle diese Regeln von den Gläubigen erfüllt werden, auch in Malaysia unterschiedlich. Die Bundesstaaten an der Ostküste der Halbinsel gelten als orthodoxer als die verstädterten Gegenden der Westküste, wo Chinesen einen hohen Bevölkerungsanteil stellen.

Chinesische Religionen

Die Vorfahren der malaysischen Chinesen nahmen aus ihrer Heimat einen starken Volksglauben mit, dessen Grundlage ein sehr individueller Ahnenkult ist. Ahnentafeln stehen in jedem chinesischen Tempel und in vielen Wohnzimmern auf den Familienaltären. Man stellt dort für den Geist der Verstorbenen Opfergaben in Form von Obst, Gebäck oder Räucherstäbchen auf. Die Überzeugung, daß man, in welcher Form auch immer, mit den Vorfahren Kontakt hat, ist vor allem dem Konfuzianismus zueigen, aber auch der Taoismus kennt die Ahnenverehrung. Die meisten Chinesen sind Anhänger dieser beider Glaubenslehren oder des Buddhismus, viele vermischen sie auch, obgleich die Wurzeln des Buddhismus, Taoismus und Konfuzianismus recht unterschiedlich sind.

Der Konfuzianismus geht auf den chinesischen Gelehrten Konfuzius zurück, der etwa 500 v. Chr. lebte.

Wann genau Lao-tse, der Begründer des Taoismus, gelebt hat, darüber sind sich die Forscher heute nicht einig. Die Lehre vom *tao,* dem rechten Weg, ist eher ein philosophisches Gedankengebäude als eine Religion im abendländischen Sinne. Die gegensätzlichen Kräfte des *yin* und *yang* sind für den Taoismus das Grundprinzip der Welt, das ewige Leben das erstrebenswerte Ziel.

Der Buddhismus verbreitete sich im 6. Jh. v. Chr. Der indische Prinz Siddharta Gautama erfuhr nach langen Jahren der Askese die Erleuchtung und nannte sich

In allen chinesischen Tempeln werden Räucherstäbchen abgebrannt

fortan Buddha – der Erleuchtete. Er erkannte, daß alles menschliche Dasein Schmerz und Leiden ist, das durch Begierde erzeugt wird. Dem kann nur entkommen, wer sich in Askese übt, um Erlösung im Nirvana zu erfahren. Der schwierige Weg dorthin, der Achtteilige Pfad, beschreibt für jeden Buddhisten das rechte Verhalten. In China setzte sich seit dem 3. Jh. der Mahayana-Buddhismus durch, der neben Buddha auch noch eine große Zahl von Erleuchtungswesen, Boddhisattvas, verehrt.

Chinesen praktizieren oft eine pragmatische Mischform aller drei Lehren, der man – von einigen thailändisch-buddhistischen Tempeln *(wats)* im Norden abgesehen – auch in Malaysia begegnet. Chinesen überwinden mit Hilfe ihrer Religion vor allem die Schwierigkeiten des täglichen Lebens – Tempel sind zugleich soziales Zentrum und religiöse Stätte. Da es festgelegte Gebetszeiten nicht gibt, herrscht meist lebhaftes Treiben von Bittstellern, die Räucherstäbchen anzünden, und Ratsuchenden, die Antworten im Werfen von Holzklötzen oder im Ziehen von Horoskopstäbchen suchen.

In chinesischen Tempeln in Malaysia findet man neben der Statue eines dickleibigen, lächelnden Buddha meist Abbilder der unzähligen taoistischen Gottheiten. Besonders beliebt ist der Gott der Langlebigkeit – Shou Xing –, ein liebenswürdig dreinblickender Großvater mit Glatze und langem Bart. Für die vielen chinesischen Geschäftsleute ist eine Statue des Tua Pek Kong – des Gottes des Wohlstands – unverzichtbar.

Hinduismus

Der Hinduismus war in Malaya schon lange vor dem Islam bekannt, geriet aber im 13. Jh. mit dem Zusammenbruch des Sri-Vijaya-Reiches zunächst in Vergessenheit. In Gunung Jerai in Kedah zeugen noch ein paar Mauerreste von den einst wohl prächtigen Tempelbauten. Erst die indischen Einwanderer des 19. und 20 Jh. errichteten neue Tempel und belebten die hinduistischen Rituale in Malaysia.

Der Hinduismus ist ungleich der anderen Weltreligionen keine Verkündigungsreligion, es gibt keinen Religionsstifter. Das persische Wort *hindu* heißt Fluß und deutet schon den regionalen Bezug auf den großen Fluß Indiens, den Indus, an. Die Wurzeln des Hinduismus gehen in die Frühzeit der Indus-Kultur zurück, die *veda* (Wissen) genannten Schriften entstanden wahrscheinlich schon ab dem vierten vorchristlichen Jahrtausend. Die Priesterkaste der Brahmanen ergänzte und kommentierte die Schriften später und entwickelte als oberste der heute noch in Indien lebenden Kasten eine große Machtfülle.

Die Hauptgottheiten der Hindus sind Brahma, der Schöpfergott, Vishnu, der erhaltende Gott, und Shiva, der Zerstörer. Der Glaube an *samsara,* die ewige Wiedergeburt, die in unabsehbarer Zukunft zu einer spirituellen Erlösung führt, ist die zentrale Idee der Religion. Der Fortschritt eines Menschen in diesem Prozeß und seine Chance, vom Kreislauf der Wiedergeburten befreit zu werden, wird von seinem *bhakti,* der Hingabe und Verehrung für einen Gott, bestimmt, außerdem von seinem *dharma,* dem Glauben an das Gesetz, und letztlich von seinem *karma,* der Qualität seiner Taten.

Da der Hinduismus keine Dogmen oder unwiderruflichen Auslegungen kennt, war er offen für animistische Vorstellungen und lokale Legenden. Volkstümliche Epen wie das »Mahabharata« und das »Ramayana« nennen weitere

Er verspürt keine Schmerzen – Teilnehmer an der hinduistischen Thaipusam-Prozession

Inkarnationen der drei Hauptgottheiten, Prinzen und Dämonen, die das Leben eines Hindu und die hinduistische Kunst bestimmen.

Die Hindus in Malaysia verehren vor allem den elefantenköpfigen Ganesha, den Gott, der alle Unternehmungen zu einem glücklichen Ende bringt, und den kriegerischen Subramaniam, der im Zentrum des Thaipusam-Festes steht. Ein nationaler Feiertag ist Deepavali, das Lichterfest, das zu Ehren von Rama, einer Inkarnation Vishnus und Sieger über die dunklen Mächte, gefeiert wird.

Hindus haben keine gemeinsamen Gebetszeiten, vielmehr kommen sie, wann immer es angeraten scheint, zum Tempel. Dort meditieren sie und beten zu den verschiedenen Gottheiten. Zum Zeichen der völligen Hingabe an einen Gott strecken sich viele Gläubige lang auf dem Boden aus. Sie bringen Opfer in Form von Kokosnüssen, Reis und Obst, die allerdings nur ein Priester vor der Statue der Gottheit ablegen darf. Die Gläubigen schauen dabei zu und erhalten danach die geweihten Opfer zurück.

Naturreligionen

Ein Großteil der Urbevölkerung auf der Halbinsel, in Sabah und Sarawak lebt auch heute noch in einer von animistischen Vorstellungen geprägten Welt. Auch unter den zum Christentum oder Islam konvertierten Ureinwohnern haben sich animistische Glaubenselemente erhalten.

Die eingeborenen Volksgruppen Malaysias haben keine schriftliche Überlieferung, ihr Glaube wird aber in ihrer Kunst und in ihren Bräuchen deutlich. Ihr Leben ist von der Annahme bestimmt, daß jeder Berg, jeder See, jeder Baum eine Seele hat und daß die Natur von Göttern und Dämonen bewohnt ist.

Die Orang Asli auf der Halbinsel nennen diese Naturgottheiten *orang hidop,* unsterbliche Menschen. Da man von ihnen abhängig ist, muß man sie günstig stimmen und darf sie nicht gegen sich aufbringen. Die Orang Asli bringen den Göttern regelmäßig Opfer dar und beachten zahlreiche Tabus. Das strengste ist wohl das Inzesttabu und das Verbot des Ehebruchs, aber auch Tierquälerei wird mit hohen Strafen belegt. Um den Schöpfergott zu besänftigen, zum Beispiel bei Gewittern, werden auch menschliche Blutopfer dargebracht, indem man sich mit einem Messer ritzt und etwas Blut in ein Opfergefäß abzapft. Medizinmänner verstehen sich auf die Heilkräfte der Pflanzen und übernehmen priesterähnliche Funktionen.

Bei den Ureinwohnern in Sarawak, besonders bei den Iban, Penan und Orang Ulu, ist der animistische Glaube bis heute sehr stark. Für die Iban haben Vögel eine spezielle Bedeutung, die Flugrichtung oder der Ruf bestimmter Vögel, vor allem des Nashornvogels, werden als gutes oder schlechtes Omen ausgelegt. Die Federn des Nashornvogels zieren die rituellen Kostüme ihrer Medizinmänner, der *manang.* Die Kopfjagd war bei den Iban früher Ausdruck ihrer Glaubensvorstellung, nach welcher der Kopf Sitz aller Kraft und Fruchtbarkeit ist. Tätowierungen galten als Zeichen für die Tapferkeit eines Kopfjägers. Ein Bindeglied zwischen dem Animismus und dem ›modernen‹ islamischen Malaysia ist der *bomoh,* eine Art Wahrsager, der übersinnliche Kräfte hat (vgl S. 56f.).

Drachen, Kreisel, Tänze Kunst in Malaysia

Malaysia ist die Heimat von vier nationalen Kulturen mit vielfältigen Kunstformen. So gibt es neben der hohen Schule der malaiischen Kampfkunst eine lebendige Tradition indischer Tempeltänze. Es werden chinesische Opern aufgeführt, die Kunst der eingeborenen Volksgruppen ist in zahlreichen Museen dokumentiert. Chinesische Kunst hat in Malaysia und Singapur eine ganz eigene Ausprägung, die sich von der in China unterscheidet, wie auch die indische Kunst sich auf der Malaien-Halbinsel entwickelt und verändert hat. Die Musik der Ureinwohner von Borneo hat Eingang in das Repertoire von Ethnopop-Musikern gefunden, während in den Langhäusern Kassettenrekorder mit westlicher Popmusik laufen.

Der westliche Einfluß, allem voran das Fernsehen, birgt heute auch eine Gefahr. Statt die ganze Nacht hindurch vor der Leinwand des Schattenspiels zu sitzen, geht man nun lieber 90 Minuten ins Kino. Die traditionellen Anlässe, zu musizieren oder zu tanzen verschwinden angesichts des neuen, urbanen Lebensstils. Schon muß man sich Sorgen um den Nachwuchs an *dalang* (Schattenpuppenspielern) machen.

Literatur

Die Erzählkunst hat die längste künstlerische Tradition auf der Halbinsel Malaysia. Dabei handelte es sich zwar anfänglich noch nicht um schriftliche Fassungen – die gibt es erst seit dem 14. Jh. –

Tropenromanzen
Europäische Schriftsteller in Malaysia

Romantische Träume von der tropischen Inselwelt haben europäische Schriftsteller schon immer beflügelt. Der literarische Exotismus führte besonders englischsprachige Autoren nach Malaya und Borneo.

Dem gebürtigen Polen Joseph Conrad folgten Somerset Maugham und Anthony Burgess, die ihre Erzählungen im kolonialen Malaya ansiedelten. Dazu gesellten sich westliche Reiseschriftsteller, die seit dem 18. Jh. in Malaya und Borneo unterwegs waren und ihre Erlebnisse in seriösen Protokollen oder unterhaltsamen Tagebüchern festhielten.

Joseph Conrad gilt als einer der großen englischen Schriftsteller der Moderne. Geboren wurde er 1857 als Józef Teodor Konrad Korzeniowski in Berdischew, doch den Abenteurer zog es schon bald in die Welt hinaus. Mit 16 Jahren heuerte er auf einem Schiff an und brachte es schon nach vier Jahren zum Kapitän der britischen Handelsmarine. Zehn Jahre segelte er unter britischer Flagge durch die Weltmeere, meist in östliche Richtung. Die Erfahrungen im malaiischen Archipel müssen dabei den größten Eindruck hinterlassen haben, denn hier spielen viele seiner 13 Romane und über 20 Kurzgeschichten, die er bis zu seinem Tode 1924 veröffentlichte. Fast alle sind in deutscher Übersetzung erschienen.

Conrad begann erst mit der Schriftstellerei, nachdem ihm seine angegriffene Gesundheit das Kapitänsleben unmöglich gemacht hatte. Auch die Hauptpersonen seiner Romane erleiden meist dramatische Schicksale, scheitern an widrigen Umständen oder verzweifeln an der Wirklichkeit, ziehen sich in Traumwelten zurück.

In seinem 1895 entstandenen Roman »Almeyer's Folly« (deutscher Titel: »Almeyers Wahn«, in der Neu-Übersetzung »Almeyers Luftschloß«) verschlägt es Kaspar Almeyer, Sohn holländischer Kolonialisten aus Java, nach Borneo, wo er einen abgelegenen Handelsposten leitet. Conrad läßt Almeyer allerlei Kämpfe und Abenteuer erleben, die vielen Rückschläge und die Einsamkeit in dem entlegenen Gebiet von Borneo erträgt er nur, weil er nicht aufhört, von einem Leben mit seiner Tochter Nina in Europa zu träumen. Als Nina ihn schließlich verläßt, platzen alle seine Träume wie Luftschlösser.

»Lord Jim« (1890) erzählt die Geschichte des jungen Engländers Jim, der als Offizier und Hafenagent die malaiischen Meere und Häfen bereist. Wechselnde Schauplätze und Personen sowie unglaubliche Geschehnisse verbildlichen Lord Jims verstörten Charakter und seine Obsessionen.

Conrad zeichnet präzise Charakterstudien und beschreibt zugleich lokale Eigenheiten, Bräuche und Kultur der einheimischen Bevölkerung. Die exotische Umgebung, meist gefährliche Meere, geheimnisvolle Flüsse und finstere Regenwälder sind in diesen auch Büchern Conrads nicht nur Kulissen, sondern Metaphern für das wirre Gefühlsleben seiner Protagonisten.

Das abenteuerliche Element von Conrad fehlt bei seinem Kollegen Somerset Maugham, der teilweise äußerst bissig die selbstgefällige Kolonialgesellschaft im Malaya der 20er Jahre kommentiert. Maugham, ein 1874 in Paris geborener Abkömmling der englischen Oberschicht, war wie Conrad ständig auf Reisen. Statt in Seemannsheimen residierte er im berühmten Raffles Hotel in Singapur (wo man noch heute seine Suite, Nr. 78, bewohnen kann).

Im kolonialen Malaya spielen mehrere Kurzgeschichten Maughams, die auch ins Deutsche übersetzt sind. In der Kurzgeschichte »Before the Party« beschreibt Maugham eine englische Beamtengattin, die aus Frustration über ihre Einsamkeit in dem entlegenen Posten in Sarawak und die Alkoholsucht ihres Mannes ihm in klassisch malaiischer Amok-Manier mit einem *Parang*-Schwert den Hals durchschneidet. Diese Geschichte ist eingebettet in eine Rahmenhandlung, deren Glaube an das Establishment in starkem Kontrast zum Kern der Erzählung steht.

Maugham nahm für seine Kurzgeschichten und Gesellschaftssatiren gern reale Menschen als Vorbild. Daher handelte er sich zuweilen ernste Schwierigkeiten ein, etwa mit »The Letter«, das in einem fiktiven Ort in Malaya spielt. Es geht um einen Mord aus Leidenschaft, die Täterin ist die Frau eines Plantagenbesitzers. Obwohl Beweismaterial in Form eines Briefes existiert, wird sie nicht verurteilt, was vermutlich das Ergebnis erfolgreicher Bestechung der Richter war. Ein gefundenes Fressen für Maugham, um die Dekadenz der Kolonialgesellschaft zu entlarven.

Das bekannteste Werk des britischen Romanciers Anthony Burgess (1917–93) ist der von Stanley Kubrick verfilmte Science-Fiction-Roman »The Clockwork Orange«. Weniger bekannt ist, daß Burgess von 1954 bis 1960 als Beamter des britischen Erziehungsministeriums in Malaya arbeitete. Er war Direktor am Malay College in Kuala Kangsar und in Kota Bahru.

Während dieser Zeit entstanden seine ersten drei Romane »Time for a Tiger«, »The Enemy in the Blanket« und »Beds in the East«, die er 1972 als Romanfolge »The Long Day Wanes: A Malayan Trilogy« publizierte. Der Held der drei Bücher, der Lehrer Crabbe, muß während der letzten Tage der britischen Kolonialherrschaft gegen die Unbillen der Bürokratie kämpfen und ist gleichzeitig seiner an Heimweh leidenden Frau, dem tropischen Klima, den malaiischen Dämonen und dem exzentrischen Hauspersonal ausgesetzt. Die Figur des Crabbe trägt autobiographische Züge, sein Leben schildert Burgess mit Ironie, oft auch bissigem Humor. Crabbes Leben in Malaya endet mysteriös. Die Leser werden im Unklaren gelassen, ob er selbst Hand an sich angelegt hat oder von einem Zauber malaiischer Dämonen ausgelöscht wurde.

Der Geisterglaube der Malaien und ihr Hang zur wilden Raserei, *amok,* haben stets das besondere Interesse abendländischer Schriftsteller geweckt, wahrscheinlich weil sie so fremd erscheinen in einer Welt, die strikt zwischen Realität und Traum unterscheidet und in der Probleme diskutiert oder im Alkohol ertränkt werden. Für Malaiien sind reales Leben und Traumerleben eins, Gefühle behält man für sich – bis sie überschäumen, dann ergehen sie sich im Blutrausch, so sehen es jedenfalls die Literaten.

jedoch hat auch die mündliche Weitergabe einen immensen Einfluß gehabt. Noch heute werden bei Schattenspielaufführungen Episoden der alten hinduistischen Epen »Mahabharata« und »Ramayana« erzählt.

Die Berührung mit dem Islam im frühen 15. Jh. markiert den Beginn der malaiischen Literatur. Zu den indischen Dichtungen kamen der Koran sowie persische und arabische Gedichte. Neben den neuen Inhalten war vor allem die Einführung der arabischen Schrift von Bedeutung. Die Malaien adaptierten die arabischen Jawi-Schriftzeichen für die malaische Sprache und übernahmen auch arabische Wörter in ihren Sprachschatz.

Die Zentren der neuen Schriftkultur etablierten sich an den Höfen der Sultane, schon bald entstanden Gesetzestexte, Genealogien und Hofannalen. Die bekanntesten, »Sejarah Melayu« – die sogenannten malaiischen Annalen, eine Chronik des Sultanats von Melaka –, wurden um 1640 verfaßt.

Die Einnahme Melakas durch die Portugiesen 1511 beendete die klassische Epoche der malaiischen Kultur und setzte die Halbinsel abendländischen Einflüssen aus. Im 16. Jh. wurde die malaiische Sprache von christlichen Missionaren zum ersten Mal in lateinischen Buchstaben geschrieben. Für islamische Schriften herrschte weiterhin das Jawi-Alphabet vor, bis die Briten im 19. Jh. die lateinische Schrift verbindlich machten.

Heute ist das literarische Malaysia ein disparates Land. Das islamische Schrifttum ist teilweise auf Arabisch verfaßt, teilweise auf Malaiisch in arabischen Schriftzeichen, die weltliche Literatur benutzt das lateinische Alphabet und erscheint in malaiischer und englischer Sprache. Chinesische und indische Schriften existieren auch, spielen aber eine untergeordnete Rolle.

Als erster malaiischer Schriftsteller gilt Abdullah bin Abdul Kadir. Er war Anfang des 19. Jh. die rechte Hand von Sir Stamford Raffles und wird auch Munshi Abdullah – Sprachlehrer Abdullah – genannt, weil er eine Grammatik der malaiischen Sprache verfaßte. Kadir veröffentlichte 1849 seine Autobiographie, in der er sein Leben in der neuen britischen Niederlassung beschreibt.

Romane im westlichen Sinne erschienen in Malaysia seit Beginn des 20. Jh., allerdings hat es bisher noch keiner der Autoren, weder der malaiisch-, noch der englischsprachigen, zu internationalem Rang gebracht. Cecil Rajendra und Abdul Samad Said sind die einzigen Schriftsteller, deren Werke bisher ins Deutsche übersetzt wurden. Im ausgehenden 20. Jh. widmen sich Autoren wie Karim Raslan und Rehman Rashid sozialkritischen Themen und veröffentlichen neben Kurzgeschichten und Erzählungen auch journalistische Stücke.

Musik, Tanz und Theater

Traditionelle Musik wird heute noch bei religiösen Festen in West-Malaysia, Sabah und Sarawak oder bei festlichen Empfängen an den Sultanshöfen gespielt. Außerdem gibt es viele Musikfestivals, die sich der musikalischen Tradition widmen. Die rege malaysische Popmusik-Szene bedient sich gelegentlich der Überlieferung, so erfreuen sich seit einiger Zeit islamische Boy-Groups, die *nasyid* (muslimische Lieder) singen, großer Beliebtheit.

Seit alters her ist Musik in Malaysia Teil religiöser Zeremonien und unverzichtbare Begleitung für Tänze, Tanzdramen und das Schattenpuppenspiel *wayang kulit.* Das begleitende Orchester ist meistens ein *gamelan,* das eine stark rhythmische Betonung hat. Für westliche Ohren klingt Gamelan-Musik oft fremdartig, weil sie auf dem Fünf- oder Siebentonsystem basiert.

Die Melodie wird auf dem *bonang,* einem zehnteiligen Gong gespielt, begleitet von unterschiedlich großen Gongs, Xylophonen und Trommeln, von der riesigen *rebana ubi* über die taktangebende *gendang* bis hin zu kleinen Rasseln. Charakteristische Instrumente des malaiischen *gamelan* sind einige Instrumente arabischen Ursprunges. Die *serunai,* kleine Bambusflöte, die *rebab,* eine Fidel mit drei Saiten und die *gambus,* eine elfsaitige Laute, ergänzen den fernöstlichen Klang des *gamelan* um eine nahöstliche Nuance.

In Sarawak finden sich ähnliche Instrumente; Gongs und Trommeln sind auch hier unverzichtbar. Bei den Orang Ulu, besonders den Kayan und Kenyah, spielt die *sape* eine große Rolle, eine längliche, bootsförmige Laute mit drei oder vier Saiten. Die Orang Ulu betrachten die *sape* als ein magisches, fast heiliges Instrument, was man gut versteht, wenn man einmal den aparten Klängen gelauscht hat. Keine der Melodien ist niedergeschrieben, viele ältere Spieler erzählen, sie hätten das Spiel im Traum gelernt.

Eine malaiische Gesangsform ist das *ghazal* oder *dondang sayang,* letzteres bedeutet sentimentales Wiegenlied. Die Texte, die oft Liebe, große Gefühle und Leidenschaft zum Thema haben, werden in Form von *pantun,* traditionellen malaiischen Reimen, vorgetragen. Die *pantun,* ähnlich den irisch-englischen Limericks, sind sehr humorvoll und voller Ironie.

Beliebt bei volkstümlichen Festen und Hochzeiten ist der *joget,* einer der wenigen Tänze (malaiisch: *tarian),* den Frauen und Männer gemeinsam tanzen, obwohl auch hier Berührungen des anderen Geschlechts vermieden werden.

Musiker mit großen Rebana-Trommeln

Der sehr anmutige Tanz *asyik* – bei Kulturveranstaltungen beliebt – wurde früher nur innerhalb der Palastmauern aufgeführt. Angeblich wurde er für eine Prinzessin aus Kelantan kreiert, um sie über den Verlust ihres Lieblingsvogels hinwegzutrösten. Zehn Mädchen imitieren mit stilisierten Bewegungen kunsthandwerkliche Tätigkeiten wie Weben und Spinnen.

Silat ist die malaiische Kunst der Selbstverteidigung, in den Bewegungen ganz ähnlich dem *Tae kwon-do.* Der Überlieferung zufolge wurde *silat* im 13. Jh. von muslimischen Missionaren in Sumatra erfunden. In seiner zum Tanz stilisierten Form wird *silat* von männlichen Tänzern aufgeführt.

Der *Löwentanz* der Chinesen soll böse Geister verjagen, deshalb ziehen am chinesischen Neujahrsfest *Lion Dance*-Truppen durch die Straßen. Meist stecken zwei bis vier Personen unter einem farbenprächtigen Löwenkostüm aus bestickter Seide mit einer möglichst furchterregenden Löwenmaske.

Ngajat – der Kriegstanz der Iban

Unter der indischen Bevölkerung wird auch heute noch die Tradition der klassischen hinduistischen Tänze aufrechterhalten. Bei den rituellen Tänzen hat jede Bewegung, jede Geste der Finger eine bestimmte Bedeutung. Die Tänzer durchlaufen meist eine strenge Ausbildung mit mehreren Prüfungen, bis sie das volle Programm darbieten können. Die Bewegungen und Positionen des *odissi* ahmen die Gebärden der Tempelskulpturen nach, beim *bharata natyam* werden mittels einer ausgefeilten Gestik religiöse Geschichten erzählt.

In Sabah und Sarawak ist die rituelle Bedeutung von Tänzen noch stärker ausgeprägt. Während des *gawai dayak,* des traditionellen Erntefestes, tanzen die Iban und Bidayuh zur Unterhaltung der Reisgötter, auch die Kadazan in Sabah kennen Tänze für die Götter der Reisfelder.

Der spektakulärste Tanz ist der *ngajat,* der Kriegstanz der Iban, der mit voller Waffenmontur, Blasrohr und Schild aufgeführt wird. Ein Geschicklichkeitstanz, mit dem auch Touristen zur Freude aller Bewohner auf ihre Langhaustauglichkeit getestet werden, ist der *menggunatip.* Zwei Bambusstangen werden in immer schneller werdendem Takt knapp über dem Boden zusammengeschlagen, der Tänzer muß möglichst elegant dazwischen springen und vermeiden, daß seine Füße eingeklemmt werden.

Auch das populäre *mak yong* hatte früher starke spirituelle Elemente, die aber heute meist von komödiantischen Einlagen überlagert sind. *Mak yong,* vor ungefähr 400 Jahren in Kelantan entstanden, vereinigt ein romantisches Drama mit Tänzen, Gesang, Musik und einem Schuß Komik.

Die Abenteuer des Prinzen Rama aus dem »Ramayana« gehören zu den populärsten Stücken des Schattenpuppenspiels *wayang kulit*. *Wayang* bedeutet Theaterspiel, *kulit* ist das malaiische Wort für Haut oder Leder, das Material, aus dem die bunt bemalten, perforierten Schattenpuppen gefertigt sind.

Auf einer leicht erhöhten Bühne ist eine Leinwand aufgespannt. Diese wird von hinten beleuchtet, hinter der Leinwand sitzen der Puppenspieler und die *gamelan*-Musiker im Schneidersitz. Der Puppenspieler, *dalang*, muß ein Multitalent sein. Er bewegt nicht nur die Puppen, sondern spricht, singt und tönt auch alle Rollen, oft mehr als 50 verschiedene während einer Aufführung. Jeder Charakter hat eine bestimmte Tonlage, jede Puppe bewegt sich anders, neben einem exzellenten Gedächtnis muß der *dalang* auch über großes Geschick und schauspielerisches Talent verfügen.

Spiele

In den Hochburgen der malaiischen Kultur an der Ostküste haben sich einige traditonelle Freizeitvergnügungen gegen die Konkurrenz des Fernsehens behauptet. Die steife Brise vom Südchinesischen Meer ist ideal zum Drachensteigen. Neben den Flugeigenschaften werden auch Schönheit und Klang (die Spitze des Drachen erzeugt beim Fliegen einen summenden Ton) in Wettbewerben beurteilt.

Beim *main gasing* – Kreiseldrehen –, eher ein Spiel für Erwachsene, ist Feingefühl gefordert, wenn es gilt, die Holzkreisel in Bewegung zu setzen. Einmal in Fahrt, können die Kreisel sich stundenlang drehen. Bei festlichen Anlässen liefern sich Dorfgemeinschaften oft Kreiselwettbewerbe.

Beim *sepak takraw* versuchen zwei Mannschaften von jeweils drei Spielern

An der Ostküste Malaysias zählt Drachenbauen zu den traditionellen Freizeitvergnügungen

wie beim Volleyball einen kleinen Rattanball ohne Bodenberührung zu halten und in das gegnerische Feld zu befördern. Im Gegensatz zum Volleyball wird nicht mit Armen und Händen, sondern ausschließlich mit Beinen und Füßen gekickt.

Kunsthandwerk

Bei der Völkervielfalt in Malaysia ist die Palette der kunsthandwerklichen Produkte und Techniken schon fast nicht mehr zu überschauen. *Sarongs* mit Batikmustern zählen zu den beliebtesten Souvenirs aus Malaysia, eine ganze Industrie ist damit beschäftigt, diese möglichst bunt und preiswert herzustellen. Dabei stammt die Batiktechnik nicht von der malaiischen Halbinsel, sondern von der indonesischen Insel Java. Bis in das 20. Jh. wurden die kostbaren Batikstoffe aus Java importiert, erst seit den 30er Jahren arbeiten auch in West-Malaysia Handwerksbetriebe mit dieser Färbetechnik.

Songket, das malaiische Wort für Sticken, ist als Bezeichnung für die golddurchwirkten, brokatähnlichen *Songket*-Stoffe eigentlich irreführend. Die Muster des *songket* entstehen am Webstuhl, wo goldene oder silberne Schußfäden über einen Trägerstoff aus dunkelroten, tiefblauen oder grünen Seidenfäden gewebt werden, gelbe Seide ist den Königshäusern vorbehalten. *Songket* können nur in Handarbeit hergestellt werden, entsprechend hoch sind auch die Preise, je nach Muster umgerechnet 50 bis zu mehreren Tausend Euro. Die Stoffe werden bei festlichen Anlässen getragen, Männer tragen ihn über der Hose als knielangen *samping,* Frauen im *Baju-Kebaya*-Stil, als knöchellangen Rock mit einer langärmligen Seidenbluse.

Die Iban in Sarawak verwenden hauptsächlich die *Kebat*-Technik, die unter dem Namen *ikat* auch in Indone-

Bei einem Pua kumbu, einer rituellen Decke, hat jedes Muster eine symbolische Bedeutung

sien bekannt ist. Die Muster entstehen in einem kombinierten Web- und Färbevorgang. *Kebat* für binden (*ikat* heißt binden auf malaiisch) beschreibt die Technik, bei der die auf den Webstuhl gespannten Kettfäden dem Farbmuster entsprechend abgebunden und gefärbt werden. Das gleiche Prinzip wird für die Schußfäden angewandt, die Bündel für Bündel abgebunden und eingefärbt werden. Mit dieser Technik lassen sich Alltagsgegenstände, Pflanzen und Tiere darstellen, menschliche Figuren dürfen nur auf Textilien dargestellt werden, die zu rituellen Zwecken gebraucht werden.

Die Herstellung eines *pua kumbu,* einer rituellen Decke, ist das höchste Ziel einer Weberin. Jedes Muster des *pua* hat eine symbolische Bedeutung, die den Frauen vielfach im Traum eingegeben wurde. Manche *pua* werden zusätzlich bestickt und zu Kleidungsstükken verarbeitet, die nur Medizinmänner und Priester tragen dürfen.

Die Kunstfertigkeit der alten Holzschnitzer kann man an einigen traditionellen malaiischen Häusern, besonders in Kelantan und Terengganu, bewundern. Bei einigen Orang-Asli-Gruppen und besonders bei der Urbevölkerung in Sarawak ist die Holzschnitzkunst noch sehr verbreitet.

Die im Bundesstaat Pahang lebenden Jahut schnitzen Tierfiguren als Symbole für ihre Gottheiten und Geister. Um die Kraft der Symbole zu verstärken, schnitzen sie oft mehrere Tiere übereinander, wodurch Totempfahl-ähnliche Skulpturen entstehen.

Die Melanau in Sarawak fertigen *blum,* kleine Fetische aus Holz, die als Krankheitsbilder dienen. Wenn sie die Krankheit aus dem Patienten aufgenommen haben, werden sie auf ebenfalls holzgeschnitzten Bötchen flußabwärts ins Meer geschickt. Die Iban stellen nahe ihren Tierfallen und Langhäusern Holzfiguren auf, die ihre Götter symbolisieren. *Tuntun,* die kleine hockende Figur des Jagdgottes, ist auch eine beliebte Souvenirschnitzerei.

Das Meisterwerk der Iban-Schnitzkunst ist der *kenyalang,* das Abbild des Nashornvogels, das eine wichtige Rolle während der *gawai*-Feste spielt. Die bunt bemalten *kenyalang* sind bis zu 2 m groß, Grundfigur ist ein Vogelkörper mit einem überlangen Schnabel. Auf Rücken und Schnabel paradieren festlich gekleidete Menschen, manche in Langbooten, neuerdings auch in Autos oder auf Motorrädern.

Museen in Malaysia zeigen Kollektionen von Silber- und Messingwaren, kunstvoll ziselierten Vasen, Tellern und Schmuck, die in höfischen Werkstätten gefertigt wurden. Der Höhepunkt der aristokratischen Schmiedekunst und der Inbegriff der malaiischen Kultur ist der *kris,* ein kurzer, scharfer Dolch. Früher trug jeder erwachsene Malaie, der etwas auf sich hielt, mindestens einen *kris* unter dem *sarong.* Der Dolch, oft über Generationen vererbt, war nicht nur eine Waffe, sondern die Verbindung seines Trägers zur Ahnenwelt und legaler Stellvertreter seines Besitzers bei Gericht oder sogar bei seiner eigenen Vermählung. Manchen *kris* werden magische Kräfte nachgesagt.

Die *parang ilang,* die Kopfjägerschwerter der Iban, besitzen einen vergleichbaren kultischen Wert. Sie haben eine leicht geschwungene Klinge und werden in einfacheren Ausführungen auch zum täglichen Gebrauch als Buschmesser oder bei der Feldarbeit benutzt. Die traditionelle Festtracht der Iban-Frauen besteht aus silbernen Armreifen und Ohrringen, einem filigranen Kopfputz sowie Hüftgürtel und Kette aus silbernen Münzen.

Architektur

Das traditionelle *rumah melayu,* das malaiische Haus, ist ein Holzhaus auf Stelzen, das einfach aussieht, aber zahlreiche Eigenschaften hat, die es zum idealen Bauwerk für das tropische Klima machen. Unter dem aufgestelzten Fußboden strömt immer ein frischer Luftzug. Die vielen bis auf den Boden reichenden Fenster und Gitterwerk in den Giebeln begünstigen ebenfalls die gute Belüftung, zudem speichert Holz die tropische Hitze nicht so lange wie Stein.

Der Grundriß ist der eines Gemeinschaftshauses, private Bereiche gibt es nicht. Muslimischen Vorschriften folgend, befinden sich die Wohn- und Arbeitsbereiche der Frauen und Männer in verschiedenen Anbauten, die durch unterschiedliche Ebenen getrennt sind. Männer halten sich meist im *serambi* auf, der überdachten Veranda im vorderen Teil des Hauses. Der hintere Teil *rumah ibu* – Haus der Mutter – ist den Frauen vorbehalten.

Das *rumah melayu* ist variabel, wenn die Familie wächst oder genug Geld da ist, können beliebig viele Anbauten hinzugefügt werden. Die Häuser der Minangkabau in Negri Sembilan haben ein geschwungenes Dach, in Terengganu und Kelantan sieht man Ähnlichkeiten mit dem thailändischen Baustil.

Die traditionelle Hausform auf Borneo ist das Langhaus, von den Bewohnern *rumah* (Haus) genannt. Genaugenommen ist es aber ein Dorf in Form von bis zu 50 aneinandergereihten Wohneinheiten mit einer gemeinsamen Veranda.

Auch die Langhäuser sind auf Stelzen gebaut, über eine Leiter an der Längsseite gelangt man auf die *ruai,* die überdachte Veranda, die auch als soziales Zentrum der Langhausgemeinde dient. Von der *ruai* gehen an einer Längsseite die *bilik* ab, die privaten Wohnungen der einzelnen Familien. Die andere Längsseite nimmt die *tanju,* eine offene Veranda, ein, auf der Reis gedroschen, Pfeffer gestampft und Wäsche getrocknet wird.

Viele ältere Stadtteile sind heute noch von chinesischen *shop houses* geprägt, zu deren Erscheinungsbild auch Sir Stamford Raffles einen entscheidenden Beitrag leistete. Als Schutz vor tropischen Sonnenstrahlen und Regengüssen verordnete er Ladenbesitzern einen Arkadengang in einer Breite von mindestens fünf Fuß, daher heißen diese Gänge auch heute noch *five foot walks.*

Die koloniale Architektur in Malaysia verband europäische Stilelemente von Renaissance bis Tudor, lokale Techniken und exotische Phantasien. Privathäuser wurden noch am ehesten im lokalen Baustil errichtet, weil die Belüftungsmethoden dem Klima optimal angepaßt waren. Für ihre Landsitze und Klubhäuser griffen die Engländer auf den schwarz-weißen Fachwerkstil der Tudorzeit zurück. Viele Schulen sind im viktorianischen Stil gebaut.

A. C. Norman, der Architekt des 1896 fertiggestellten Sultan Abdul Samad Building in Kuala Lumpur, bediente sich aus dem architektonischen Formenschatz Marokkos, Indiens und Europas. Das gefiel dem damaligen Gouverneur Frank Swettenham so gut, daß Norman und sein Kollege A. B. Hubbock um die Jahrhundertwende das Bild des historischen Stadtkerns mit einer mogulindischen Moschee, einem Postamt, einem Gerichtsgebäude und anderen Verwaltungsbauten prägten. Der Höhepunkt ist Kuala Lumpurs Bahnhof, der aussieht wie der Palast eines indischen Maharajas.

Im ausgehenden 20. Jh. hieß auch in Malaysia die Devise *form follows*

Auf Stelzen gebautes Haus in Kedah

function, und das bedeutete für Bürogebäude auf teuren Innenstadtgrundstükken schmucklose Fassaden und das Streben in die Höhe. In Singapur und Kuala Lumpur gibt es aber auch originelle Beispiele moderner Hochhausarchitektur. Das Hotel Marriot an der Orchard Road in Singapur ist einer achteckigen chinesischen Pagode nachempfunden, auf den mehr als 30 Stockwerken sitzt ein geschwungenes Pagodendach aus grünglasierten Ziegeln. Das Dach der in den 90er Jahren erbauten Nationalbibliothek in Kuala Lumpur ist so verschachtelt wie der *tengkolok,* die traditionelle malaiische Kopfbedekkung, und mit einem *songket*-Muster verziert.

Die islamische Formensprache zitieren auch die 1998 fertiggestellten Petronas Towers in Kuala Lumpur. Komplexe geometrische Muster sind in der islamischen Kunst ein Symbol für die Unbegreiflichkeit Allahs, der sternförmige Grundriß und die facettenreiche Stahlfassade der Türme mit den vorkragenden Blenden und Brüstungen verkörpern dies perfekt.

Für Moscheen ist in Malaysia die arabische Bezeichnung *masjid* gebräuchlich, *jame* ist der Zusatz für die Freitagsmoschee. Die ersten Moscheen auf der Halbinsel wurden noch nach javanischem Vorbild erbaut, mit niedrigen Minaretten, einem quadratischen Grundriß und einem mehrstufigen Dach. Ein schönes Beispiel ist die Masjid Kampung Hulu in Melaka aus dem Jahr 1728, die älteste erhaltene Moschee in Malaysia.

Bei späteren Bauten wie bei der 1917 vollendeten Masjid Ubudiah in Kuala Kangsar oder der 1909 erbauten Masjid Jame in Kuala Lumpur übernahm man Stilelemente der arabischen und nordindischen Architektur. Der zentrale Gebetsraum und die Türme wurden mit Kuppeln gekrönt, die Fassaden mit Arka-

Der Gopuram, der Torturm eines hinduistischen Tempels, ist stets reich geschmückt

den, Säulen und geometrisch durchbrochenem Mauerwerk gestaltet.

Die Architektur der chinesischen Tempelgebäude folgt den geomantischen Regeln des *feng shui,* jeder Tempel ist so konstruiert, daß böse Geister frei durchfliegen können und keine Gelegenheit finden sich niederzulassen. Die Gebetshalle steht in einem viereckigen ummauerten Bezirk, den man durch ein meist recht aufwendig gestaltetes Tor betritt. Dazu muß man auch über eine hohe Schwelle treten, die böse Geister vom Betreten der Anlage abhalten soll. Die Angst einflößenden Gestalten im Figurenschmuck mancher Tore dienen demselben Zweck, wie auch die paarweise aufgestellten Löwenskulpturen. Im offenen Hof steht ein meist bronzener Behälter für Räucherstäbchen, entlang der Außenmauern befinden sich in größeren Anlagen Nebenräume, in denen oft der Tempelwächter wohnt. Der Dachfirst trägt meist einen reichen Figurenschmuck mit symbolischer Bedeutung, häufig sieht man Karpfen oder Drachen, die für Ausdauer und Erfolg stehen.

Hindu-Tempel in Malaysia sehen auf den ersten Blick aus wie reich verzierte Disneyschlößchen. Ein ganzes Pantheon farbenfroher Skulpturen ergießt sich über das *gopuram,* den kunstvoll gestalteten Torturm, und die Friese im Innern. Malaysische Hindu-Tempel orientieren sich an südindischen Vorbildern, durch das *gopuram* gelangt man in einen Hof, in dem auf einer erhöhten Plattform die *grabha griha* steht, ein höhlenartiger Schrein, der die Götterstatue birgt. Die Plattform ist oft überdacht und von einem *sikhara,* einem Tempelturm bekrönt.

Viele Köche verwöhnen den Gast
Malaysia kulinarisch

Alle essen immer und überall, das ist einer der ersten Eindrücke, die man in Malaysia gewinnt. Wenn zwischen Haus und Straße ein bißchen Platz bleibt, steht dort eine mobile Küche, nebenan sitzen auf Plastikstühlen um einen schiefen Tisch zufriedene Esser mit einer Schüssel dampfender Nudelsuppe. Malaysier essen nicht nur, um satt zu werden, die häufigen Mahlzeiten dienen auch der Kommunikation.

Neben den Gerichten der Malaien, Chinesen und Inder gibt es eine Vielzahl Kombinationen davon, dazu regionale Spezialitäten. Allerdings wird man nie einen muslimischen Malaien Schweinefleisch essen sehen, auch Alkohol wird in rein malaiischen Restaurants nicht serviert. Viele Hindus essen kein Rindfleisch, Chinesen dagegen wird nachgesagt, sie äßen alles, was Flügel oder Beine hat, außer Flugzeuge und Tische.

Nasi, Reis, ist Bestandteil fast jeder Mahlzeit. Alle Volksgruppen essen ihn gekocht oder gebraten als einfache Mahlzeit und bei besonderen Anlässen zu verschiedenen Fleischgerichten.

Kein Gericht der Malaien kommt ohne *sambal belacan,* eine scharfe Chilipaste mit fermentierten Krabben aus, säuerliche Nuancen gibt es durch Tamarinde, Limonenblätter oder Zitronengras. Chinesische Restaurants bieten sowohl scharf gewürzte *Szechuan*-Gerichte als auch kantonesische *dim sum* oder Peking-Ente an. Inder sind mit tamilischen *kari* oder *gulai,* würzigen Curry-Gerichten vertreten. Aus Nordindien kommt der *Tandoori*-Ofen, in dem Brot und Fleisch gegart werden. Die *Nyonya*-Kochkunst ist eine Mischung aus verschiedenen chinesischen Küchen mit malaiischem Einschlag.

Spezialitäten in Kelantan sind *ayam percik,* über Holzkohle gegrilltes Hähnchen, und *nasi kerabu,* ein mit Kräutern gewürztes Reisgericht. Penang ist berühmt für *laksa,* in Sabah und Sarawak sollte man die Dschungelgemüse wie *paku* und *miding,* wilde Farnarten, oder Bambussprößlinge probieren.

Ein kulinarischer Tagesablauf in Malaysia könnte so aussehen: In den *kampungs* nimmt man die erste Mahlzeit des Tages häufig im *warung* ein, einer Mischung aus Krämerladen und Dorfgaststätte. In den Städten hat man die Wahl zwischen einfachen *food stalls* oder den *kedai kopi, coffee shops.* Wer es süß mag, knabbert ein paar *pisang goreng,* fritierte Bananen, oder ein *roti canai* mit *kaya,* ein pfannkuchenartiges Brot mit einer zuckersüßen Marmelade aus Kokosnuß und Ei. Die meisten Malaysier mögen es *pedas,* scharf, und bevorzugen *nasi lemak,* in *santan* (Kokosmilch) gekochten Reis, mit *sambal,* einer Chilisoße, *ikan bilis,* winzigen getrockneten und gesalzenen Sardellen, *rendang,* einem scharfen Fleischgericht, und anderen kleinen Beilagen wie Erdnüssen, Ei und Gurke. Dazu gibt es heißen *kopi susu,* Kaffee mit gesüßter Kondensmilch, oder *teh tarik,* schwarzen Tee, ebenfalls mit süßer Milch.

Bis zum Mittagessen nascht man ein paar *kueh,* bunt gefärbte Küchlein aus Klebreis, Kokosraspel oder Reismehl. Zu Mittag wird meist früh, schon vor 12 Uhr gegessen. Dazu trifft man sich wieder an den Garküchen, den *hawkers,* etwas gepflegter schon im *kedai makan* oder *restoran,* so heißen die einfachen Gaststätten. Die Zubereitung der Speisen dauert meist nicht lang, die beliebtesten Gerichte *nasi goreng,* gebratener Reis, *mee goreng,* gebratene Nudeln, und *kway teow,* gebratene Bandnudeln, werden im Wok zubereitet. *Nasi ayam,* in Hühnerbrühe gekochter Reis mit einer Beilage von Hühnchenfleisch, steht fertig bereit, die Nudeln und Gemüsezutaten für die klare *mee sup* oder die scharf gewürzte *curry mee* werden nur kurz mit kochendem Wasser gebrüht. Wer es eilig hat, ißt schnell ein *pau,* ein Hefeklößchen, das aussieht wie ein Germknödel und meist eine salzige Füllung aus Bohnen und Fleisch hat. Wer mehr Zeit hat, kann zum Dessert noch ein *ais kacang* verspeisen, geraspeltes Wassereis mit Wackelpuddingstückchen, süßem Mais, roten Bohnen und verschiedenfarbigem Sirup garniert.

Bevor es abends noch ein richtiges Menü gibt, kann man sich nachmittags ein *rojak* vom Essensstand an der Straßenecke holen. *Rojak* heißt mischen, der beliebte Snack ist ein Salat aus Ananas, Schlangengurke, Papaya und Zwiebeln, manchmal auch fritiertem Tofu und einer süßsauer-scharfen Soyasoße.

Ab 18 Uhr werden vielerorts die *pasar malam,* die Nachtmärkte, aufgebaut. Mehrere Garküchen bieten verschiedene Gerichte und Getränke an, die man an einem der Tische nebenan verspeist. Die Tische sind meist nicht einem bestimmten *food stall* zugeordnet, man bestellt Getränke und Speisen von unterschiedlichen Ständen und bezahlt bei Lieferung. Wer richtig Hunger hat, beginnt ein ausgiebiges Abendessen mit *saté ayam, kambing* oder *daging,* kleinen Hühnchen-, Ziegen- oder Rindfleischspießchen, über Holzkohle gegrillt. Dazu gehört *kuah saté,* eine würzige Soße aus gerösteten Erdnüssen.

Saté-Spießchen sind ein beliebter Snack

Für den Hauptgang stehen internationale Gerichte zur Wahl. Die Spezialität an den *mamak stalls* der indischen Muslime sind *Tandoori*-Hühnchen, in einer Marinade aus Joghurt, Knoblauch und scharfen Gewürzen eingelegte und im *Tandoori*-Ofen gebackene Hühnerschenkel. Dazu gibt es *roti,* indisches Brot oder *nasi biryani,* Basmati-Reis mit Gewürzen.

Chinesen bieten häufig gegrillte oder fritierte Meeresfrüchte an wie *sotong* (Tintenfisch), *ketam* (große Salz- oder Süßwasserkrebse), *udang* (Krabben) und *ikan* (Fisch). Dazu gehört *sayur* (Gemüse), etwa das spinatähnliche *kangkung* in *sambal belacan,* einer Gewürzpaste aus Chili und Krabben.

Die Krönung eines gemütlichen Abends ist für viele Malaysier der Genuß von *durian,* für die Einheimischen die Königin der Früchte. Wer den käsig-fauligen Geruch dieser Frucht nicht ertragen kann, muß auf Obst nicht verzichten, je nach Saison gibt es *nanas,* Ananas, die erfrischenden *mangosteen,* die Litschi-ähnlichen *rambutan* und Mangos im Überfluß.

Ochsenkarren in Melaka ▷

19

Reisen in Malaysia

West-Malaysia Schmelztiegel der Völker

Kuala Lumpur und Umgebung

Tips und Adressen S. 290

Beim Anflug auf die Hauptstadt von Malaysia, Kuala Lumpur, sieht man aus dem Flugzeugfenster viel Grün – dunkelgrüne Ölpalmenplantagen mit ihren charakteristischen geometrischen Mustern, hellgrüne Kautschukpflanzungen und gelegentlich die brokkoli-ähnliche ›Skyline‹ des Regenwalds. Die Szenerie ändert sich erst kurz vor der Landung, wenn Baustellen, Autobahnen und Flughafengebäude sichtbar werden.

Die Taxifahrt ins Stadtzentrum macht deutlich: Kuala Lumpur ist eher ein Großstadtdschungel denn eine grüne Oase. K. L. (sprich: Käy El), wie es von den Bewohnern genannt wird, ist auf dem Weg in die Zukunft. Im Klang Valley entstehen Trabantenstädte mit Wohnsiedlungen. Die Kondominium genannten Wohnhochhäuser haben den Vororten längst den Beinamen ›Kondo-Lumpur‹ eingetragen. Am Horizont blitzen die Petronas Towers auf, die mit 452 m höchsten Gebäude der Welt. Überall Baukräne, Bulldozer, die das wuchernde Grün zur Seite schieben.

Auf den mehrspurigen Straßen im Stadtzentrum künden importierte Nobelkarossen vom neuen Reichtum und die unzähligen Mofas von der großen Masse der kleinen Erfolgreichen. Zur Rush hour bleiben Verkehrsstaus nicht aus. Das Klang Valley und Kuala Lumpur beherbergen – nach vorsichtigen Schätzungen – heute etwa 2 Mio. Menschen.

Kuala Lumpur, deutsch: schlammige Flußmündung, wurde vor etwa 150 Jahren an der Mündung des Gombak in den Klang River gegründet. Der Zusammenfluß liegt immer noch im Herzen der Stadt, wenngleich er heute nicht mehr schlammig, sondern einbetoniert ist. Über den wahren Gründer gibt es mehrere Ansichten. Maßgebliche Figuren waren der malaiische Regent des Staa-

Zum hinduistischen Thaipusam-Fest treffen sich alljährlich Zehntausende Gläubige ◁

Nachts erstrahlt das im Mogul-Mixstil errichtete Sultan Abdul Samad Building

tes Selangor mit Sitz in der Stadt Klang, Raja Abdullah, der chinesische Klanchef Yap Ah Loy und der britische Resident von Selangor und spätere britische Gouverneur Frank Swettenham.

Raja Abdullah, inspiriert vom wirtschaftlichen Aufschwung, den die Zinnförderung dem Städtchen Ipoh 150 km nördlich von Selangor gebracht hatte, sandte 1857 einen Trupp chinesischer Minenarbeiter aus, um ähnlich vielversprechende Vorkommen zu finden. Sie suchten entlang des Flusses Klang und wurden 40 km landeinwärts fündig, nahe der schlammigen Flußmündung. Mühsam mußten sich die Arbeiter den Weg durch den malariaverseuchten Dschungel bahnen, Kulis transportierten den kostbaren Rohstoff von den Förderstätten bis zum Fluß Klang, der etwas unterhalb der Mündung des Gombak bis zum Hafen in Klang schiffbar war.

Chinesische Minenarbeiter und *towkays* (Kaufleute) strömten in das neuentdeckte Zinn-Eldorado. Um 1870 war Kuala Lumpur ein kleines Nest mit einigen hölzernen Geschäftshäusern, ein paar Opiumhöhlen und Spielhöllen. Die

Zuwanderer aus China gehörten zwei Geheimbünden an, und es blieb nicht aus, daß sich mit dem wirtschaftlichen Wettbewerb die Rivalität zu Bandenkriegen entwickelte.

1880 machte der britische Gouverneur von Selangor, Frank Swettenham, Kuala Lumpur zur Hauptstadt des Staates Selangor. Doch schon 1881 wütete ein verheerender Brand in der Stadt, der die meisten der hölzernen Bauten zerstörte. Der Ausbau der Stadt wurde aber weiter vorangetrieben, Chinatown am östlichen Flußufer mit Ziegelbauten wiedererrichtet. Am westlichen Ufer begannen die Briten mit ersten Gebäuden für die koloniale Gesellschaft.

Nach dem Zinnboom kamen der Kautschukboom und weitere Arbeitskräfte, hauptsächlich aus der Provinz Tamil Nadu im Süden Indiens. Um die Jahrhundertwende hatte KL, seit 1896 Hauptstadt der Föderation von Malaya, schon mehr als 40 000 Einwohner.

Bis zur Invasion japanischer Truppen im Dezember 1941 wuchs der Wohlstand kontinuierlich, die einzige Bedrohung schienen regelmäßige Überschwemmungen durch die beiden Flüsse zu sein, bei denen oft ein Großteil von Chinatown und der Kricketplatz auf dem Padang unter Wasser standen. Obwohl die Japaner die Stadt bombardierten, blieben die wichtigsten Gebäude unversehrt.

Die Briten kehrten 1945 in die Hauptstadt ihrer Kolonie Malaya zurück, das Streben nach Unabhängigkeit war aber nicht mehr aufzuhalten. Von den kommunistischen Guerillakämpfen während des Ausnahmezustands von 1947 bis 1960 war zwar in KL selbst wenig zu spüren, doch während der zwei Jahrzehnte von der Rückkehr der Briten bis zum Ende der 60er Jahre war die Atmosphäre zwischen chinesischen und malaiischen Bevölkerungsgruppen gespannt. Sie explodierte in den blutigen Rassenunruhen im Mai 1969 im Kampung Bahru von KL.

Seitdem ist KL wieder ruhig – zumindest was die Demonstrationen politischer Überzeugungen auf der Straße angeht. Ansonsten hat sich fast alles verändert: Östlich des kolonialen Zentrums und der alten Chinatown ist seit den 70er Jahren des 20. Jh. eine neue City mit Bürogebäuden, Einkaufszentren, Hotels und breiten Straßen entstanden.

So ist KL heute keine besonders charmante Stadt. Luftverschmutzung, Hitze und die hohe Luftfeuchtigkeit machen das Sightseeing nicht gerade zu einem entspannten Vergnügen, aber oft genug zu einem spannenden Abenteuer.

Das koloniale Herz der Stadt

Die Besichtigung von Kuala Lumpur beginnt an der Mündung des Gombak in den Klang. Am Ufer zwischen den beiden Flüssen steht malerisch die älteste Moschee der Stadt, die **Masjid Jame** **1** oder Freitagsmoschee. Der Hauptein-

Kuala Lumpur
Das koloniale Herz
1 Masjid Jame 2 City Hall 3 Merdeka Square 4 Royal Selangor Club 5 St. Mary's Cathedral 6 Sultan Abdul Samad Building 7 Infokraf-Textilmuseum 8 Natural History Museum 9 Dayabumi Complex 10 Masjid Negara 11 Islamic Museum 12 Railway Station 13 Majestic Hotel 14 National Museum 15 Planetarium Negara 16 Bird Park 17 Central Market 18 Jalan Petaling 19 Chan See Shu Yuen Temple 20 Sri Maha Mariammam Temple 21 Coliseum Bar and Hotel

gang liegt an der Jalan Tun Perak, neben dem Eingang zur LRT-Station.

Wie aus Tausendundeiner Nacht wirken die Zwiebelkuppeln auf dem Gebäude aus pink-beigem Sandstein. Die Fassade wird durch weiße Bögen und zierliche Säulengänge akzentuiert, von dem eleganten Minarett erklingt fünfmal täglich der Ruf des Muezzin. Die 1909 fertiggestellte Masjid Jame wurde von indischen Händlern finanziert. Entworfen hatte sie der britische Architekt A. B. Hubbock, der die Mogul-Moscheen Nordindiens zum Vorbild nahm.

Der langgestreckte Nachbarbau mit Arkaden ist ein Werk des Briten A. C. Norman, der es – ebenfalls im nordindischen Stil – 1896 als **City Hall** 2 entwarf. Dort ist heute unter anderem der High Court von Malaysia untergebracht.

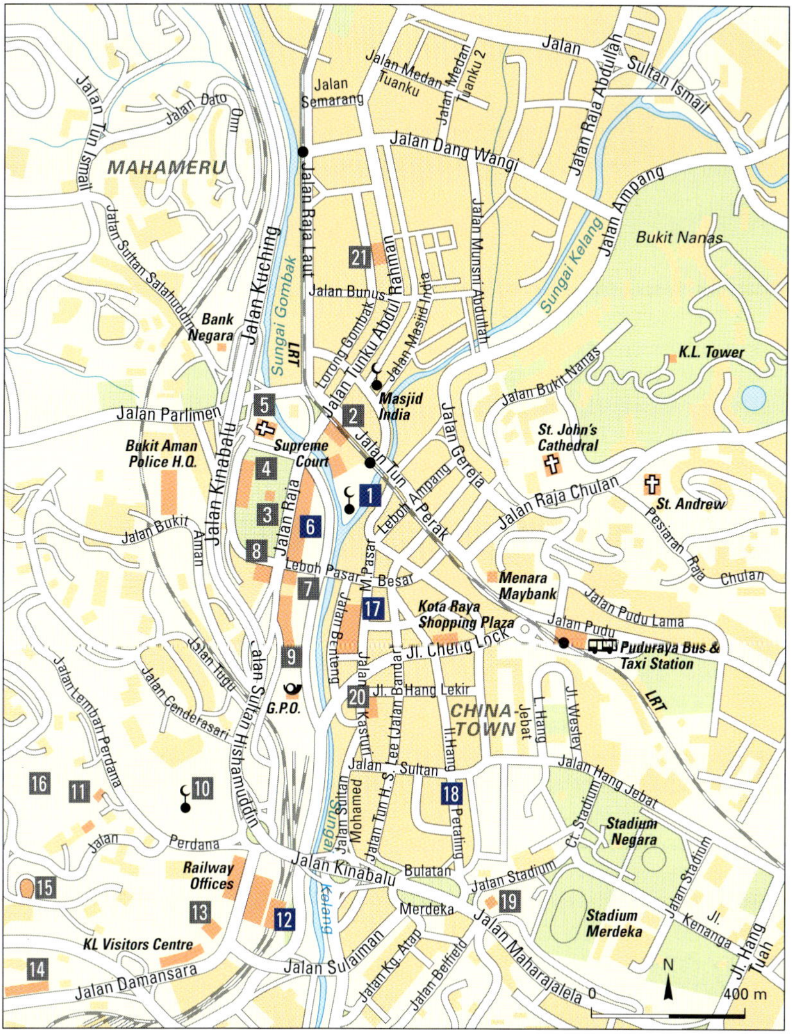

Die Masjid Jame aus dem Jahr 1909 ist die älteste Moschee in Kuala Lumpur

An der belebten Kreuzung am nördlichen Ende des **Merdeka Square** 3 scheint der Verkehrsstrom niemals abzureißen. Die weite Rasenfläche des 200 m langen Padang – malaiisch für Feld – legten einst die Engländer als Kricket-Platz an.

Alle Gebäude rings um den Padang entstanden nach dem großen Brand in Kuala Lumpur 1881. Die Funktion als Hauptstadt im Visier, holte der damalige Gouverneur Sir Frank Swettenham für die neu zu errichtenden Verwaltungsgebäude Architekten nach Malaya, die vorher in Indien gebaut hatten. Die Planer der Masjid Jame und der City Hall – Hubbock und Norman – zeichnen für den Großteil der Bauten verantwortlich. Selbst die Handwerker für diese Großprojekte holte man aus der indischen Kolonie. So tragen die Gebäude eine unverkennbare Handschrift: inspiriert von der Mogul-Architektur in Nordindien, vermischt mit viktorianischen Stilelementen aus der englischen Heimat und garniert mit malaiischen Architekturformen.

Zwei Bauten wurden vom orientalisierenden Stildiktat ausgenommen, ihre Funktion ist so britisch, daß jeder Fächerbogen, jede Arkade und Zwiebelkuppel fehl am Platze wäre. Das schwarz-weiße Fachwerkgebäude im Tudor-Stil an der Längsseite des Padang, der **Royal Selangor Club** 4, wurde 1890 als erstes neues Gebäude nach dem Brand fertiggestellt. Nach seinem Maskottchen, einem schwarz-weiß gepunkteten Dalmatiner, bekam das Klubhaus seinen Spitznamen *spotted dog.* Noch mehr als vier Jahrzehnte nach der Auflösung der Kolonie bestehen die strengen Regeln im Klub: Keine Frauen an der Bar, und überhaupt gilt *members only.*

Das zweite urenglische Gebäude, die kleine weiße **St. Mary's Cathedral** 5, wurde 1894 von Norman im viktorianischen Stil erbaut, auch die Orgel importierte man aus der britischen Heimat. Nach dem Sonntagsgottesdienst mußte die britische Kolonialgemeinde nur ein paar Schritte durch die tropische Hitze zum benachbarten Klubhaus gehen, in dem man bei *gin tonic* und *ale* den neuesten Klatsch austauschen konnte.

Heute ist die einstige Bastion der englischen Kolonialherren ein Symbol der Unabhängigkeit von Malaysia. Auf der Rasenfläche des Padang wurde am 31. 8. 1957 die Souveränität, die Freiheit, – malaiisch: *merdeka* – gefeiert. Alljährlich am 31. 8. findet auf dem Platz eine prachtvolle Parade statt, über dem Platz weht die malaysische Flagge. Samstags abends ist die Jalan Raja für den Durchgangsverkehr gesperrt, Hunderte von Lichterketten an den Bäumen und Gebäuden illuminieren die Flaniermeile.

Das **Sultan Abdul Samad Building** 6, das größte Gebäude am Merdeka Square, erstreckt sich fast über die gesamte Länge des Platzes von etwa 200 m. A. C. Norman entwarf den 1897 im Mogul-Mixstil fertiggestellten Bau als State Secretariat, als Sitz der kolonialen Verwaltung der Föderation von Malaya. Arkaden und Bogenfenster zieren die zweistöckige Fassade, deren lange Fluchten runde Treppentürme unterbrechen. Zwiebelkuppeln aus Kupferblech reflektieren das Sonnenlicht in warmen Tönen. Den extravaganten Akzent setzt der 40 m hohe Uhrturm. Heute sind in dem Gebäude verschiedene Gerichtshöfe untergebracht.

Am südlichen Ende des Padang stehen kleinere koloniale Verwaltungsbauten wie das ehemalige General Post Office und das Public Works Department. Auch hier setzte Norman farbige Ziegelbänder zur Akzenturierung der Fassaden ein, die Fensterbögen haben die charakteristisch-orientalische Schlüssellochform. Heute beherbergt das Gebäude das **Infokraf-Textilmuseum** 7, in dem malaysische Webkunst präsentiert wird.

Gegenüber dem Fahnenmast sind in cremefarbenen, einstigen Verwaltungsgebäuden die Kuala Lumpur Memorial Library und das **Natural History Museum** 8 untergebracht. Das 1996 eröffnete Museum dokumentiert auf drei Etagen die Geschichte des malaysischen Staates von der Prähistorie bis heute.

Die Jalan Raja führt Richtung Süden, leider weniger fußgängerfreundlich als am Merdeka-Platz, wo breite Gehsteige das touristische Flanieren angenehm machen. Hinter den letzten kolonialen Gebäuden blitzt der polygonale weiße Marmorblock des **Dayabumi Complex** 9 aus den 70er Jahren des 20. Jh. auf. Die mit islamischen Ornamenten durchbrochene, dennoch fast wehrhaft wirkende Marmorfassade präsentiert orientalische Architektur in einer modernen Interpretation und bildet somit einen reizvollen Kontrast zu den Nachbargebäuden aus dem 19. Jh. Das neue General Post Office der Pos Malaysia ist in den Gebäudekomplex integriert.

Der Fußweg entlang der vielbefahrenen Jalan Sultan Hishamuddin ist nicht besonders angenehm – fast gänzlich ohne Schatten führt er nach etwa 300 m zur 1965 eingeweihten **Masjid Negara** 10 mit blau-grünem Mosaikdach und einem schlanken, über 70 m hohen Minarett. Brunnen und Wasserspiele prägen die großzügige Außenanlage, im Innern bietet die Gebetshalle Platz für mehr als 1000 Gläubige. Außerhalb der Gebetszeiten kann die Moschee besichtigt werden.

Wer mehr über den Islam und islamische Kunst erfahren will, kann das 1999 eröffnete **Islamic Museum** 11 besuchen, in dem neben kalligraphischen

Koranabschriften auch Kunsthandwerk gezeigt wird.

In Sichtweite der Moschee sorgt ein weiteres koloniales Ensemble mit orientalischem Zierrat für einen optischen Genuß: Die phantasievolle, weiß gestrichene **Railway Station** 12 wurde vom Reiseschriftsteller Paul Theroux als einer der schönsten Bahnhöfe der Welt gerühmt. Auch dem Eisenbahn-Verwaltungsgebäude auf der gegenüberliegenden Straßenseite mangelt es nicht an Kuppeln, Bögen und Türmchen. Der Architekt A. B. Hubbock entwarf 1910 und 1917 die Gebäude für die Eisenbahn als letzte der Serie mogul-indischer Architektur. Die minarettartigen weißen Türmchen bilden einen reizvollen Kontrast zu den modernen Bürogebäuden im Hintergrund. Innen kann der Bahnhof mit dem märchenhaften Äußeren nicht ganz mithalten, er ist zweckmäßig und im modernen Design gestaltet.

Schräg gegenüber befand sich bis 1983 eines der besten Hotels der Stadt, das **Majestic** 13. Eine repräsentative Treppe führt zu dem im Art déco-Stil errichteten Bau. Die National Art Gallery, die das Gebäude seit den 90erJahren des 20. Jh. beherbergte, ist seit Ende 2000 umgezogen in die Jalan Tun Razak nördlich des Stadtzentrums.

Vom Hotel Majestic sind es fünf Fußminuten bis zum **National Museum** 14 am Rande der Lake Gardens, das 1963 im Stil eines traditionellen Minangkabau-Hauses erbaut wurde. Rechts und links des imposanten Hauptportals zeigen Wandmosaiken Szenen aus der malaiischen Geschichte. Im Garten des Museums findet man historische Vehikel, neben einer Dampflok, Sänften und traditionellen Booten auch das erste malaysische Auto, den Proton Saga, der 1985 vom Band lief.

Im Erdgeschoß stellen Dioramen Aspekte des malaiischen Lebensstils nach – *Kampung*-Leben, eine malaiische Hochzeit, eine Beschneidungsfeier, Schattenspiel, ein *Perenakan*-Haus. Im

Grüne Oase in der wuchernden Stadt – die Lake Gardens

oberen Stock kann man die Vielfalt der (ausgestopften) malaysischen Tierwelt bewundern. Etwas interessanter, aber leider nicht genügend erklärt ist die Sammlung lokalen Kunsthandwerks, ethnographischer Artefakte und die umfangreiche Kollektion einheimischer Musikinstrumente.

Vom Nationalmuseum führt eine Fußgängerbrücke zum **Planetarium Negara** 15, das mit der blauen Kuppel und dem Observatoriumsturm beinahe wie eine Moschee aussieht. Im Space Theatre werden regelmäßig Sky-Movies und Sternanimationen gezeigt.

In der riesigen Voliere des **Bird Park** 16 fliegen farbenprächtige Vögel frei herum. Mehrere Arten der bizarren Nashornvögel sind zu bestaunen, am Wochenende ist ein Vogelstreichelzoo geöffnet – mit etwas Glück kann man einen weißen Kakadu verwöhnen.

Vom gegenüberliegenden Orchideen- und Hibiskusgarten erreicht man die weitläufigen Lake Gardens – malaiisch Taman Tasik Perdana. Die Briten legten den Park 1890 im Stil eines englischen Landschaftsgartens um einen künstlichen See an. Auf dem leicht hügligen, fast 100 ha großen Gelände kann die Aussicht auf die Skyline von Kuala Lumpur genießen, auf dem See rudern, an Kiosken Erfrischungen kaufen oder im Schatten eines Baumes entspannen.

Das teuerste und exklusivste Hotel von KL am westlichen Rand des Parks auf einem Hügel, Carcosa Sri Negara, wurde 1904 als Wohnsitz des Gouverneurs Sir Frank Swettenham erbaut. 1989 und 1998 nächtigte die britische Königin Elizabeth II. hier. Der sonntägliche *high tea,* inklusive superber Aussicht auf KL ist auch für kleinere Budgets erschwinglich und ein kulinarisch-atmosphärisches Erlebnis.

Chinatown

Am südlichen Ende des Merdeka Square führt die Leboh Pasar Besar über den Klang-Fluß vom alten kolonialen Distrikt in das Gebiet der Chinatown, in der man noch viele der um 1900 erbauten Geschäftshäuser des alten KL sehen kann. Die Läden befinden sich im Erdgeschoß, von der Straße durch Arkaden, den sogenannten *five foot walk,* getrennt, darüber wohnt die Familie des Besitzers. Wie in Singapur werden manche der zum Teil verfallenen Gebäude mittlerweile restauriert.

Vor wenigen Jahren war der heute aus dem touristischen Programm nicht mehr wegzudenkende **Central Market** 17 vom Abriß bedroht. Mitte der 30er Jahre wurde die Markthalle im Art déco-Stil erbaut, um den schon vorhandenen Marktplatz mit besseren hygienischen Einrichtungen zu versorgen. 1983 sollte die stark renovierungsbedürftige Halle abgerissen werden, glücklicherweise war eine Gruppe engagierter Denkmalschützer mit Protesten erfolgreich und bewahrte den Central Market vor der Abrißbirne. Heute ist er – nach erfolgreicher Restaurierung – ein Eldorado für Souvenirjäger. Von Blasrohren bis zu chinesischer Kalligraphie, Stempelschnitt und Fastfood ist hier fast alles zu bekommen.

In der Hauptstraße **Jalan Petaling** 18 herrscht nahezu 24 Stunden Betrieb. Morgens kann man chinesische Hausfrauen beim Einkauf auf dem dichtgedrängten *wet market* beobachten. Die Abteilung für Hühnchen und Schweine ist nichts für empfindliche Gemüter, geschlachtet und gerupft wird bei Nachfrage vor Ort.

Auf der Jalan Petaling bauen am späteren Vormittag Obstverkäufer, *Copy watch*-Spezialisten und Gemischtwarenhändler ihre Stände auf. Nach Son-

Der im Art déco-Stil errichtete Central Market ist ein Eldorado für Souvenirjäger

nenuntergang nehmen Verkaufstände die gesamte Breite der Straße ein – unter bunten Schirmen, beleuchtet von Neonröhren, die zuweilen noch von lauten Dieselgeneratoren angetrieben werden. Hier kann man fast alles kaufen, von der neuesten Gucci-Uhr bis zu traditionellen Gewürzmischungen, vom Calvin-Klein-T-Shirt bis zu getrockneten Seepferdchen. Nicht alles ist echt, und feilschen ist Pflicht.

Einige Läden verkaufen auch heute noch die stärkenden chinesischen Kräuter-Suppen und erinnern an die ursprüngliche Klientel des Viertels: chinesische Minenarbeiter. Neben gesunder Nahrung gab es auch Bordelle und Opiumhöhlen. Letztere sind heute verschwunden, sie wurden durch Karaokebars ersetzt. Unlängst kamen in der Jalan Balai Polis einige trendige Cafés hinzu.

Frisch gestärkt kann man in Chinatown auch ein kulturelles Besichtigungsprogramm absolvieren. Der **Chan See Shu Yuen Temple** 19, einer der größten chinesischen Tempel in KL, wurde 1906 als Familienschrein des Chan-Klans erbaut, ist auch heute noch in Familienbesitz und deshalb meist verschlossen. Das reich verzierte, geschwungene Dach und die schönen Schnitzereien kann man aber auch von außen bewundern.

Kurioserweise befindet sich der Haupttempel der Hindus – der **Sri Maha Mariamman Temple** 20 – mitten in Chinatown. Gegründet vor etwa 130 Jahren von tamilischen Hindus und Mitte des 20. Jh. stark erweitert, ist der Tempel heute der Ausgangspunkt der alljährlichen Thaipusam-Prozessionen zu den Batu Caves (vgl. S. 98). Mariamman wird mit der Bitte um Schutz vor Krankheiten und unheilvollen Ereignissen angebetet. Der *gopuram,* das Eingangstor zum Tempel, wurde 2000 farbenprächtig renoviert.

Einer der ältesten chinesischen Tempel, der See Yeoh Temple in einer schmalen Seitenstraße der Jalan Tun H. S. Lee in der Nähe des Central Market, wurde um 1880 von Kapitan China Yap Ah Loy gegründet, dessen Abbild an der Rückwand hinter den Altären hängt. Das Anzünden von Räucherstäbchen an diesem Schrein bringt angeblich geschäftlichen Erfolg.

Little India

Das indische Viertel von Kuala Lumpur liegt nördlich des Merdeka-Platzes, entlang der Jalan Tunku Abdul Rahman, die auch unter ihrem alten Namen Batu Road bekannt ist. Wie die Parallelstraße Jalan Masjid India ist sie von Geschäftshäusern gesäumt, die indische Seiden-Saris, Bücher und Teppiche verkaufen, in den Restaurants bekommt man gute muslimisch-indische Gerichte. Samstags abends findet hier ein großer Nachtmarkt statt.

Die Fassaden sind hier schlichter als in Chinatown, viele sind in einem strengen Art-déco-Stil gehalten. Besonders schön und in relativ gutem Zustand ist der Komplex des **Coliseum** 21, das ein Kino, ein Hotel und ein seit den Tagen von Somerset Maugham beliebtes Restaurant mit Bar umfaßt. Das Gebäude und das Interieur, vom Hutständer bis zu den Flaschenregalen, blieben original aus den Tagen erhalten, in denen britische Plantagenbesitzer hier ihren Whisky schlürften. Sogar die Speisekarte ist auf den Geschmack der kolonialen Europäer ausgerichtet. Spezialität des Hauses sind die *sizzling steaks,* die zischend auf einer heißen Gußeisenplatte serviert werden, dazu gibt es Rosenkohl und Tomatensauce. Damit Hemd und Bluse fein sauber bleiben, hängen die Ober den Gästen eine riesige Serviette um.

Frisch gestärkt von Gin Tonic and *sizzling steak* bietet sich ein Bummel durch Little Indias faszinierende Warenwelt an. In der Jalan Masjid India, die parallel zur Jalan Tunku Abdul Rahman verläuft, reiht sich ein indisches Emporium an das andere. Die Auswahl an farbenprächtigen *Punjabi Suits* und Saris scheint fast endlos. Ergänzt wird das Sortiment durch allerlei exotische Kosmetika, Stoffe, Schuhe und grellbunt beworbene Hindu-Filme auf Videokassetten.

Die Jalan Tunku Abdul Rahman, abgekürzt Jalan TAR, führt noch 2 km Richtung Norden bis zur Kreuzung mit der Jalan Ipoh im Stadtteil Chow Kit. Mit Sehenswürdigkeiten im touristischen Sinne kann Chow Kit nicht aufwarten, aber beim Spaziergang durch die schmalen Gassen, Hinterhöfe und den Markt an der Jalan TAR entdeckt man noch viel vom alten Kuala Lumpur.

Golden Triangle

Das Goldene Dreieck von Kuala Lumpur ist längst kein solches mehr, denn es wuchs in den letzten zehn Jahren über seine ehemaligen Grenzen hinaus. Entlang der west-östlich verlaufenden Jalan Sultan Ismail, der Jalan Ampang und der Jalan Raja Chulan schießen Bürohochhäuser aus dem Boden, auch an Luxushotels und klimatisierten Einkaufszentren besteht kein Mangel.

An der großen Kreuzung in Chinatown am Puduraya-Busbahnhof steht eines der Wahrzeichen des wirtschaftlichen Aufschwungs von Malaysia – das Hochhaus der Maybank mit charakteristischem Dreiecksdach. Von dort führt die Jalan Raja Chulan mitten hinein in das neue Zentrum der Boomtown KL.

Nur wenige alte Bauten konnten der ungebremsten Bauwut der vergangenen beiden Jahrzehnte trotzen, etwa die kleine St. Andrew's-Kirche, die unweit der 1998 fertiggestellten Kuala Lumpur Stock Exchange fast wie Spielzeuggebäude aussieht. Nach etwa fünf Minuten Fußweg entlang der Jalan Raja Chulan stößt man auf die Einmündung der Jalan P. Ramlee zur Linken. Von hier geht es den kurzen, steilen und daher schweißtreibenden Weg hinauf auf den Bukit Nanas, den Ananas-Hügel. Dort angelangt, kann man noch höher hinaus, auf den 422 m hohen **KL Tower** 1 oder Menara Kuala Lumpur, der bei der Einweihung 1996 der dritthöchste Turm der Welt und der höchste in Asien war. Besonders bei klarem Himmel lohnt sich

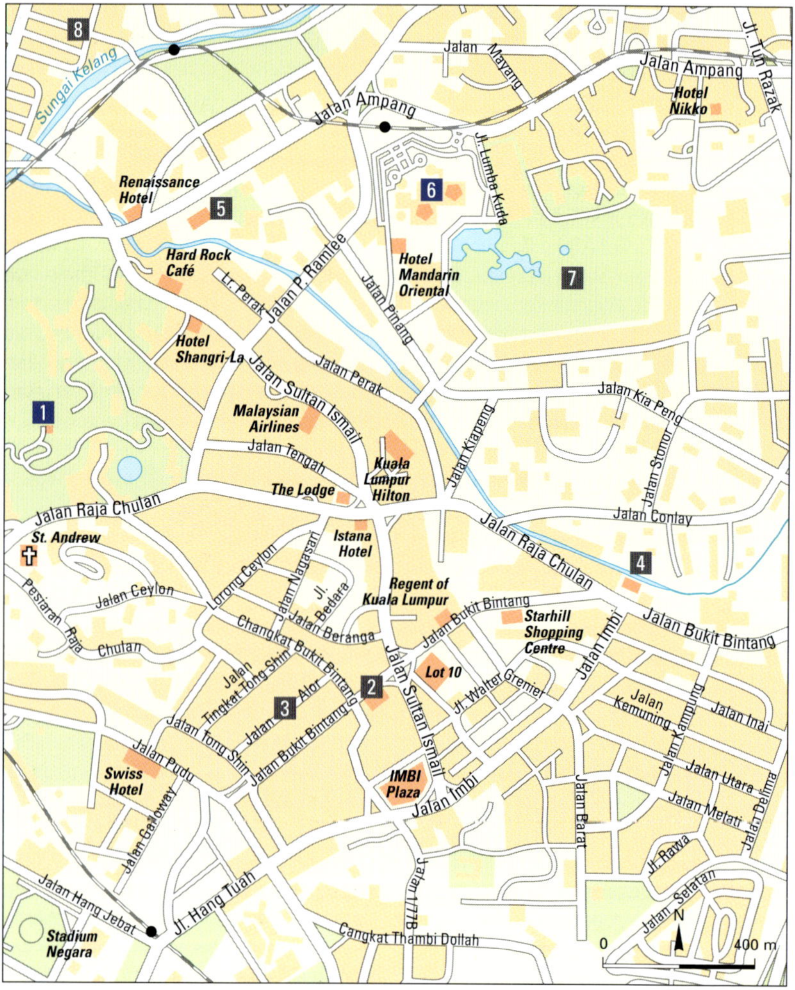

die Fahrt auf die Aussichtsplattform. Der 360°-Panoramablick auf die wuchernde Stadt hilft, das Straßenchaos zu verstehen, man hat einen spektakulären Blick auf die 30 m höheren Petronas Towers, und wenn es nicht gar so dunstig ist, sieht man im Norden die Kalksteinhügel der Batu Caves, zuweilen sogar die Genting Highlands.

An der Jalan Raja Chulan, die moderne Banken und Versicherungspaläste säumen, stößt man auf die Kreuzung mit der Jalan Sultan Ismail, die auf die **Jalan Bukit Bintang** 2, die Haupteinkaufsstraße, zuführt. Hier frönen die KL-ites, wie sich die Einwohner von Kuala Lumpur nennen, ihrer Lieblingsbeschäftigung, dem Shopping. Je nach Geldbeutel kann man Designer-Boutiquen im Starhill oder Lot 10 frequentieren oder deren Kopien aus einheimischer Produktion im Bukit Bintang Plaza oder Sungai Wang Plaza erstehen. Computerfreaks treffen sich im Imbi Plaza, hinter der Sungai Wang Plaza, wo (illegal) kopierte Software und preiswertes (originales) PC-Zubehör verkauft werden.

Wer vom Shopping hungrig geworden ist, sollte in die **Jalan Alor** 3 gehen, in der allabendlich reges Treiben an zahllosen Garküchen und Restaurants herrscht.

Eine gute Ergänzung zu den glitzernden Shoppingtempeln an der Jalan Bukit Bintang mit ihrem internationalem Warenangebot ist der Komplex **Budaya Kraf** 4 an der Jalan Raja Chulan. In einem großzügigen Gebäudekomplex wird malaysisches Kunsthandwerk zum Verkauf angeboten. Täglich kann man zusehen, wie Batik gefärbt, Rattan geflochten und Seide bemalt wird. In einem kleinen Museum sind alte Stücke zu begutachten.

An der Jalan Ampang, ehemals gesäumt von Bäumen, bauten wohlhabende Europäer und neureiche Zinnbarone ihre Villen, von denen einige erhalten blieben. Jenseits der Kreuzung mit der Jalan Sultan Ismail ist inmitten einer großzügigen Rasenfläche der **Malaysian Tourist Information Complex** 5, kurz MATIC, in einer Kolonialvilla untergebracht. Hier kann man neben Informationen und Prospekten im benachbarten Café Erfrischungen bekommen oder den regelmäßig stattfindenden Tanzvorführungen zuschauen.

In der unmittelbaren Nachbarschaft stehen noch weitere britische Villen, die teils als Botschaften genutzt werden oder einfach nur elegante Entrees für gleich dahinter gebaute Bürohochhäuser sind. Ehemals stattliche Anwesen, werden sie nun von den Stahlbetonmassen fast erdrückt.

Wie es sich für echte Briten gehörte, haben die Engländer sich auch eine Pferderennbahn zum Vergnügen gegönnt. Das weitläufige Gelände der alten Rennbahn inmitten der stetig sich ausdehnenden Stadt fiel Anfang der 90er Jahre Planern zum Opfer; nach langer Bauzeit wurden dort 1998 die 452 m hohen **Petronas Towers** 6 fertiggestellt. Einen großen Teil der Freifläche wandelte man in einen Park, das **Kuala Lumpur City Centre** 7, nach malaysischer Sitte KLCC abgekürzt.

Gerade noch zu Füßen des höchsten Gebäudes der Welt, ist man nach wenigen Minuten über eine kleine Seitenstraße mitten in einem malaiischen Dorf. Im **Kampung Bahru** 8, das sich

Kuala Lumpur
Golden Triangle
1 KL Tower 2 Jalan Bukit Bintang 3 Jalan Alor 4 Budaya Kraf 5 Malaysian Tourist Information Complex 6 Petronas Towers 7 Kuala Lumpur City Centre 8 Kampung Bahru

Die Petronas Towers
Die höchsten Gebäude der Welt?

Sehen gar nicht so hoch aus! Ungläubig bestaunen Touristen die beiden Stahltürme von einer kleinen Verkehrsinsel an der Jalan P. Ramlee. Ausgerechnet in Malaysia soll das höchste Gebäude der Welt stehen, da kann etwas nicht stimmen. Immerhin sind sie so hoch, daß die Gruppe Mühe hat, sie auf's Foto zu kriegen, es werden zwei Aufnahmen gemacht, die hinterher zusammengeklebt werden müssen.

Tatsächlich ist die sich nach oben verjüngende Form der Türme – etwas ähnlich den Türmen einer gotischen Kathedrale – eine Art optische Täuschung und nicht dazu angetan, Ungläubige zu überzeugen. Der Wettstreit um das höchste Gebäude der Welt heutzutage ein Rechenkunststück. Die 1997 fertiggestellten Petronas Towers sind vom Trottoir bis zur Spitze 452 m hoch, jeder Turm hat 88 Stockwerke. Der vorherige Rekordhalter, der Sears Tower in Chicago, ist »nur« 443 m hoch. Allerdings hält er noch immer den Rekord des höchsten Stockwerks. Die 110. Etage des Sears Tower liegt in 436 m Höhe, die Petronas Towers kommen mit ihren 88. Stockwerken bis in 378 m Höhe, die restlichen 74 m werden von den stählernen Turmspitzen bestritten. Seine massiven Fernsehantennen eingerechnet erreichte das World Trade Centre in New York sogar eine Höhe von 527 m.

Eines hat der Wolkenkratzer in Kuala Lumpur seinen vielen schachtelähnlichen Konkurrenten aber voraus: Architektonisch ist er bei weitem origineller. Die Bauwerke bestechen durch einen oktogonalen Grundriß. Sie stehen 60 m voneinander entfernt, eine futuristisch konstruierte Brücke, die auf zwei fast grazil wirkenden Stahlarmen lagert, verbindet beide Türme in Höhe des 41. und 42. Stockwerks und formt eine Art Tor.

Fensterbrüstungen und Sonnenblenden bestehen aus Edelstahlpaneelen. Besonders effektvoll ist die Fassade bei strahlendem Sonnenschein oder wenn sie nachts beleuchtet ist.

Der brasilianische Architekt Cesar Pelli hat mit dieser fein gegliederten Fassade eine Hauptforderung der Bauherren, der staatlichen Ölgesellschaft Petronas, erfüllt. Man wünschte sich ein Bauwerk, das dem *genius loci* entsprach, die Architektur sollte sowohl malaiisch, islamisch sein als auch eine Funktion innerhalb der Stadt erfüllen.

bis zum Fluß Klang erstreckt, laufen Hühner auf der Straße, Männer in *sarong* und *songkok* trinken unter Obstbäumen ihren Nachmittagskaffee. Kampung Bahru (neues Dorf) ist noch ›altmodisch‹ und heißt nur deshalb ›neu‹, weil es Ende des 19. Jh. vom Ufer des Gombak hierher an den Klang verlegt

Komplexe Ornamente sind in der islamischen Kunst Ausdruck der Allmächtigkeit Allahs, das durch die Brücke angedeutete Portal ist das Tor zu einem von Premierminister Mahathirs Großprojekten, dem Multimedia-Superkorridor, der von der City bis zur neuen Stadt Cyberjaya im Süden von Kuala Lumpur verlaufen soll.

Ungewöhnlich ist auch die Umgebung der Türme. Der auf der Fläche der ehemaligen Pferderennbahn angelegte Park Kuala Lumpur City Centre, kurz KLCC, hat sich schnell zu einer gut besuchten grünen Lunge der Stadt entwickelt. Im Block am Fuße der Türme ist ein Einkaufszenrum untergebracht. Dieser Sockelbau beherbergt auch eine Konzerthalle, die Spielstätte des Malaysian Philharmonic Orchestra. Hier gastieren oft Musiker internationalen Ranges, die Orgel stammt aus einer Bonner Werkstatt.

Sogar einen Fassadenkletterer haben die Tower schon angelockt: Bereits vor der Fertigstellung versuchte der französische Extremkletterer Alain Robert im März 1997 die Türme zu erklimmen. 28 Etagen unter der Spitze war Schluß, Robert wurde wegen unbefugten Betretens einer Baustelle verhaftet.

Doch der Ruhm als ›höchstes Gebäude‹ ist heutzutage vergänglich genug. Dem Sears Tower war er relativ lange Zeit vergönnt, 1973 bis 1997. Das werden die Petronas Towers kaum erreichen, denn die Konkurrenz schläft nicht. Wieder ist es der asiatische Kontinent, auf dem man in die Höhe strebt. In Shanghai ist ein 460 m hoher Büroturm in Bau, in Taipei will man das 508 m hohe Taipei Financial Centre bis 2003 fertigstellen. Wer den Anschluß nicht verlieren möchte, kann das Rennen im Internet unter www.worldstallest.com verfolgen.

wurde. Samstags abends erwacht die Gegend um die Jalan Hassan Salleh zum Leben, wenn der Nachtmarkt abgehalten wird. Unter freiem Himmel, der von den illuminierten Petronas Towers erleuchtet ist, kann man frisch gegrillte *ayam percik* genießen, dazu gibt es Zukkerrohrsaft oder Soja-Milch.

Die Umgebung von KL Klang Valley und Port Klang

Karte S. 96
Die Vororte von Kuala Lumpur wurden in der jüngeren Vergangenheit durch ein dichtes Netz von mehrspurigen Schnellstraßen erschlossen, was zwar den Verkehrsfluß nicht unbedingt erleichtert, aber zumindest die Anreise übersichtlicher macht. Zur morgendlichen und abendlichen Rush Hour sind die Ausfallstraßen der Metropole allerdings oft hoffnungslos verstopft, was man bei Ausflügen in die Umgebung und besonders beim Transfer zum Flughafen einkalkulieren sollte.

Petaling Jaya und Subang Jaya sind zwei Vororte im Westen von Kuala Lumpur, die sich schon fast in eigene Städte verwandeln. Hier reiht sich eine Siedlung an die nächste, nur unterbrochen von Apartmenthochhäusern oder Industrie-Anlagen.

Wer imposante Kitscharchitektur à la Las Vegas mag, wird am Sunway-Lagoon-Einkaufszentrum in Subang Jaya seine helle Freude haben. Der Eingang des Shoppingcentre wird von einer übergroßen Sphinx bewacht, ägyptische Säulen akzentuieren die Fassade, und eine Pyramide krönt die Anlage. Im Shopping Center gibt es zahllose Läden, eine Eislaufbahn und mehrere Kinos, dahinter liegt der Sunway Lagoon Waterpark, ein riesiger Wasser-Tummelplatz mit Wellenbad (4 m hohes Surf-Format), mehreren Rutschen und künstlichen Stränden.

Von Petaling Jaya führen eine Autobahn und eine Bahnstrecke bis nach Klang und zum Hafen in **Port Klang** 1, etwa 30 km westlich von Kuala Lumpur. Ehemals Hauptstadt von Selangor und gute 100 Jahre älter als Kuala Lumpur, wurde Klang schon längst von der jüngeren Schwester überholt. Einige historische Gebäude künden noch von der früheren Bedeutung der Stadt, die ansonsten allerdings wenig Reizvolles zu bieten hat.

Das gilt auch für **Pulau Ketam** 2, die Krebsinsel, die man von Port Klang nach einstündiger Überfahrt mit dem Boot erreicht. Die Insel ist bei den Einheimischen besonders wegen ihrer Fisch-Restaurants beliebt. Ketam könnte sehr malerisch sein – es gibt keine Autos, die Häuser der Fischer sind auf Stelzen in das Wasser gebaut –, wären da nicht die vielen Müllecken.

Zu den Batu Caves

Nordwestlich vom Zentrum, keine 25 km außerhalb des Stadtkerns, gibt es noch echten Urwald. Überraschenderweise erfährt man beim Besuch des kleinen Museums im Forschungszentrum, daß dieser erst um 1920 auf Brachland angelegt wurde.

Der Besuch des **Forest Research Institute of Malaysia** 3 lohnt sich für alle, die Informationen über Ökologie und Nutzen des Regenwalds suchen, hier gibt es reichlich Literatur und informative Broschüren. Einen Tag sollte man für den Besuch schon einplanen, will man nicht nur das Informationszentrum besichtigen, sondern auch ein wenig im Regenwald wandern. Durch das 15 km^2 große Gelände schlängeln sich mehrere Wanderwege, einer führt nach etwa einer Stunde zu einem *canopy walkway* (Hängebrücke), von dem man durch die Baumwipfel hin und wieder die Wolkenkratzer von Kuala Lumpur sehen kann.

Während des Thaipusam-Festes strömen Tausende zu den Batu Caves

Georgetown
Ayer Itam
Butterworth
Kulim
Bukit Mertajam
Telok Kumbar
17 Pulau Penang
Selama
Bukit Merah
Kuala Kurau
Kampung Gula
Kuala Sepetang
Taiping
16
Pokok Asam
Kota Tampan
Tasik Chenderoh
Baling
KEDAH
Gerik
Orang-Asli-Dörfer
Pulau Banding
East West Highway
Tasik Temengor
Jeli
Kampung Buluh Galah
Jerimbong
Gunung Camah
2171 m
Kampung Kuala Jenara
Kampung Semallang
Banjaran Titiwangsa
PERAK
KELANTAN
Sungai Siput Utara
Kuala Kangsar
15
Gunung Korbu
2183 m
Air Terjun
12
Ipoh
Beruas
13
Kellie's Castle
Batu Gajah
Brinchang
Tanah Rata
Cameron Highlands
Ringlet
11
S. Jelai
Pulau Pangkor
14
Lumut
Sitiawan
Kampar
Gn. Batu Puteh
2131 m
Tapah
Bidor
Kampung Pasir Salak
Andamanensee
Kampung Pasir Belanda
Simpang Ampat Rungkup
Teluk Intan
Simpang
Kuala Lipis
PAHANG
Slim River
Fraser's Hill
10
Raub
Sungai Besar
Tanjong Malim
Teranum
The Gap
SELANGOR
Kuala Kubu Bharu
Bentong
Sekinchan
Batang Berjuntai
Genting Highlands
8
Karak
9 Kuala Selangor
Rawang
5
7 Orang Asli Museum
Forest Research Institute of Malaysia
Batu Caves
Templer Park 6
3
National Zoo 4
Straße von Melaka
2
Pulau Ketam
Shah Alam
1
Ampang
Kuala Lumpur
Port Klang
Klang
Cheras
Kajang
Bangi
Carey Island
Banting
Nilai
NEGERI SEMBILAN
Klia Sepang
Seremban
N
0
50 km

Mit dem riesigen Zoo in Singapur kann der malaysische **National Zoo** 4 zwar nicht mithalten, er lohnt aber trotzdem einen Besuch, weil man viele einheimische Tiere sieht, die einem im Regenwald der Nationalparks nur mit viel Glück begegnen werden. Einen halben Tag sollte man für einen Besuch einplanen, möglichst nicht am Wochenende, denn da kann es sehr voll werden.

Zehn Kilometer nördlich von Kuala Lumpur liegen die **Batu Caves** 5, ein bedeutendes Heiligtum der hinduistischen Gemeinde in der Hauptstadt. Der Lord Subramaniam Temple in den Batu Caves wurde 1891 – zehn Jahre nach der Entdeckung der Höhlen durch den Amerikaner William Hornaby – gegründet. Besonders zum alljährlichen Thaipusam-Fest im Januar/Februar zieht er Tausende Gläubige aus dem ganzen Land an (vgl. S. 98).

Exakt 272 Treppenstufen führen zur knapp 180 m langen Light Cave, die durch Löcher in der hohen Höhlendecke zuweilen dramatisch beleuchtet wird. Dahinter liegt eine weitere kleinere Höhle, die nach oben offen ist. Auf dem langen Weg nach oben wird man von frechen Makaken abgelenkt, die sich furchtlos auf alles Eßbare stürzen und zuweilen sogar aggressiv werden.

Der **Templer Park** 6 wurde nach einem früheren britischen Botschafter in Malaysia, Sir Gerald Templer, benannt. Anders als der Wald im Forest Research Institute of Malaysia ist das Gebiet des Templer Park natürlich gewachsen, eine grüne Oase inmitten von Zinnminen, Plantagen und Industrie-Anlagen. Die verkehrsgünstige Lage macht das Areal zu einem begehrten Ziel für die Planer von Freizeiteinrichtungen und Golfplätzen. Zwei Plätze haben sich schon in den Park hineingefressen, und das Gebiet ist weiterhin bedroht. Noch aber kann man in malerischen Wasserfällen baden, auf Wanderwegen kurze Spaziergänge von bis zu einer Stunde machen, den Ausblick auf die Kalksteinfelsen genießen oder an einer schönen Stelle picknicken.

Genting Highlands

Etwas abseits der Straße in die Genting Highlands, 24 km nordöstlich von Kuala Lumpur, liegt das **Orang Asli Museum** 7. Die 1987 eröffnete Sammlung dokumentiert Leben und Kultur der verschiedenen Stämme in West-Malaysia. Neben Alltagsgegenständen werden auch Modelle von Häusern und Booten gezeigt. Interessant ist die Abteilung über die animistischen Religionen der Orang Asli und die Zusammenhänge von Kunsthandwerk und spiritistischem Glauben. Im angeschlossenen Laden kann man kunsthandwerkliche Gegenstände kaufen.

Die Autobahn Nr. 2 führt bergan Richtung Nordosten und erreicht den Abzweig in die **Genting Highlands** 8, den Ausnahmefall unter den *hill stations* in Malaysia. Zwar ist die Umgebung mit fast 2000 m hohen Bergen attraktiv, von der angenehmen Ruhe in den Cameron Highlands spürt man hier aber wenig, ein Besuch der Genting Highlands ist kaum entspannend – unterhaltsam allemal.

Busse und Autos fahren entweder bis zur Talstation der Seilbahn oder direkt die gewundene Bergstraße hinauf bis in 1800 m Höhe, wo die Betonmassen der Hotels und Vergnügungszentren den Berggipfel bedecken. Wer spazieren gehen möchte, tut dies am Besten nicht auf dem Gipfel, sondern im Tal rund um den Golfplatz des Awana Hotels, dessen vielgeschossiger Turm weithin sichtbar

Richtig Reisen
Tip

Thaipusam in den Batu Caves

Die Teilnehmer der Thaipusam-Prozession sind in Trance

Vel, vel, vel, ruft die Gruppe am Ufer des schlammigen Flusses Gombak. Es ist noch dunkel, vier Uhr, aber die Familie von Rajapathi ist schon seit Stunden auf den Beinen. Es ist Thaipusam, das höchste Fest der Hindus in Malaysia, und die Gegend um die Batu Caves ist ein Meer aus mehr als 700 000 Menschen – Gläubigen und Touristen.

Rajapathi ist heute die Hauptperson. Mehrere Wochen hat er sich auf seine Rolle als Pilger, Büßer und Trance-Medium vorbereitet. Er hat kein Fleisch gegessen, nicht geraucht und enthaltsam gelebt. Am Vorabend hat er im Sri Maha Mariamman Temple in Kuala Lumpur Opfer dargebracht und ist gegen Mitternacht an den vom Vollmond erleuchteten Batu Caves angekommen. Seine Familie hat ihn im Fluß gebadet, seine Haut mit Ölen und Puder eingerieben und ihn andächtig in ein phantasievolles Pilgerkostüm gesteckt. Nachdem er vom Kampferrauch, Trommelschlägen und einer dicken Zigarre in Trance gefallen war, hat sein Bruder begonnen, seine Haut mit dünnen Häkchen zu spicken. Rajapathi zuckt nicht mit der Wimper, auch als er seine Zunge herausstreckt und mit einer fast 3 mm dicken, dreizackigen Minilanze durchbohren läßt, fließt kein Blut. Die Haken an Rajapathis Rücken werden mit Limonen und Milchfäßchen beschwert. Auf seinen Schultern befestigen seine Verwandten den *kavadi,* ein jochartiges Gestell aus Bambus, an dem mit Milch gefüllte Behälter hängen und das mit Stoff, Pfauenfedern und zahlreichen glitzernden Wimpeln geschmückt ist. Derartig beladen, macht sich Rajapathi – in Trance – geführt von seinen Angehörigen auf den langen 272stufigen Weg zum Schrein von Lord Murugam in der großen Höhle.

Die Stimmung ist wie auf einem Jahrmarkt, am Fuße der Höhlen bieten zahlreiche Verkaufsstände Snacks, Getränke und sogar Küchenutensilien an, aus Lautsprechern klingt schriller Hindi-Pop. Tausende säumen den Weg vom Fluß zur Höhle und feuern die durchbohrten und beladenden Pilger an. Kampferdämpfe und monotone Rhythmen sorgen dafür, daß keiner aus der Trance erwacht, bevor er sein Ziel erreicht hat. Viele Familien zeichnen das Ereignis mit Videokameras auf.

Bei all dem Zauber fällt es zuweilen schwer zu entscheiden, ob dies ein religiöses Fest oder nur ein Spektakel ist. Der Hindu-Gelehrte Sivachariar Muthu Kuamara Gurukal erklärt, daß es für die selbstquälerischen Praktiken keine Anweisungen in den heiligen Schriften der Hindus gibt. Es wird dort sogar gefordert, daß Gläubige ihrem Körper keinen Schaden zufügen sollen, wenn sie im Tempel beten. Aus diesem Grunde sind in Indien derartige ›Prozeduren‹ nicht mehr zugelassen.

Die wahre Bedeutung von Thaipusam ist – wie bei vielen Hindu-Festen – die Feier des Triumphes des Guten über das Böse. Nach dem Hindu-Kalender fällt der Festtag auf den Vollmondtag im tamilischen Monat *thai*, Januar oder Februar nach dem gregorianischen Kalender, wenn der Stern *pusam* am Himmel erscheint. In jenem Monat übergab die Göttin Parvati ihrem Sohn Murugan die unbesiegbare dreizackige Lanze *vel*, mit der er die drei dämonischen *asuras* und deren Armee bezwingen konnte. Das Dämonentrio repräsentiert die drei Laster der Menschen: Egoismus, Lüsternheit und Geiz. Der heldenhafte Murugan gilt vielen Hindus als Inkarnation des Gottes Shiva.

Ein Mitglied der Dämonenarmee wurde schon vor dem Feldzug einsichtig und wandelte sich zu einem der demütigsten Verehrer von Murugam. Nach der Überlieferung hat seine Opferbereitschaft ihn in die Lage versetzt, zwei Gipfel aus dem Himalaya nach Süd-Indien zu tragen. Er befestigte sie an den Enden eines Stockes und trug sie auf den Schultern – um sie seinem Herrn Murugam zu Füßen zu legen. So entstand der Brauch, beim Thaipusam einen *kavadi* zu tragen, und Opfer darzubringen. *Kavuthal* heißt auf den Schultern tragen und *adi* bedeutet Fuß.

Vereinzelt sieht man Paare, die statt eines *kavadi* gemeinsam einen langen Bambusstab halten, an dem ein gelbes Bündel befestigt ist. In dem Bündel liegt ihr neugeborenes Baby, das die Eltern aus Dankbarkeit zum Schrein des Murugam tragen.

In der Höhle herrscht dichtes Gedränge, die *kavadi*-Träger opfern Milch, die Priester über der Statue des Murugam ausgießen und deren säuerlicher Geruch die rauchgeschwängerte Luft in der Höhle um eine Nuance bereichert. Priester sind damit beschäftigt, die Pilger von ihren Haken und Spießen zu erlösen. Niemand blutet, wenn die Minilanzen aus der Haut gezogen werden, aber einige brechen erschöpft zusammen, wenn sie aus der Trance erwachen.

Rajapathi ist um sieben Uhr morgens – nach 12 Stunden Pilgermarathon – endlich am Ziel, er hat seinen Opfergang vor der Statue des Murugam beendet und sitzt – von dem Spieß durch seine Zunge befreit – völlig ermattet auf den Stufen. Viel reden will er noch nicht, nur eines: Nächstes Jahr ist er wieder dabei, mit einem noch prachtvolleren *kavadi*.

aus dem Grün ragt. Immerhin ist es hier auf 1200 m schon etwas kühler als im stickigen Kuala Lumpur. Richtig angenehm wird die Temperatur auf dem Gipfel, allerdings findet man außer im Freiluftteil des Vergnügungsparks wenig Gelegenheit, diese draußen zu genießen, Spazierwege gibt es nicht – dafür Spielkasinos und Rummelplatzattraktion, Go-Kart-Bahnen und Loopings. Freunde schräger Unterhaltungsformen kommen hier auf ihre Kosten, wer Erholung sucht, sollte nach Fraser's Hill oder in die Cameron Highlands fahren.

Von Kuala Lumpur nach Penang

Karte S. 96

Die Westküste von Kuala Lumpur bis zur thailändischen Grenze ist die am dichtesten besiedelte und industriell am weitesten entwickelte Region von Malaysia. Hier liegen die reichen Zinnvorräte, die im 19. Jh. den Aufschwung des Landes begründeten. Im *western tin belt* (westlicher Zinngürtel) etablierten die britischen Kolonialherren ihre Verwaltung; Anfang des 20. Jh. legten sie ausgedehnte Kautschukpflanzungen an, seit einigen Jahrzehnten breiten sich Palmölplantagen als Dritte im Bunde der Exportschlager Malaysias aus.

Von Kuala Lumpur führt der mautpflichtige North-South-Highway bis zur Grenze von Thailand, parallel verläuft die Vorgängerstraße, die Route 1. Mehr oder weniger entlang den Straßen verläuft die Eisenbahnlinie, die mehrmals täglich von den Zügen zwischen Singapur, Butterworth und Bangkok befahren wird. Wer es eilig hat, kann hier schnell und bequem lange Strecken zurücklegen – was in Anbetracht der zahlreichen Attraktionen rechts und links der Route aber kaum jemand tut.

Da sind zum einen die *hill stations*, welche die Engländer zur Erholung von

Burau Bay auf Pulau Langkawi

der tropischen Schwüle anlegen ließen. In der ausgedehntesten der vier *hill stations* von Malaysia, den Cameron Highlands, kann man in den sanft geschwungenen Hügeln der Teeplantagen spazieren; das Angebot an Unterkünften, Restaurants und markierten Wegen ist reichlich.

Mit Stränden ist die Westküste weniger reich gesegnet als die Ostküste, Pulau Pangkor auf Höhe von Ipoh ist aber für ein paar Tage am Strand angenehm. Etwas mehr Luxus und schönere Strände findet man weiter nördlich auf der Insel Langkawi, die zu einem internationalen Urlaubsziel entwickelt wird. Die Insel Penang, der erste Standort der britischen Kolonie, hat nach wie vor die größte Anziehungskraft. Ob in den Hotels am Strand von Batu Ferringhi oder in den verwinkelten Straßen der Inselkapitale Georgetown, hier findet man modernen Luxus und ›fernöstliche Exotik‹.

Die alte Zinnstadt Ipoh 200 km nördlich von Kuala Lumpur wartet mit einem reichen architektonischen Erbe auf, im

benachbarten Kuala Kangsar kann man neben einem prachtvollen Sultanspalast eine der originellsten Moscheen von Malaysia bewundern. Das chinesische Städtchen Taiping am Fuße des Maxwell Hill lädt mit dem wunderschön angelegten Lake Garden und einem ruhigen *hill resort* zur Entspannung ein.

Perlis und Kedah, die kleinsten Bundesstaaten nahe der thailändischen Grenze, werden auch als Reisschüsseln des Landes bezeichnet. Kedah hat eine reiche Geschichte, hier liegen heute noch Schätze aus der hinduistischen Epoche, die am Gunung Jerai nahe der Stadt Sungai Petani ausgegraben werden. Weiter nördlich prägen endlose Reisfelder und schroffe Kalksteinfelsen die malerische Landschaft. Von den Städtchen Kuala Perlis und Kuala Kedah fahren die Autofähren nach Langkawi.

Über Rawang erreicht man das malerisch zu Füßen des Bukit Melawati gelegene **Kuala Selangor** 9, ein verschlafenes Nest, das auf eine fast 500jährige Geschichte zurückblickt. Die Holländer bauten auf dem Hügel über dem Ort Fort Altingsburg, von dem jedoch nur noch ein paar Fundamente erhalten sind. Heute steht dort ein Leuchtturm und ein Government Resthouse, in dem man angenehm übernachten kann. Vom Bukit Melawati hat man einen guten Blick auf das Kuala Selangor Nature Reserve an der Mündung des Flusses Selangor; ein kurzer Fußweg führt vom Hügel in den Park.

Das Naturschutzgebiet ist mit 200 ha der kleinste Naturpark in Malaysia, aufgrund der einzigartigen Mangrovenvegetation aber artenreich und ein Paradies für Vogelbeobachter – 160 verschiedene Arten wurden gezählt. Außerdem leben hier viele Affen wie etwa Makaken und Languren mit ihrem silbrig glänzenden Fell.

Vier markierte Wanderwege führen zu Beobachtungsstationen, keiner der Wege ist länger als 1 km.

Die zweite Attraktion sind Glühwürmchen nahe dem Kampung Kuantan, etwa 8 km östlich von Kuala Selangor. Jeden Abend, gleich nach Sonnenuntergang, leuchten die Mangroven am Selangor-Fluß voller Millionen kleiner Leuchtkäfer, malaiisch *kelip-kelip,* lateinisch *Lampyrid Pteroptyxtener.* Nur die Männchen blinken, und zwar in einem gleichmäßigen Rhythmus, natürlich um Weibchen anzulocken.

Ein weiterer Abstecher von Rawang führt nach Nordosten, zum **Fraser's Hill** 10 (S. 277), der *hill station,* die der Hauptstadt am nächsten liegt und daher auch ein beliebtes Ausflugsziel der KL-ites ist. Von Rawang verläuft die alte Route 1 über Kuala Kubu Bahru nach Norden, bis ein Schild auf die Serpentinenstraße zum Fraser's Hill weist. Die letzten 8 km bis zum Ort Fraser's Hill sind tagsüber nur in einer Richtung befahrbar. Am *gap,* der Schranke im Tal, wird der Verkehr angehalten, bergauf geht es zu ungeraden Stunden, talwärts nur zu Uhrzeiten mit geraden Zahlen.

Die Gegend um Fraser's Hill war während des Ausnahmezustands von 1948 bis 1960 ein heiß umkämpftes Gebiet. Eine Gedenktafel an der Straße vom *gap* erinnert an den Überfall auf den britischen High Commissioner Sir Henry Gurney, der hier 1951 im Kugelhagel der Kommunisten starb.

Heute ist Fraser's Hill ein friedlicher Ort mit angenehmen Temperaturen und fast kühlen Nächten, dank der Lage 1500 m über dem Meeresspiegel. Der Neun-Loch-Golfplatz erstreckt sich im Zentrum des Ortes, ringsherum liegen wenig sensibel geplante Hotels neueren Baudatums. Die schöneren kolonialen Bungalows findet man etwas außerhalb, einige davon können tageweise gemietet werden.

Die kühlen Temperaturen machen Wanderungen zu einem entspannenden Vergnügen. Mehrere markierte Spazierwege, keiner länger als zwei Stunden, führen durch die sieben Hügel. Das Wegenetz wird erweitert, das Informationsbüro im Puncak Inn hält eine aktuelle Wanderkarte bereit. Einer der schönsten Wege, der Mager Trail, führt vom Uhrturm in einer halben Stunde durch den Wald zur High Pines Lodge. Von dort kann man über die Straße zurück in den Ort gehen oder über die Jalan Semantan in zehn Minuten zum Ye Olde Smokehouse spazieren, um dort einen englischen *afternoon tea* einzunehmen.

Cameron Highlands

Vom Ort Tapah, 150 km nördlich von Kuala Lumpur am Nord-Süd Highway, zweigt eine 60 km lange Serpentinenstraße in die **Cameron Highlands** 11 (S. 272) ab. Die schöne Strecke führt durch Wald, vorbei an einigen Wasserfällen und Verkaufsbuden der Orang Asli, die hier Blasrohre, Orchideen und wilden Honig anbieten.

Die Cameron Highlands wurden 1885 von dem britischen Landvermesser William Cameron ›entdeckt‹. Das von bis zu 2100 m hohen Bergen eingeschlossene Hochplateau war zuvor nur von einigen Orang-Asli-Stämmen besiedelt, den Malaien galt die Gegend als äußerst unzugänglich, ja gefährlich und von Dämonen heimgesucht. Ihren Aufstieg verdanken die Highlands dem idealen Klima für Tee-Anbau, für den die englischen Kolonialherren um 1920 Tausende von Indern ins Land brachten. In die niedrigeren Lagen ließen sich chinesische Gemüsebauern nieder.

Ihnen folgten Erholungsuchende, die ersten Ferienbungalows und Hotels für die britische Kolonialoberschicht entstanden. Und weil sowohl die sanft ge-

Teepflückerin in den Cameron Highlands

Hill Stations
Englische Sommerfrische in den Tropen

Ein Haus mit Aussicht und ein Platz, um Erdbeeren zu pflanzen – zwei bescheidene Wünsche begründeten die Ära der *hill stations*, die zu den bemerkenswertesten Überbleibseln der britischen Kolonialzeit im Fernen Osten zählen. *Hill stations* gab es in Indien, Burma, auf Ceylon (Sri Lanka) und in Malaya; viele sind noch heute erhalten.

Sir Francis Light, der ›Gründer‹ von Penang, ließ noch vor 1800 einen Pfad zum Gipfel des Penang Hill schlagen und baute einen ersten Bungalow. Daneben legte er ein Erdbeerbeet an.

Schon bald schätzte man die *hill stations* als Erholungsort für die unter dem tropischen Klima leidenden Europäer, und so manches frühe Hotel erinnerte denn auch mehr an ein Sanatorium. Gegen Ende des 19. Jh. entwickelten sich vor allem die in Indien und Ceylon gelegenen *grand hill stations* zu exklusiven Enklaven westlicher Lebensart mit Geschäften, Hotels und Teekiosken. Dank ganzer Bataillone Einheimischer – Kulis und Träger, Köche, Fahrer, *ayahs* und *amahs*, Butler und Gärtner – konnte man hier einem gehobeneren Lebensstil frönen als in der Heimat.

Unter den vier malaiischen *hill stations* genoß einzig Penang Hill einen ähnlichen Ruf. Anfang des 20. Jh. wurde die Bergbahn fertiggestellt, mit der man sich bequem von Georgetown bis auf den 821 m hohen Gipfel fahren lassen konnte. Auch Hermann Hesse genoß einst seine Drinks im vornehmen Crag Hotel. Penang Hill war ein Treff der damaligen Society. Einen guten Eindruck vom Leben auf Penang Hill im 19. Jh. vermitteln die Gemälde von Captain Robert Smith, die heute im Penang Museum ausgestellt sind.

Die drei übrigen *hill stations* – Maxwell Hill in Taiping, Fraser's Hill nördlich von Kuala Lumpur und Cameron Highlands in der Nähe von Ipoh – liegen auf dem Festland und höher, zwischen 1000 und 1800 m.

Maxwell Hill, heute in Bukit Larut umbenannt, konnte sich gegen den populären Penang Hill und die weiten Cameron Highlands nur mit Hinweis auf seine abgeschiedene Lage behaupten. Das nach dem ersten Bewohner George Maxwell benannte, rund 1000 m hoch gelegene Resort zog seit Ende des 19. Jh. Ruhesuchende an, deren Zahl aber stets überschaubar blieb.

Die Cameron Highlands erschienen erst 1885 auf britischen Landkarten, aufgezeichnet von dem Landvermesser

schwungene Hügellandschaft als auch das zu häufigen Schauern neigende Wetter sie so sehr an ihre Inselheimat erinnerte, stand der Baustil fest: englische Landhäuser mit Kaminen und schwarzweißem Fachwerk.

Obwohl die touristische Infrastruktur nicht immer zur Zierde der Landschaft

William Cameron. Bis man den Erholungswert des weitläufigen Plateaus erkannte, vergingen noch einmal fast 30 Jahre. Vorher wurden die bewaldeten Hügel in die fruchtbaren Teeplantagen verwandelt, die heute Touristen aus aller Welt anziehen.

Schon um 1910 wurde Fraser's Hill zum Rückzugsort für die Europäer in Kuala Lumpur. Dort wurde der erste Golfplatz in Malaysia angelegt, auf den Anhöhen der Hügel entstanden Bungalows mit Aussicht und Rosengärten.

Die britischen *hill stations* sind wie geschaffen für Romantiker, nicht nur seltene Blumen, Vögel und Schmetterlinge überleben hier, sondern auch zahlreiche Mythen. Da ist zum Beispiel die Geschichte von Jim Thompson. Der erfolgreiche amerikanische Seidenhändler verschwand 1967 auf bisher ungeklärte Weise in den Cameron Highlands. Da es bis heute keine schlüssige Erklärung für Thompsons Verschwinden gibt, wuchern die Spekulationen. Darunter Theorien, er sei von einem Tiger angefallen worden, habe im Dschungel Selbstmord begangen, lebe unter den Orang Asli, sei von den Kommunisten entführt oder gar vom CIA umgebracht worden. Die Wahrheit wird wohl nicht mehr ans Tageslicht kommen.

Historisch bedeutsamer war ein Vorfall während des zwölf Jahre währenden Ausnahmezustands. Der britische Hochkommissar Sir Henry Gurney war 1951 mit seinem Rolls Royce auf dem Weg von Penang nach Fraser's Hill. Kurz vor Fraser's Hill eröffneten kommunistische Widerstandskämpfer das Feuer auf den Wagen. Gurney starb im Kugelhagel, seine Frau und sein Sekretär konnten entkommen. Der Wagen mit den 31 Einschußlöchern kann im Penang Museum in Georgetown besichtig werden.

Die Zukunft der *hill stations* in Malaysia ist ungewiß. Besonders die Camerons werden mehr und mehr von riesigen Hotelblöcken verunziert. Seit Jahren existieren Pläne für den Bau einer 240 km langen Straße von Genting Highlands, einem postkolonialen Resort und Kasinokomplex vor den Toren von Kuala Lumpur, über den Gebirgskamm nach Fraser's Hill bis in die Cameron Highlands. Umweltschützer legten dagegen massiven Protest ein, und so hat man das Projekt, das mit enormer Bodenerosion und dem Verlust unberührter Waldflächen einhergegangen wäre, bis auf weiteres aufgeschoben.

Auch über dem Penang Hill schwebt noch das Damoklesschwert der Tourismusindustrie. Der Hügel soll eines Tages in einen riesigen Freizeitpark verwandelt werden, mit einer Drahtseilbahn, einem 200-Betten-Hotel und einem Vergnügungs- und Einkaufskomplex auf dem Gipfel. Auch dagegen hat sich eine Opposition formiert.

Es bleibt zu hoffen, daß sich die malaysischen Behörden für eine behutsame Entwicklung der *hill stations* entscheiden. Denn noch immer sind sie ein Rückzugsort, an dem sich das Tempo des Lebens verlangsamt, an dem man sich dem Gefühl von Nostalgie hingibt.

Oliver Stelling

entwickelt wurde, atmen die Highlands noch viel von der englischen Atmosphäre. Blumenrabatten und Rosengärten, Erdbeerfelder und ausgedehnte Teeplantagen ziehen sowohl einheimische als auch internationale Touristen an, die hier gern ein paar Tage in der kühlen Luft entspannen.

Ringlet, der erste Ort, den man in den Highlands erreicht, ist nicht mehr als eine Ansammlung von Läden und Restaurants entlang der Straße. Einige Teeplantagen, am Sultan-Abu-Bakar-Stausee das luxuriöse Lakehouse Hotel, das ist es auch schon.

Auch der Hauptort der Highlands, Tanah Rata, ist ein Straßendorf. Entlang der Hauptstraße reihen sich Souvenirläden, Hotels und Restaurants. Einige haben Tische und Stühle auf den breiten Gehwegen. In Brinchang, 5 km von Tanah Rata am nördlichen Ende des Golfplatzes, gibt es Hotels, Apartments und Restaurants.

Die Teeplantagen der Highlands breiten sich über mehrere Tausend Hektar aus, den Spaziergang durch eine Plantage und den Besuch einer Teefabrik sollte man nicht versäumen. Die Fabrikationshallen des Sungai Palas Tea Estate nördlich von Brinchang können besichtigt werden. Es gibt dort ein gemütliches Café, auf dessen überdachter Veranda man neben tropischen Pflanzen den Ausblick auf die Hügel bei einer Tasse Tee genießen kann. Wer am Geschmack gefallen findet, sollte sich mit malaysischem Tee eindecken, denn er wird nur für den einheimischen Markt produziert, selbst Spezialitäten gelangen nicht in den Export.

Dank des relativ kühlen Klimas sind Wanderungen sehr angenehm und nicht ganz so schweißtreibend wie im Tiefland. Es gibt unterschiedlich schwierige Wege, die allerdings teilweise sehr schlecht markiert sind. Bevor man sich zu einer Tagestour aufmacht, sollte man Ziel und ungefähre Dauer der Tour im Hotel angeben – bei Unsicherheit über die Wegrichtung und bei aufkommendem Regen lieber kein Risiko eingehen. Eine Karte mit *walks* ist in der Tourist Information und in den Läden erhältlich.

Ein leichter Spaziergang von Tanah Rata führt nach 2 km zur Traditionsherberge Ye Olde Smokehouse. Nach einer knappen Viertelstunde erreicht man den

Die Veranda des Bahnhofshotels in Ipoh lädt zu einem Drink mit Aussicht ein

Parit-Wasserfall. Der Weg verläuft weiter bis zur Straße unterhalb des Golfplatzes, an der das Olde Smokekouse englische Tradition ausstrahlt. Das in den 30er Jahren im Stil einer altenglischen Landgaststätte erbaute Fachwerkhaus ist heute ein exklusives Hotel. Während der Kolonialzeit war Einheimischen und Chinesen der Zutritt zu dieser britischen Enklave verwehrt, bis ein Chinese das Hotel kaufte. Heute verweist ein Schild an der Tür darauf, daß allzu legere Kleidung unerwünscht sei, was vielen westlichen Besuchern in Shorts und T-Shirt die Tür versperrt – späte Genugtuung? Wer angemessen angezogen ist, kann in roten Plüschsofas versinken oder auf der gußeißernen Gartenschaukel sitzen und stilecht *scones* mit *cream* und hausgemachter Erdbeermarmelade genießen.

Die Straße in die Highlands führt nicht weiter nach Norden, man muß also zurück nach Tapah, um von dort die Fahrt fortzusetzen. Viele Reisende fahren von hier mit Expreßbussen oder der Eisenbahn bis Butterworth und Penang, wer etwas mehr Zeit hat, kann entlang der Route Ipoh, Kuala Kangsar und Taiping besuchen oder einige erholsame Tage an den Stränden der Insel Pangkor verbringen.

Ipoh 12 (S. 278), 80 km nordwestlich von Tapah, ist mit einer halben Million Einwohnern die drittgrößte Stadt von Malaysia und Hauptstadt des Bundesstaates Perak. *Perak,* das malaiische Wort für Silber, liefert einen Hinweis auf den Hauptwirtschaftsfaktor der Region, das silberfarbene Zinn. Im Kinta Valley wird seit über 400 Jahren Zinn abgebaut, der Boom setzte gegen Ende des 19. Jh. ein, und Ipoh entwickelte sich innerhalb weniger Jahrzehnte von einem kleinen Nest zu einer repräsentativen Stadt.

Rund um den Bahnhof und den Busbahnhof erstreckt sich die Old Town, in der während des Zinnbooms einige der feinsten Kolonialgebäude des Landes entstanden. Jenseits des Flusses Kinta wurde damals die New Town mit chinesischen Geschäftshäusern erbaut. Die meisten historischen Gebäude sind – für malaysische Verhältnisse – gut erhalten, dennoch fehlt Ipoh heute die Ausstrahlung, die etwa Georgetown auf Penang besitzt.

Der Bahnhof von Ipoh wurde 1917 fertiggestellt, nur wenige Jahre nach dem von Kuala Lumpur. Obwohl nicht gar so ›exotisch‹, hat man auch hier nicht auf die ›orientalischen‹ Details wie Kuppeln und Türmchen verzichtet. Die fast 200 m lange Veranda im dritten Stock des Bahnhofs gehört zum Majestic Station Hotel, der für koloniale Bahnstationen scheinbar obligatorischen Herberge. Einen Drink mit Aussicht auf das koloniale Viertel können aber auch Nicht-Gäste auf der Veranda einnehmen.

Interessant ist das Ensemble 200 m nördlich des Bahnhofs. An der weiten Rasenfläche des Padang präsentiert sich der Ipoh Club mit Tudor-Fachwerk. An der Längsseite der Rasenfläche, jenseits der Jalan Seenivasagam, das cremefarbene neogotische Schulgebäude des St. Michael's Convent, am unteren Ende macht die F.M.S. Bar das englische Ambiente perfekt. F.M.S. steht für Federated Malay States, die 1998 renovierte Bar war dereinst der Treffpunkt aller, die dort etwas zu sagen hatten.

Die New Town jenseits des Kinta-Flusses ist das Geschäftsviertel der Stadt mit der typischen Mischung aus chinesischen *shop houses* und modernen klimatisierten Einkaufszentren.

Im D. R. Seenivasagam Park 1 km nördlich der New Town an der Jalan Raja Muda Aziz stehen noch einige der

Namengeber der Stadt, Ipoh-Bäume, deren Latexsaft von den Orang Asli benutzt wird, um die Spitzen ihrer Blasrohrpfeile zu vergiften.

Die Umgebung von Ipoh

Die Landschaft um Ipoh ist von schroff aufragenden Kalkfelsen geprägt, in die im Laufe von Jahrtausenden Höhlen gewaschen wurden. In einigen errichteten Chinesen Anfang des 20. Jh. Heiligtümer. Der Sam-Poh-Tong-Tempel liegt 5 km südlich von Ipoh an der Straße nach Kampar. Der Ort ist leicht zu erkennen an dem Mercedes-Stern auf einem der Felsen und den vielen Verkaufsständen an der Hauptstraße. Alle haben dasselbe Obst im Angebot, die fast fußballgroßen Pomelos, für deren Qualität Ipoh berühmt ist. Pomelos sind Zitrusfrüchte mit grün-gelblicher Schale, im Geschmack der Pampelmuse ähnlich. Der Tempel und die grellbunt bemalten Götterstatuen davor und darinnen sind zwar fotogen, aber kunsthistorisch kaum bedeutend. Hinter dem Tempel liegt ein Schildkrötenteich, das Aussetzen eines Tieres soll ein langes Leben garantieren.

Der Perak-Tong-Tempel liegt 6 km nördlich der Stadt an einer vielbefahrenen Ausfallstraße in einer Industriegegend. Hinter der hohen Fassade mit leuchtend gelben Dachziegeln erstreckt sich ein weitverzweigtes Höhlensystem, in dem mehr als 40 Buddha-Figuren aufgestellt sind. Der größte, 13 m hohe, sitzt grinsend und prachtvoll golden, in der weiten Eingangshöhle. In einer Ecke führt eine Treppe atemberaubende 385 Stufen hoch zu einer Art Balkon oberhalb der Höhle, von dem es einen ebenso atemberaubenden Ausblick auf die pittoresken Kalksteinfelsen in der Umgebung gäbe – wären da nicht die vielen häßlichen Fabriken.

Etwa 15 km südlich von Ipoh an der Straße nach Batu Gajah hinterließ der schottische Millionär William Kellie Smith **Kellie's Castle** 13, eine Bauruine. Kellie Smith machte sein Geld im boomenden Kautschukmarkt der frühen 20er Jahre und plante sein zweites Zuhause in Malaya mit allem Luxus wie Weinkeller, zahlreichen Salons und sogar einem Lift. Leider war das Projekt von Unglück überschattet, erst erlagen seine Arbeiter einer Grippe, wenig spä-

Höhlentempel bei Ipoh

ter verstarb der Bauherr auf einer Reise nach England in Lissabon.

Immerhin hat das unfertige ›Schloß‹ bis heute dem tropischen Klima und den zahllosen Gespenstern, die darin hausen, getrotzt. Das Betreten erfolgt auf eigene Gefahr, in den Fußböden lauern zuweilen einige Fußangeln, und auf der Dachterrasse fehlen die Brüstungen.

Lumut, eines der wenigen Strand-Resorts der Westküste, das gleichzeitig als Fährhafen für Boote zur Insel **Pangkor** 14 (S. 317) dient, ist ein bedeutender Marinestützpunkt der malaysischen Armee. Als Badeort hat Lumut westlichen Touristen wenig zu bieten, die Strand-Resorts, die hier in den letzten Jahren entstanden, sind eher auf die Bedürfnisse des einheimischen Marktes ausgerichtet.

Boote fahren regelmäßig in 30 Minuten nach Pangkor und legen an der Ostseite der Insel im Kampung Sungai Besar an. Hier befindet sich die Hauptgeschäftsstraße mit Banken, Telefonen und Souvenirläden. Drei kleinere Fischerdörfer im Osten sind auf Stelzen ins Meer gebaut und in chinesische und malaiische Dorfgemeinschaften getrennt. Auf der nur etwa 7 km langen

Das Schmuggelgut vom Zuckerhut
Wirtschaftsfaktor Kautschuk

Das moderne Malaysia hat seinen wirtschaftlichen Aufstieg zu einem großen Teil der kriminellen Energie zweier englischer Kolonialbeamter zu verdanken. Kaum vorstellbar, daß die endlosen Kautschukplantagen, die heute das Land überziehen, auf 22 nußgroße Samen zurückgehen, die noch dazu nicht ganz offiziell ihren Weg nach Malaya fanden. H. N. Ridley, der Direktor des Botanischen Gartens in Singapur, brachte sie 1879 heimlich aus den Kew Gardens in London mit. Dorthin waren sie aus Brasilien gelangt, wo man schon seit einiger Zeit erfolgreich Kautschukplantagen bewirtschaftet hatte. Die Ausfuhr von Samen und Setzlingen war in Brasilien verboten, Verstöße gegen das Verbot konnten mit hohen Strafen belegt werden, so sehr hing man an diesem Monopol.

Ein Kautschukbaum wird angezapft

Ridley pflanzte einen Teil der Samen in Singapur, einige gab er Hugh Low, dem damaligen Residenten von Perak, der auch Botaniker war. Low pflanzte einen der Bäume im Garten seines Hauses in Kuala Kangsar, wo er noch heute besichtigt werden kann. Die Setzlinge gingen gut an und wuchsen prächtig. Kurz vor der Jahrhundertwende gab es in Malaya schon ausgedehnte Plantagen.

Vor dem Ersten Weltkrieg stieg die Nachfrage nach Naturkautschuk schlagartig an. Der Gummireifen war erfunden, und Herr Dunlop konnte sein neues Produkt schon bald an die aufstrebende Auto-Industrie verkaufen. Mindestens genauso clever war der »Rubber-Ridley«, der durch zahllose Experimente die Zapfmethoden für den kostbaren Pflanzensaft verfeinerte, so daß man in Malaya mehr und preiswerter Latex ernten konnte als in Brasilien.

1918 gab es in Malaya 1,3 Mio. ha Kautschukplantagen, mit einem Marktanteil von 50 % war man der größte Kautschukexporteur der Welt. Arbeitskräfte holten die britischen Plantagenmanager aus Südindien und aus dem heutigen Sri Lanka, noch immer ist die

Arbeit in den Plantagen eine indische Domäne.

Nach sechs Jahren kann man einen Kautschukbaum anzapfen. Das ist Arbeit für Profis, die mit einem Spezialmesser einen schräg nach unten laufenden Schnitt in die Baumrinde ritzen. Dabei gilt es, die saftbildende Rinde genau zu treffen, ritzt man nicht tief genug, läuft das Latex nicht, verletzt man den Baum zu tief, kann er sein Laub verlieren und absterben.

Der milchig-weiße Latexsaft wird in kleinen Schälchen – früher Kokosnußhälften, heute Metall- oder Plastikschüsselchen – aufgefangen. Täglich wird ein Schälchen voll, täglich muß jeder Baum neu angeritzt werden. Der Latexsaft wird dann unter Zusatz von Essig- oder Ameisensäure gekocht, bis er zähflüssig und dick wird. Der zähe Brei wird zu Fladen ausgerollt und das verbliebene Wasser mittels Mangeln ausgepreßt.

Die Weiterverarbeitung der Rohkautschuks, die bis zur Unabhängigkeit Malaysias hauptsächlich in Europa und Übersee erfolgte, findet mittlerweile im Lande statt. Malaysia ist einer der weltweit größten Hersteller und Exporteure von Latexprodukten wie medizinischen Gummihandschuhen und Kondomen.

Der große Kautschukboom ist jedoch vorüber. Seit 1970 verringern sich die Flächen, die von Plantagen bedeckt sind, die Produktion ist von 1,2 Mio. t Rohkautschuk 1970 auf 1 Mio. im Jahre 1996 gesunken. Die Weltmarktpreise für Kautschuk sinken seit Jahren. Ölpalmen sind ein einträglicheres Geschäft. Man kann die Früchte schneller ernten, ihre Gewinnung ist weniger arbeitsintensiv, und die Preise sind stabiler. So wird in den nächsten Jahren wohl so manche der silbrig-grünen lichten Kautschukpflanzungen durch dunkelgrüne Ölpalmenplantagen ersetzt.

Insel leben 24 000 Menschen, davon 60 % Chinesen, fast alle vom Fischfang. An der Westküste der Insel, der ›Tourismusseite‹, findet man die besten Strände und an den Buchten von Pasir Bogak, Teluk Nipah und Pantai Puteri Dewi die Unterkünfte. Pasir Bogak erlebte in den letzten Jahren einen wahren Bauboom, was die Bucht nicht attraktiver machte. Am nördlichen Ende der Bucht beginnt an der Hütte des Jungle Information Centre der 4 km lange Dschungelweg zur Ostküste der Insel.

Etwa 2 km weiter nördlich liegt Teluk Nipah, dessen Strand und Unterkünfte angenehmer sind als die von Pasir Bogak. Hier kann man gemütlich ein paar Tage am Strand verbringen, die Nashornvögel in den Bäumen beobachten und sich mit Booten zu vorgelagerten Inseln fahren lassen.

Eine durchgehend asphaltierte Straße verläuft von Kampung Sungai Besar fast rund um die Insel. Sie führt an Badebuchten entlang im Norden rund um den Bukit Pangkor und weiter nach Süden durch kleine Fischerdörfer und in Kampung Sungai Besar zurück an die Westküste. Mit dem Fahrrad ist sie nur sehr mühsam zu bezwingen, mit einem Mofa ist man eher für die steilen Abschnitte gerüstet. Südlich von Kampung Sungai Besar endet die Straße am Kota Belanda, den Resten des winzigen holländischen Forts.

Die Vereenigde Oost-Indische Compagnie erbaute die Festung 1670, um Zinnvorräte zu lagern und der Piraterie in der Straße von Melaka Einhalt zu gebieten. Schon 1690 fiel die Anlage einem malaiischen Angriff zum Opfer. 1743 kehrten die Holländer zurück, wovon ein Inschriftenstein nahe dem Fort kündet, der an eine Tigerattacke auf einen holländischen Jungen erinnert. Doch schon bald verließ die Compagnie Fort und

Insel. Die Mauern, die man heute sieht, sind moderne Rekonstruktionen.

Die kleine Insel Pangkor Laut ist im Privatbesitz und nur für Gäste des exklusiven Pangkor Laut Resort zugänglich. Das Eiland ist von tropischen Regenwald bedeckt, an den schönen Buchten liegen exklusive, auf Stelzen über dem Meer erbaute Suiten.

Die alte Route 1 und die Eisenbahnlinie führen nördlich von Ipoh in weitem Bogen durch eine Landschaft mit steil aufragenden Kalksteinfelsen, nach 50 km erreicht man das Städtchen Kuala Kangsar. Der neue Nord-Süd-Highway nimmt den direkten Weg, der landschaftlich weniger reizvoll ist.

Kuala Kangsar 15 (S. 288), die historische Sultansstadt von Perak an der Biegung des gleichnamigen Flusses, kann man in einem halben Tag besichtigen. Auf dem Bukit Chandan, dem Hügel außerhalb des Zentrums, liegt das Resthouse. Schon von weitem sieht man die goldenen Zwiebelkuppeln und schlanken Minarette der 1917 vollendeten Ubudiah-Moschee. Die Betstätte, die alle Zutaten des Mogul-Mischstils enthält, ist besonders reizvoll durch die hoch aufragenden Proportionen, die sie zu einem beliebten Fotomotiv machen.

Von der Moschee verläuft die Jalan Istana weiter oberhalb des Flusses und führt nach 15 Minuten zum riesigen, modernen Palast Istana Iskandariah, dem offiziellen Sitz des Sultans von Perak. Der Palast kann nicht besichtigt werden, wohl aber der winzige malaiische Holzpalast Istana Kenangan, der im Schatten des neuen Prachtbaus liegt. Das schwarz-gelb-weiß gestrichene Gebäude wurde 1926 in malaiischer Tradition ohne einen einzigen Eisennagel errichtet. Hier lebte die Sultansfamilie, bevor sie in den weißen Steinpalast umzog. Heute zeigt dort ein kleines Museum historische Fotos sowie Souvenirs, welche die Sultansfamilie von zahlreichen Reisen mitgebracht hat.

Das Malay College an der Jalan Tun Razak war eine der renommiertesten Erziehungsanstalten im kolonialen Malaya. Auch heute noch rekrutiert sich die malaiische Führungsschicht aus diesem Internat, das 1905 zur Erziehung der malaiischen Adligen gegründet wurde. In der Nähe, an der Ecke Jalan Bendahara, Jalan Tun Razak, steht der älteste Kautschukbaum von Malaysia, der 1879 von Hugh Low, dem damaligen Residenten von Perak, gepflanzt wurde.

Taiping 16 (S. 339), ein malaysisches Provinzstädtchen dessen Name ›ewiger Frieden‹ bedeutet, ist umgeben von sanft geschwungenen grünen Hügeln. Das friedliche Taiping, eine der ältesten Städte Malaysias, ist ein beliebter Altersruhesitz. Chinesische *shop houses* mit Arkaden säumen die schachbrettartig angelegten Straßenzüge.

Die Stadt gilt mit einem Jahresmittel von 5000 mm als eine der regenreichsten in West-Malaysia. Nachmittags findet in den Straßencafés gegenüber der langgestreckten Markthalle ein kurioses Schauspiel statt. Während sich am Himmel dunkle Wolken zum tropischen Nachmittagsschauer zusammenbrauen, diskutieren an den Tischen ältere Herren und schieben sich diskret kleine Scheine zu. Sie wetten, wann der erste Regentropfen vom Himmel fällt.

Die Geschichte der ursprünglich Larut genannten Stadt begann mit der Entdekkung von Zinnvorkommen im frühen 19. Jh. Schon bald wurde Taiping von Bandenkriegen chinesischer Geheimbünde erschüttert. Eine Schlichtung konnte erst herbeigeführt werden, als die Briten 1874 eingriffen und die Schürfrechte neu organisierten. Die Umbenen-

Die Ubudiah-Moschee in Kuala Kangsar

nung in Taiping sollte die friedlichen Absichten für die Zukunft besiegeln.

Die Lake Gardens der Stadt wurden 1880 um zwei stillgelegte Zinnminen-Seen angelegt. Vorbild waren nach zeitgenössischer Mode englische Landschaftsgärten. Eine herrliche Allee führt von der Stadt am See entlang, über sanft geschwungene Wege und Brücken in den Park. Schon vor sieben Uhr sind die ersten Jogger unterwegs, und man kann chinesische Rentner beim *tai chi* beobachten. Gestört wird die Idylle nur von den hungrigen Schreien aus dem benachbarten Tierpark: Die Elefanten fordern ihr Frühstück! Taipings kleiner Zoo am nordöstlichen Ende des Parks beherbergt neben Dickhäutern auch eine Giraffenfamilie und einheimische Tierarten. Vom Park führt eine 1 km lange Straße zum Fuße des Maxwell Hill oder Bukit Larut, wie der Hügel nach der Malaiisierung genannt wird.

Die *hill station* wurde 1880 eingerichtet. Die erst 1948 fertiggestellte Straße ist so steil, die Kurven sind so eng, daß sie jeweils nur in einer Richtung und nur von Geländewagen mit kurzem Radstand befahren werden kann. Wer die ruckelige Fahrt durch die 72 Haarnadelkurven gut überstanden hat, kann die kühle Höhenluft und einen herrlichen Ausblick auf Taiping, die Lake Gardens, bei etwas Glück sogar bis an die Küste genießen. Sonst gibt es auch nicht viel zu tun, nur ein paar Spazierwege führen durch das Grün und zu den verstreut liegenden Bungalows, das kleine Restaurant hat nur während der Ferien und an Wochenenden geöffnet. Die 100 km lange Strecke von Taiping Richtung Norden nach Butterworth ist landschaftlich nicht mehr so attraktiv wie die Region um Ipoh, die Gegend wird flacher, Industrie-Anlagen zerschneiden die Landschaft. In Butterworth führt eine gebührenpflichtige Brücke auf die Insel **Penang** 17, beliebter und preiswerter ist die Autofähre, die vom Hafen bis zum Pier in Georgetown fährt.

Pulau Penang
Insel der Betelnußpalmen

Tips und Adressen S. 318

Insel der Betelnußpalmen, Prince of Wales Island, Perle des Orients – Namen für Pulau Penang. So romantisch und geschichtsträchtig die Bezeichnungen auch klingen, wenn man sich der Insel vom Festland nähert, kann man zuweilen an ihrem Wahrheitsgehalt zweifeln. Wo sind die Palmen? Man sieht Fabrikhallen. Wo die Geschichte? Man sieht moderne Hochhäuser. Wo könnten die Perlen versteckt liegen? Man sieht nur schmutziges Hafenwasser.

Nach der Ankunft in Georgetown, der quirligen Inselhauptstadt, sind diese Zweifel schnell vergessen. Die kosmopolitische Stadt mit viktorianischen Repräsentationsgebäuden, chinesischen Läden, indischen Tempeln und malaiischen Moscheen zieht Besucher schnell in ihren Bann. Im historischen Zentrum von Georgetown stehen noch ganze Straßenzüge wie vor 150 Jahren. Für aufwendige Restaurierungen fehlte immer das Geld, was zwar zum Verfall führt, aber auch so manches Gebäude vor übereifrigen Erneuerern gerettet hat.

Sogar palmengesäumte Strände findet man noch auf Penang. Zwar hat die Tourismusindustrie heute unberührtere Paradiese in aller Welt im Angebot, aber der Strand von Batu Ferringhi besticht nicht allein durch seine tropische Kulisse. In den Fünf-Sterne-Häusern am Strand treffen sich Urlauber aus aller Welt, und nirgendwo in Malaysia ist das Angebot an Freizeitvergnügungen, Restaurants und Kneipen so vielfältig wie

Fahrradrikscha in Georgetown

hier. Wer sich weiter ins Inselinnere wagt, findet auf Penang noch malaiische *kampungs,* ruhige Wanderwege im Dschungel, Wasserfälle und malerische Plantagenwälder.

Bis zum ausgehenden 18. Jh. war Penang – von ein paar malaiischen Fischerdörfern im Südwesten abgesehen – nahezu unbewohnt, als Pulau Ka Satu (einzelne Insel) gehörte es zum Sultanat von Kedah. Die Sultane zeigten wenig Interesse für die dschungelbedeckte Insel, bis sich mit der Ankunft von Francis Light 1771 die Engländer um sie bemühten. Light war im Auftrag der East India Company auf der Suche nach einem Stützpunkt für den China-Handel in der von den Holländern dominierten Straße von Melaka.

Kapitän Light gewann rasch das Vertrauen des Sultans. Man einigte sich auf ein Tauschgeschäft, nach dem den Briten die Insel Penang gegen eine jährliche Apanage an den Sultan und gegebenenfalls militärische Unterstützung überschrieben werden sollte. Light hißte am 11. 8. 1786 den Union Jack auf der Insel.

Es gelang ihm schon bald, Kolonisten zu finden, die den dichten Dschungel für Siedlungen und Ackerbau rodeten. Außerdem verfügte er, daß jeder neue Siedler soviel Land besitzen durfte, wie er roden und bewirtschaften konnte.

Schon 1788 lebten mehr als 10 000 Menschen auf Penang. Light machte Pläne für den Ausbau des Hafens und der Stadt, die er nach dem damaligen englischen König George III. Georgetown nannte. Die Insel selbst benannte er nach dem Thronerben Prince of Wales Island.

Die neuen Siedler – Europäer, Armenier, Chinesen, Araber, Burmesen und Siamesen – ließen sich in verschiedenen Stadtvierteln nieder. Chulia war die malaiische Bezeichnung für muslimische Händler aus Südindien, die sich entlang der heutigen Leboh Chulia niederließen. Die Leboh China erinnert an das Wohngebiet der Straits-Chinesen, die hier ihre Geschäfte eröffneten. Malaien aus Sumatra, hauptsächlich aus der Region um Aceh, gründeten eine Moschee an der Leboh Aceh.

Anfang des 19. Jh. schien Penangs Zukunft vielversprechend, wohl aus dieser Zeit stammt die Bezeichnung ›Perle des Orients‹. 1826 wurde Georgetown zur Hauptstadt der neugegründeten britischen *Straits Settlements.* 1832 erhielt Singapur die Hauptstadtwürde, und der strategisch günstige Hafen an der Südspitze der Halbinsel zog auch bald das Geschäft ab.

Georgetown

Das kompakte historische Zentrum von Georgetown läßt sich gut zu Fuß erschließen, wenn es zu heiß wird, kann man für ein paar Ringgit eine der zahlreichen Fahrradrikschas mieten. Einzig die Straßennamen sind manchmal etwas verwirrend, weil man seit den 70er Jahren des 20. Jh. die englischen Bezeichnungen durch malaiische ersetzt hat.

Vom britischen **Fort Cornwallis** **1** an der Spitze des Kaps von Georgetown konnten die Engländer die Wasserstraße kontrollieren, die Penang vom Festland trennt. Francis Light ließ das Fort aus hölzernen Palisaden errichten, als er 1786 die Insel für die East India Company in Besitz nahm. Er benannte es nach Lord Charles Cornwallis, dem damaligen Vorsitzenden der Company. Die Mauerreste, die man heute noch sieht, datieren 20 Jahre später, als Light sie von indischen Sträflingen errichten ließ. Die Steinmauern wurden restauriert, und um das ›Fort-Erlebnis‹ etwas aufregender zu gestalten, stellte man in den Schießscharten Kanonen auf.

Die Sri-Rambai-Kanone hat für die Penangites eine besondere Bedeutung. Holländer schenkten sie im 17. Jh. dem Sultan von Johor. 1871 attackierten die Briten Selangor und konfiszierten die Kanone. Mit dem Dampfer »Sri Rambai« brachten sie das Geschütz nach Penang, wo sie es im Meer versenkten. Als die Kanone Jahre später vom Meeresboden gehoben werden sollte, scheiterten alle Versuche. Nur ein Mitglied der Sultansfamilie von Selangor schaffte es, sie zurück an die Oberfläche zu holen. Seitdem spricht man der Kanone magische Kräfte zu, Frauen legen Blumen nieder, wenn sie um Fruchtbarkeit bitten.

Vom Fort entlang der Promenade erstreckt sich der **Padang** 2, die weite Rasenfläche für Paraden und Spiele, die in kaum einer kolonialen Stadt der Briten fehlt. Die Esplanade entlang der Küste ist auch heute noch ein Treffpunkt, besonders wenn abends *hawker* ihre Köstlichkeiten zubereiten und man sich in der Meeresbrise mit ein paar *Saté*-Spießen und einem frischgepreßten Saft stärken kann.

Koloniale Verwaltungsgebäude mit weißgestrichenen Fassaden im viktorianischen Stil umrahmen den Padang. Die **State Assembly Buildings** 3 an der Südseite, der Leboh Light, wurden Mitte des 19. Jh. errichtet, die Portiken im klassisch-griechischen Stil waren beim architektonischen Eklektizismus jener Zeit die angemessene Formensprache für Abgeordnetenhäuser.

An der Westseite des Platzes erstrahlen die ehemalige **City Hall** 4 und das

Georgetown
1 Fort Cornwallis 2 Padang 3 State Essembly Buildings 4 City Hall 5 St. George's Church 6 Penang Museum 7 Guan Yin Temple 8 Sri Mariammam Temple 9 Masjid Kapitan Keling 10 Masjid Melayu 11 Khoo Kongsi 12 Kampung Air 13 Eastern & Oriental Hotel 14 Cheong Fatt Tse Mansion 15 KOMTAR Building

Der Guan Yin Temple in Georgetown ist der Göttin der Barmherzigkeit geweiht

State Legislative Building ganz in Weiß. Die Town Hall wurde 1903 im viktorianischen Stil ohne den in Kuala Lumpur so beliebten exotisierenden Zierrat erbaut.

Die 1818 fertiggestellte **St. George's Church** 5 könnte auch in Neu-England stehen, so streng wirkt ihre neoklassizistische Fassade mit monumentalen Säulen, die einen klassischen Giebel mit Architrav und Gesimsen tragen. Die Kirche entstand nach Plänen des britischen Ingenieurs Captain Robert Smith, dessen romantische Landschaftsgemälde von Penang im benachbarten Museum ausgestellt sind. Der kleine Rundtempel auf der Wiese vor der Kirche ist eine Gedenkstätte für Francis Light, der am 21. 10. 1794 starb.

Eine Statue des Gründers der britischen Kolonie Penang steht vor dem **Penang Museum** 6, das im Gebäude der ehemaligen Penang Free School untergebracht ist. Die erste englischsprachige Schule des Fernen Ostens öffnete 1816 ihre Pforten. Die Sammlung des Museums dokumentiert mit anschaulichen Exponaten und informativen Texttafeln die Geschichte von Penang und erklärt die Kulturen seiner Einwohner.

Gewappnet mit theoretischem Wissen über die kulturelle Vielfalt von Penang, kann man in das bunte Nebeneinander der Leboh Pitt eintauchen. Der um 1800 gegründete **Guan Yin Temple** 7 ist der buddhistischen Göttin der Barmherzigkeit geweiht. Vor dem Tempel verkaufen Händler Devotionalien und Räucherstäbchen. An buddhistischen Festtagen wird der Platz für Aufführungen chinesischer Oper und Puppenspiele genutzt.

Auf der anderen Straßenseite der Leboh Pitt liegt der hinduistische **Sri Mariamman Temple** 8. Obwohl auch

Reichverziertes Dach des chinesischen Klanhauses Khoo Kongsi in Georgetown

der Eingang an der Leboh Pitt mit einem reichverzierten *gopuram* versehen ist, befindet sich der Haupteingang an der Leboh Queen. Der Tempel wurde 1833 gegründet. Sri Mariamman ist eine Inkarnation der Göttermutter Shakti und wird als Göttin der Barmherzigkeit und des Wohlstandes verehrt – welche Übereinstimmung mit dem benachbarten chinesischen Tempel. Die Gemeinsamkeiten zwischen den Religionsgruppen und die religiöse Toleranz in Penang kommen besonders zum alljährlichen hinduistischen Thaipusam-Fest zum Ausdruck. Der Mariamman-Tempel ist der Ausgangspunkt der Prozession zum Subramaniam-Tempel. In Penang nehmen an dem Zug der *Kavadi*-Träger auch zahlreiche Chinesen teil, die besonders eifrig Kokosnüsse zerschlagen – ein Zeichen der Reinigung.

Die hellgelbe **Masjid Kapitan Keling** 9 an der Einmündung der Leboh Buckingham wurde um 1800 von indisch-muslimischen Händlern gegründet. Ihren Zierrat aus dem Mogul-Formenschatz erhielt sie bei einem letzten Umbau 1916, damals entstanden auch das elegante, freistehende Minarett und das ockergelbe Gebäude hinter der Moschee, das als Religionsschule genutzt wurde. Muslime aus der Provinz Aceh auf Sumatra errichteten ihr Gotteshaus am Ende der Leboh Pitt. Die **Masjid Melayu** 10 wurde 1808 fertiggestellt, als Vorbild dienten Moscheen auf Sumatra, was in dem leuchtturmähnlichen Minarett deutlich wird.

Am anderen Ende der Leboh Aceh befindet sich der **Khoo Kongsi** 11. *Kongsi* ist das Hokkien-Wort für Klanhaus. Im frühen 19. Jh. waren die *kongsis* von Penang eine erste Anlaufstelle für neu-ankommende Immigranten. Die Klanorganisationen besorgten Arbeit und Unterkunft, halfen auch etablierten Geschäftsleuten mit Kontakten, organisierten aufwendige Begräbnisse und ließen für Verstorbene Ahnentafeln auf den Schreinen im Innern des Tempels aufstellen. Zu buddhistischen Festen fanden Zeremonien und Opernaufführungen auf dem Gelände um den *kongsi* statt.

Der *kongsi* der Familie Khoo ist das größte und prachtvollste Klanhaus in Georgetown. *Shop houses* aus der Mitte des 19. Jh., in denen auch heute noch Familienmitglieder wohnen, flankieren den engen Eingang von der Leboh Cannon. Im Verwaltungsgebäude mit Büros rechts neben dem Eingang wurde der geschäftliche Teil der Familienangelegenheiten geregelt. Gegenüber dem Bürogebäude befindet sich eine Bühne für Opern und Puppenspiele. Die Stirnseite des Platzes nimmt der prächtige Ahnentempel ein, auch Dragon Mountain Hall (Halle des Drachenberges) genannt.

Die Familie Khoo gehörte zu den ersten Siedlern auf Penang, sie trieb schon Handel in Melaka, lange bevor Francis Light malaiisches Territorium betrat. Der Stolz auf ihre lange Geschichte und ihren erfolgreichen Handel beflügelte die Familie zu einem opulenten Neubau, den sie 1898 feierlich einweihte. Chronisten beschreiben das Klanhaus als so feudal, daß es einem kaiserlichen Palast in nichts nachstand. Doch schon kurz nach der Einweihung brannte der Dachstuhl nieder, was man als göttliche Warnung vor Prahlerei und Überheblichkeit deutete. Der Wiederaufbau fiel daraufhin bescheidener aus.

Doch immer noch wird man vom reichen Figurenschmuck überwältigt, den filigranen Steinmetzarbeiten der Säulen und den Wandmalereien. Das Gebäude ist in drei Hallen unterteilt. In der mittleren Halle steht eine Figur des Tua Sai Yen, des Familien-Schutzheiligen, in der kleineren Halle links davon befindet sich eine Statue von Tua Peh Kong, dem Gott des Wohlstands. In der rechten Halle kann man anhand der Ahnentafeln Schicksale und Karrieren der verstorbenen Khooschen Familienmitglieder verfolgen.

Im **Kampung Air** **12**, dem Wasserdorf von Georgetown neben dem Fähranleger, leben mehrere chinesische Klans in Holzhäusern auf Stelzen im Meer. Obwohl man durch die zahlreichen Stege und Brücken den Eindruck erhält, die Pfahlbaudörfer seien miteinander verbunden, herrscht hier strikte Klan-Trennung. Die Familien sind Konkurrenten beim Hafentransport, den sie mit kleinen *sampans* durchführen.

Das Geschäftszentrum von Georgetown pulsiert entlang der Jalan Penang (auch Penang Road genannt) sowie in ihren Seitenstraßen Leboh Chulia und Leboh Campbell. Die Jalan Penang beginnt am alten **Eastern & Oriental Hotel** **13**, kurz E & O genannt. Die traditionsreiche, 1885 erbaute Herberge gehörte einst den armenischen Brüdern Sarkies. Die beiden waren um die Jahrhundertwende die wohl erfolgreichsten Hoteliers im kolonialen Asien, sie besaßen auch das Raffles Hotel in Singapur und das Strand in Burmas Hauptstadt Rangoon. Schriftsteller auf der Suche nach Exotik und Abenteuer nahmen hier Quartier; Somerset Maugham natürlich, Rudyard Kipling saß einst an der Bar, im E & O logierte auch Hermann Hesse. Nicht alle waren berühmt und zahlungskräftig, so mancher blieb den Sarkies-Brüdern die Rechnung schuldig – daher legten einige die Abkürzung E & O auch als *eat & owe* (essen und Schulden machen) aus. Im April 2001 ist das E & O nach sechsjähriger Renovierung wieder eröffnet worden. Die Fassade erstrahlt in altem Glanz, innen ist fast alles neu, aber originalgetreu bis zum historischen Logo auf dem Porzellan.

Unweit des E & O steht das blaugetünchte **Cheong Fatt Tse Mansion** **14** als weiteres Beispiel für eine gelungene

Restaurierung. Das Indigoblau, in dem auch der gegenüberliegende Häuserblock gehalten ist, war neben Ockergelb die einzige Wandfarbe, die im Vorkriegs-Georgetown zur Verwendung kam. An vielen Häusern schimmern unter neueren Farbschichten noch die alten ockergelben oder blauen Anstriche durch.

Cheong Fatt Tse, der Erbauer dieses chinesischen Hofhauses, war ein erfolgreicher Geschäftsmann. Er ließ Handwerker und Materialien aus aller Welt kommen. Mosaikkünstler aus China, gußeiserne Treppen aus Schottland, Marmor aus Italien und die Jugendstil-Bleiverglasung aus Deutschland.

Als Cheong Fatt Tse 1916 starb, hinterließ er mehrere Frauen und eine weitverzweigte Familie, deren Mitglieder bis 1994 in dem Gebäude wohnten. Nach einer Renovierung steht das Haus zur Besichtigung offen. Die Rikschas vor dem Eingang und die meisten Möbel, die man heute im Innern des Hauses sieht, sind Requisiten des französischen Films »Indochine« mit Cathérine Deneuve, der 1991 zu großen Teilen im Cheong Fatt Tse Mansion gedreht wurde.

Zurück auf der Jalan Penang kann man sich ungebremstem Einkaufs- oder Eßvergnügen hingeben. Bis zum 64stökkigen **KOMTAR Building** 15 reihen sich chinesische und indische Restaurants, Buchläden und Souvenirgeschäfte, Textilhandlungen und Fotoläden aneinander. Links zweigt die Leboh Chulia ab, mit Kneipen und Billighotels der Treffpunkt der Rucksacktouristen.

Inselrundfahrt auf Penang

Die 33 m lange, vergoldete Statue eines liegenden Buddha im **Wat Chaya Mangkalaram** 1 stifteten die thailändischen Gemeindemitglieder 1958 zum 2500sten Geburtstag Buddhas. Wandmalereien erzählen den Lebensweg des Religionsstifters, unterhalb der Statue und an der Rückwand sind zahlreiche Ahnentafeln angebracht.

Auch im 1803 gegründeten **Dhammika Rama Temple** 2 der burmesischen Buddhisten berichten Reliefs und Gemälde aus dem Leben Buddhas. Für die Vergoldung der weißen Statue des Religionsstifters wird noch gesammelt.

Der **Nattukkottai Chettiar Temple** 3 der südindischen Hindus ist neben dem Sri-Mariamman-Tempel im Zentrum von Georgetown der zweite Schauplatz des spektakulären Thaipusam-Festes (vgl. S. 98f.).

Vom Hindu-Tempel sind es nur noch ein paar Hundert Meter zum **Botanischen Garten** 4, auch Waterfall Gardens genannt, in einem schönen Tal, an dessen Ende sich ein malerischer Wasserfall ergießt.

Gut 10° Celsius kühler als in Georgetown ist es auf dem Gipfel des 833 m hohen **Penang Hill** 5, was für die britischen Kolonialherren Anlaß genug war, hier ihre erste *hill station* in Malaya anzulegen. Heute sind die Spazierwege und Essensstände auf dem Penang Hill ein beliebtes Ausflugsziel der Penangites, so daß es an Wochenenden oft zu endlosen Schlangen vor der Talstation der Kabinenbahn kommt. Vom Penang Hill führt ein steiler Fußweg hinunter zum Botanischen Garten, bergab braucht man dafür etwa 1,5 Stunden.

Im Jahre 1890 begann man mit dem Bau des terrassenförmig am Hang angelegten **Kek Lok Si Temple** 6. Dank zahlreicher Spender zählt er mittlerweile zu den größten buddhistischen Tempeln in Malaysia. Die 30 m hohe Ban-Hood-Pagode stiftete 1930 der chinesische

›Tiger-Balm-König‹ Aw Boon Haw, dessen Vorliebe für wilden Stilmix man auch hier erkennen kann: Die Dachtraufen im Erdgeschoß sind chinesisch, die Fensteröffnungen haben Vorbilder in Thailand, und der krönende goldene Stupa ist der burmesischen Architektur entlehnt. Durch Tempelhallen führt ein Weg zur großen weißen Statue der Guan Yin, der Göttin der Barmherzigkeit. Für viele Besucher etwas irritierend ist die enge Nachbarschaft von Souvenirbuden und Gebetshallen.

An der Nordküste von Penang erstrecken sich einige Sandstrände, von denen **Batu Ferringhi** 7 der populärste ist. Obwohl die Badebuchten landschaftlich reizvoll vor den bewaldeten Hügeln liegen und riesige Granitbrocken neben Kokospalmen für den nötigen Schuß Exotik sorgen – an die Strände der Ostküste der Halbinsel können Pe-

Der ›Tiger-Balm-König‹ Aw Boon Haw stiftete den Kek Lok Si Temple

nangs Buchten nicht heranreichen. Vor allem die Wasserqualität in der Straße von Melaka läßt zu wünschen übrig, planlose Bautätigkeit tut ein übriges. Der Strand von Tanjung Bungah, der Georgetown am nächsten liegt, wurde in den letzten Jahren durch Hochhausblöcke verbaut. Wer allerdings üppige Swimmingpool-Landschaften internationaler Luxushotels und eine große Auswahl an Restaurants schätzt, ist in der Bucht von Batu Ferringhi gut aufgehoben. Der Strand vor den Hotels wird täglich gesäubert, zahlreiche Wassersportangebote wie Surfbrett-Verleih oder Jet-Ski locken viele in die Fluten.

Einen Ausflug in das 5 km entfernte Fischerdörfchen **Teluk Bahang** 8 kann man von Batu Ferringhi gut mit dem Fahrrad unternehmen, denn die Straße ist verhältnismäßig flach. In Teluk Pahang endet die Küstenstraße, ein Abzweig führt ins Inselinnere, wo die Straße steilere Abschnitte überwindet. Seit den 90er Jahren wird auch Teluk Pahang touristisch entwickelt, am Ortseingang steht ein weißer Hotelblock, gegenüber hat man das Penang Cultural Village errichtet, in dem Musik- und Tanzaufführungen stattfinden; eine Batikfabrik und eine Schmetterlingsfarm sind weitere Ziele. Einheimische schätzen Teluk Pahang vor allem wegen der hervorragenden Seafood-Restaurants.

Wer den Rest der Insel sehen will, muß die Rundfahrt in einem Tag erledigen, denn außer in Georgetown und an den Stränden der Nordküste gibt es keine Unterkünfte – vom Flughafenhotel abgesehen.

Wer von Georgetown Richtung Süden fährt, erreicht im Stadtteil Glugor die Auffahrt zur spektakulären **Penang Bridge** 9, die über eine Distanz von gut 10 km Penang mit dem Festland verbindet. Unter dem 225 m hohen Mittelstück können selbst die größten Ozeanriesen bequem durchfahren.

Wenige Kilometer vor dem Flughafen Bayan Lepas liegt der berühmte **Snake Temple** 10. Er wurde 1850 der Gottheit Chor Soo Kong geweiht und war seinerzeit von Hunderten giftiger Vipern bevölkert, die sich um den Altar schlängelten. Mittlerweile sind nur noch ein knappes Dutzend übrig – die Hauptattraktion des Tempels ist damit eigentlich verloren.

Die Hauptstraße verläuft am Flughafen vorbei bis zum Dorf Teluk Kumbar, von wo sich die Straße durch Nelken- und Muskatplantagen bis nach Balik Pulau windet. Dort laden kleine Restaurants an der Hauptstraße zur Rast ein, Freunde der ›Stinkfrucht‹ Durian können hier während der Saison im August und Dezember/Januar die besten Exemplare der Insel verkosten. Von Balik Pulau kann man Abstecher zu chinesischen Fischerdörfern an der Westküste von Penang machen, Badestrände gibt es hier nicht.

Nach etwa 15 km durch Plantagen und vorbei an dem relativ unspektakulären Titi-Karawang-Wasserfall und dem Forest Recreation Park stößt die gewundene Straße bei Teluk Bahang auf die nördliche Küstenstraße.

Von Butterworth Richtung Thailand Kedah und Perlis

Von Butterworth führen die Eisenbahnlinie, die Nord-Süd-Autobahn und die alte Route 1 Richtung Norden. Die Route 1 endet kurz hinter Alor Setar, die Eisenbahnlinie und die Autobahn passieren die Grenze nach Thailand.

Im **Bujang Valley** 1 (S. 271, malaiisch Lembah Bujang), entdeckte man zu Beginn des 20. Jh. Fundamente hinduistischer Tempelanlagen. Dank der Ausgrabungen am Gunung Jerai, die bis heute andauern, haben die Wissenschaftler ein klareres Bild von den hindu-buddhistischen Reichen in der Region erhalten. Man vermutet, daß das Bujang Valley seit dem 5. Jh. ein Handelsposten indischer und chinesischer Kaufleute war. Der Bujang-Fluß und der 1380 m hohe Gunung Jerai spielten eine bedeutende Rolle für das Wachstum dieser Niederlassung: Die breite Flußmündung diente als natürlicher Hafen und der weithin sichtbare Berg als Orientierungsmarke für Seefahrer. Funde von chinesischem Porzellan und persischer Keramik belegen die Bedeutung als west-östliches Handelszentrum. Die Aktivitäten reichten bis in das 14. Jh., das Ende war durch den Fall des Reiches von Sri Vijaya auf Sumatra besiegelt.

In der Umgebung des Museums liegen zahlreiche Ausgrabungsstätten und Tempelfundamente. Mehr als ein paar Grundmauern aus schmucklosen Lehmziegeln darf man allerdings nicht erwarten. Im kleinen, aber sehenswerten Museum sind schöne Steinskulpturen,

Aufführung einer chinesischen Oper in Alor Setar

Schmuck und Keramikgefäße ausgestellt. Auf Schautafeln wird die Geschichte der Region erläutert.

Für die Fahrt auf den 1380 m hohen **Gunung Jerai** 2 muß man zurück nach Bedong und dann einige Kilometer entlang der Route 1 bis zum Ort Gurun. Von dort kann man sich über eine 10 km lange Serpentinenstraße mit einem Geländewagen-Service auf den Gipfel fahren lassen, der eigene Pkw ist auch erlaubt. Die Anlage auf dem Gipfel eine *hill station* zu nennen, wäre übertrieben, es gibt keine koloniale Tradition. Immerhin aber einen schönen Ausblick, bei gutem Wetter über die Reisfelder von Kedah und bis zur Küste mit den Inseln Penang und Langkawi.

Von Gurun geht es 40 km Richtung Norden nach **Alor Setar** 3 (S. 267), der Hauptstadt des Bundesstaates Kedah. Die Straße passiert kleine Dörfer und endlose Reisfelder, smaragdgrün oder leuchtend goldgelb, wenn sie kurz vor der Ernte stehen. Kedah und das benachbarte Perlis werden auch die ›Reisschüssel Malaysias‹ genannt. Der Reis wird im Bewässerungsbau kultiviert. Das ist arbeitsintensiver als der Anbau von Trockenreis, weil die Pflanzen nur von Hand gesetzt werden können und die Regulierung des Wasserstands auf den Feldern ständige Kontrolle erfordert. Doch können die Bauern mindestens zwei, teilweise sogar drei Ernten pro Jahr einfahren.

Alor Setar (gesprochen Alor Star) ist ein beschauliches Städtchen mit reicher islamischer Tradition, die man über die Jahrhunderte immer wieder gegen die mächtigen Siamesen im Norden verteidigen mußte. Zeitweise konnte man die Nachbarn durch Zahlung von Tributen ruhig halten, zu Beginn des 19. Jh. drohte der Sultan ihnen sogar mit einem heiligen Krieg.

Der historische Kern von Alor Setar liegt am Zusammenfluß des Sungai

Exotisch und opulent
Reise im Eastern & Oriental Express

Wer etwas für die Atmosphäre der Kolonialzeit und für stilvolles Reisen übrig hat – vor allem auch Geld –, der kann für die Reise nach Bangkok, Kuala Lumpur oder Singapur einen Platz im Eastern & Oriental Express buchen. In dem edelnostalgischen Zug werden alte Zeiten wieder lebendig.

Für die Strecke von Bangkok nach Singapur braucht der Zug drei Tage und zwei Nächte. Unterwegs gibt es am River Kwai in Thailand und in Butterworth für die Besichtigung der Insel Penang zwei Aufenthalte.

Die Bahnlinie ist ein Relikt der Kolonialzeit. Die reizvolle Strecke wurde seit Ende des 19. Jh. durch den Dschungel getrieben, seit 1923 besteht eine Verbindung von Singapur nach Bangkok. Die Eisenbahnlinie verläuft an Reisfeldern und Kautschukplantagen entlang, in Thailand vorbei an Tempelanlagen. In Malaysia passiert sie im Norden die Main Range. Kein Wunder, daß die offene Aussichtsplattform im Panoramawagen am Schluß des Zuges bei den Passagieren so beliebt ist.

Die Wagen – bei voller Auslastung 22 an der Zahl – stammen aus Neuseeland, wo sie bis 1980 als »Silver Star« unterwegs waren. Für den E & O hat man sie à la ›Kolonialexotik‹ umgebaut. Außen sind sie in elegantem Dunkelgrün mit geschwungenen Schriftzügen versehen, innen wurde nicht an feinsten Hölzern und Lackpaneelen gespart. Platz ist für maximal 130 Fahrgäste, die nach allen Regeln der kulinarischen Kunst verwöhnt werden. Die Küche und das Ambiente des Speisewagens lassen keinen Gedanken an den herben Charme europäischer Zugrestaurants aufkommen – man tafelt mit feinstem Silber und wird unterhalten von einem Pianisten. Nach dem Essen geht es an die Bar, oder man zieht sich mit einem Schmöker aus der zugeigenen Bibliothek in sein plüschiges (klimatisiertes) Abteil zurück. Falls doch einmal Langeweile aufkommen sollte: Chinesische Oper, traditionelle thailändische und malaiische Tänze sowie ein Wahrsager sorgen für Abwechslung.

Dieser Luxus hat seinen Preis, für die Strecke Singapur–Bangkok (oder umgekehrt) muß man mindestens 1100 € pro Person zahlen, Teilstrecken ab/bis Butterworth kosten etwas mehr als die Hälfte. Fahrkarten für den luxuriösen Zug gibt es nicht am Schalter der staatlichen malaysischen Eisenbahnen, denn beim E & O handelt es sich eher um ein Hotel auf Schienen. Detaillierte Routenbeschreibungen und viele Fotos der luxuriösen Ausstattung kann man im Internet auf der Website des Betreibers (www.orient-expresstrains.com) abrufen. Am besten bucht man die Reise bei einem namhaften Reiseveranstalter, Übernachtungen und Ausflugsprogramme in Bangkok, Kuala Lumpur und Singapur sind je nach Arrangement im Preis inbegriffen.

Kedah mit dem Sungai Anak Bukit rund um den Padang. Einen guten Überblick über die Stadt und deren Umgebung bekommt man vom Menara Alor Setar, dem futuristisch anmutenden Telekommunikationsturm. Von hier kann man entlang der Hauptstraße Jalan Raja die historischen Gebäude des Sultanshofs besichtigen.

Zunächst passiert man einen kleinen oktogonalen Turm, den Balai Nobat, der außer an hohen Festtagen nicht zu besichtigen ist. Er beherbergt die Instrumente des königlichen Orchesters, des *nobat,* das Überlieferungen zufolge der Sultan von Melaka dem Sultan von Kedah im 15. Jh. zum Geschenk machte.

Ein paar Meter weiter auf der gleichen Straßenseite befindet sich das offizielle Empfangsgebäude des Sultans, die Istana Balai Besar von 1898. In den filigranen Holzschnitzarbeiten erkennt man die Einflüsse der thailändischen Architektur. Nebenan im Muzium di Raja gibt es außer alten Fotos und Memorabilia der Sultansfamilie nicht viel zu sehen. Auch die Gemälde im Balai Seni Negeri, dem weißen, neoklassizistischen Gebäude an der Stirnseite des Padang, sind eher von lokaler Bedeutung. Ländliche Szenen aus Kedah sind das häufigste Motiv. Wahrzeichen der Stadt ist die 1912 erbaute Masjid Zahir. Mit verspielten Türmchen und Kuppeln

Kedah und Perlis

scheint sie wie aus Tausendundeiner Nacht hierherversetzt.

Im Muzium Negeri, dem Staatsmuseum von Kedah 2 km außerhalb der Stadt Richtung Norden an der Jalan Raja, erläutern Dioramen die Geschichte des Staates. Interessanter sind einige hinduistische Artefakte aus dem Bujang Valley und das 1 m hohe, silberne Bäumchen *bunga mas* (Goldblume). Mit den filigranen Arbeiten – die Silberschmiede plazierten sogar Vogelnester in den Astgabelungen – wurden seit dem 17. Jh. die Tributverpflichtungen für Siam bezahlt.

Von Alor Setar lohnt sich ein Abstecher zum 80 km entfernten **Tasik Pedu** 4, einem 1974 angelegten Stausee. Das Naturschutzgebiet ist noch reich an Tierleben, häufig kann man Zwerghirsche beobachten, mit etwas Glück sogar Elefanten, die sich in dieses Grenzgebiet zurückgezogen haben.

In **Kuala Kedah** 5, wo von einem malaiischen Fort aus dem 18. Jh. nur Reste blieben, legen zwischen Sonnenaufgang und Sonnenuntergang fast alle halbe Stunde Personenfähren zur Insel Langkawi ab. Die Fahrt auf der Route 7 nach Norden Richtung thailändische Grenze führt durch Reisfelder in allen Schattierungen von Grün bis Goldgelb. Wie Finger ragen Kalksteinfelsen aus der Landschaft.

Von **Kuala Perlis** 6, einem Hafenort nahe **Kangar** 7, legen regelmäßig Fähren nach **Langkawi** 8 ab. Kangar ist die Hauptstadt von Perlis, dem kleinsten Bundesstaat von Malaysia, und wie es sich für den kleinsten Staat gehört, ist auch die Hauptstadt mit nur 20 000 Einwohnern beinahe ein Dorf. Etwa 8 km südlich von Kangar an der Bahnlinie liegt die Sultansstadt von Perlis, Arau, mit einem alten Sultanspalast und einer 1972 erbauten Moschee.

Pulau Langkawi

Tips und Adressen S. 314
Langkawi ist die größte Insel des gleichnamigen Archipels im äußersten Nordwesten des malaysischen Territoriums, dort, wo die Straße von Melaka in den Indischen Ozean übergeht. Etwa 30 km vom Festland entfernt liegen fast 100 mehr oder minder große Eilande, von denen nur wenige bewohnt sind, einige gehören zum Nachbarland Thailand. Weite Reisfelder, die noch traditionell von Bauerngemeinschaften bestellt werden, prägen das Inselinnere. Nur etwa 28 000 Menschen leben auf Langkawi, in den Dörfern vornehmlich muslimische Malaiien, in der kleinen Inselhauptstadt Kuah sind malaysische Chinesen in der Überzahl.

Während die südlich liegende Insel Penang mit über 1 Mio. Einwohnern schon in den 60er Jahren vom Massentourismus entdeckt wurde, mußte Langkawi bis in die späten 80er Jahre warten, um Eingang in die internationalen Reisekataloge zu finden.

Lag es an dem Fluch, den die schöne Prinzessin Mahsuri vor 200 Jahren über die Insel legte? Sieben Generationen lang sollte Langkawi der Weg zum Wohlstand versperrt bleiben, schwor die Prinzessin aus Rache für ihre Hinrichtung wegen Ehebruchs, den sie

nicht begangen hatte. Zum Zeichen ihrer Unschuld floß bei ihrer Enthauptung schneeweißes Blut. Oder haben die Insulaner den Aufschwung eher ihrem Premierminister Dr. Mohamad Mahathir zu verdanken? Der umtriebige, aus Kedah stammende Regierungschef arbeitete lange Jahre im Inselkrankenhaus. Die Tourismuswerbung und der Duty-free-Status, den Langkawi seit 1987 genießt, gehen auf seine Initiative zurück. Ein internationaler Flughafen wurde gebaut, blendendweiß und chromglänzend ist er neben dem Hauptstadtflughafen der eleganteste in Malaysia.

Die Inselhauptstadt Kuah

In **Kuah** 1, wo noch vor 15 Jahren die Insulaner gemütlich mit dem Fahrrad auf den mit Langkawi-Marmor gepflasterten Straßen zur Moschee am Ufer radelten, hat das Baufieber um sich gegriffen. Die malerische Al-Hana-Moschee mit goldener Zwiebelkuppel lag dereinst in einem Palmenhain am Strand. Mittlerweile scheint sie eher ein Teil des Lagenda-Parks zu sein, der auf Landaufschüttungen errichtet wurde. Den Ort durchschneidet eine vielbefahrene Hauptstraße, dank des zollfreien

Zeit für einen Sundowner auf Langkawi

Verkaufs können sich die Einwohner von Langkawi schneller ein Auto leisten als der Rest der malaysischen Bevölkerung. Die riesigen Einkaufszentren in Kuah ziehen besonders an Wochenenden die chinesische Bevölkerung des Landes zwecks zollfreiem Cognac-Kauf an. Diesen Einkaufstouristen bietet Kuah eine ganze Reihe Hotels, vom einfachen Gasthaus bis zum Fünf-Sterne-Sheraton.

Die Strände

Etwa 20 km von Kuah und 4 km vom Flughafen entfernt liegen die beiden Strände der Westküste, **Pantai Cenang** 2 und **Pantai Tengah** 3. Unter dem Schatten von Kokospalmen kann man sich hier gut entspannen und auf die vorgelagerten Inseln blicken. Auf dem größten dieser Eilande, **Pulau Rebak** 4, wurde 1998 ein luxuriöses Resort-Hotel mit einem Jachthafen mit fertiggestellt.

Cenang und Tengah sind durch eine schmale Landzunge voneinander getrennt, dazwischen steht seit einigen Jahren ein großer Gebäudekomplex mit einem Duty-free-Shop und der **Underwater World Langkawi** 5. Die Attraktion dieses Unterwasser-Zoos ist ein Tunnelaquarium, in dem Schildkröten, riesige Manta-Rochen und verschiedene Hai-Arten umherschwimmen. In kleineren Becken werden exotische Fischarten und Schalentiere ausgestellt, wer schon immer eine lebende Seegurke streicheln wollte, hat dazu im Streichel-Aquarium Gelegenheit.

Pantai Cenang ist dichter bebaut, nicht alle Hotels liegen am Strand, einige wurden recht planlos jenseits der Hauptstraße errichtet. Hier findet man noch einfache Chalets für Rucksackreisende, auch Familienhotels im Bungalow-Stil und eine gute Auswahl an Restaurants. Das Nachtleben ist recht beschränkt, die meisten Gäste geben sich mit ein paar Dosen Bier aus dem Duty-free-Shop und dem schönen Sonnenuntergang am Strand zufrieden. Einige Hotels vermieten Surfbretter und Kajaks.

Weiter nördlich an der Westküste erstrecken sich einige schöne ruhige Badebuchten mit exklusiven Hotels. **Pantai Kok** 6 und die benachbarte **Burau Bay** 7 sind mit dem Panorama des über 1200 m hohen Machin-Chang-Bergrükkens im Hintergrund die malerischsten

Strände von Langkawi. Am Pantai Kok soll ein weiterer Golfplatz angelegt werden.

Hinter den Bergen, an der Nordküste gegenüber der thailändischen Insel Turatao, liegt die sanft geschwungene **Datai-Bucht** 8 mit zwei exklusiven Hotels und einem Golfplatz. Eher eine ruhige Lagune als einen Strand mit Brandung findet man am nordöstlichen Zipfel der Insel in der Bucht von **Tanjung Rhu** 9. Bei Ebbe kann man hier nicht schwimmen, aber zu Fuß zu den vorgelagerten Inseln Pulau Pasir und Pulau Gasing gehen.

Inselrundfahrt

Dank der Zollfreiheit sind Mietwagen und -motorräder nirgendwo in Malaysia so günstig wie hier. Die Straßen rund um die Insel sind gut asphaltiert, und mit Ausnahme von Kuah herrscht wenig Verkehr, so daß eine Tour auf eigene Faust ein entspanntes Vergnügen wird. Die Insel ist gut in einem Tag zu umrunden, etwa 70 km legt man dabei zurück.

Von den Stränden Tengah und Cenang geht es Richtung Norden vorbei am Flughafen zum **Kampung Padang Matsirat** 10. Das ›Feld des verbrannten

Pulau Langkawi

Reises‹ liegt am Ortsausgang des kleinen Dorfes. Nachdem die legendäre Prinzessin Mahsuri ihren Fluch über die Insel gelegt hatte, griffen die Siamesen Langkawi an. Die Insulaner verbrannten die Reisernte eines Jahres und vergruben sie dann, um sie nicht den Gegnern in die Hände fallen zu lassen. Angeblich tauchen noch heute, sieben Generationen später, verbrannte Reiskörner auf, wenn heftige Regenfälle die Erde aufweichen.

Durch Reisfelder und an verstreuten Malaien-Häusern vorbei fährt man Richtung Norden, bis die Straße langsam ansteigt und sich an malerischen Buchten entlangschlängelt. Eine der schönsten ist Pantai Kok, noch unbebaut und zum Baden einladend. Die Straße zum Berjaya Resort zweigt kurz vor dem Hotel zu den Kaskaden **Telaga Tujuh** 11 ab, was sieben Becken bedeutet. Die Straße führt bergauf, das letzte Stück recht steilen Weges zum 80 m hohen Wasserfall und den natürlichen Pools legt man in 10 Minuten zu Fuß zurück. Von der Burau Bay benötigt man zu Fuß etwa 45 Minuten.

Vom Pantai Kok verläuft die Hauptstraße Richtung Nordosten. Nach 5 km zweigt links die Straße zur Datai-Bucht mit zwei exklusiven Hotels ab, für Nicht-Gäste gibt es keinen (offiziellen) Zugang zum schönen Strand. In der **Krokodilfarm** 12 (Taman Buaya) wenige Hundert Meter nach dem Abzweig werden Krokodil-Shows und im angeschlossenen Laden Produkte aus der Haut der Reptilien angeboten.

Weiter Richtung Nordosten gelangt man zum **Pantai Pasir Hitam** 13, zum Strand des schwarzen Sandes. Wirklich schwarz ist er nicht, aber es mischen sich dunkle Mineralien in den lehmigen Sand, zum Baden lädt der Strand allerdings nicht gerade ein. Wer eine Erfrischung braucht, macht den Abstecher zur Tanjung Rhu, dem Casuarinen-Kap.

Zurück auf der Hauptstraße geht es am Kreisverkehr in Padang Lalang in einem großen Bogen Richtung Südosten nach Kuah. Nach 2 km erreicht man die Air Panas, heiße Quellen. Drumherum hat man eine Art Kulturdorf errichtet, das **Air Hangat Village** 14. Im Restaurant werden abends Kultur-Shows zum Dinner dargeboten. Die Fahrt führt durch Kautschukplantagen und vorbei an den Marmorbrüchen von Langkawi. In der Fabrik von Kedah Marble, 4 km vor dem Ortseingang von Kuah, erfährt man alles über die Marmorbearbeitung.

Von Kuah verläuft die Straße Richtung Westen. Vom Dorf Ulu Melaka bietet sich ein Abstecher auf den 881 m hohen **Gunung Raya** 15 an. Vom Gipfel hat man an klaren Tagen eine weite Aussicht über Langkawi und die Nachbarinseln. Im Dschungel um den Gipfel offerieren lokale Veranstalter geführte Touren, markierte Wanderwege gibt es noch nicht.

Die südliche Route erreicht nach 10 km zunächst den öffentlichen Golfplatz, dort zweigt eine schmale Straße nach rechts zum **Makam Mahsuri** 16 ab, der letzten Ruhestätte der Prinzessin Mahsuri in einem kleinen Garten. Eine Inschrift erzählt die Legende vom Tod der unschuldigen Prinzessin und vom verhängnisvollen Fluch, den sie über die Insel legte – sieben Generationen Krieg und Armut wünschte sie ihren Richtern. Wie die Rundfahrt über die Insel mit all den Neubauten zeigt, scheinen in Langkawi bessere Zeiten angebrochen zu sein. Auch die zahlreichen Verkaufsbuden in der Nachbarschaft des Grabes machen gute Geschäfte, besonders wenn an langen Wochenenden die Malaien herbeiströmen. Zurück auf der

Wasserbüffel – unverzichtbare Helfer der Bauern auf Langkawi

Hauptstraße erreicht man nach 10 km die Strände Cenang und Tengah.

Die vorgelagerten Inseln

Um auf die kleinen unbewohnten Eilande südlich von Langkawi zu gelangen, ist man auf organisierte Bootsfahrten angewiesen, Schnorchelausrüstung ist meist im Preis für eine Island-Hopping-Tour inbegriffen. Unterkunft gibt es nur auf **Pulau Tuba** 17. Die zweitgrößte Insel des Archipels, **Pulau Dayang Bunting** 18, die Insel des schwangeren Mädchens, liegt 20 Bootsminuten entfernt. Ein Bad im Süßwassersee im dschungelbedeckten Inselinnern soll die Fruchtbarkeit fördern. In der Gua Langsir, einer fast 100 m hohen Höhle, leben Tausende Fledermäuse.

Auf **Pulau Singa** 19 hat man in einem Naturpark heimische und fremde tropische Tiere angesiedelt. Zur Zeit sind Flamingos die exotischsten Bewohner, es soll jedoch Pläne geben, auch Zebras dort auszusetzen. An den schönen Stränden der Insel kann man baden und schnorcheln, einige Veranstalter haben geführte Dschungeltouren im Programm.

Für Taucher und Schnorchler bietet sich ein Ausflug in den Pulau Payar Marine Park an. Speedboote von Kuah brauchen bis zum 30 km entfernten Meerespark etwa eine Stunde, daher sind die Exkursionen nicht ganz preiswert. Doch das Korallenriff südlich von Pulau Payar ist überaus reich an buntem Unterwasserleben. Wer keine Gelegenheit hat, die Riffe an der Ostküste zu erkunden, kann hier die tropische Unterwasserwelt erleben. Vom Glasbodenboot können auch Wasserscheue die Korallen und bunten Fischschwärme beobachten.

Von Kuala Lumpur in den Süden

Karte S. 142

Der Teil der Halbinsel südlich von Kuala Lumpur war für die Entwicklung der malaiischen Kultur und des Staates am bedeutendsten. Die Gründung von Melaka im frühen 15. Jh. und der Übertritt des Herrschers zum Islam markierten den Beginn der malaiischen Kultur. Das Aufblühen der Religionsschulen, der Künste und der Geschichtsschreibung wird auch als Goldenes Zeitalter der Malaien bezeichnet. Der Hafen von Melaka blieb jahrhundertelang die wichtigste Anlaufstelle für zahlreiche Einwanderer – Europäer, Araber, Inder und Chinesen.

Mit der Geschichte von Melaka sind die Geschicke der Bundesstaaten Negri Sembilan und Johor eng verknüpft. In Negri Sembilan prägten Einwanderer aus Sumatra, die Minangkabau, den Landstrich. Johor, das seine Existenz mehr oder minder dem Fall von Melaka verdankt, war während der kolonialen Herrschaft das mächtigste malaiische Sultanat.

Seremban **1** (S. 331), die Hauptstadt des Bundesstaates Negri Sembilan, einer Föderation aus ursprünglich neun Kleinstaaten (*negri* bedeutet Staat auf malaiisch, *sembilan* heißt neun), ist wie Kuala Lumpur eine relativ junge Stadt. Ihre Existenz verdankt sie den reichen Zinnvorkommen in der Umgebung.

Die Zinnindustrie zog im 19. Jh. viele chinesische Einwanderer nach Seremban, im historischen Zentrum findet man noch einige alte *shop houses.* Die Briten hinterließen eine neogotische Kirche, die Gereja Katolik (katholische Kirche), einige repräsentative Verwaltungsbauten wie das klassizistische State Secretariat – heute Bibliothek – von 1912 und einen großzügigen Park, die Seremban Lake Gardens. Während der kolonialen Ära hatte man die traditionelle Architektur der Minangkabau zugunsten abendländischer Stile vernachlässigt, was man heute durch elegant geschwungene Minangkabau-Dächer aus Spannbeton nachzuholen versucht. Ein Beispiel dafür ist die Staatsmoschee, zwischen 1964 und 1967 errichtet, deren neun geschwungene Dächer die neun Kleinstaaten in Negri Sembilan symbolisieren.

Originale Minangkabau-Bauten kann man im Taman Seni Budaya (Cultural Handicraft Complex) bewundern, dem Museumskomplex 2 km westlich der Stadt. Im modernen Minangkabau-Gebäude des Cultural Handicraft Centre werden traditionelle Kunsthandwerksgegenstände, historische Fotos und Artefakte ausgestellt. Interessanter sind zwei originale Minangkabau-Häuser auf dem Gelände. Die Istana Ampang Tinggi wurde 1861 im Kampung Ampang Tinggi aus hartem Tropenholz erbaut, welches traditionell ohne einen einzigen Metall-Nagel verbunden wird. Der frühere königliche Palast beherbergt heute das State Museum.

Das Nachbargebäude, ein Minangkabau-Haus, ist mit einem einfachen Giebeldach schlichter als der Palast, aber nicht ohne den typischen Schwung. Auf dem Museumsgelände kann man Repliken von Megalithen sehen, die man bei Pangkalan Kempas nahe dem Bahnhof Tampin fand. Sie stammen aus vorislamischer Zeit, ihre Herkunft und Bedeutung bleibt im dunkeln.

Die siegreichen Büffel
Die Minangkabau

Die Minangkabau, deren Kultur im Hochland zwischen Padang und Bukit Tinggi in West-Sumatra beheimatet ist, ließen sich wahrscheinlich im 15. Jh. im heutigen Malaysia nieder. Die Ursprünge ihrer Kultur sind recht undurchsichtig, bis zu ihrer Erwähnung in den »Sejarah Melayu«, den malaiischen Hofannalen, gab es nur mündliche Überlieferungen. Um so erstaunlicher, daß die Volksgruppe ihre Traditionen bewahrt hat. Besonders im malaysischen Bundesstaat Negri Sembilan wirken ihre Kultur und Architektur prägend. Daß bei den Minangkabau noch immer die matriachale Erbfolge gilt, sieht man nicht auf den ersten Blick, ihre Häuser mit den geschwungenen Dachformen, die an Büffelhörner erinnern, sind um so augenfälliger.

In ihrer ursprünglichen Heimat in Sumatra wurden die Minangkabau einst von einer javanischen Armee angegriffen. Als die Schlacht aussichtslos schien, entschieden die beiden Führer, anstelle der Armeen Tiere gegeneinander kämpfen zu lassen: Die angreifenden Javaner wählten einen Tiger und die Verteidiger einen Büffel. Entgegen aller Erwartungen blieb der listige Büffel Sieger in diesem Kampf. Woraufhin sich die Verteidiger Minangkabau nannten – *minang* (heute *menang*) bedeutet auf malaiisch Sieg, *kabau* (heute *kerbau*) heißt Büffel.

Respekt haben die Malaien vor der matriarchalen Gesellschaftsordnung, dem *adat pepatih.* Vor allem, weil im Rest des islamischen Landes die männliche Erbfolge vorherrscht, *das adat temenggong.* Die Regeln bestimmen traditionell alle Aspekte des Lebens. Die Familie wohnt zusammen im *adat*-Haus, das von der Mutter an die Tochter vererbt wird. Auch der Landbesitz und der Familienname gehen von der Mutter auf die Töchter über. Bis zur Heirat leben die Söhne im Haus der Mutter, dann ziehen sie zur Familie ihrer Ehefrau. Klanhäuser *(suku)* sind in autonomen Dorforganisationen, den *nagari,* zusammengefaßt, die auch den Landbesitz und die Reisfelder verwalten.

Von einem feministischen Paradies sind die Minangkabau jedoch weit entfernt. Der Besitz ist weniger ein persönlicher, sondern ein gemeinschaftlicher, und bei allen familiären Entscheidungen hat der Bruder der Mutter ein Mitspracherecht. Mittlerweile haben jedoch gesellschaftliche Entwicklungen zur Auflösung der streng organisierten Familienklans geführt.

Der Architekturstil der Minangkabau erfreut sich auch im modernen Malaysia großer Beliebtheit. Besonders in Seremban und Sri Menanti sieht man an modernen Gebäuden häufig den charakteristischen Dachschwung. Dank massiver Harthölzer und konservierender Öle blieben einige der über 100 Jahre alten Holzhäuser und -paläste erhalten – unter tropischen Witterungsbedingungen schon erstaunlich.

Sri Menanti 2, die alte Königsstadt von Negri Sembilan, liegt 30 km östlich von Seremban in einer sanften Hügellandschaft. Noch heute residiert hier der Sultan im opulenten, 1930 erbauten Palast Istana Besar. Die königliche Familie lebte bis dahin im Istana Lama, dem alten Palast, mit dessen Bau im Jahre 1902 begonnen wurde. 99 Säulen, die 99 Krieger der verschiedenen Familienklans symbolisieren sollen, tragen das hölzerne Gebäude. Das Erdgeschoß des dreistöckigen Palastes fungierte als Empfangshalle, in den oberen Stockwerken befanden sich die Privatgemächer des Sultans und seiner Familie. Gekrönt wird die Anlage von einem Türmchen, das damals als Schatzkammer diente. Der außen mit Schnitzereien reichgeschmückte Palast wirkt innen sehr schlicht. Heute zeigt dort das

Rikscha vor dem Stadthuis in Melaka

Muzium di Raja Memorabilia der Sultansfamilie.

Port Dickson 3 (S. 313) hat sich in den letzten Jahren zu einem sehr populären Strandbad entwickelt. Angesichts der Lage inmitten von Industrie-Komplexen und an den stark belasteten Gewässern der Straße von Melaka ist das zumindest für Touristen aus Europa kaum zu verstehen. Doch schätzen Einheimische, besonders die gestreßten Städter aus Kuala Lumpur, dieses Naherholungsziel ganz besonders. Immerhin gibt es hier eine große Auswahl an Hotels.

Auf der Halbinsel Tanjung Tuan (auch Cape Rachado) am südlichen Ende des etwa 15 km langen Strandabschnitts soll ein Vogelschutzgebiet eingerichtet werden, im September und im März/April ist das Areal ein beliebter Rastplatz für Zugvögel. Noch aus kolonialen Zeiten stammt der Leuchtturm an der Spitze der Halbinsel. Bei klarem Wetter kann man die nur 40 km entfernte Küste von Sumatra sehen.

Melaka
Wiege der Nation

Melaka 4 (S. 305) ist die älteste Stadt in Malaysia, fast 500 Jahre lang wurde sie aufgrund ihrer bedeutenden strategischen Lage an der wichtigsten Wasserstraße zwischen Europa und China hart umkämpft und nacheinander von drei großen Seemächten erobert. Melakas Niedergang als Handelshafen ging mit dem Aufstieg von Singapur seit 1819 einher. Der Hafen versandete zusehends, bis man ihn Anfang der 90er Jahre des 20. Jh. dann vollständig aufschüttete, um auf dem Neuland mehrere Einkaufszentren und Hotels zu bauen. Heute ankern am Fluß nur noch *prahus* aus Sumatra, beladen mit Holzkohle aus Mangrovenstämmen, die man in Malaysia beim Grillen der so beliebten *Saté*-Spießen benötigt.

Obgleich die »Sejarah Melayu«, die malaiischen Annalen, eine recht verläßliche Quelle zur Geschichte Melakas seit dem 15. Jh. sind, beschreiben sie die Gründung der Stadt in einer blumigen Version. Um 1400 n. Chr. rastete Prinz Parameswara aus dem Sri-Vijaya-Reich auf der Flucht unter einem Baum. Er be-

Melaka

1 Istana Ke Sultanan 2 Bukit St. Paul 3 Porta di Santiago 4 St. Paul's Church 5 Town Square 6 Stadthuis 7 Christ Church 8 St. Francis Xavier Church 9 St. Peter's Church 10 Bukit China 11 Sam Po Kong Temple 12 Baba Nyonya Heritage Museum 13 Cheng Hoon Temple 14 Masjid Kampung Kling 15 Masjid Kampung Hulu 16 Mausoleum des Hang Jebat 17 Portugiesisches Dorf 18 Tourist Office 19 Maritime Museum 20 Kampung Morten

schloß, an dieser Stelle eine Stadt zu gründen, die er nach dem Baum Melaka nannte. So ganz zufällig kann die Gründung nicht gewesen sein, denn immerhin war die Lage der neuen Stadt ideal: Eine Ansiedlung von *orang laut* (Seemenschen) existierte bereits, die Flußmündung bot Schutz vor dem Monsun, und die Stadt lag am Fuße eines Hügels, von dem man eingehende Schiffe beobachten konnte.

Bald entdeckten ausländische Kaufleute die Vorzüge des neuen Hafens, der Handel florierte. Parameswara paktierte mit China und trat zum Islam über. Ende des 15. Jh. hatte das Reich von Melaka seine größte Ausdehnung erlangt. Bauliche Zeugnisse aus dieser Zeit blieben nicht erhalten. Der Holzpalast **Istana Ke Sultanan** (**1**, Sultanspalast) am Fuße des **Bukit St. Paul (2)** ist eine moderne Nachbildung des Palastes von Sultan Mansur Shah aus dem 15. Jh. Erbaut in traditioneller Technik – ohne Metallnägel – folgt der Grundriß dem in den »Sejarah Melayu« beschriebenen Plan der ursprünglichen Anlage. Im Palast ist ein Museum zur Geschichte des Reiches von Melaka untergebracht.

Seit dem frühen 16. Jh. versuchten europäische Seemächte, sich die strategisch günstige Position an der Straße von Melaka zu sichern. Den Anfang machten 1509 die Portugiesen. Sie griffen von ihrer Niederlassung in Goa (Südindien) an. Der erste Versuch schlug fehl, zwei Jahre später attackierte man dann mit voller Kraft und konnte in kurzer Zeit die Stadt einnehmen. Die neuen Herren errichteten sogleich die Festung A Famosa (die Ruhmreiche), von der nur ein paar Grundmauern und ein Tor, die **Porta di Santiago (3)**, erhalten blieben.

Die Engländer, seit 1797 Herren über Melaka, ließen 1807 A Famosa unter großen Anstrengungen abtragen. Niemand sollte sich jemals hinter den so stabilen Mauern verschanzen können. Daß die Porta di Santiago heute noch steht, haben wir dem Geschichtssinn von Sir Stamford Raffles (vgl. S. 33f.) zu verdanken.

Mindestens genauso wichtig wie der Hafen war den Portugiesen die Mission, daher errichteten sie auf der Hügelkuppe eine Kirche. Heute sieht man Reste des Baus, den portugiesische Jesuiten um 1580 fertigstellten. Erst die Holländer, die 1641 Melaka eroberten, gaben der Kirche und dem Hügel den Namen **St. Paul's (4)**. Der heiliggesprochene Jesuit Francisco Xavier predigte hier Mitte des 16. Jh. Als er 1552 starb, wurde er zunächst in Melaka beigesetzt. Um seine Exhumierung zur Überführung nach Goa rankt sich eine schaudererregende Legende. Obwohl er neun Monate in seinem Grab lag, soll sein Leichnam nicht verwest gewesen sein, und als man ihm den rechten Arm abtrennte, um ihn zwecks Heiligsprechungsverfahren nach Rom zu senden, soll er geblutet haben.

Die Holländer benutzten die Kirche noch über 100 Jahre bis 1753, zur Fertigstellung der Christchurch auf der anderen Seite des Hügels. Zahlreiche Grabsteine von Kaufleuten und Seefahren, die fern der Heimat starben, sind im Innern von St. Paul's zu besichtigen. Die Engländer funktionierten das Gotteshaus zu einem Pulver- und Kanonenlager um und bauten neben dem Eingang einen kleinen Leuchtturm.

Alle Kirchen, die man heute in Melaka sieht, stammen aus der Zeit der Holländer, die auch dem Stadtzentrum um den **Town Square (5)** deutlich ihren Stempel aufdrückten.

Das 1660 fertiggestellte, dreistöckige **Stadthuis (6)**, Sitz des Gouverneurs,

Eines der Wahrzeichen von Melaka – die rot gestrichene Christ Church

wirkt innen mit den weiten Treppenhäusern, Holzdecken und den hohen Fenster sehr holländisch. Heute ist hier das Ethnographische Museum untergebracht, interessant sind historische Fotografien von Melaka. Erstaunlich zu sehen, wie wenig sich in den letzten Jahren im Stadtkern geändert hat.

Zur Feier ihrer 100jährigen Herrschaft über Melaka errichteten die Holländer von 1741 bis 1753 die **Christ Church (7).** Die Ziegel für den Bau wurden eigens aus Holland importiert, die schlichte Innenausstattung weist auf die calvinistische Tradition des Mutterlandes. Fassade und Eingangshalle wurden 100 Jahre später angefügt. Auch auf dem Friedhof der Christchurch erzählen zahlreiche Grabsteine tragische Schicksale von holländischen Kaufleuten, dahingerafft von tropischen Krankheiten und Epidemien.

Den Uhrturm neben dem Brunnen ließ 1886 eine reiche chinesische Familie errichten. Weitere holländische Verwaltungsbauten entlang der Jalan Kota am Fuße des St. Paul's-Hügels wurden renoviert und beherbergen heute kleinere Museen und ein Kunsthandwerkszentrum.

Aus britischer Zeit stammt die ehemalige Post, erbaut 1931, kurioserweise im holländischen Stil. Dort ist heute das Muzium Belia (Jugend-Museum) untergebracht, das die Jugendarbeit der malaysischen Regierungspartei UMNO dokumentiert.

Weiter die Jalan Laksamana hinauf gelangt man zur **St. Francis Xavier Church (8),** 1849 im neogotischen Stil erbaut. Von hier geht es auf der belebten Jalan Bendahara durch Little India in zehn Fußminuten zur dritten bedeutenden Kirche von Melaka, der **St. Peter's Church (9)**. Die älteste katholische Kirche von Malaysia wurde 1710 für die portugiesische Gemeinde errichtet, 70 Jahre nachdem die Holländer die Portugiesen geschlagen hatten. Die Kirche – portugiesisch im Stil – war eine Wiedergutmachung der Holländer, die den Katholiken freie Religionsausübung zusicherten. Zur Osterzeit finden um St. Peter Andachten statt, karfreitags versammeln sich Tausende zum Kreuzweg, und zur Osternachtsfeier gibt es eine Kerzenlichtprozession.

Von St. Peter kann man auf dem Rückweg zum Stadtzentrum am **Bukit China (10)** vorbeigehen. An den Hängen befinden sich mehr als 12 000 Grabstätten chinesischer Familien aus Melaka, angeblich der größte chinesische Friedhof außerhalb des Mutterlands. Die ältesten Gräber stammen aus dem frühen 17. Jh. Am Fuße des Hügels an der Jalan Puteri Hang Li Poh steht der 1431 gegründete chinesische **Sam Po Kong Temple (11).** Sam Po Kong (drei Juwelen) ist der religiöse Titel des Generals Cheng Ho, eines muslimischen Chinesen und Kapitäns der chinesischen Handelsflotte in Melaka. Hinter dem Tempel sind die Reste eines Brunnens zu besichtigen, Sultans' Well, der seit dem 15. Jh. eine wichtige Frischwasserquelle für die Bevölkerung war.

Die chinesische Kolonie in Melaka brachte es früh zu Reichtum und Ansehen. Über die Brücke vom Town Square erreicht man die Chinatown von Melaka. Vor allem in der Jonkers Street (heute Jalan Hang Jebat) und der Heeren Street (Jalan Tun Tan Cheng Lock) errichteten wohlhabende chinesische Händler großzügige Wohn- und Geschäftshäuser. In der Heeren Street Nr. 48 kann man eines dieser Häuser von innen besichtigen.

Das **Baba Nyonya Heritage Museum (12)** ist ein Familienmuseum, am Einlaß muß man klingeln, dann wird man in kleinen Gruppen durch das Haus geführt. Zahlreiche Einrichtungsgegenstände aus Familienbesitz lassen das Alltagsleben wohlhabender Straits-Chinesen lebendig werden. In einigen historischen Stadthäusern wurden Antiquitätenläden, Hotels und Restaurants eingerichtet. In der Jonkers Street reiht sich mittlerweile ein Laden an den nächsten, kein Wunder, daß längst nicht alles alt ist, was als antik verkauft wird.

Der populärste Tempel der chinesischen Gemeinde von Melaka, der **Cheng Hoon Temple (13),** ist der Göttin der Barmherzigkeit Guan Yin geweiht, deren Statue den Hauptaltar schmückt. Im Innenhof und vor den Hauptaltären herrscht stets großes Gedränge. Räucherstäbchen werden zu Dutzenden entzündet, und Familienklans bringen ihren Ahnen Opfer dar. Gegründet wurde der Tempel schon 1646, der heutige Bau geht auf die Stiftung wohlhabender Chinesen zurück, die 1704 eigens einen berühmten Architekten aus der Heimat kommen ließen.

Die **Masjid Kampung Kling (14)** wurde 1748 in einem ungewöhnlichen Stilmix errichtet. Das Minarett erinnert an eine Pagode, glasierte Fliesen europäischen Ursprungs verzieren die Wände. Die 1728 erbaute **Masjid Kampung Hulu (15)** gilt als eine der ältesten Moscheen im Lande. Mit einem pagodenartigen Minarett greift sie die Formen der sumatrischen Moscheen auf. Etwas versteckt an der Jalan Kampung Pantai liegt **Hang Jebat's Mausoleum (16)**, das Grab eines der berühmtesten Krieger des Reiches von Melaka.

Baba-Nyonya
Multikulti asiatisch

Die Schilderungen vom sagenhaften Reichtum eines neuen Handelshafens an der Westküste der malaiischen Halbinsel erreichten China im 15. Jh. Kapitäne und Kaufleute aus China gehörten seit jeher zum Straßenbild in Melaka. Bis zum Ende der portugiesischen Herrschaft 1641 lebten aber nicht mehr als drei oder vier chinesische Familien fest in Melaka.

Das änderte sich, als China unter der Fremdherrschaft der Mandschu-Dynastie litt. Seit dem späten 17. Jh. kamen immer mehr chinesische Kaufleute und Unternehmer besonders aus der Provinz Hokkien nach Melaka. Sie ließen sich endgültig nieder und verbanden sich mit einheimischen malaiischen Frauen, den *nyonya,* was auf malaiisch soviel wie Fräulein heißt. Die männlichen Chinesen nannten sich *baba.* Die Sprößlinge aus diesen Familien waren *Straits-borne*-Chinesen, oder, nach der malaiischen Bezeichnung, *perenakan.*

Die Mehrheit der heute in Malaysia lebenden Chinesen ist allerdings nicht den *baba-nyonya* zuzurechnen. Zwar sind inzwischen schon mehrere chinesische Generationen im Lande geboren, eingewandert sind deren Vorfahren aber erst im späten 19. Jh. Mischehen waren unter dieser zweiten Einwanderergruppe eher die Ausnahme.

Die erste Generation der *Perenakan*-Chinesen betätigte sich noch im Import- und Exportgeschäft. Als sich ihr Reichtum mehrte, konnten die *babas* ihr Vermögen investieren. Im frühen 19. Jh. traten sie als Finanziers bei der Erschließung der Zinnminen hervor, später engagierten sie sich auch in den Kautschukplantagen. Als 1819 mit Singapur ein neuer Stern am Geschäftshorizont erschien, siedelten einige *Perenakan*-Familien aus Melaka in die neue Stadt um. Auch viele der *baba-nyonyas* auf Penang ließen sich zuerst in Melaka nieder. Ihrer Mobilität haben die *baba-nyonya* auch ihren Vorsprung hinsichtlich Erziehung und Ausbildung zu verdanken. Als die ersten englischen Schulen gegründet wurden, zogen sie in die Städte. Die *Perenakan*-Chinesen waren auch die ersten, die im Ausland studierten, und bis Mitte des 20. Jh. stellten sie die Mehrzahl der Ärzte und Rechtsanwälte in Malaysia.

Nicht nur bei den Baba-nyonya als kleiner Snack beliebt – Betel

Chinesischer Geschäftssinn gepaart mit der malaiischen Vorliebe für einen Laissez-faire-Lebensstil brachte eine einzigartige Kultur hervor. Höhepunkt im Leben der *baba-nyonya* war die aufwendige Hochzeitsfeier, zwölf Tage soll sie früher gedauert haben, und Braut und Bräutigam wechselten mehrmals die Kleidung, mal malaiisch, mal chinesisch, mal eine Mischung aus beidem. Auch die Alltagskleidung der *Perenakan*-Chinesinnen paßte sich der Umgebung an: Statt der *Cheong-Sam*-Hosenanzüge trugen die *Nyonya*-Frauen malaiische *sarongs* kombiniert mit einer halblangen Bluse, der *kebaya*. Reiche *nyonya* hatten genug Zeit, sich malaiischen Freizeitvergnügungen hinzugeben. Man saß zusammen, traschte ein bißchen und kaute genüßlich Betel.

›Typisch chinesisch‹ nicht schüchtern im Zeigen von Reichtum, dekorierten die wohlhabenden *Perenakan*-Familien ihre Wohn- und Geschäftshäuser mit importiertem Kunsthandwerk wie viktorianischen Keramiken, französischen Lampen und italienischem Marmor. Aus der Heimat China kam kostbares Porzellan, oft nach eigenen Vorstellungen bemalt. Statt traditionellen chinesischen Mustern erschienen malaiisch-verspielte bunte Blumenmuster oder Tierdarstellungen. Das *Nyonya*-Porzellan gehört heute zu den begehrten Objekten im Antiquitätenhandel.

Auch die Gerichte, die aus Schüsselchen gegessen werden, sind eine leckere Kombination chinesischer und malaiischer Cuisine. Aus China stammt die Vorliebe für Suppen und Soßen, malaiische Zutaten sind der großzügige Gebrauch von Kokosmilch, Chili und der Krabbenpaste *belacan*. Der malaiischen, nicht der chinesischen Etikette folgend, ißt man mit den Fingern, nicht mit Stäbchen. Diese wurden nur für zeremonielle Zwecke gebraucht, etwa um Speisen auf dem Familienaltar anzurichten. Die Ahnenverehrung ist eine sehr chinesische Sitte – multikulturell!

Nicht nur die Chinesen konnten in Melaka ihre Mischkultur erhalten, auch die Portugiesen haben noch eine kleine ›Kolonie‹, außerhalb des Stadtzentrums. Von allen Europäern, die Melaka eroberten, sind einzig die Portugiesen geblieben, wohl auch weil sie weniger Dünkel hatten und in malaiische Familien einheirateten. Biegt man von der Jalan Parameswara rechts in die Jalan de Albuquerque, gelangt man in das **portugiesische Dorf (17).** Die Häuser sind zwar typisch malaiisch, doch gibt es hier Straßen wie die Jalan Texeira, auf den Klingeln stehen Namen wie Henriques oder Dias, die Einwohner sprechen immer noch *kristão,* einen alten portugiesischen Dialekt.

Zentrum des Dorfes ist der Medan Portugis, eine Zugabe der Tourismusindustrie aus den 80er Jahren des 20. Jh. Dort kann man in Freiluft-Restaurants erfrischt von einer kühlen Seebrise ein Bier trinken, iberischer als die Gerichte sind die philippinischen Pop-Gruppen, die allabendlich für die Gäste aufspielen. Der Namenstag von St. Peter, dem Schutzpatron der Fischer, wird am 29. 6. mit einer Bootsprozession begangen. Exotisch wirken die Volkstänze in portugiesischen Trachten, die dann aufgeführt werden.

Wer nach schweißtreibendon Stadtrundgängen eine Pause für die Füße braucht, sollte eine Bootsfahrt auf dem Melaka River nicht versäumen. Die Tour startet vom Anleger hinter dem **Tourist Office (18)** am Town Square. Der stark verschmutzte Fluß und die recht heruntergekommene Uferbebauung wirken zwar nicht gerade einladend, doch passiert man einige Sehenswürdigkeiten und wird angenehm unterhalten. Vom Boot sieht man die wenigen Docks am besten, die vom einstmals mächtigen Hafen übrig blieben. Ein Dreimaster, der

Nachbau der portugiesischen Galeone »Flor De La Mer«, liegt an der Jalan Quayside auf dem Trockenen. Im Schiffsrumpf ist ein **Maritime Museum (19)** eingerichtet. Auch das stadteinwärts gelegene **Kampung Morten (20)** kann man bequem vom Boot in Augenschein nehmen. Das Dorf ist mit bunt bemalten Malaien-Häusern inmitten gepflegter Gärten ein kleines Juwel in der Stadt.

Von Melaka nach Johor Bahru

Karte S. 142

Von Melaka führen drei Wege Richtung Süden: Busse nehmen bis ins 240 km entfernte Johor Bahru meist den Nord-Süd-Highway, die Eisenbahn fährt östlich durchs Landesinnere, und an der Küste verläuft die alte Route 5

Bevor man auf die Autobahn gelangt, fährt man 14 km nördlich von Melaka durch **Ayer Keroh** 5 mit einigen Freizeiteinrichtungen, die besonders an Wochenenden bei Einheimischen beliebt sind. Im Mini ASEAN und Mini Malaysia Park kann man Häuser aller Bundesstaaten in Originalgröße besichtigen. Außerdem laden ein Picknickwäldchen, der Melaka Zoo, ein Schmetterlingspark und eine Krokodilfarm zum Besuch ein.

Etwa 20 km weiter südlich geht es von der Autobahn nach Tangak. Dort kann man zur Besteigung des **Gunung Ledang** 6 (Mount Ophir) starten. Wer den 1276 m hohen Berg erklimmen möchte,

Der Süden der Halbinsel Malaysia

benötigt Campingausrüstung und Klettergeschick. Man kann den Abstecher selbst organisieren und sich von jedem Melaka-Segamat-Bus in Sagil absetzen lassen. Einfacher ist es, bei der Eisenbahngesellschaft KTM eine Tour vom Bahnhof Segamat zu buchen. Von Sagil geht es in 1,5 Stunden zu mehreren Wasserfällen, der Weg ist ausgeschildert. Am höchstgelegenen Fall sollte man zelten und am nächsten Morgen schon früh zum sechsstündigen Gipfelaufstieg aufbrechen.

Die Route 5 endet kurz hinter Kukup – berühmt für seine Fisch-Restaurants – am Kap von **Tanjung Pilai** 7, dem südlichsten Zipfel des asiatischen Festlands.

Johor Bahru

Tips und Adressen S. 280

8 Die südlichste Stadt von Malaysia und der Grenzort zu Singapur ist mit seinem großen Nachbarn durch eine 1 km lange Brücke verbunden. Täglich überqueren mehr als 50 000 Pendler in Autos, Bussen und Zügen den 1923 errichteten Causeway, eine zweite, 1998 eröffnete Brücke hat sich wegen höherer Mautgebühren noch nicht durchsetzen können.

Historisch betrachtet, ist das Sultanat Johor neben Melaka eine der wichtigsten Stätten des Landes. 1511 von den Portugiesen aus Melaka vertrieben, flüchtete Sultan Mahmud Shah zunächst auf eine Insel des Riau-Archipels. Sein Sohn etablierte ein Königreich in Johor Lama nahe der Stadt Kota Tinggi, 40 km nordöstlich von Johor Bahru.

1819 verkaufte der von Intrigen geschwächte Sultan Hussein von Johor die bis dahin zu Johor gehörende Insel Tumasik an Stamford Raffles, der für die britische East India Company agierte und dort Singapur gründete. Husseins Nachfolger Sultan Abu Bakar verlegte seinen Regierungssitz 1866 an die äußerste Südspitze der Halbinsel, wo bis dahin nur das Fischerdorf Tanjung Puteri existierte, und gründete Johor Bahru.

Trotz der bewegten Geschichte ist Johor Bahru – kurz JB genannt– nicht gerade ein Touristenmagnet. Das Zentrum der expandierenden Stadt präsentiert sich seit Jahren als große Baustelle. Die Sehenswürdigkeiten von JB liegen fußgängerfreundlich im Zentrum in Laufnähe von Bahnhof und Causeway. Das alles überragende, 1940 erbaute Sultan Ibrahim Building mit Büros der Stadtverwaltung auf dem Bukit Timbalan wirkt mit dem massigen 65 m hohen Mittelturm wie eine Festung.

Über die Küstenpromenade Richtung Westen erreicht man nach 500 m ausgedehnte Parks rund um den alten Sultanspalast Istana Besar, der 1866 errichtet wurde. Der Sultan wohnt heute in einem neuen Palast am Stadtrand, die Istana Basar wird nur noch für Empfänge genutzt. In einem Flügel ist das Muzium di Raja Abu Bakar mit Jagdtrophäen, Staatsgeschenken und anderen Andenken der Sultansfamilie eingerichtet. Weitere 400 m Richtung Westen liegt die elegante Abu-Bakar Moschee, 1900 im viktorianischen Mischstil erbaut.

Damit wären die Sehenswürdigkeiten von JB schon erschöpft. Ansonsten kann man das erledigen, was auch die einheimischen *kiasu* (die chinesisch-malaysische Bezeichnung für begeisterte Schnäppchenjäger) tun: Wer auf der Durchreise nach Singapur ist, kann hier noch einmal billig einkaufen und essen. Wer von Singapur mit einem Mietwagen weiter nach Malaysia reisen will, sollte den Wagen wegen des deutlichen Preisvorteils in JB mieten.

Von Johor Bahru an der Ostküste bis Pekan

Karte S. 142
Die meisten Besucher, die von Johor Bahru an die Ostküste wollen, fahren über die Route 3 bis Mersing, den Hafen für die Insel Tioman. Sehr viel Interessantes gibt es unterwegs nicht zu sehen. Die größte Attraktion von Kota Tinggi ist der Lombong-Wasserfall, 14 km nordwestlich der Stadt. An Wochenenden baden Ausflügler aus Johor Bahru und Singapur gern in den erfrischenden Pools und picknicken im schattigen Wald, der den Wasserfall umgibt.

Das Strand-Resort Desaru am Südzipfel kann man von Johor Bahru am besten mit Shuttle-Bussen der Hotels erreichen. Kasuarinen säumen den 20 km langen Strand. Die überdimensionierten, luxuriösen Hotelanlagen bedienen eher das Erholungsbedürfnis der Singapurer.

Die Route 3 führt bis Mersing durch Ölpalmen- und Kautschukplantagen. 30 km vor Mersing zweigt eine kleine Straße Richtung Osten zum Hafen von Tanjung Leman ab. Wer auf die Inseln Sibu oder Tinggi möchte, muß von dort ein Boot nehmen.

Ein paar Kilometer nach dem Abzweig geht es im Ort Jemaluang auf der Route 50 über Kampung Kahang und Keluang nach Ayer Hitam. Wer mit eigenem Wagen – am besten einem Geländewagen – unterwegs ist, kann von Kampung Kahang über eine 20 km lange Holzfällerstraße nach Kampung Peta, dem Hauptquartier des Endau-Rompin-Nationalparks, gelangen.

Die Straße in den **Endau-Rompin-Nationalpark** 9 (S. 277) endet in Kampung Peta, die letzten 15 km bis zum ersten *base camp* in Kuala Jasin kann man entweder in drei bis vier Stunden zu Fuß gehen oder den 45minütigen Bootstrip wählen.

Obwohl im Park mittlerweile die Einrichtungen für Touristen ausgebaut werden, ein zweiter Taman Negara soll der Endau-Rompin-Park nicht werden. Maximal 380 Besucher dürfen im Monat in den Park. Übernachtet wird in einfachen Nur-Dach-Hütten in den Camps von Kuala Jasin, Batu Hampar und Kuala Marong, ansonsten ist man auf eigene Zelte angewiesen.

Bis 1986, als die erste große Expedition in den Regenwald um das Quellgebiet des Sungai Endau stattfand, waren Teile des heutigen Parks noch weiße Flecken auf der Landkarte. Endau Rompin ist eines der größten zusammenhängenden Gebiete mit Tiefland-Regenwald, der als besonders artenreich gilt. Am häufigsten kommen Dipterocarp-Bäume vor, die bis zu 80 m hoch werden können. Auch an Heilpflanzen ist der Tiefland-Regenwald besonders reich. Die Jakun, der hier lebende Orang-Asli-Stamm, machen sich 50 verschiedene Pflanzen zunutze, unter anderem gewinnen sie Chinin zum Schutz vor Malaria.

In den unberührten Wäldern von Endau Rompin leben 60 verschiedene Säugetierarten, Gibbons, Tapire, Wildschweine, sogar ein paar Tiger und das seltene Sumatra-Nashorn.

Im Park gibt es zahlreiche Wasserfälle mit Becken, die zum Schwimmen einladen, und Plateaus, die nicht nur hinsichtlich der Vegetation zauberhaft sind, sondern bei den Orang Asli als verwunschen und von Feen und Geistern bewohnt gelten. Die Orang Asli kennen für jede Steinformation eine Legende, die deren Entstehung erklärt.

Nicht alle Gebiete im Park sind für Touristen geöffnet, derzeit werden vor allem zwei Touren angeboten. Die erste führt vom *base camp* Kuala Jasin zu den

Tioman – die größte Insel des Seribuat-Archipels

Wasserfällen von Buaya Sangkut, ein achtstündiger Weg, den man auch als zweitägige Tour unternehmen kann und dann im Batu Hampar Camp übernachtet.

Der schöne Weg zum Janing Barat Plateau kann als Tageswanderung von Kuala Jasin gegangen werden. Die Fauna der 710 m hoch liegenden Ebene wird von der großblättrigen Fächerpalme bestimmt, deren Art hier entdeckt wurde – der *Livistona Endauensis.*

Von **Mersing** 10 (S. 308) legen die Boote nach Tioman und den Nachbarinseln des Seribuat-Archipels ab. Alle wichtigen Einrichtungen wie Hotels, Restaurants, Busstation und Banken befinden sich am Kreisverkehr, in den die Jalan Abu Bakar mündet. Am anderen Ende dieser Straße gibt es die Bootsanlegestelle sowie Büros von Tourveranstaltern, die Unterkünfte auf den Inseln reservieren.

Wer einen Tag auf eine Verbindung warten muß, kann die ländliche Umgebung und die lokale Kleinindustrie näher kennenlernen. Auskunft über Touren zu Kautschukplantagen und Verarbeitungsbetrieben sowie zu Fischerdörfchen erhält man in der Tourist Information oder im Omar & Helena Backpacker Hostel an der Jalan Abu Bakar.

Pulau Tioman und der Seribuat-Archipel

Pulau Tioman 11 (S. 327), mit einer Länge von 19 km die größte Insel des Seribuat-Archipels, ist umgeben von weiteren 63 Inseln und Inselchen, von denen manche nur ein paar Felsen im Meer sind. Anders als die Nachbarinseln ist Tioman fast vollständig von primärem Regenwald bedeckt.

Auf Seekarten chinesischer Kaufleute und Gewürzhändler war Tioman schon vor 500 Jahren verzeichnet. Die über 900 m hohen Zwillingsgipfel Batu Sirau und Nenek Si Mukut an der Südspitze der Insel dienten jahrhundertelang den Kapitänen als Orientierungshilfen, um während des Monsuns in geschützten Buchten ankern und Frischwasser tanken zu können.

Bis die Insel in den 60er Jahren des 20. Jh. vom Tourismus entdeckt wurde, verlief das Leben der auch heute nur rund 2000 Einwohner ruhig. Die meisten waren Fischer, manche verdienten sich in den inzwischen verlassenen Kautschukplantagen der Insel ein Zubrot. In den 70erJahren dann kürte das amerikanische Time-Magazin Tioman zu einer der »Zehn schönsten Inseln der Welt«, was die Besucherzahlen in neue Dimensionen hob.

Seitdem haben viele Fischer einen neuen Job in der Tourismusbranche gefunden. Ihre Kähne bauten sie zu Passagierbooten um, und an den Buchten entstanden einfache Hütten, ein Paradies für Rucksacktouristen. Ein Hollywood-Film-Paradies war Tioman allen hartnäckig sich haltenden Legenden zum Trotze jedoch nie. Zwar wirbt man gern damit, daß die Strände der Insel der Set für das 1957 gefilmte Musical »South Pacific« gewesen seien. Wer diese Geschichte erfunden hat und warum viele Reiseführer sie beharrlich wiederholen bleibt ein Rätsel. Tatsächlich hat der Regisseur Joshua Logan auf einer hawaiianischen Insel gedreht.

Boote von Mersing und Flugzeuge kommen im Hauptort Tekek an. Neben dem winzigen Flughafen – der Lande-Anflug kann bei Regen recht abenteuerlich sein – gibt es in Tekek noch eine Moschee, eine Schule, eine Wechselstube, einen Mini-Supermarkt und ein kleines Museum. Auch einen Strand hat Tekek, der allerdings nicht besonders schön ist.

Die einzige Straße der Insel, stolze 3 km lang, führt nach Süden zum luxuriösesten Hotel der Insel, dem Berjaya Resort. Der Strand des Berjaya gehört zu den besten der Insel, da er sich auch bei Ebbe zum Schwimmen eignet. Gute Schnorchelgründe findet man rund um das Eiland Pulau Renggis. Die anderen Strände und Buchten im Süden der Insel, Paya, Genting, Nipah und Mukut, sind nur mit Booten erreichbar.

Die Bootstouren rund um die Insel, die viele Unterkünfte anbieten, halten hinter dem Ort Mukut am Anleger von Kampung Asah, von wo man nach einem kurzen Fußmarsch zu einem Wasserfall gelangt, in dem man sich erfrischen kann.

Die Bucht von Juara, dem einzigen Badeort an der Ostküste der Insel, ist weit, der Sand eher golden als weiß. Im Gegensatz zu den sanften Wellen an den östlichen Stränden kann es in Juara eine richtige Brandung geben. Am Strand stehen einfache Chalets, das ruhige (Nacht)leben spielt sich in den wenigen Strandrestaurants ab.

Von Juara führt ein schöner und gut markierter Dschungelpfad quer über die Insel bis nach Tekek. Zwei Stunden braucht man dafür, auf halbem Weg kommt man an einem Wasserfall vorbei, in dem man allerdings nicht baden darf, weil er eine Trinkwasserquelle ist.

Wer gern wandert, kann von Tekek in 20 Minuten zur Bucht von Air Batang Richtung Norden laufen. In Air Batang – auch ABC genannt – konzertriert sich die Traveller-Szene. Die Hütten sind immer noch einfach, in den Restaurants gibt es zum Eiskaffee den beliebten Banana-Pancake. Im nördlichen Abschnitt durchsetzen Felsen den Strand, im Süden ist er feinsandig und flach, bei Ebbe weniger geeignet zum Schwimmen.

Pulau Rawa, die kleine Nachbarinsel von Tioman

Von Air Batang führt ein recht steiler und schlecht markierter Dschungelpfad zu den nördlicheren Buchten, ein *seataxi* ist die bessere Transportmöglichkeit. Hinter der ABC-Bucht liegt die Penuba Bay mit einer Hüttenanlage. Am Monkey Beach nördlich davon gibt es keine Unterkünfte, aber schöne Schnorchel- und Tauchgebiete.

An der sanft geschwungenen Bucht von Salang mit feinem weißen Sand und türkisblauem Wasser drängen sich die Hütten und Restaurants derart, daß die jüngsten Neubauten auf Stelzen über dem Meer und in den steilen Hang der Bucht hineingebaut wurden. Hinter dem Flüßchen, in dem viele große, aber ungefährliche Warane leben, mußte der Dschungel für neue Chalets weichen. Trotzdem ist Salang immer noch ein guter Ort für einen entspannten Strandurlaub. Dort gibt es eine große Auswahl an Unterkünften preiswerter und mittlerer Kategorie, Restaurants, Tauchschulen und Buchtauschbörsen. Für malaysische Verhältnisse ist das Nachtleben in den beiden Bars von Salang ziemlich aufregend – zumindest in der Hauptsaison zwischen Juli und September. Die Chalet-Besitzer von Salang bieten Schnorchelausflüge zu den Korallengärten der 5 km entfernten, unbewohnten Pulau Tilai an, die Gewässer rund um die Insel sind lohnende Tauchgründe.

Wer einmal Robinson-Ferien machen möchte, ist auf den kleineren Nachbarinseln von Tioman bestens aufgehoben. Auf **Pulau Rawa** 12 (S. 325), 16 km von Mersing, neigen sich die Kokospalmen wie in dem Werbespot für weißen Rum über den ebenso weißen Sandstrand. Den hat man fast für sich allein, denn auf der winzigen Insel gibt es nur ein Resort. Die 50 Chalets gehören einem Neffen des Sultans von Johor, der mit wenig Aufwand, aber dem richtigen Gespür ein kleines Paradies geschaffen hat. Die anstrengendste Beschäftigung ist eine Kanutour um die Insel, die in etwa einer Stunde umrundet ist. Ansonsten kann man am Strand faulenzen, angeln, schnorcheln oder eine Kokosnuß pflücken lassen und sich an deren erfrischendem Saft laben.

Pulau Besar 13 (S. 314) *besar* – groß, auch von Mersing erreichbar, ist mit 4 km Länge und 1 km Breite kleiner als der Name verspricht. Zwei Dschungelpfade führen über den Hügel auf die Ostseite der Insel, wo zwischen dicken Wackersteinen einsame Buchten liegen.

Die südlicheren Inseln des Archipels, **Pulau Sibu** 14 (S. 326) und **Pulau Tinggi** 15, sind am besten vom Bootsanleger in Tanjung Leman zu erreichen. Schon von weitem sieht man den 600 m hohen – erloschenen – Vulkankegel von Pulau Tinggi (*tinggi* – hoch). Wem es am Strand zu langweilig wird, der kann den Berg besteigen. Da der Weg nicht markiert ist, sollte man einen *guide* mitnehmen.

Einen schönen Blick auf den Kegelberg von Pulau Tinggi hat man von den östlichen Stränden auf Pulau Sibu. Die näher am Festland gelegene Insel ist bis auf einen Hügel im Norden recht flach. Zum Fischerdorf im Südwesten führt von den Resorts am nordöstlichen Zipfel ein schöner Spazierweg. Die Nähe von Singapur macht Sibu zu einem beliebten Wochenendziel, die Preise werden hier häufig auch in Singapur-Dollar angegeben.

Die übrigen Inseln des Archipels sind noch nicht für den Tourismus erschlossen, was sich jedoch schnell ändern kann. Zu den weit vom Festland liegenden Pulau Aur und Pulau Memanggil werden Tauchausflüge angeboten, wer möchte, kann in einfachsten Hütten übernachten.

Andacht in einer Moschee in Pekan

Von Mersing führt die Küstenstraße Route 3 180 km durch eine hügelige Landschaft mit Reisfeldern, kleinen Wäldchen und versprengten *kampungs.* Es gibt einige schöne Strände, eine touristische Infrastruktur fehlt aber noch weitgehend – abgesehen von ein paar *homestays* in den Dörfern.

Pekan 16 (S. 312) ist die Sultansstadt des Bundesstaates Pahang. An der Mündung des Sungai Parit in den Sungai Pahang, den längsten Fluß der Halbinsel, reihen sich pastellfarbene hölzerne Läden, neben der Hauptstraße ist noch Platz für radelnde Kinder und ein paar versprengte Hühner.

Seitdem Sultan Mansur Shah, ein Sohn des mächtigen Sultans von Melaka, sich im 15. Jh. hier niederließ, ist Pekan der Sitz der Sultansfamilie von Pahang. An der Jalan Tengku Ahmad, gegenüber dem Fluß, fällt die Masjid Abdullah im Art déco-Stil auf. In den 20er Jahren von Sultan Abdullah erbaut, dient sie heute als Sitz der Pusat Dakwah Islamiah, der Islamischen Religionsgesellschaft. Von der benachbarten Masjid Sultan Abu Bakar mit bunten Kuppeln führt die Jalan Abu Bakar zur Residenz des regierenden Sultans vorbei an der Istana Putih – einem weißen Palästchen – und der Istana Mangga Tunggal, einem kleineren, mit Schnitzwerk verzierten, blau gestrichenen Holzpalast inmitten eines hübschen Gartens.

Das Museum Sultan Abu Bakar an der Jalan Tengku Ahmad zeigt einige denkwürdige Zeugnisse aus der Geschichte von Pahang. So beweisen Grabsteine aus der Umgebung, daß hier der Islam schon 1028 bekannt war, 400 Jahre bevor er von Melaka aus seinen Siegeszug durch Malaysia antrat. In Pahang wurden auch buddhistische Steinfiguren aus dem 14. Jh. ausgegraben, die stilistisch siamesischen Ursprungs sind. Pahang war damals unter siamesischer Herrschaft, Sultan Mansur Shah von Melaka befreite Pekan erst 1458 von den Herrschern aus dem Norden.

Die Ostküste von Kuantan bis Kuala Terengganu

Goldene Strände und Kokospalmen, die sich in elegantem Schwung zum türkisblauen Meer neigen. Am Horizont schimmern Inseln, deren Hügel ein samtig grüner tropischer Wald überzieht. Bunte Fischerboote, die von freundlichen Dorfbewohnern mit überreichem Fang an Land gebracht werden. Diese idyllischen Bilder sind auch heute noch an der Ostküste von Malaysia zu finden. Man scheint noch Zeit zu haben für traditionelle Bräuche. Tatsächlich wird der malaysische Kunsthandwerk- und Souvenirmarkt fast ausschließlich von den dörflichen Industrien und den Kunsthandwerkszentren der Ostküste mit Webarbeiten, Batiken, Holzschnitzereien sowie Gold- und Silberschmiedekunst beliefert.

Im Gegensatz zur Völkervielfalt der Westküste leben an der Ostküste die Malaien fast unter sich. Chinesische Kulis oder Händler und indische Plantagenarbeiter waren an der Ostküste nicht gefragt. Es lohnte sich nicht, die spärlichen Bodenschätze mühsam über die Bergkette in die sicheren Häfen der Westküste zu transportieren, wenn der jährliche, heftige Nordost-Monsun den Schiffsverkehr in den Flußhäfen unmöglich machte. Der Einfluß der Briten ist kaum zu spüren, Terengganu und Kelantan waren historisch eher Richtung Thailand orientiert.

Der Bau der Eisenbahnlinie von Gemas über Kuala Lipis nach Kota Bahru in den 30er Jahren des 20. Jh. war der erste Schritt zur Überwindung der Isolation der Ostküste. In den 80er Jahren wurden der East-West-Highway von Penang bis Kota Bahru fertiggestellt und die Straße von Kuala Lumpur nach Kuantan erweitert. Die Route 3, die als ›Küstenhighway‹ die drei Bundesstaaten verbindet, wurde vor einigen Jahren ausgebaut, nicht zuletzt um Touristen aus Singapur die Anreise zu erleichtern.

Doch abgesehen von den in den letzten Jahrzehnten entdeckten Erdöl- und Gasvorkommen vor der Küste Terengganus scheint die Ostküste fast unberührt vom Boom der 80er Jahre, der das Gesicht Malaysias so stark veränderte.

Kuantan und Umgebung

An der Mündung des Kuantan-Flusses in das Südchinesische Meer liegt **Kuantan** 1 (S. 297), die Hauptstadt des Bundesstaates Pahang. Obwohl an dieser Stelle seit dem 12. Jh. eine Siedlung überliefert ist, bietet das heutige Kuantan wenig Attraktionen im Sinne historischer Zeugnisse. Die Sultansfamilie residierte seit alters her in Pekan, 44 km weiter südlich an der Mündung des mächtigen Pahang-Flusses. Selbst die Baumeister der englischen Krone hatten wenig Gelegenheit, koloniale Spuren in Form von Uhrtürmen, viktorianischen Erziehungsanstalten oder pompösen Gerichtsgebäuden zu hinterlassen, denn Kuantan übernahm die Hauptstadtfunktion erst 1955. Zuvor hatten die Engländer Pahang vom Städtchen Kuala Lipis im Landesinnern regiert.

Seine heutige Bedeutung verdankt Kuantan hauptsächlich seiner strategisch günstigen Lage. Die Stadt, von Kuala Lumpur das nächsterreichbare Zentrum an der Ostküste, liegt in der Mitte der langen Küstenlinie von Johor

Moschee in Kuantan

nach Kota Bahru. Ein Umsteigen oder Zwischenstopp an einer der lebhaften Bus- und Taxistationen in Kuantan ist also praktisch unvermeidbar, wenn man von West nach Ost oder in der Nord-Süd-Richtung zu den Ständen und Inseln der Ostküste unterwegs ist.

In der überschaubaren Innenstadt von Kuantan gibt es ein Stückchen Uferpromenade vor dem neuen Mega-View-Hotel, die *food stalls* am Busbahnhof können mit einem idyllischen Blick auf das mit Nipah-Palmen bewachsene andere Ufer des Sungai Kuantan aufwarten.

Die beiden lebhaften Hauptstraßen Jalan Mahkota und Jalan Besar führen parallel zum Fluß durch das Zentrum. Chinesische *shop houses* bieten fast alles von Ginseng bis Gardinen zum Verkauf an. Phantasievolle Fassaden und Giebel kontrastieren mit einigen Bausünden der Moderne.

Die Jalan Mahkota wird beinahe zum Boulevard, wenn sie an der weiten Rasenfläche des Padang vorbei- und auf die 1991 erbaute, strahlend weiß-blaue Masjid Negeri zuführt. Selbst bei bedecktem Tropenhimmel strahlt die weiße Fassade mit grünen und türkisen Mosaiksteinchen. Kuppel und Minarette haben Vorbilder in Istanbul, die Torbögen in Indien, Gesimse und Konsolen in Italien und der Uhrturm – in England?

Am Rande des Padang durchweht kolonialer Charme die City. In zwei ehemaligen britischen Verwaltungsgebäuden, markant schwarz-weiß gestrichen, befinden sich heute das Infokraf, ein Kunsthandwerksladen, und nebenan das neue Museum von Pahang.

Wer in Kuantan auf eine Verbindung warten muß und einen Tag Zeit hat, kann **Gua Charas** 2 besuchen. Der buddhistische Höhlentempel liegt etwa 30 Busminuten oder 25 km nordwestlich von Kuantan in einer Gegend mit steilen Kalksteinhügeln. Der öffentliche Bus fährt bis in das Dorf Panching, dort sind die Höhlen ausgeschildert und in einer knappen Stunde zu Fuß erreichbar. Zum Tempel führen vom Eingang, an dem eine kleine Spende gezahlt werden muß, ein paar Stufen hinauf. Die Höhle ist ein wenig düster und moderig, nur spärlich erleuchtet von ein paar Neonröhren. In einigen Winkeln sind erleuch-

tete Schreine aufgestellt. Tiefer in der Höhle, in der weiten Hauptkammer, schläft eine 9 m lange Buddha-Statue einen heiligen Schlaf. Der Tempel wird von Thai-Buddhisten gepflegt, mit etwas Glück trifft man den Hausmeister-Mönch, der gern aus der Geschichte der Höhlen plaudert.

Der **Tasik Chini** 3 etwa 70 km südwestlich von Kuantan ist Malaysias Antwort auf Loch Ness: Gesehen hat ihn noch niemand – wie sein schottisches Pendant. Doch die Orang Asli vom Stamme der Jakun, die rings um den Chini-See leben, glauben fest daran, daß ein rotäugiger, gehörnter Drache in den Gewässern lebt. Angesichts der zauberhaften Landschaft und der von März bis Oktober fast vollständig von Lotosblüten bedeckten Wasseroberfläche ist es nur verständlich, daß sich zahlreiche Mythen und Legenden um den See ranken. Hartnäckig halten sich auch die Gerüchte, unter dem flachen See läge eine versunkene Khmer-Stadt. Immerhin fand man im See Porzellan, das wahrscheinlich mit der Khmer-Kultur in Verbindung zu bringen ist, und auch die Sprache der Temiar, eines Orang-Asli-Stammes in Pahang, hat starke Ähnlichkeit mit der Sprache der Khmer. Der See, eher ein verzweigtes Flußsystem, läßt sich am besten vom Boot aus entdecken. Fast zwei Stunden dauert die Fahrt vom Tasik Chini Resort zu den Seen von Laut Melai und Laut Babi, dort sind die Lotusblüten besonders zahlreich. Vom Chini-Resort kann man zu einem 20 Bootsminuten entfernten Orang-Asli-Dorf fahren, in dem die Jakun Ratan-Körbe und Schnitzereien verkaufen.

Von Kuantan Richtung Norden bis nach Kota Bahru nahe der thailändischen Grenze erstrecken sich die legendären Strände der Ostküste mit vorgelagerten kleinen Koralleninseln. Die erste touristisch erschlossene Bucht ist die von Teluk Chempedak, gleich vor der Haustür von Kuantan. An Wochenenden kann es aufgrund der Stadtnähe voll werden. Wer einen 20minütigen Dschungelspaziergang über einen breiten Pfad nicht scheut, kann am nördlichen Ende der Bucht durch den Wald zum nächsten Strand laufen, den man meist ganz für sich allein hat.

Nach weiteren 5 km am Strand gelangt man zum **Kampung Beserah** 4. Trotz der urbanen Umgebung ist Beserah noch ein ziemlich ursprüngliches Fischerdorf geblieben mit malaiischen Stelzenhäusern in Kokospalmenhainen und netzeflickenden Fischern. Büffel ziehen den Fang des Tages auf kleinen Karren an Land, die Frauen des Dorfes verarbeiten die Fische weiter zu *kropok,* den beliebten Fisch-Crackern. Sonnenbaden im Bikini ist am Dorfstrand tabu, dafür sollte man sich ein paar Hundert Meter entfernen.

Die Küstenstraße führt weiter durch Fischerdörfer, zwischendurch gibt es in größeren Abständen neuere Strand-Resorts, die sich vor allem um **Cherating** 5 (S. 274) konzentrieren, 42 km nördlich von Kuantan. Von der Hauptstraße wirkt es wie alle anderen *kampungs,* die schöne Bucht erreicht man über zwei schmale Dorfstraßen. In den 70er Jahren wurde Cherating von Rucksackreisenden ›entdeckt‹. Die Einheimischen boten ihnen Zimmer und Essen, am feinsandigen Strand ließ sich der Tag genießen. Mittlerweile sind aus den *homestays* recht ansehnliche Chalet-Siedlungen geworden, es gibt einfache Restaurants und vor allem Strandbars. Man kann Surfbretter und Kanus leihen, Batik-Mode kaufen oder selbst entwerfen oder einfach nur in der Sonne

Tierschutz als Touristenattraktion
Die bedrohten Meeresschildkröten

Schildkröten beobachten ist an Malaysias Stränden fast ein Sport: In Rantau Abang an der Ostküste, auf den Perhentian-Inseln und auf Redang, auf der Insel Selingan in Sabah und an einigen Orten der Westküste versammeln sich in der Saison allabendlich vermeintliche Tierfreunde, um die Tiere bei der Ei-Ablage zu bestaunen. Teilweise zeitigten diese Massenaufläufe geschmacklose Auswüchse: Die Tiere wurden mit Taschenlampen geblendet und mit Kameras angeblitzt, einst ritten Touristen gar auf den Panzern der Tiere oder ritzten ihren Namen ins Schildpatt. Besonders in Terengganu und Sabah werden heute einige Strände jedoch streng bewacht, damit solche Szenen nicht mehr vorkommen.

Allerdings überrascht es wenig, daß dieses Behandlung die sensiblen Meerestiere nachhaltig verschreckt und die Zahl der nistenden Schildkröten in den 80er Jahren dramatisch abgenommen hat. Eine weitere Bedrohung sind menschliche Nesträuber. Während muslimischen Malayen der Genuß des Schildkrötenfleisches untersagt ist, sind die Eier eine sehr begehrte Ware. Wie so viele andere rare Lebensmittel gelten auch sie als Aphrodisiakum. Auf den Märkten in Kuala Terengganu sind sie für umgerechnet etwa 0,5 € zu haben. In anderen Ländern gibt es keine religiösen Bedenken gegen den Genuß des Schildkrötenfleisches, und die Japaner kennen keine Skrupel, wenn es um den Handel mit Schildpatt geht.

Bedrohung geht ferner von Fischereimethoden aus – in den Schleppnetzen verfangen sich jährlich über 100 000 Meeresschildkröten und verenden, so weisen denn auch die Aufzeichnungen des Schildkröten-Informationszentrums in Rantau Abang dramatische Kurven bei der Anzahl der Ei-Ablagen auf. Waren es 1956 noch über 10 000 Nester an den Stränden in Terengganu, konnten 1996 nur noch 27 gezählt werden. Die Zahl steigt seitdem zwar wieder an, da aber während eines Jahres eine Schildkröte mehrere Male Eier ablegt, kann das bedeuten, daß nicht mehr als zehn verschiedene Tiere kamen – zu wenig, um das Überleben einer Art zu sichern. Vor allem, wenn man bedenkt, daß von den Jungtieren nur 2 % das fortpflanzungsfähige Alter erreichen.

In Perhentian und in anderen Orten an der Ostküste haben einige *guesthou-*

ses Privatinitiativen gestartet: Touristen werden aufgefordert, Geld zu spenden, um einheimischen Fischern Schildkröteneier abzukaufen. Die *guesthouses* zahlen mehr als handelsüblich. So will man verhindern, daß die Eier auf den Märkten landen. Statt dessen werden sie zur Ausbrütung wieder vergraben. Fraglich ist, ob dadurch nicht die Nesträuberei eher gefördert wird.

Die Bewachung der Strände und die Rettung der Eier vor Nesträubern ist ein Schritt im Kampf gegen das Aussterben dieser Arten. In Rantau Abang wurden 10 km Küstenlinie zur Schutzzone erklärt. Unter Aufsicht der malaysischen Fischereibehörde wurde der Strand in Zonen aufgeteilt; neben dem Areal, an dem weiterhin unter strenger Bewachung Schildkröten beobachtet werden dürfen, gibt es andere Abschnitte, deren Betreten ständig oder zu bestimmten Tageszeiten verboten ist. Wer zu den Glücklichen zählt, die eine eierlegende Schildkröte beobachten dürfen, muß sich an bestimmte Verhaltensmaßregeln halten: Es ist ein Abstand von mindestens 5 m zu halten, es darf nicht laut geredet werden, Taschenlampen, Feuerzeuge und blitzende Kameras sind verboten.

Ebenfalls von Neugierigen und Nesträubern abgeschirmt sind die Brutstätten. Ranger sammeln die Eier unmittelbar nach der Ablage ein, um sie im Schutze kleiner runder Zäunchen sofort wieder zu vergraben. Binnen 60 Tagen werden sie vom warmen Sand ausgebrütet. Wenn die Jungtiere geschlüpft sind, kommen sie für ein paar Stunden in eine Art Trainingsbecken, um sie für ihren Weg ins Meer fit zu machen. Am Abend kann man manchmal beobachten, wie Hunderte Tierchen ›freigelassen‹ werden und sich in der Brandung behaupten müssen.

dösen. In einer Bucht 2 km nördlich von Cherating liegt der exklusive Club Méditeranée.

Der knapp 100 km lange Küstenabschnitt von Cherating bis Dungun kann zwar auch mit schönen Stränden aufwarten, allerdings muß man hier wegen reicher Erdölvorkommen vor der Küste den Anblick von Raffinerien und Industrie-Anlagen in Kauf nehmen. Wer mit öffentlichen Bussen zum Schildkrötenstrand von Rantau Abang unterwegs ist, muß oft in Dungun umsteigen.

Rantau Abang 6 (S. 329) ist für riesige Lederschildkröten berühmt, die hier von Juni bis September zur Ei-Ablage an den Strand kommen. Im Ort haben sich Gästehäuser und ein Schildkröteninformationszentrum auf Besucher eingerichtet.

Lederschildkröten *(Dermochelys coriacea)* können bis zu 1,80 m groß werden und bis zu 500 kg auf die Waage bringen. Unter Wasser sind sie elegante Schwimmer, an Land müssen sie den wuchtigen Körper mühsam mit den dafür eigentlich ungeeigneten Flossen vorwärtsschleppen. Nur die Weibchen kommen an Land. Dort graben sie unter ungeheuren Anstrengungen ein bis zu 80 cm tiefes Loch, in das sie 60 bis 100 Eier legen. Nachdem die Schildkröte sich Ihrer Eier erleichtert hat, buddelt sie das Nest zu, ausgebrütet werden die Eier von der Sonne. Die Baby-Schildkröten schlüpfen nach etwa 60 Tagen und machen sich dann auf den gefährlichen Weg ins Meer. Nur etwa 2 % überleben bis zur Geschlechtsreife. Erwachsene Weibchen werden an den gleichen Strand zur Ei-Ablage zurückkehren, an dem sie geschlüpft sind. Wie sie sich orientieren, ist eines der ungelösten Rätsel. Markierte Schildkröten aus Terengganu wurden schon in Gewässern um Süd-Amerika gefunden!

Die Küstenstrecke von Rantau Abang bis Kuala Terengganu ist – im Gegensatz zum industrialisierten südlicheren Abschnitt – von Fischerdörfern und Kokoshainen geprägt. 15 km vor Kuala Terengganu liegt an einer malerischen Lagune **Marang** 7 (S. 304). Das Fischerdorf ist, trotz einiger moderner Zutaten, eine Bilderbuchidylle der Ostküste. In der flachen Flußmündung des Sungai Marang dümpeln immer noch buntbemalte Fischerboote, werden allmorgendlich die Fänge verladen und am späten Nachmittag die Boote für eine nächtliche Fangfahrt klargemacht. Tintenfische und Sardinen trocknen in der Sonne, und am Horizont schimmert die dschungelbedeckte Insel **Pulau Kapas** 8 (S. 314).

In Marang gibt es einige einfache *guesthouses*. Etwa 2 km südlich des Dorfes sind am Strand einige schöne Resorts entstanden.

Pulau Kapas, 6 km vor der Küste, ist von Marang mit umgebauten Fischerbooten in einer halben Stunde zu erreichen. Vorausgesetzt, man kommt zur rechten Zeit zum Bootsanleger. Der fla-

Das Fischerdorf Marang an der Ostküste

che Flußhafen ist bei Ebbe nicht schiffbar. Alle Strände der nur 2 km langen Insel liegen an der westlichen Küste. Die Gewässer rund um Kapas stehen – wie bei fast allen Inseln der Ostküste – als Meerespark unter Schutz. Keine Jet-Skis stören und gefährden Schnorchler, die um die Felsen der nördlichen Strände die schönsten Reviere finden. Auf Pulau Gem, gegenüber von Kapas, wurde vor ein paar Jahren ein überdimensioniertes Hotel gebaut. Der Strand ist eher winzig, doch rings um die Insel liegen schöne Schnorchelreviere.

Ausflüge ins Binnenland Tasik Kenyir und Sekayu-Wasserfälle

Karte S. 153

Etwa 45 km südwestlich von Kuala Terengganu liegt der mit 360 km^2 größte Stausee von Malaysia, der **Tasik Kenyir** 9 (S. 342), aus dem mehr als 340 Inseln hervorgucken. Rings um die Ufer ergießen sich die Zuflüsse in spektakulären Wasserfällen und Kaskaden in den See. Besonders im Morgendunst oder bei Regen wirkt der Tasik Kenyir gespenstisch, denn noch immer ragen an flacheren Stellen kahle Baumstämme aus dem Wasser. Es wird wohl auch noch eine Weile dauern, bis das tropische Hartholz vollständig verrottet.

Am Anleger in Gawi kann man zu festgelegten Preisen Boote zu den Wasserfällen mieten. Lohnend ist die halbstündige Bootsfahrt zum Lasir-Wasserfall, in dessen Becken man auch baden kann. An Wochenenden sind die Wasserfälle beliebte Picknickziele der Einheimischen, unter der Woche ist man manchmal ganz allein dort. In zwei Höhlen, der Bewah- und der Taat-Höhle etwa 1,5 Stunden mit dem Boot vom Ableger in Gawi, fanden Archäologen Küchenutensilien und Werkzeuge aus der Jungsteinzeit.

Mit öffentlichen Verkehrsmitteln ist der See nicht ganz so einfach zu erreichen, Busse von Kuala Terengganu fahren bis zum Ort Kuala Berang, dort mietet man am besten ein Taxi. Tagesausflüge von Kuala Terengganu lohnen sich eigentlich nicht. Der Reiz des Sees liegt in der Ruhe und Abgeschiedenheit, die man vor allem in den Buchten von

Kenyir in den einfachen Unterkünften der Hausboote findet. In der Nähe von Kuala Berang kann man die **Sekayu-Wasserfälle** 10 besichtigen. Auch hier ist man auf Wochenend-Picknicker eingestellt – Wasserfälle sind unendlich beliebt bei den Malaysiern –, wochentags ist es hier recht malerisch. Das Wochenende in dem islamisch geprägten Ostküsten-Bundesstaat Terengganu besteht aus Donnerstag und Freitag. Im Dschungel rund um die Kaskaden gibt es gut markierte Spazierwege, wer möchte, kann in einem einfachen *resthouse* übernachten.

Das Stadtzentrum von **Kuala Terengganu** 11 (S. 296) ist recht überschaulich und kompakt. Das Leben spielt sich vor allem am Ufer des Sungai Terengganu ab. Die weite Flußmündung war einer der ältesten Handelshäfen von Malaysia. Terengganu, das in chinesischen und arabischen Annalen erwähnt wird, war im 14. Jh. ein Vasallenstaat des Majapahit-Reiches auf Java. Der Stein von Terengganu, das älteste Zeugnis der malaiischen Sprache in arabischer Schrift, wurde 24 km flußaufwärts bei Kuala Berang gefunden. Er belegt, daß man sich hier schon etwa 25 Jahre früher als in Melaka (1411) zum Islam bekannte.

Frühmorgens ist der Pasar Besar, der Markt, zwischen Fluß und Jalan Sultan Zainal Abidin die Hauptattraktion der Stadt. Im Angebot sind frischer Fisch, das wurstähnliche Fischmehlgebäck *kropok lekor (lekor* – länglich) und im ersten Stock des Marktes auch Kunsthandwerk. Gleich um die Ecke beginnt Chinatown rund um die Jalan Bandar. Über allem thront der 200 m hohe Bukit Puteri (Prinzessinnenhügel), auf dem sich seit dem frühen 19. Jh. die Befestigungsanlagen der Stadt befanden. Bestürmt wurden sie nie. Die große Glocke, *genta,* wurde nur zur Warnung vor Feuer und als Zeichen zum Fastenende während des Ramadan geläutet.

Mit Fähren, die neben dem Pasar Besar oder vom Ende der Jalan Bandar ablegen, gelangt man auf die Insel Duyong. Fast alle Einwohner in dem malerischen *kampung* leben vom Bootsbau. In den Trockendocks fertigt man inzwischen auch Boote für Kunden aus Übersee. Traditionell werden die Boote aus Terengganu aus einem rötlichen Hartholz hergestellt, die Planken werden nur mittels Holzstiften verbunden, Metallnägel kommen nicht zum Einsatz. Die *pinas,* die bis zu 20 m langen Terengganu-Schoner, segelten dereinst durch das Südchinesische Meer bis in das ferne Vietnam. Die Pläne für die Boote haben die Handwerker im Kopf, Konstruktionszeichnungen benötigen sie nicht.

Mit dem Boot erreicht man auch das Istana Tengku Long Museum, das Staatsmuseum von Terengganu 3 km westlich der Stadt am Flußufer. Vier Gebäudekomplexe beherbergen verschiedene Museen, so daß man hier gut ein paar Stunden verbringen kann. Das Hauptgebäude, Bangunan Utama, auf dem Hügel ist im Stil traditioneller Häuser aus Terengganu mit dreistufigem Dach errichtet. Hier sind schöne Beispiele lokalen Kunsthandwerks und Artefakte zur Geschichte Terengganus ausgestellt. Die Petronas Oil Gallery nebenan informiert über das Betätigungsfeld der staatlichen Ölgesellschaft Petronas. Islamische Kalligraphie findet man in der Islamic Gallery.

Im Park um die Hauptgebäude befinden sich einige trockengelegte Boote aus der Region und traditionelle Häuser. Im Istana Tengku Long, einem 1888 erbauten Holzpalast, finden Wechselausstellungen statt.

Von Kuala Terengganu bis Kota Bahru

Wer von Kuala Terengganu bis Kota Bahru durchfahren will, folgt der Route 3, die allerdings nicht an der Küste entlang verläuft, sondern 15 km landeinwärts. Wer die Strände nördlich von Kuala Terengganu erkunden oder nach Merang (nicht zu verwechseln mit Marang), dem Bootsanleger für Fähren nach Pulau Redang, möchte, muß die Küstenstraße Richtung Kampung Penarek nehmen.

Am 40 km langen Küstenstreifen zwischen Kuala Terengganu bis zum Kampung Penarek gibt es schöne Strände mit neueren Hotelanlagen. Im ›Zentrum‹ dieses Abschnittes, dem Dorf **Merang** **1** (S. 308), findet man einfache Chalet-Unterkünfte und die Anlegestelle für die Boote auf die Inseln **Pulau Redang** **2** (S. 325) und **Pulau Lang Tengah** **3**.

Anders als auf Tioman oder den Perhentian-Inseln gibt es auf den beiden

Von Kuala Terengganu bis Kota Bahru

Inseln keine preiswerten Unterkünfte. Vielmehr hat sich ein Pauschaltourismus entwickelt, bei dem im Preis neben der Unterkunft auch drei Mahlzeiten täglich und der Transport enthalten sind. Daher ist es etwas schwieriger, auf eigene Faust und unangemeldet dorthin zu gelangen. Nur das Berjaya Resort auf Redang unterhält einen regelmäßigen Fährservice, der für Nichtgäste jedoch teuer ist und nur bis zum Fischerdorf auf Redang fährt. Um weiter an die Strände zu gelangen, muß man sich ein Boot mieten.

Wer ein paar Tage auf den Koralleninseln bleiben möchte, bucht am besten ein Pauschalarrangement in einem der Büros in Kuala Terengganu. Wer einen Tagesausflug zum Marinepark plant, kann auch in Merang eine Tour buchen.

Rund um Redang findet man die besten Tauchreviere von Malaysia, besonders an den nordöstlichen Küsten. Selbst Schnorchler können in den Gewässern um die felsigen Inseln vor dem Hauptstrand Pasir Panjang riesige Schulen bunter Korallenfische, Riffhaie und Meeresschildkröten sehen.

Kristallklares Wasser rings um Pulau Redang

Den kleinen Hafen von **Kuala Besut** 4 45 km südlich von Kota Bahru erreicht man von Süden kommend, wenn man von Kuala Terengganu auf der Route 3 bis Jerteh fährt. Busse von Kuala Terengganu bis Kota Bahru lassen Fahrgäste dort aussteigen. Von hier kann man mit dem Taxi oder Bus die restlichen 10 km bis Kuala Besut fahren, für Mietwagen gibt es dort einen Parkplatz.

Kuala Besut wäre kaum mehr als ein Fischerdorf, wenn es nicht den Bootsverkehr zu den Perhentian-Inseln gäbe. Um den Hafen haben sich Büros angesiedelt, die Tickets verkaufen und Unterkünfte auf den Inseln buchen. Die letzten Boote nach Perhentian fahren am frühen Nachmittag ab, wer sie verpaßt, findet *guesthouses* im Ort.

Pulau Perhentian 5 (S. 323) besteht genaugenommen aus zwei Inseln. Perhentian Kecil (klein) und Perhentian Besar (groß). Die kleinen Inseln – Besar ist nur 4 km lang – etwa 20 km vor der Küste sind mit weißen Stränden und türkisfarbenen Buchten ein tropisches Bilderbuch-Reiseziel. Das entdeckten in den 80er Jahren zuerst Rucksacktouristen, für die Einheimische Nur-Dach-Hütten an den Strand bauten. Nebenan entstanden einfache Restaurants, in denen man für wenig Geld mit den Füßen im Sand fangfrischen Fisch und tropische Obstsalate verspeisen kann. Mittlerweile findet man auf beiden Inseln eine große Auswahl an Hütten und erschlossenen Stränden, auf Besar auch schon Resorts mit klimatisierten Chalets. Überall bieten Tauchschulen Kurse in mehreren Sprachen an, sogar Süßwasserversorgung und Elektrizität soll es bald auf den Inseln geben.

Das einzige Dorf der Insel – Kampung Pasir Hantu – liegt auf Kecil, gegenüber von Besar an der kleinen Meerenge. Neben ein paar Fischerhäusern, einem Polizeiposten und einer Mini-Schule hat der Ort nicht viel zu bieten, der von Müll übersäte Strand lädt nicht gerade zum Bleiben ein. Weiter nördlich und nur mit dem Boot erreichbar findet man den größten Strand mit den meisten Hütten, Long Beach oder Pasir Panjang. Da der Strand nach Osten, der Wetterseite, weist, ist hier zur Monsunzeit alles geschlossen. Wenn die Regenstürme vorüber sind, kann man herrlich baden, das

Wasser ist flach, und an den felsigen Enden der Bucht gibt es schöne Schnorchelgründe.

Auf Besar konzentrieren sich die Unterkünfte: Die meisten Anlagen säumen die westlichen Strände, der schönste Abschnitt ist der nördliche, dort, wo das luxuriöse Perhentian Island-Resort liegt. Weiter südlich wird der von malerischen Felsen durchsetzte Strand schmaler, unter Kokospalmen findet man ein schattiges Plätzchen. Von den Stränden im Westen führt ein 30minütiger Fußweg durch den Dschungel zur Flora Bay, einer weiten Bucht im Südosten, an der es einige Unterkünfte und ein nicht ganz so schönes kleines Elektrizitätswerk gibt. Bei Ebbe ist das Wasser zu flach zum Baden.

Kota Bahru und Umgebung

6 Kota Bahru (S. 283) ist die Hauptstadt des Bundesstaates Kelantan, der mit seinem südlichen Nachbarn Terengganu als die am stärksten vom Islam geprägte Region von Malaysia gilt. Von der rasanten wirtschaftlichen Entwicklung, welche die Westküste im 19. Jh. erlebte, war Kelantan durch den bergigen Dschungel des Landesinnern abgeschnitten. Erst 1909 wurden Kelantan und Terengganu Mitglieder der Federated Malay States. Bis die Region auch verkehrstechnisch bequemer zu erreichen war, sollten nochmal zwei Jahrzehnte vergehen. Erst 1931 wurde die Dschungeleisenbahn von Gemas über Kuala Lipis bis Whakaf Bahru in der Nähe von Kota Bahru fertiggestellt.

Noch immer gilt besonders Kelantan in Malaysia als ein Bundesstaat mit nicht gerade separatistischen, aber dennoch eigenwilligen Vorstellungen von Politik und Gesellschaft. Die *Persatuan Islam Se Tanah Melayu* (PAS), die treibende politische Kraft, setzt ihre recht konservativen Vorstellungen durch. In der Stadt erinnern Wandtafeln den weiblichen Teil der Bevölkerung daran, das Haupt zu senken und es mit Kopftüchern zu bedecken. In Supermärkten gibt es nach Geschlechtern getrennte Kassen (an die sich niemand hält), und in den Kinos ist es ein bißchen heller als üblich, damit niemand zu Knutschereien verführt wird.

Obwohl es hier etwas konservativer zugeht als an der Westküste, sind Kelantan und Kota Bahru nicht fundamentali-

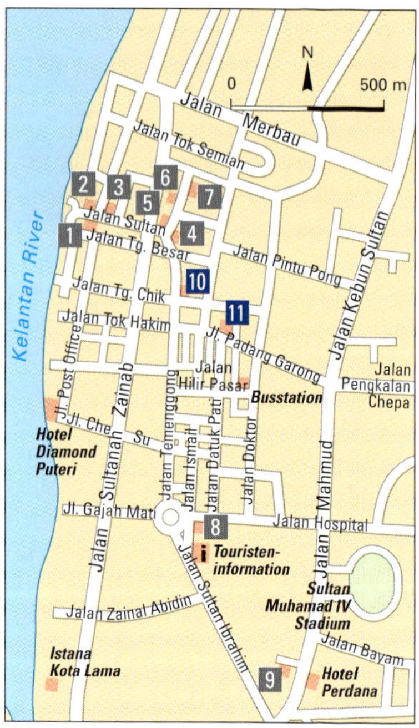

Kota Bahru
1 Padang Merdeka 2 World War II Museum 3 Masjid Negeri 4 Istana Balai Besar 5 Istana Jahar 6 Istana Batu 7 Kampung Kraftangan 8 Muzium Negeri 9 Gelannang Seni 10 Central Market 11 Pasar Malam

Der Central Market von Kota Bahru

stisch. Touristinnen sollten sich etwas bedeckter halten, mit Miniröcken fällt man auf. Da die Malaien die deutliche Bevölkerungsmehrheit stellen und selbst in den Städten nur wenige Chinesen leben, bilden Donnerstag nachmittag und Freitag das Wochenende, Samstag und Sonntag sind hingegen normale Wochentage. Während des Ramadan erwacht Kota Bahru erst bei Mondaufgang zum Leben, wenn das Fasten gebrochen wird. Tagsüber haben alle Restaurants und viele Geschäfte geschlossen.

Das historische Zentrum von Kota Bahru erstreckt sich um den **Padang Merdeka (1)** nördlich der Neustadt nahe dem Flußufer. In der Nähe des Flusses erinnert das **World War II Museum (2)** an die japanische Besatzung in Malaysia, die mit der Invasion am 8. 12. 1941 in Pantai Sabak, 13 km nordöstlich von Kota Bahru, begann. Im Garten des Museums steht ein Betonbunker, weitere findet man an den Originalschauplätzen an den Stränden der Ostküste.

Die **Masjid Negeri (3)** an der Nordseite des Platzes, die große Staatsmoschee von Kelantan, wurde kurz nach der Jahrhundertwende von den Engländern errichtet. Die Baumeister bedienten sich am Formenschatz von Gotik und Renaissance.

Am östlichen Ende des Platzes markiert der riesige Sultan Ismail Petra Arch den Eingang zum Sultanspalast **Istana Balai Besar (4).** Das Tor soll auf die Bedeutung von Kota Bahru als Stadt der Kultur hinweisen. Der 1844 erbaute Palast, der hinter hohen Mauern verborgen ist und nicht besichtigt werden kann, wird heute für Empfänge und Feste des Sultans benutzt.

Schätze der Sultansfamilie kann man nebenan im Royal Customs Museum bestaunen, das in einem alten Palast, der **Istana Jahar (5),** eingerichtet wurde. Dieser kleine Holzpalast im traditionellen Stil wurde 1887 fertiggestellt und 1911 erweitert, der Marmorfußboden und die gußeiserne Wendeltreppe

Richtig Reisen *Tip*

Das Wau-Festival
Die Kunst des Drachensteigens

Beim internationalen Wau-Festival in der Nähe von Kota Bahru werden Schönheit und Flugeigenschaften der Drachen bewertet

Jedes Jahr Ende Mai und Anfang Juni erwacht der ansonsten ruhige Strand von Tumpat nahe Kota Bahru zum Leben. Tumpat ist der Schauplatz des *Wau Festival,* des internationalen Drachenflugfestivals von Malaysia.

Drachen steigen lassen ist seit Generationen eines der beliebtesten Freizeitvergnügen nicht nur in Kelantan, sondern auch im übrigen West-Malaysia. Nach der Reisernte, wenn der Boden der Reisfelder eben und trocken war und einen guten Grund zum Drachensteigen abgab, versammelten sich die Bauern mit ihren bunten Drachen.

Das *Wau Festival* erfreut sich inzwischen auch internationaler Beteiligung, Drachen aus Thailand, Singapur, Indonesien, sogar aus den Niederlanden und Deutschland nehmen daran teil. Zu sehen sind Drachen in allen Variationen und Größen, vielgliedrige High-Tech-Konstruktionen steigen neben einfachen Flugmodellen auf. Allen Innovationen widerstehend, ist der traditionelle Drachen aus Kelantan, der *wau,* nach wie vor einer der Publikumslieblinge. Mit Flügelspannweiten bis zu 3 m und in farbenprächtigen Mustern steigt er als *wau kucing* (katzenförmiger Drachen) oder *wau merak* (Pfauendrachen) auf, der König der Lüfte ist aber der *wau bulan* (Monddrachen). Er ist auch im Wappen der nationalen Fluggesellschaft Malaysia Airlines in einer zum Logo stilisierten Form zu sehen.

Die Muster der *wau* sind in feinster Detailarbeit aus farbigem Papier geschnitten, Blätter und Vogelmotive sind fast immer zu sehen. Am Kopf des Drachens ist ein Bogen mit einer Sehne befestigt, die im Wind summt, wenn der Drachen fliegt.

Die musikalischen Qualitäten werden auch im Wettbewerb bewertet. Vor ein paar Jahrzehnten waren sogar Abstürze Teil der Konkurrenz. An den Drachen war ein Splitter befestigt, mit dem man die Schnur des Gegners durchschneiden konnte. Weil das nicht ungefährlich ist, beurteilt die Jury heute nur noch die Flugeigenschaften – Höhe und Eleganz des Fluges, das Summen und die handwerkliche Qualität der Konstruktion sowie die Schönheit der Kunstwerke. Gerechterweise allerdings in drei Kategorien – moderne Drachen, traditionelle *wau* und flugunfähige Dekorationsobjekte.

Austragungsort ist der Strand Pantai Sri Tujuh bei Tumpat, 35 km nordwestlich von Kota Bahru. Auskunft über das genaue Datum erhält man bei der Kelantan Tourist Information, Tel. 09-748 5534, Fax 09-748 6652.

stammen aus dieser Zeit. Im Erdgeschoß kann man Textilien und Schmuck aus dem Besitz der Sultane sehen, im oberen Stockwerk werden religiöse Bräuche wie Beschneidungsfeiern und Hochzeitsfeste vorgestellt. Die Waffengalerie in einem Anbau ist wegen der schönen *kris* auch für Pazifisten sehenswert. Die **Istana Batu (6)** wurde 1930 aus Ziegeln und Beton erbaut (*batu* – Stein) und in zartem Babyblau angestrichen. Dort zeigt das Königliche Museum Kelantan Haushaltsgegenstände der Sultansfamilie wie Glas und Porzellan.

Das **Kampung Kraftangan (7)** gegenüber, das Kunsthandwerksdorf, wurde vor einigen Jahren im Zuge des Kulturstadtprogramms errichtet. Die Anlage der traditionellen Holzhäuser auf Stelzen rund um einen zentralen Hof verspricht mehr, als die vielen Souvenirgeschäfte und das kleine Kulturprogramm halten können.

Die Sammlung des **Muzium Negeri (8)** (State Museum) präsentiert neben Werken lokaler Maler Kunsthandwerk und traditionelle Musikinstrumente.

Regelmäßige Aufführungen von *wayang kulit* (Schattenspiel), *silat* (Kampfkunst) und *main gasing* (Kreiselspiel) zeigt im **Gelanggang Seni (9)** das Cultural Centre. Während des Monsuns und im Ramadan, von Oktober bis März, finden keine Veranstaltungen statt.

Richtig lebendig wird Kota Bahru durch seine Märkte: Der **Central Market (10)** mit kunstvoll dekorierten Gemüseständen ist einer der meistfotografierten in Malaysia und ein Essen auf dem berühmten **Pasar Malam (11)** ein kulinarisches Vergnügen.

Von außen sieht der achteckige Betonbau des Central Market an der Jalan Hulu nicht besonders originell aus. Doch schon im Eingangsbereich wird man gewahr, daß hier das Herz der

Stadt schlägt. Malaiinnen in *sarong kebaya* sitzen hinter riesigen Bananenstauden, Händler feilschen um den Preis für Meeresgetier. Unter dem gelbgetönten Glasdach wirken die Auslagen in der Haupthalle fast wie Gemälde. Der Central Market ist eindeutig eine weibliche Domäne. In den stickigen Gängen der Obergeschosse findet man zudem eine große Auswahl an Batikstoffen, Kunsthandwerk, Gewürzen und Küchenutensilien.

Abends werden auf dem Parkplatz südlich vom Central Market Hunderte *food stalls* aufgebaut. Dort gibt es Gerichte, die man sich einpacken läßt und an einem der umliegenden Tische verzehrt. Getränke können an Ständen bestellt werden, die nahe der Tische aufgebaut sind.

Die schönen Strände in der Umgebung von Kota Bahru sind für Badeferien nach westlichen Vorstellungen nur bedingt zu empfehlen. Außerdem sollte, wer hier im Bikini in die Fluten steigt, damit rechnen, das die örtliche (männliche) Jugend dies sehr, sehr interessant findet. Schließlich badet man hier traditionell mit voller Bekleidung und Kopftuch. Die Umbenennung des beliebtesten Strandes sagt ein übriges: Der kurz PCB genannte Pantai Cinta Berahi (Strand der leidenschaftlichen Liebe) heißt mittlerweile ganz sittsam Pantai Cahaya Bulan (Strand des schimmernden Mondes).

Jedes Dorf auf dem Weg von Kota Bahru an die Küste scheint sich auf ein bestimmtes Kunsthandwerk spezialisiert zu haben. So sind im Kampung Kijang die Drachenbauer zu Hause, in anderen Dörfern entstehen Batiken und Stoffmalereien. In den Werkstätten kann man den Künstlern bei der Arbeit zusehen und in den angeschlossenen Läden die Produkte auch kaufen.

Das Landesinnere

Von der thailändischen Grenze im Norden bis zur Südspitze im Bundesstaat Johor bedeckt dichter Dschungel das Landesinnere von Malaysia. Mehr als 14 000 Arten von Pflanzen und Bäumen gedeihen im ältesten Regenwald der Erde. Oft kennen nur die Orang Asli, die sogenannten ursprünglichen Menschen, Wege durchs Dickicht. Sie handelten schon vor 1000 Jahren mit Produkten des Regenwalds wie Harzen, Rattan, duftenden Hölzern und Heilpflanzen.

Mit der Ankunft von Mr. Clifford und dessen britischen Kolonial-Kollegen änderte sich dieses Idyll. Die Briten ließen im Landesinnern größere Waldflächen roden, um Kautschukpflanzungen anzulegen. Doch trotz Abholzung und Erschließung: Noch immer sind 50 % der Landfläche der Halbinsel Malaysia von Regenwald bedeckt, noch immer gibt es Gegenden, die man nur nach mehrtätigen Fußmärschen erreicht.

Der 1937 gegründete Taman-Negara-Nationalpark ist der älteste und mit 4343 km^2 größte der Halbinsel. Mehr als 60 000 Menschen besuchen jährlich den Park. Ein bißchen ruhiger geht es im kleineren Kenong-Rimba-Park zu, der von Kuala Lipis erreichbar ist und im Norden an den Taman Negara grenzt. Auch rechts und links des East-West-

Highway findet man noch weite Flächen unberührten Regenwalds, der Heimat der letzten großen Elefantenherden von West-Malaysia.

Der Taman-Negara-Nationalpark

Das Dschungel-Reiseziel Nummer eins in West-Malaysia ist für viele Reisende der Taman Negara (S. 340). Aus gutem Grund, denn der Nationalpark ist leicht erreichbar, das Wegenetz bestens erschlossen und markiert, man kann auf eigene Faust wandern und hat eine reiche Auswahl an Unterkünften. Doch es kann voll werden, in der Hauptsaison von Juli bis September können alle Unterkünfte ausgebucht sein, und auf den beliebtesten Wegen rund um das Park Headquarter geht es dann recht lebhaft zu. Während dieser Monate ist es ratsam, vorher eine Unterkunft zu reservieren. Der Park ist das ganze Jahr über geöffnet, in der Regenzeit sind allerdings die Wege recht matschig. In der Trok-

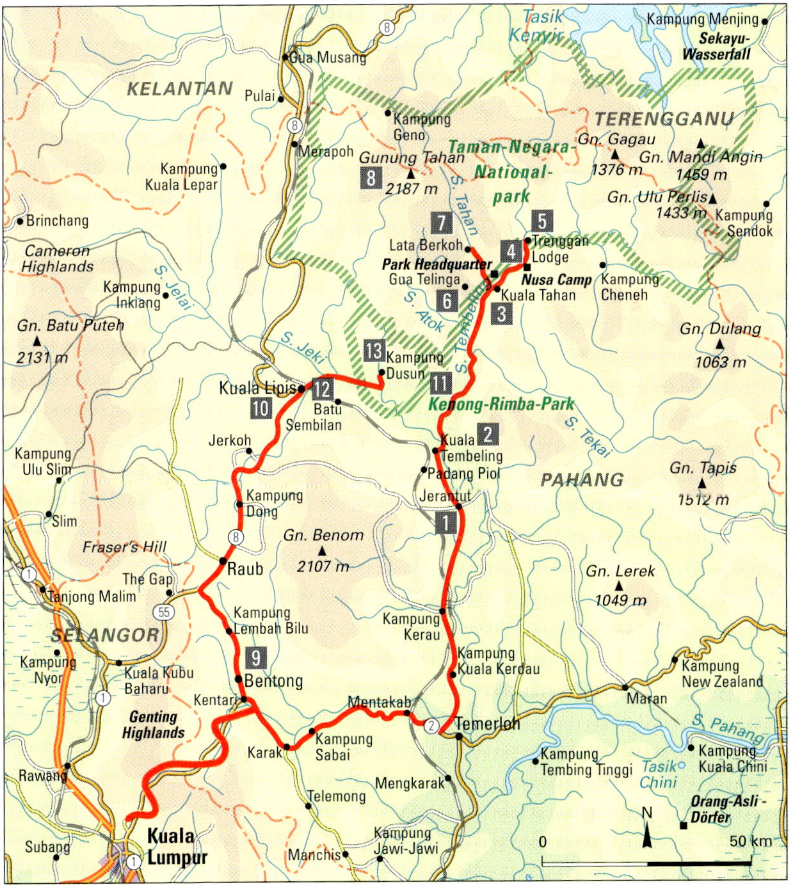

Das Landesinnere – Taman-Negara- und Kenong-Rimba-Nationalpark

kenzeit von Juli bis September hingegen kann der Wasserstand der Flüsse so niedrig sein, daß Boote manchmal über Untiefen geschoben werden müssen. Mit nachmittäglichen Regenfällen muß man das ganze Jahr über rechnen.

Die Vegetation reicht von Tiefland-Regenwald bis zu bergigen Nebelwäldern an den Hängen des 2187 m hohen Gunung Tahan, des höchsten Berges der Halbinsel Malaysia. Besonders stolz ist man auf das Alter des Dschungels: Seit über 100 Mio. Jahren soll er so aussehen, was der Grund für den ungeheuren Artenreichtum ist. Tatsächlich kann man im Taman Negara ganz erstaunliche Wunder der Evolution erleben. Das sind nicht unbedingt große Säugetiere wie Elefanten, Tiger oder Tapire, sondern Ameisenstraßen in einer Komplexität, die an amerikanische Highways erinnern, in der Dunkelheit leuchtende Pilze, riesige Bambusbüsche mit armdicken Stämmen oder mannshohe Baumwurzeln. Dem Auge oft verborgen, zwitschern mehr als 300 Vogelarten von Sonnenaufgang bis Sonnenuntergang, Zikaden machen ein schrilles Getöse, und in den Baumwipfeln schreien die Gibbons ihr »whooop whooop«.

Eine Übernachtung in einem der sechs Hochstände *(hides,* malaiisch – *bumbun)* gehört zu den kleinen Abenteuern im Park. Die *bumbun* stehen an Lichtungen und sogenannten *salt licks,* die größere Säugetiere nachts besuchen. Wer sich ruhig verhält, kann hier Hirsche, Wildschweine, manchmal ein Tapir, selten einen Elefanten sehen. Empfehlenswert sind von *guides* geführte Nachtwanderungen. Die Regenwaldwanderer spüren nachtaktive Tiere wie Kancil (Zwerghirsche) auf, ihren scharfen Augen entgehen auch Vogelspinnen nicht.

Die meisten Besucher erreichen den Taman-Negara-Nationalpark über **Jerantut** 1 (S. 280). Dort befindet sich der Bahnhof der Jungle Railway, und dorthin fahren die Busse von Kuala Lumpur und Kuantan. Von Jerantut sind es noch einmal 10 km bis nach **Kuala Tembeling** 2, dem Anleger für Boote zum Taman Negara. Man kann auch mit dem Auto oder Mini-Bus von Jerantut über Plantagenstraßen bis **Kuala Tahan** 3, dem Dorf neben dem Parkhauptquartier, fahren. Schöner ist die Bootsfahrt den Sungai Tembeling hinauf. Für die 60 km von Kuala Tembeling bis zum Park Headquarter in Kuala Tahan benötigen Boote drei bis vier Stunden. Etwa 35 km nördlich von Kuala Tembeling beginnt am rechten Flußufer der Nationalpark.

Das Park Headquarter und das Dorf Kuala Tahan liegen an der Mündung des klaren Sungai Tahan in den schlammigen Sungai Tembeling *(kuala* – Zusammenfluß). Auf dem Fluß pendelt eine kleine Fähre. Am dörflichen Flußufer servieren schwimmende Restaurants einfache Mahlzeiten. Besucher, denen es für ein Dschungelerlebnis etwas zu lebhaft ist, können 20 Minuten weiter flußaufwärts bis zum einfachen **Nusa Camp** 4 oder noch einmal 15 Minuten weiter fahren und in der **Trenggan Lodge** 5 Quartier nehmen.

Die meisten Wanderwege im Taman Negara beginnen am Parkhauptquartier, je weiter man sich davon entfernt, desto ruhiger und unberührter werden Pfade. Wer zum ersten Mal im tropischen Regenwald unterwegs ist, sollte sich nicht überschätzen. Selbst auf kurzen Strekken, bergauf und über Wurzeln und Steine, kommt man ins Schwitzen, die hohe Luftfeuchtigkeit läßt Wanderer schneller ermatten – ausreichend Trinkwasser mitnehmen.

Zum Einstieg bietet sich der flache Bumbun Tabing Trail an, der am nördlichen Ufer des Sungai Tahan in 1,5 Stun-

Canopy Walkway
Unterwegs zwischen Urwaldriesen

Regenwald aus der Affenperspektive, das klingt verlockend! Eine Attraktion des Taman-Negara-Nationalparks ist ein 450 m langes Hängebrückensystem, das in 20 bis 30 m Höhe zwischen Baumwipfel gespannt ist. Man spaziert auf sechs schmalen, schwankenden Hängebrücken, die aus nicht viel mehr als aus Holzplanken bestehen, die auf Aluminiumleitern liegen. Rechts und links kann man sich an einem Handlauf aus Draht festhalten. Netze verhindern, daß man seitlich ausrutscht, das gibt ein wenig Sicherheit. Ausruhen kann man sich auf fünf um die Baumstämme mächtiger Regenwald-Riesen gebauten Plattformen. Wer unter Höhenangst leidet, sei gewarnt. Unterwegs gibt es eine Möglichkeit zum Aussteigen, nach der dritten Plattform, bevor es höher hinauf geht.

In den Höhen des Blätterdaches kann man andere Lebensformen des Regenwaldes entdecken als am Boden. Man sieht die zweiflügeligen Samen der Dipterocarp-Bäume und auch blühende Bäume. In Astgabelungen blühen farbenprächtige Orchideen. Manche Bäume wirken wie ein kleiner Garten, so überwuchert sind sie mit Schlingpflanzen und Farnen. Wie üblich im Dschungel, sind Tiere schwerer auszumachen als die Flora. Hören kann man sie wohl, die Vögel, Zikaden und die durchdringenden Schreie der Gibbons.

Dank der Nähe zum Park Headquarter ist der Canopy Walkway immer recht gut besucht, nur 30 Fußminuten sind es bis hier. Bisweilen muß man sogar anstehen, bis man hinauf gelassen wird und findet dann oben lärmende Menschen vor, die jedes Tier in die Flucht schlagen. Bislang konnte man sich auch nicht zu früheren Öffnungszeiten durchringen, obwohl die Stunde nach Tagesanbruch die beste zur Vogelbeobachtung ist. Da die meisten Besucher morgens am *walkway* halten, um weiter in Richtung Bukit Teresek zu gehen, ist der frühe Nachmittag eine günstige Zeit, um in Ruhe die Aussichten zu genießen. Mit Glück kann man in entfernten Baumkronen dann eine Gibbon-Familie bei der nachmittäglichen Futtersuche beobachten.

den bis zum Tabing-Hochstand führt. Auf dem Rückweg zum Park Headquarter kann man sich im Taham-Fluß erfrischen, am beliebtesten ist Lubok Simpon, 15 Minuten vom Park Headquarter.

Der etwas anstrengendere Bukit Teresek Trail ist einer der meistfrequentierten Pfade des Parks. Man geht vom Park Headquarter zunächst Richtung Canopy Walkway, kurz dahinter zweigt der Bukit Teresek Trail links ab. Nach etwa einer Stunde hat man den 344 m hohen Aussichtspunkt auf dem Bukit Teresek erreicht. Bei guter Sicht kann man über bewaldete Hügel bis zum Gunung Tahan sehen. Entweder geht man auf demselben Weg zurück oder weiter Richtung Norden, über einen steileren Weg, der teilweise mit Seilen gesichert ist. Der nördliche Pfad stößt nach etwa einer Stunde Abstieg auf den Bumbun Tabing Trail am Sungai Tahan, von wo es nochmal eine Stunde zum Park Headquarter ist. Für die lange Version des Trail sind drei bis vier Stunden zu veranschlagen.

Vom Park Headquarter Richtung Süden führt der Weg zur Fledermaushöhle **Gua Telinga** 6 und zu den Hochständen Bumbun Belau und Bumbun Yong. Der Pfad beginnt am südlichen Ufer des Sungai Tahan, man kann sich von Booten am Anleger übersetzen lassen. Nach etwa einer dreiviertel Stunde steilen Weges zweigt rechter Hand der dreistündige Trail zum Hochstand Cegar Anjing ab, der Richtung Nordwesten nahe der alten Landebahn und dem Sungai Tahan liegt. Geradeaus führt der Weg weiter zur Gua Telinga, die man nach einer weiteren guten Stunde erreicht. Die Fledermaushöhle sieht von außen recht unspektakulär aus, der Höhleneingang ist ziemlich eng, genauso wie die etwa 80 m lange Höhlenpassage. Wer sich vom beißenden Kotgeruch und der Aussicht darauf hineinzufassen, nicht abhalten läßt, der sieht neben Fledermäusen manchmal auch farblose (ungefährliche) Höhlenschlangen. Die Hochstände Belau und Yong liegen etwa 500 bzw. 1000 m von der Höhle entfernt. Alternativ geht es mit dem Boots vom Park Headquarter zum Anleger Pengkalan Gua 3 km südlich von Kuala Tahan am Sungai Tembeling. Von hier sind es nur 40 Minuten bis zur Höhle.

Für die Fahrt den malerischen Sungai Tahan hinauf bis zu den Kaskaden von **Lata Berkoh** 7 benötigen die Boote vom Park Headquarter etwa 30 Minuten. In den Becken, welche die Stromschnellen von Lata Berkoh geformt haben, kann man baden. Allerdings sollte man Vorsicht walten lassen, harmlos ist das Plantschvergnügen nicht immer. Wenn es flußaufwärts heftig geregnet hat, kann es passieren, daß sich ein Schwall Wasser in den Fluß ergießt. Zu Fuß dauert es etwa vier Stunden bis Lata Berkoh. In der *fishing lodge* nahe Lata Berkoh kann man nach vorheriger Anmeldung übernachten oder nebenan zelten.

Auf eigene Faust kann man auf markierten Wegen gehen und in Hochständen übernachten. Längere Wanderungen weitab vom Park Headquarter müssen jedoch von einem *guide* geführt werden. Eine gute Ausrüstung und Kondition sind ebenfalls Voraussetzung. Unterwegs muß man häufiger durch Flüsse waten.

Wer sich für den Rentis Tenor Trail *(rentis* – Rundweg) entscheidet, muß mindestens zwei Übernachtungen einplanen. Am ersten Tag wandert man etwa sechs Stunden oder 10 km Richtung Süden vorbei an der Gua Telinga bis zum Zeltplatz bei Kemah Yong. Am nächsten Morgen geht es weiter auf den 570 m hohen Aussichtspunkt Bukit Gu-

Unterwegs im Tamam Negara

ling Gendang, für dessen Besteigung man drei Stunden benötigt. Übernachtet wird wieder in Kemah Yong. Man kann am zweiten Tag auch von Kemah Yong sechs Stunden bis zum nächsten Übernachtungsplatz Kemah Renuis am Sungai Tenor wandern. Von hier geht es dann am nächsten Tag zurück nach Kuala Tahan. Wer will, schlägt unterwegs noch einmal in Kemah Lameh sein Lager auf.

Ganz Abenteuerlustige sollten für die Besteigung des 2187 m hohen **Gunung Tahan** 8 zwischen acht und zehn Tage veranschlagen. Ein offizieller *guide* ist für den fast 100 km langen Trip vorgeschrieben. An keinem Tag werden weniger als sechs Stunden gelaufen, immer wieder sind deutliche Steigungen zu überwinden. Flußdurchquerungen werden schon bald zur Routine, Kleidung sowie Schuhe werden kaum noch trokken. Dennoch: Wer von dieser anstrengenden Tour zurückkehrt, beteuert begeistert, welch ein einmaliges Erlebnis es war!

Von Kuala Lumpur durchs Landesinnere bis Kota Bahru

Karte S. 167

Eine Eisenbahnlinie und eine Straße führen von Gemas, südlich von Kuala Lumpur, bzw. von **Bentong** 9 im Osten der Hauptstadt durch das Landesinnere nach Norden; beide enden an der Ostküste in Kota Bahru. Älter als die Straßenverbindung ist die 1931 fertiggestellte Jungle Railway, die in Gemas auf die Westküstentrasse von Butterworth nach Singapur trifft. Für die Strecke von Gemas bis nach Kota Bahru benötigt man je nach Zugtyp etwa acht Stunden, auf der Route 8 fährt man von Kuala

Lumpur zwölf Stunden bis Kota Bahru. Hauptattraktionen auf der Fahrt ist der Kenong-Rimba-Nationalpark, den man via Eisenbahn oder Route 8 erreicht.

Kuala Lipis 10 (S. 289) war von 1898 bis 1955 Hauptstadt des Bundesstaates Pahang. 1955 wurde der Regierungssitz nach Kuantan verlegt, seitdem hat sich in Kuala Lipis nicht mehr viel getan. Von den Glanzzeiten im frühen 20. Jh. zeugen einige repräsentative Kolonialgebäude. Strategisch günstig thront auf einem Hügel das District Administration Building von 1919. Auf dem Hügel gegenüber wohnte der britische Resident in einer Villa, heute befindet sich in dem 1922 erbauten Gebäude das Government Resthouse.

Auf Hügel Nummer drei befinden sich weitere Relikte der Briten: Den Pahang Club errichteten sie 1867 als erstes Gebäude. In der Bar dürfen auch Besucher essen und trinken. Die 1913 erbaute Clifford School auf der anderen Seite des Hügels wurde nach dem britischen Residenten Sir Hugh Clifford benannt, der die Geschicke von Pahang entscheidend prägte. Noch heute ist die Clifford School eine der berühmtesten im Lande, zu den Ehemaligen zählen Mitglieder von Sultansfamilien, chinesische Großunternehmer und Tun Abdul Razak, der von 1970 bis 1979 Malaysias Premier war. An der Hauptstraße von Kuala Lipis, der Jalan Besar, liegt der Bahnhof, hier befinden sich einfache Hotels sowie Restaurants und Geschäfte.

Der **Kenong-Rimba-Park** 11 (*rimba* – unberührter Dschungel) nahe dem Städtchen Kuala Lipis hat sich vom Geheimtip zum Konkurrenten des vielbesuchten Taman-Negara-Nationalparks entwickelt. Der Park ist nur mit einem *guide* zugänglich, Genehmigungen und Touren lassen sich in Kuala Lipis organisieren.

Auch hier gibt es Tieflandregenwald, zahlreiche Höhlen, Flüsse, schöne Wanderwege und angeblich noch mehr Tierleben. Die Besucherzahlen des 128 km^2 großen Parks reichen bei weitem nicht an die des Taman Negara, keine Gruppe ist größer als zehn Personen, und nicht mehr als 120 Besucher dürfen sich gleichzeitig im Park aufhalten.

Im Unterschied zum Taman Negara gibt es im Kenong-Rimba-Park keine Tagestouren, die interessanten Treks dauern mindestens zwei bis fünf Tage. Unterwegs wird in einfachen Hütten oder Zelten übernachtet.

Von Kuala Lipis geht es entweder mit dem Boot über den Sungai Jelai in zwei Stunden bis zum Anleger am Parkeingang Tanjung Kiara oder frühmorgens mit dem Nahverkehrszug bis zum Haltepunkt **Batu Sembilan** 12 und von dort in 20 Minuten mit dem Boot nach Tanjung Kiara. Zehn Minuten zu Fuß vom Anleger Tanjung Kiara liegt das Dorf **Kampung Dusun** 13, hier kann man in einem schlichten Lädchen den Proviant aufstocken. Nach weiteren 30 Minuten Fußmarsch durch Reisfelder und Kautschukplantagen ist man dann im richtigen Dschungel.

Nach etwa 30 Minuten vom Dorf hat man zwei Höhlen erreicht, Gua Batu Telahup und Gua Tangkup. Letztere ist besonders bei Elefanten beliebt, die sich hier während der heftigen Monsun-Regenfälle gern ins Trockene retten. Von den Höhlen ist es nur noch eine Stunde Fußweg bis zum Kalksteinmassiv von Gunung Kesong. Dort stehen die einfachen Hütten des Pesona Rimba Resort, wer es naturnäher mag, kann sein Zelt unter einem Felsvorsprung aufschlagen. Essen gibt es aus der sehr rustikalen Lagerküche.

Von Gunung Kenong erreicht man nach etwa fünf Stunden Richtung Nor-

Der Jelai-Fluß bei Kuala Lipis

den die Stromschnellen von Lata Kenong. Hier werden die Zelte aufgeschlagen, in den Becken der Kaskaden kann man baden. Wer nach zwei Nächten im Dschungel genug hat, kann von Lata Kenong in einem Tag zurück zum Parkeingang gehen.

Für Wanderer mit genügend Kondition bietet sich von Lata Kenong der Rundweg über den Gunung Putih zurück zum Kampung Dusun an, dafür benötigt man nochmals zwei Übernachtungen. Die Kalksteinfelsen von Gunung Putih liegen etwa sieben Stunden Fußmarsch von Lata Kenong entfernt. Der Weg führt über zahlreiche Flüsse und Bäche, Brükken sind eine Seltenheit, es heißt, auf Baumstämmen zu balancieren oder durch die Fluten zu waten. Die Chancen, hier des nachts ein Tapir oder ein Wildschwein zu sehen, sind relativ groß.

Vom Gunung Putih sind es 20 km zurück zum Parkeingang. Man kann die Strecke an einem Tag bewältigen, es gibt auch ein viertes Camp, etwa zwei Stunden vom Kampung Dusun entfernt.

Auf dem Markt in Kuching ▷

Sarawak
Im Land der Kopfjäger

Kuching und der Westen

600 km von der Halbinsel Malaysia, getrennt durch das Südchinesische Meer, liegt die drittgrößte Insel der Welt: Borneo – eine Insel, auf der es mehr Flüsse als Straßen gibt, auf der dichter Regenwald die Berge wie ein grüner Teppich bedeckt. Die malaysischen Bundesstaaten Sabah und Sarawak erstrecken sich an der Nordküste, den größeren südlichen Teil nimmt das indonesische Kalimantan ein. Die Bezeichnung Borneo bezieht sich auf das kleine Sultanat Brunei, das über die Insel herrschte, als die ersten Europäer im 16. Jh. kamen. Borneo erweckt ›exotische‹ Vorstellungen. Natürlich denkt man an Eingeborene, die mit Blasrohren durch den Urwald streifen und deren Lieblingsbeschäftigung die Kopfjagd ist.

Ganz so urtümlich geht es in Sarawak nicht mehr zu. Die Städte haben eine moderne Infrastruktur, es gibt Straßen, Hotels und Busse. Und die Nachfahren der einst so gefürchteten Kopfjäger heißen westliche Besucher auf dem internationalen Flughafen von Kuching willkommen. Ein ausgezeichnetes Flug- und Expreßbootnetz erschließt auch entlegene Gebiete. Die Veranden der Langhäuser werden heute von Neonröhren beleuchtet, an den Wänden sieht man eher ein Poster von Bayern München als ein antikes Schild. Doch noch immer werden traditionelle Muster in die Stoffe gewebt, symbolisieren Holzschnitzereien Schutzgeister, werden alte Musikinstrumente gespielt. Und neben christlichen und muslimischen Gebeten werden von den Medizinmännern die Geister der Ahnen und des Waldes angerufen.

Große Holzfirmen entdeckten vor einigen Jahrzehnten die Schätze des Landes. Aus Sarawak wird mehr Rohholz exportiert als aus allen anderen Bundesstaaten von Malaysia. Ende der 80er Jahre des 20. Jh. waren die Zeitungen voller Berichte über Proteste von Eingeborenen gegen die Bulldozer der Holzfäller. Der Schweizer Bruno Manser lebte jahrelang mit den nomadischen Penan und organisierte den Widerstand von seinem Dschungel-Camp aus. Mit großem Aufwand wurde er von der Polizei gesucht, doch gelang ihm eine abenteuerliche Flucht aus Sarawak, sein Name ist immer noch ein Reizthema für malaysische Behörden.

Viele Tierarten – Orang-Utans, Nashörner und selbst das Wappentier von Sarawak, der Nashornvogel – sind mittlerweile vom Aussterben bedroht. Auf den gerodeten Flächen werden ertragreiche Monokulturen von Pfefferplantagen, Ölpalmen oder Kautschukbäumen angelegt, im schlimmsten Falle führt Kahlschlag zu Bodenerosion und die wiederum zur Verschlammung vieler Flüsse. Noch aber sind fast 70 % von Sarawak mit Wald bedeckt, der zum größten Teil aus Regenwald besteht.

Die meisten Besucher beginnen ihre Reise in Sarawak in der Landeshauptstadt Kuching im Südwesten. In der angenehmen Stadt am Sarawak River kann man gut ein paar Tage verbringen und Ausflüge in den nahen Bako-Nationalpark, zum Damai Beach oder zu den Langhäusern der Bidayuh südlich der Stadt unternehmen. Von Kuching starten Touren zu den Langhäusern der Iban im Batang-Ai-Flußsystem. Dort kann man entweder weiter nach Sibu fahren, um den Rejang und seine Nebenflüsse zu erforschen, oder man begibt sich in

Die Waterfront in Kuching

den Nordwesten von Sarawak. In den Niah-Höhlen im gleichnamigen Nationalpark wurden steinzeitliche Funde gemacht, heute gehen dort Schwalbennestpflücker ihrem gefährlichen Beruf nach. Die Ölstadt Miri nahe der Grenze zum Sultanat Brunei ist Ausgangspunkt für Touren in den Mulu-Nationalpark und in die Kelabit Highlands.

Kuching

Tips und Adressen S. 299

Hartnäckig hält sich die Legende von der Namensgebung der Stadt – *kucing* bedeutet Katze auf malaiisch. Mr. Brooke soll bei seiner Ankunft, nach dem Namen fragend, auf die Stadt gedeutet haben, als Antwort erhielt er »Kucing«, weil seine einheimischen Begleiter ihn mißverstanden und annahmen, er deute auf eine vorbeilaufende Katze – den heutigen Stadtvätern ein willkommener Anlaß, verschiedene Katzendenkmäler über die Stadt zu verteilen.

Wahrscheinlicher ist es aber, daß der Name sich von einem kleinen Hügel mit Namen Bukit Mata Kuching ableitet. Vor der Ankunft von Brooke hieß das Dorf unterhalb des Bukit Mata Kuching Sarawak, was wiederum die malaiische Bezeichnung für das Halbmetall Antimon ist, das hier abgebaut wurde.

Die **Kuching Waterfront** 1 macht das Flanieren durch die Stadt zu einem angenehmen Vergnügen und verleiht Kuching beinahe mediterranes Flair. Bevor man das gut 1 km lange Ufer Anfang der 90er Jahre mit Grünanlagen, Bänken und Cafés umgestaltete, standen hier alte *go downs,* chinesische Lagerhäuser. Einige Gebäude hat man erhalten, wie das **Sarawak Steamship Building** 2 von 1930, ein Lagerhaus und Bürogebäude, in dem heute mehrere Kunsthandwerksläden und ein Restaurant eingerichtet sind. Der wehrhafte **Square Tower** 3 wurde 1879 als Gefängnis erbaut.

Das 1874 fertiggestellte **Courthouse** 4 gegenüber diente auch als Sitz der Regierung und Versammlungshalle. Die Weißen Rajas pendelten mit Booten zwischen dem Verwaltungssitz und ihrer Residenz, der **Astana** 5,auf der gegenüberliegenden Flußseite hin und her. Da die Astana auch heute noch die offizielle Residenz des *Yang-di-Pertua* (Staatsoperhaupt) von Sarawak ist, kann sie nicht besichtigt werden. Am besten genießt man den Blick auf den weißen kolonialen Bungalow in dem schönen Park vom Turm am Ufer des Flusses.

Parallel zur Waterfront bis zum imposanten Bau des Hilton Hotel erstreckt sich der **Main Bazaar** 6, eine von chinesischen *shop houses* gesäumte

Kuching

1 Waterfront 2 Sarawak Steamship Building 3 Square Tower 4 Courthouse 5 Astana 6 Main Bazaar 7 Chinese History Museum 8 Tua Pek Kong Temple 9 Fort Margerita 10 Kampungs 11 Jalan Pandungan 12 Sarawak Museum 13 Islamic Museum 14 Reservoir Park 15 Civic Centre 16 Visitor's Information Centre 17 General Post Office 18 The Pavillon 19 Markt 20 Sonntagsmarkt

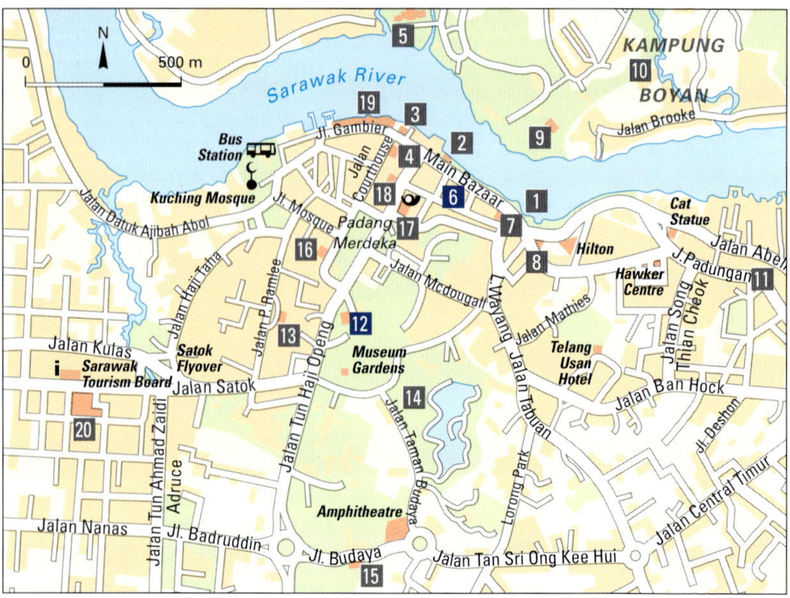

Straße. Ursprünglich wurden hier nur Gewürze, Lebensmittel, Sägen und andere nützliche Dinge verkauft. Mittlerweile findet man zwischen den traditionellen Geschäften immer mehr Antiquitätenläden. Neben Schnitzereien aus *belian,* dem harten Eisenholz, gibt es auch Webkunst und schöne *pua kumbu,* rituelle Decken der Iban. Mit den kleinen Nebenstraßen und der parallelen Carpenter Street bildet der Main Bazaar die Chinatown von Kuching.

Im ehemaligen Gebäude der Chinese Chamber of Commerce ist heute das **Chinese History Museum** 7 eingerichtet. Die interessante Sammlung dokumentiert die Geschichte der chinesischen Einwanderung nach Sarawak. Der **Tua Pek Kong Temple** 8 von 1876 auf einer kleinen Erhebung ist der älteste chinesische Tempel von Sarawak. Tua Pek Kong ist der Gott des Wohlstands, dementsprechend beliebt ist die Stätte bei den vielen chinesischen Ladenbesitzern und Geschäftsleuten.

Von diesem Ende der Waterfront kann man sich zum **Fort Margerita** 9 auf dem gegenüberliegenden Ufer übersetzen lassen. Strategisch günstig auf einem Hügel über dem Fluß ließ der zweite Weiße Raja Charles Brooke diese Festungsanlage 1879 errichten; entworfen im Stil der englischen Renaissance und benannt nach seiner zweiten Frau Margaret. Das Fort steht heute auf dem Gelände des Polizeihauptquartiers und beherbergt das Polizeimuseum. Im Innenhof sind Methoden der Todesstrafe an Gipsfiguren dargestellt, recht bizarr wirken die Nachbildung einer Opiumhöhle und die umfangreiche Waffensammlung in den Obergeschossen. Rund um das Fort Margerita liegen malaiische **Kampungs** 10, ist die Atmosphäre im Gegensatz zum lebhaften Zentrum auf der anderen Flußseite dörflich.

Nachdem man die Katzenstatue am Kreisverkehr der **Jalan Padungan** 11 bewundert hat, kann man sich in einem der zahlreichen *coffee shops* zu einer belebenden (weil scharfen) Sarawak Laksa niederlassen und so gestärkt hernach zur Besichtigung des **Sarawak Museum** 12 schreiten.

Die Idee einer Museumsgründung in Kuching stammte von dem großen Naturforscher Alfred Russel Wallace, der Mitte des 19. Jh. zwei Jahre auf Borneo verbrachte. Das Hauptgebäude wurde 1891 errichtet, die Wallacesche Sammlung bildet heute den Kern der naturwissenschaftlichen Kollektion. Seitdem wurde die Sammlung von Kunst und Alltagskultur der Stämme aus Sarawak ständig erweitert.

Im Hauptgebäude befinden sich die Exponate zur Geologie in Sarawak und die von Shell gesponserte Ausstellung über Erdölförderung in der Region. In den Vitrinen im zentralen Raum findet man ausgestopfte Tiere. Furchterregend ist der fast fußballgroße Haarball aus dem Magen eines erlegten Krokodils – in dem man auch eine Armbanduhr und ein menschliches Gebiß fand!

Im ersten Stock ist die sehenswerte ethnologische Sammlung des Museums ausgestellt. Fast einen Gebäudeflügel nimmt der Nachbau eines Abschnittes eines Iban-Langhauses nebst originalgetreuem Inventar ein. Im anderen Flügel findet man hervorragende einheimische Holzschnitzkunst, schöne Webereien und Alltagsgegenstände. Wer Antiquitäten kaufen möchte, sollte hier vorher studieren, welche Qualität die Gegenstände erreichen können. Im hinteren Teil wird in einer unscheinbaren Vitrine das Geheimnis um das Penis-Piercing der Iban gelüftet.

Im neuen Flügel des Museums auf der anderen Straßenseite findet man

prähistorische Funde und eine Sammlung alter chinesischer Keramik, die über Handelsrouten ihren Weg in die entlegensten Winkel von Sarawak gefunden hat. Die zum Teil mehrere Hundert Jahre alten Keramikkrüge dienten den Langhaus-Bewohnern nicht nur zur Aufbewahrung von Reis und Reiswein, ihnen wurden oft auch magische Kräfte zugesprochen.

Hinter dem neuen Flügel des Sarawak Museum versteckt sich das **Islamic Museum** 13, das Exponate zur Geschichte des Islam in Malaysia zeigt. Von der Rückseite des alten Museumsgebäudes führt eine schöne Grünanlage zum **Reservoir Park** 14, wo man rings um einen künstlichen See unter schattigen Bäumen spazieren kann. Vom Park sieht man den futuristischen Turm des **Civic Centre** 15, von dessen Aussichtsplattform sich ein schöner Blick über die Stadt bietet.

Auf jeden Fall sollte man dem **Visitor's Information Centre** 16 einen Besuch abstatten. Angestellte des Sarawak Tourism Board geben hier gern Auskunft über Sarawak, außerdem gibt es interessante Broschüren, und man kann Unterkünfte in den Nationalparks buchen.

Auf dem Weg zum Sarawak River kommt man an der Jalan Haji Openg an

Der 1876 errichtete Tua Pek Kong Temple in Kuching

schönen Gebäuden aus der Brooke-Ära vorbei. Fast eine Nummer zu groß für Kuching wirkt das **General Post Office (GPO)** 17, das Hauptpostamt von 1931. Der schattige Durchgang unter dem imposanten Portikus mit den korinthischen Säulen ist bei wartenden Buspassagieren beliebt.

The Pavillon 18 wurde 1909 erbaut und bis 1947 als Krankenhaus genutzt. Seit 1998 wird das ziemlich verfallene Gebäude saniert, nach Fertigstellung soll hier ein Textilmuseum einziehen.

Ab fünf Uhr morgens herrscht auf dem **Markt** 19 am westlichen Ende der Waterfront reges Treiben. Wer am Wochenende in der Stadt ist, sollte sich auf keinen Fall den **Sonntagsmarkt** 20 entgehen lassen. Dieser beginnt – dem Namen widersprechend – schon am Samstagnachmittag in der Jalan Satok nahe dem Satok Flyover. Sonntagnachmittags packen die meisten Händler schon wieder ein, denn viele von ihnen haben noch einen langen Rückweg vor sich.

Das Katzen-Museum von Kuching ist im DBKU Building, dem futuristischen Stadthaus im Stadtteil Putra Jaya, untergebracht. Interessant, wenn auch nicht immer objektiv, ist das Timber Museum, ebenfalls in Petra Jaya. Das Holzmuseum befindet sich im Gebäude der sarawakischen Holzindustrie, und so ist es nicht verwunderlich, das hier die Betonung eher auf dem ökonomischen denn auf dem ökologischen Aspekt der Holzwirtschaft liegt.

Die Umgebung von Kuching

Karte S. 185

Auf der **Halbinsel Santubong** 1, etwa 30 km nördlich, liegen der Damai Beach (S. 276), der Hausstrand von Kuching und das Freilichtmuseum Sarawak Cultural Village. Von den Hotels in der Stadt fahren Shuttle-Busse zu den Hotels am Damai Beach, mit öffentlichen Bussen erreicht man die Halbinsel in 45 Minuten. Von den Stränden darf man nicht zuviel erwarten, denn die See ist meist aufgewühlt, und die nahe Mündung des Sungai Santubong sorgt für konstant von Schlamm getrübtes Wasser. Für ein paar erholsame Tage am Pool sind die guten Hotels in Damai aber angenehm.

Ein Vergnügen ist der Spaziergang durch das Sarawak Cultural Village. Zu Füßen des regenwaldbedeckten Berges hat man in einer schönen Anlage rings um einen kleinen See ein Miniatur-Sarawak aufgebaut. Wer keine Gelegenheit hat, ein ›echtes‹ Langhaus zu besuchen, kann hier Häuser der Iban, Bidayuh, Panan und Orang Ulu besichtigen. Die Bewohner tragen traditionelle Tracht und posieren gern für ein Foto. Jedes Haus hat einen Geschichtenerzähler, der auf Englisch die Besonderheiten der Architektur erklärt, einen typischen Tagesablauf seines Stammes schildert und Handwerkstechniken vorführt. Bei den Penan erfährt man, daß das Bohren eines 2 m langen Blasrohrs aus einem Stück Hartholz etwa zwei Monate dauert. Wer schon immer gerätselt hat, wie die Chinesen es fertigbringen, Schwalbennester zu essen, kann im chinesischen Farmhaus beobachten, wie die Nester von Vogelkot und Federn gereinigt werden. Übrig bleibt das eßbare (?) Geflecht aus dem Speichel der Vögel. Zweimal täglich werden im Theater Tänze aufgeführt. Die Show wirkt im Gegensatz zu den originalgetreuen Bauten jedoch recht trivial.

Östlich der Santubong-Halbinsel ragt die Muara Tebas Peninsula ins Meer. Dort hat man den **Bako-Nationalpark** **2** (S. 268) 1957 als ersten Nationalpark von Sarawak eingerichtet. Mit einer Fläche von nur 2742 ha ist Bako der Zwerg unter den Parks in Sarawak, dennoch findet man hier sehr abwechslungsreiche Landschaftsformen und eine einzigartige Vegetation. Es gibt einsame Strände, imposante Kliffs und schattige Wasserfälle. Die Vegetationsformen reichen von Mangrovensümpfen über Dipterocarp-Regenwald bis zum nährstoffarmen Kerangas-Buschwald, in dem Kannenpflanzen wachsen. In den Mangroven lebt eine Affenart, die nur auf Borneo vorkommt: Nasenaffen oder *Proboscis monkeys.*

Im Bako-Park gibt es zahlreiche Wanderwege, die alle gut markiert sind. Der schöne Rundweg Lintang Trail dauert drei bis vier Stunden. Er führt durch fast alle Vegetationszonen des Parks und durch ein Gebiet, in dem man mit etwas Glück Nasenaffen beobachten kann. Paku Trail und Delima Trail dauern 30 Minuten vom Park-Hauptquartier und enden nördlich bzw. südlich des Strandes an den Mangroven, wo Nasenaffen ihre Mahlzeiten einnehmen. Am frühen Morgen oder späten Nachmittag sind die Chancen, sie zu sehen, am größten.

Die schönen Buchten Telok Pandan Kecil und Telok Pandan Besar sind vom Park Headquarter in 1,5 Stunden zu er-

reichen. Der Weg, der reizvolle Ausblicke auf die Damai-Halbinsel bietet, verläuft durch einen Strauchwald mit Kannenpflanzen. Allerdings kann man nur den Strand von Pandan Kecil zu Fuß erreichen, das Kliff in Pandan Besar ist sehr steil und ein Abstieg zum Strand unmöglich. Eine Abzweigung des Pandan Trail führt über den Tajor-Wasserfall weiter zum Strand von Tajor. Im Becken des Wasserfalls kann man ein Bad nehmen. Vom Park-Hauptquartier bis zum Wasserfall benötigt man zwei Stunden, bis zum Strand noch einmal 30 Minuten.

Im **Semengoh Wildlife Rehabilitation Centre** 3 30 km südlich von Kuching werden verwaiste oder aus der Gefangenschaft befreite Orang-Utans auf ein Leben in der Wildnis vorbereitet. Die Tiere können sich in einem 700 ha großen Wald frei bewegen. Da man den Orang-Utans bei der Nahrungssuche behilflich sein muß, füttert man sie an einer festen Stelle, bis sie sich selbst versorgen können. Manchen Tieren müssen die Pfleger auch Klettertechniken beibringen oder Anleitungen zum Bau ihrer Schlafnester geben. Wer die Orang-Utans bei ihrer Fütterung beobachten will, muß vorher im Wildlife Office (im Gebäude des Visitor's Information Centre in Kuching) ein *permit* abholen. Dort erfährt man auch die genauen Uhrzeiten der Fütterung.

Der Dipterocarp-Regenwald des Kubah National Park 20 km westlich von Kuching bedeckt einen der jüngsten Parks im Lande. Es gibt schöne Wanderwege zu Wasserfällen und auf den Gipfel des 900 m hohen Gunung Serapi. Die meisten Besucher kommen nur auf einem Tagesausflug von Kuching hierher, für Übernachtungen stehen jedoch auch Chalets zur Verfügung.

Richtig Reisen *Tip*

Immer der Nase nach
Auf der Suche nach der Rafflesia-Blüte

Die Rafflesia – für die westliche Welt entdeckt von und benannt nach Sir Stamford Raffles – ist eine erstaunliche Pflanze. Als Raffles und sein Kompagnon Joseph Arnold 1818 in Sumatra zum ersten Mal vor der Blüte standen, hielten sie das fast 1 m große ›Objekt‹ für ein Gemüse. Nachforschungen ergaben dann, daß es eine Blüte war, die parasitisch wächst. Als Wirt bevorzugt sie eine ganz bestimmte Pflanzenart, ein Grund für ihre Seltenheit. Da in der traditionellen Medizin den Knospen Heilkraft für schwangere Frauen zugesprochen wird, sind malaiische *bomohs* und chinesische *sinsehs* (Medizinmänner) stets auf der Suche nach Knospennachschub. Der durch Holzeinschlag schwindende Regenwald tut ein übriges, um die Rafflesia zu einer Rarität zu machen.

Im Gunung-Gading-Nationalpark wachsen Rafflesia der Art *Rafflesia Tuan Mudae.* Deren Blüten sind mit einem Durchmesser von 60 cm etwas kleiner als jene der größten Art *Rafflesia Arnoldii,* aber immer noch eindrucksvoll. Fast neun Monate lang sieht man von der Rafflesia nur dunkel-lila farbene Knospen, die an einen Rotkohlkopf erinnern. Auf dem schattigen Waldboden kann man die versteckt wachsenden Knospen nur schwer ausmachen, so daß es sich empfiehlt, im Park Headquarter einen Führer anzuheuern, der auf die Knospen hinweist.

Nach den Monaten des Wachstums öffnet sich die Blüte innerhalb eines Tages mit fünf gummi-artig-festen Blütenblättern. Die Oberfläche der rötlichen Blätter ist von weißlichen Punkten bedeckt. In deren Mitte befindet sich eine Aushöhlung mit einer Flüssigkeit, die Verwesungsgestank verströmt. Damit lockt die Pflanze Fliegen an, welche die Staubgefäße befruchten.

Nach der langen Knospenphase nimmt sich die Rafflesia für ihre Blüte wenig Zeit. Je nach Witterung dauert es nur fünf Tage, bis die stinkende Pracht in sich zusammenfällt, in der kühleren Regenzeit manchmal etwas länger. Eine Blütezeit für Rafflesia gibt es nicht. Außer in Gunung Gading kann man in Poring und im Crocker-Range-Nationalpark in Sabah Rafflesia-Blüten sehen.

Wer Gunung Gading nur um der Rafflesia willen besuchen will, sollte sich vorher erkundigen, ob eine Blüte zu sehen ist. Das Visitor Information Centre in Kuching (Tel. 082-248 088) und das Park Headquarter in Gunung Gading (Tel. 082-735 714) geben Auskunft.

Im **Matang Wildlife Centre** 4 des Parks werden einige der vorher in Semengoh untergebrachten Tiere gehalten. Ein Freigehege wie in Semengoh gibt es hier nicht.

Die **Bidayuh-Langhäuser** 5 an der Grenze zu Kalimantan, etwa 100 km südlich von Kuching, sind für einen Tagesausflug schon fast etwas zu weit entfernt. Dennoch bieten viele Veranstalter Tagestrips zu den Langhäusern in Annah Rais und Benuk an. Beide Langhäuser sind noch bewohnt, was man trotz der bisweilen etwas musealen Atmosphäre nicht vergessen sollte. Die Bidayuh wurden vor 300 Jahren von den Iban ins Landesinnere zurückgedrängt. Im Streit um Siedlungsgebiete mußten sie zwar eine Niederlage einstecken, ein zurückhaltendes Volk sind sie deshalb nicht. Immerhin bauen die Bidayuh neben ihren Langhäusern traditionell eine runde Hütte, um die erbeuteten Köpfe ihrer Feinde aufzubewahren.

Im **Gunung Gading-Nationalpark** 6 (S. 278) gibt es ebenfalls Unterkünfte, man kann den Park aber auch während einer Tagestour besuchen, die Fahrt dauert etwa zwei Stunden.

Der Park wurde zum Schutz einer überaus seltenen Pflanzenart eingerichtet: In den Dipterocarp-Wäldern am Fuße des 883 m hohen Gunung Gading blühen häufig Rafflesia, eine Schmarotzerpflanze, welche die größte Blüte der Welt hervorbringt.

Die Umgebung von Kuching

Von Kuching bis zum Batang-Ai-Flußsystem

Von Kuching geht es über eine gut ausgebaute Straße zunächst etwa 60 km Richtung Osten bis nach **Serian** 1, einem kleinen Ort, der berühmt für seinen Obst- und Gemüsemarkt ist. Hier bieten Iban und Bidayuh aus der Umgebung Dschungelgemüse wie wilden Farn und Bananenblüten an.

Rechts und links der Straße Richtung malaiisch-indonesische Grenze sieht man einige mit Stacheldraht eingezäunte Dörfer, Relikte aus der Zeit der kommunistischen Guerillakämpfe in den 60er Jahren. Aus Furcht vor der hauptsächlich chinesischen Guerilla zäunte man Dörfer mit überwiegend chinesischer Bevölkerung vollständig ein und machte sie zu bewachten Lagern. Dem Friedensschluß zwischen Kommunisten und der Regierung verdankt das Städtchen **Sri Aman** 2 seinen Namen. In der Kleinstadt an der Mündung des Batang Lupar wurde 1973 der Frieden besiegelt, zur Erinnerung wurde das damalige Simanggang in Sri Aman (*aman* – Frieden) umbenannt. Neben dem 1864 von Charles Brooke begründeten Fort Alice, das leider nicht zu besichtigen ist, hat Sri Aman nicht viel Aufregendes zu bieten.

Von Sri Aman fahren die meisten Besucher landeinwärts in das hügelige Gebiet um die Zuflüsse des Batang Lupar. Obwohl während des Baus des **Batang-Ai-Staudamms** 3 in den 70er Jahren viele Langhausgemeinschaften umgesiedelt wurden, findet man hier noch traditionellere Dörfer an den Zuflüssen des Rejang weiter östlich. Veranstalter aus Kuching bieten Touren zu den Langhäusern am **Skrang** 4, **Lemerak** 5 sowie weiter ins Binnenland am **Engkari** 6 und **Batang Ai** 7 an – je nach Neigung und Geldbeutel als Kurztrips von zwei Tagen bis hin zu zehntägigen ausgedehnten Langhaussafaris. Wer den

Die Batang-Ai-Region

Richtig Reisen
Tip

Zu Besuch bei ›echten Wilden‹
Langhaus-Knigge

Kultur und Lebensstil der Ureinwohner sind die Hauptattraktion für die meisten Besucher von Sarawak. Ein bißchen Abenteuerlust gehört schon dazu, es geht über holprige Straßen, reißende Flüsse und durch dichten, feuchten Regenwald, aber etwas Schweiß und Schwielen nimmt man für ein ›ursprüngliches Erlebnis‹ gern in Kauf. Eine Nacht in einem Langhaus ist der Höhepunkt eines solchen Trips. Möglichst urig soll es zugehen, man hat ja Urlaub und will die Zivilisation hinter sich lassen.

Wenn man sich zu einer Tour ins Herz von Borneo entschließt, sollte man sich über die Probleme, die dieser ›Ethno-Tourismus‹ mit sich bringt, im Klaren sein. Die Bedürfnisse westlicher Touristen stellen die traditionell lebenden Langhausgemeinschaften vor ein Problem. Sanitäre Einrichtungen gibt es oft nicht – nur den Fluß –, und die Speisekarte der Bewohner ist zu karg für den westlichen Geschmack. Ohne Führer und Anmeldung sind Gäste in einem Langhaus daher nicht immer willkommen. Man stelle sich nur vor, ein fremder Mensch würde an unserer eigenen Tür klingeln und freundlich, aber erwartungsvoll Einlaß begehren. Zum Dank hat er Zigaretten, Seife und eine Flasche Bier mitgebracht. Aufgrund begrenzter Transportmöglichkeiten ist es ohnehin nicht leicht, auf eigene Faust zu einem entlegenen (ursprünglichen) Langhaus vorzudringen.

Man sollte sich einem Reisebüro in Kuching, Sibu oder Miri anvertrauen. Die Veranstalter haben geeignete Langhäuser gefunden, Reisenden wird die Enttäuschung erspart, ein modernes Langhaus zu besuchen. Die Anbieter organisieren auch die Anreise, meist ist man in kleinen Gruppen unterwegs, so daß die Kosten für die Bootsfahrten günstiger werden, als wenn man sich allein durchschlägt. Viele Anbieter haben nahe ›ihrem‹ Langhaus ein Gästehaus gebaut, in dem Besucher komfortabler als auf der Langhausveranda auf Matratzen schlafen können und in dem sanitäre Einrichtungen zur Verfügung stehen.

Traditionell ist Gastfreundschaft Teil der Kultur der Iban, der Kayan, Kenyah und Orang Ulu. Wenn nicht – etwa nach einem Todesfall – ein *tabu* über dem Langhaus liegt, tut man nichts lieber als Gäste zu empfangen und *tuak* (Reiswein) zu trinken.

Das Langhaus, von den Bewohnern *rumah* (Haus) genannt, ist eher eine Aneinanderreihung von einzelnen Wohneinheiten mit einer gemeinsamen Veranda denn ein Gemeinschaftshaus. In den abgetrennten Wohnräumen der einzelnen Familien, *bilik* (Zimmer), sollte man daher auch die Privatsphäre der Bewohner wahren und nur eintreten, wenn man eingeladen wird.

Langhäuser liegen fast immer an Flüssen, die früher Nahrungsquelle, Waschplatz und Toilette waren. Faustre-

Langhaus-Knigge

gel: Gespült und gewaschen wird flußaufwärts, flußabwärts befindet sich das ›Naturklo‹. Auch wenn es in Borneo nicht so sittenstreng zugeht wie in West-Malaysia, nacktbaden geht auch im Dschungel nicht. Für ein Bad im Fluß leistet ein *sarong* gute Dienste, den man sich umschlingt. Wenn man für nachher noch einen trockenen *sarong* dabei hat, ist man bestens ausgestattet. Mittlerweile haben viele Langhäuser schon Plumpsklos.

Zum Schutz vor Überschwemmungen und tierischen Besuchern stehen die Langhäuser auf Stelzen. Ein Baumstamm mit roh behauenen ›Stufen‹, der als Leiter dient, ist für westliche Besucher meist schon das erste Hindernis. Mit einer Schuhgröße von 40 aufwärts kommt man schwer die winzigen, glatten Stufen hinauf

Die Schuhe zieht man spätestens auf der überdachten Veranda, *ruai,* aus. Die *ruai*, der Gemeinschaftsraum, erstreckt sich über die gesamte Länge des Hauses. Von hier tritt man auf die *tanju,* die offene Veranda, auf der gemeinschaftlich Reis gedroschen, Pfeffer gestampft

Kontrast nicht scheut, kann nach ein paar rauhen Tagen im wenig komfortablen Langhaus im Luxushotel Hilton am Batang-Ai-Stausee sehr gepflegt am Pool entspannen.

Oberhalb des Staudamms erstreckt sich der **Batang-Ai-Nationalpark** 8, mit 20 040 ha der größte Nationalpark in Sarawak. Auch jenseits der Grenze in Indonesien steht ein weitläufiges Gebiet

Bei der Pfefferlese im Langhaus

und Wäsche getrocknet wird. Allerdings ist auch hier jede Familie für den jeweils vor ihrer *Bilik*-Tür liegenden *Ruai*- und *Tanju*-Abschnitt verantwortlich. Auf der *ruai* werden Gäste empfangen, und wenn kein Gästehaus vorhanden ist, schlafen Besucher hier.

Bis man sich zur Ruhe bettet, kann es jedoch lange dauern. Besonders die Iban sind berüchtigt für ihre Partylaune – und ihre Trinkfestigkeit. Auch wenn der selbstgebraute *tuak* suspekt erscheint, probieren muß man ihn schon. Meistens schmeckt er richtig gut, leicht säuerlich und sehr erfrischend, ähnlich dem Federweißen – allerdings auch mit ähnlichen Nachwirkungen. Wenn man nicht von den Köchen und aus den Vorräten der Tourveranstalter beköstigt wird, kann es passieren, daß man zum Festmahl beim *tuai rumah,* dem Langhaus-Chef, eingeladen wird. Dort hat man die Gelegenheit, wilden Farn, Bambusschößlinge und scharfe Fleischgerichte zu probieren, sehr lecker! Wenn man keinen Appetit mehr hat, sollte man die Speisen nicht zurückweisen, sondern die Schüssel kurz mit den Fingern der rechten Hand berühren.

Das abendliche Zusammensein ist auch der Zeitpunkt, die Gastgeschenke zu übergeben. Sie werden vom *tuai rumah* unter den Familien aufgeteilt. Viele kleine Dinge sind angebrachter als nur ein großes Geschenk. Gesundheitsbewußte Touristen verzichten auf Zigaretten, Süßigkeiten und Alkohol, letzterer ist in christlichen Langhäusern ohnehin nicht erwünscht, Filterzigaretten erfreuen sich jedoch in abgelegenen Gebieten großer Beliebtheit. Frauen freuen sich über Haarschmuck, die Kinder kann man mit Malbüchern und Stiften glücklich machen. Gäste, die das Gefühl beschleicht, Glasperlen verteilende Weiße zu sein, sollten sich auf nützliche Dinge wie Batterien, Kaffee, Tee und Lebensmittel in Konservendosen konzentrieren. Auch Zahnbürsten, Zahnpasta, Seife und Spülmittel sind gern gesehene Geschenke.

unter Schutz, ein großes, zusammenhängendes Areal bietet daher ideale Bedingungen für das Überleben so bedrohter Tierarten wie Orang-Utans oder das Borneo-Nashorn. Unterkünfte gibt es bislang nicht im Park, wer eine Tour dorthin bucht, übernachtet in Langhäusern der Umgebung, für längere Dschungeltreks stellen die Veranstalter Zelte zur Verfügung.

Sibu und der Rajang

Sibu 1, 400 km östlich von Kuching (S. 331), ist die zweitgrößte Stadt von Sarawak. Obwohl 60 km von der Küste entfernt, ist Sibu die bedeutendste Hafenstadt der Region. Der Rajang, mit 570 km der längste Strom von Malaysia, ist hier noch tief genug für große Containerschiffe. Mächtige Baumstämme von den Holzeinschlagsgebieten im Hinterland werden zu Flößen zusammengebunden, den Rajang hinuntergefahren und in Sibu verladen. Der Holzhandel hat der Stadt in den letzten drei Jahrzehnten zu Wohlstand verholfen, heute ist Sibu der Hauptsitz der sarawakischen Holzkartelle.

Noch vor 300 Jahren war Sibu Zentrum der Stammesfehden zwischen Iban, Melanau und den stromaufwärts lebenden Kayan. Raja James Brooke, der das Gebiet um Sibu 1853 vom Sultan von Brunei kaufte, war klar, daß er ohne eine Befriedung der Kopfjäger an eine Erschließung des Landesinnern nicht denken konnte. Daher versuchte er, die Stämme gegeneinander auszuspielen und ermunterte chinesische Einwanderer, sich hier niederzulassen. Von Sibu zogen die Chinesen den Rajang hinauf und gründeten in Kanowit, Song, Kapit und Belaga Außenposten, in denen sie Handel mit den Eingeborenen trieben.

Die Dschungelstädtchen sind auch heute nur sehr umständlich über Land zu erreichen – einzig ein paar Holzfällerstraßen führen durch entlegene Gebiete. Das Haupttransportmittel in diesem Teil von Sarawak sind Boote. Bis Kapit können relativ große Expreßboote fahren, von dort geht es über die gefährlichen Pelagus-Stromschnellen mit kleineren Booten weiter bis Belaga oder die Nebenflüsse Balleh und Balui hinauf.

Sibu und der Rajang

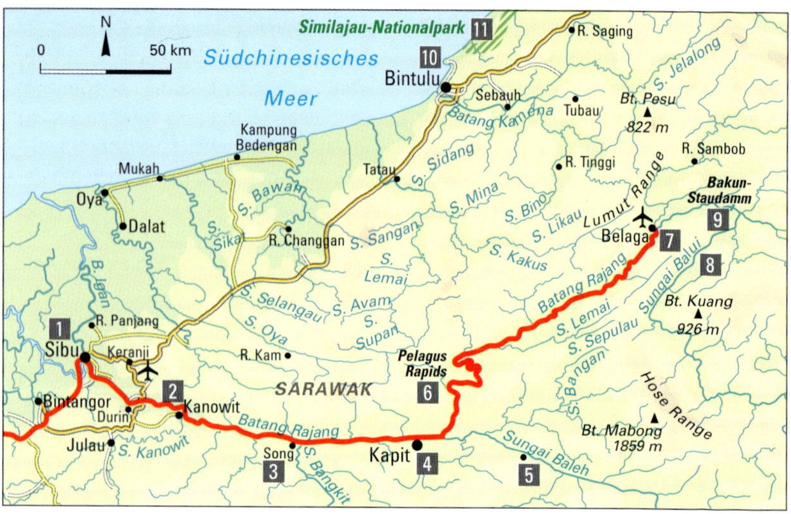

Das Zentrum von Sibu liegt rings um den Anleger für Expreßboote. Ab sechs Uhr morgens tönen die Schiffssirenen zur Abfahrt für die dreistündige Fahrt bis Kapit. Mit allerlei Paketen und sperrigen Gegenständen beladen, besteigen die Passagiere die Boote – Mopeds, Waschmaschinen und Matratzen kann man nur in der ›Großstadt‹ Sibu kaufen.

Die siebenstöckige Pagode des Tua Pek Kong Temple überragt den Anleger. Seit Ende des 19. Jh. steht hier ein Tempel für den Gott des Wohlstands, die prächtige Pagode kam 1987 hinzu.

Zwischen Tempel und Anleger befinden sich der Marktplatz und die Geschäfte der Chinatown. An der Jalan Market wird abends ein großer Nachtmarkt abgehalten. Exotisch ist auch der Lembangan-Markt ein paar Meter weiter Richtung Busstation. Hier bieten Iban und Kayan neben Kunsthandwerk Delikatessen des Regenwalds an: Dschungelfarn und wilde Durian, Wildschweinfleisch und Flughund.

Die meisten Boote für die Fahrt auf dem Rajang legen in den frühen Morgenstunden ab. Der erste Stopp ist nach einer Stunde Fahrt von Sibu erreicht. Im verschlafenen Städtchen **Kanowit** 2 an der Mündung des Sungai Kanowit gibt es außer dem hölzernen Fort Emma, das Raja James Brooke 1859 errichten ließ, nicht viel zu sehen.

Von Kanowit geht es eine Stunde stromaufwärts bis **Song** 3 an der Mündung des Sungai Katibas, einem der größeren Zuflüsse des Rajang. Von hier fahren regelmäßige Boote den Katibas hinauf, eine landschaftlich schöne Strecke, an der zahlreiche Iban-Langhäuser liegen. Reisebüros in Sibu organisieren Touren hierhin.

Bis **Kapit** 4 (S. 281) sind es von Song noch einmal 1,5 Stunden. Das Nest im Herzen von Borneo erscheint westlichen Besuchern mehr als provinziell, für die stromaufwärts lebenden Iban, Kayan und Kenyah ist jedoch Kapit das Einkaufszentrum. An der Bootanlegestelle ist immer viel los, Hunderte bunt bemalter Langboote liegen vertäut, wenn ein Expreßboot aus Sibu anlegt, werden riesige Warenpakete verladen. In den Geschäften rund um den Kapit Square reicht das Warenangebot vom Shampoo bis zur Kettensäge. Auf dem Markt oberhalb des Flusses verkaufen Einheimische Gemüse, Luffa-Schwämme aus eigenem Anbau, Kayan-Babytragen und ganze Wildschweine. Am besten läßt man sich in einem der *Coffee shops* nieder und beobachtet das bunte Treiben. Viel mehr gibt es hier auch nicht zu tun, wenn man sich das Fort Sylvia – erbaut 1880 – am östlichen Ufer angesehen hat und einige Zeit in dem kleinen Museum im Civic Centre verbracht hat. Dort werden Kunsthandwerk und Kultur der in der Region lebenden Volksgruppen dokumentiert.

Kapit ist der Ausgangspunkt für Touren auf dem **Sungai Baleh** 5, der 10 km stromaufwärts in den Rajang mündet. Die Langhäuser, die man mit regelmäßig verkehrenden Booten erreichen kann, sind alle ziemlich modern. Wer zu traditionelleren Langhausgemeinschaften vordringen will, sollte sich an einen Tourveranstalter wenden.

Die Reise von Kapit den Rajang hinauf bis Belaga war vor der Erfindung des Außenbordmotors eine mehrtägige Expedition. Die wilden Wasser der **Pelagus Rapids** 6 sind für untermotorisierte Boote auch heute noch ein kaum überwindbares Hindernis. Unter Einheimischen genießen die gefährlichen Felsen im Fluß einen ähnlichen Ruf wie die Lorelei am Rhein. Die sieben Felsen sind angeblich Überreste einer riesigen Schlange, die auf ihrem Weg flußabwärts in sieben Stücke geschlagen wurde.

Oberhalb der Stromschnellen, mit herrlichem Blick auf den Fluß und den Regenwald, liegt das Pelagus Resort. Hier kann man in aller Abgeschiedenheit erholsame Tage im Herzen von Borneo verbringen und vom Balkon die Boote in den Stromschnellen beobachten. Rings um das Resort gibt es markierte Wanderwege durch den Regenwald, außerdem organisierte Touren zum nahen Iban-Langhaus Rumah George.

Für alle Reisen bis **Belaga** 7 und weiter den **Sungai Balui** 8 hinauf benötigen Ausländer ein *permit,* das im District Office von Kapit ausgestellt wird. Für Reisende, die keiner organisierten Tour angeschlossen sind, ist eine solche Genehmigung manchmal nicht leicht zu bekommen, denn wenige Kilometer stromaufwärts von Belaga liegt eines der umweltpolitisch umstrittensten Großprojekte von Malaysia: der **Bakun-Staudamm** 9. Hier soll mitten im Regenwald der Sungai Balui aufgestaut werden, zu einer Fläche von der Größe Singapurs. Mehr als 10 000 dort lebende Kayan und Kenyah wurden 1998 umgesiedelt, für eine viel zu geringe Entschädigung, wie Kritiker meinen. Das Kraftwerk soll einmal 2400 Megawatt Strom erzeugen, viel mehr als Sawarak in absehbarer Zeit brauchen wird. Kabel auf dem Meeresgrund sollen die Energie nach West-Malaysia transportieren, ein für viele Ingenieure zweifelhaftes Unterfangen. Auch die

Bootsanleger in Belaga

Der Hafen von Bintulu

ökologischen Auswirkungen des Projekts sind nur unzureichend untersucht. Abgesehen von der Gefahr eines Dammbruchs wird der Wasserstand des Rajang – die Hauptverkehrsader in diesem Landesteil – stark beeinflußt. Das Vorhaben kommt allerdings nur sehr langsam voran, seit den frühen 80er Jahren wird geplant und abgeholzt, 1998 ist jedoch aufgrund von Kostenstreitereien einer der Hauptbeteiligten ausgestiegen. Dank der Asienkrise Ende der 90er Jahre wird das Projekt derzeit verkleinert.

Belaga hat keine Sehenswürdigkeiten zu bieten, es ist allerdings auch schon anregend genug, das exotische Treiben am Bootsanleger, die chinesischen Händler und ihre teils bunt tätowierte Kundschaft zu beobachten.

Um von Belaga zurück in die Zivilisation zu kommen, gibt es mehrere Möglichkeiten. Die schnellste ist die Propellermaschine, die zweimal wöchentlich bis Bintulu oder Kapit fliegt, die preiswerteste die Bootsfahrt den Rajang stromabwärts bis Sibu, die abenteuerlichste die Fahrt mit einem Geländewagen über Holzfällerstraßen durchs Binnenland bis Bintulu.

Der Transborneo Highway von Sibu bis Miri ist mittlerweile so gut ausgebaut, daß Expreßbusse die 400 km lange Strecke in gut sechs Stunden zurücklegen. Etwa auf halber Strecke liegt **Bintulu** 10 (S. 269), eine Stadt mit rauhem Charme, bevölkert von Holzfällern und Arbeitern der nahen Erdöl- und Erdgasraffinerien.

Etwas einladender ist der **Similajau-Nationalpark** 11 20 km nordöstlich der Stadt. Reisende, denen nach einigen Tagen im klammen Regenwald nach Sonne und Strand zumute ist, können hier einen Zwischenstopp einlegen. Es gibt lange, einsame Sandstrände, an die manchmal Meeresschildkröten zur Ei-Ablage an Land kommen. In den Mangrovensümpfen leben Salzwasserkrokodile, die in der Regel weniger zudringlich sind als die Makaken rings um das Park Headquarter. Für Übernachtungen stehen einfache Chalets zur Verfügung, die man in Kuching oder Bintulu reservieren kann.

Der Nordosten von Sarawak

Von Bintulu sind es 130 km und etwa 1,5 Stunden Fahrt bis zu einer der Hauptattraktionen von Sarawak, den Niah-Höhlen im **Niah-Nationalpark** **1** (S. 312), berühmt für wagemutige Schwalbennestpflücker an der Höhlendecke und steinzeitliche Funde unter dem Höhlenboden. Viele Reisende besuchen den Park auf einem Tagesausflug von Miri, im Park Headquarter gibt es aber auch Chalets und ein Restaurant, so daß man eine Übernachtung einplanen kann.

Vom Hauptquartier sieht man schon die Kalksteinhügel, in denen die Höhlen liegen. Man erreicht sie über einen Plankenweg, der 30 Minuten durch den Regenwald führt.

Schwalbennesttransport in den Niah-Höhlen

Zunächst betritt man die Traders' Cave, so benannt, weil hier in den letzten Jahrhunderten die Schwalbennestsammler wohnten und ihre kostbare Ernte weiterverkauften. Noch heute findet man in der Höhle Reste ihrer Hütten. Die Ernte der begehrten Vogelnester ist mittlerweile reguliert, um das Überleben der Schwalbenkolonie zu sichern. Nur wenige Wochen nachdem die Jungen schlüpfen, dürfen die Nester geerntet werden – trotzdem hat man noch Last mit illegalen Pflückern, der hohe Lohn für die gefährliche Ernte ist für viele zu verlockend.

Von der Traders' Cave geht es in fünf Minuten zur Great Cave, der größten Höhle von Niah. Am Eingang fand man Werkzeuge, Keramik und Knochen – Belege dafür, daß die Höhle seit der Jungsteinzeit eine menschliche Behausung war. Dort steht noch heute die Hütte der archäologischen Expedition von Tom Harrisson, während der er 1957 einen sensationellen Fund machte: einen menschlichen Schädel, dessen Alter man auf 35 000 Jahre schätzt, den bislang ältesten Knochenfund in Südostasien. Weiter im Höhleninnern fand man Begräbnisstätten aus der Jungsteinzeit und der frühen Metallzeit.

Vom Höhleneingang geht es in die dunkle und teils recht stickige Great Cave. Eine gute Taschenlampe ist unverzichtbar, vor allem wenn man auf den Treppengeländern nicht in den überreich vorhandenen Guano fassen will. Nach einigen Hundert Metern gelangt man in die Moon Cave, wo man in der fast schon gespenstischen Dunkelheit nur noch die Rufe der Schwalbennestsammler und der aufgeschreckten Fledermäuse hört.

Der Niah-Nationalpark

Die Höhlenpassage endet in der Painted Cave, die wegen der Empfindlichkeit der Höhlenmalereien für Besucher geschlossen ist. An den Wänden der 1958 wiederentdeckten Höhle fand man mit rötlicher Farbe gemalte Menschendarstellungen und Zeichnungen von Booten. Auf dem Boden und in Nischen lagen bootsförmige Holzsärge, durch deren Grabbeigaben man auf das Alter der Malereien schließen konnte: Die chinesische Keramik ist keinesfalls älter als 1000 Jahre, die Malereien sind also keine steinzeitlichen Höhlenbilder, sondern stammen aus der Zeit um 1200 n. Chr.

Der Fund der chinesischen Vasen legte nahe, daß vermutlich schon die damaligen Höhlenbewohner Schwalbennester an Händler aus China lieferten, die im Tausch Porzellan anboten. Die Zahl der Schwalben in Niah schätzt man heute auf über 1 Mio., zusammen mit ungefähr ebensovielen Fledermäusen eine stattliche Einwohnerzahl. Kein Wunder, daß die Berge von Guano und Schwalbenhäufchen Besuchern zuweilen den Atem stocken lassen.

Wer nach der Erkundung der Höhlen frische Luft schnappen will, kann im Park zwei kleine Wanderungen unternehmen. Kurz vor den Höhlen führt ein Abzweig über einen Plankenweg nach 15 Minuten zum Iban-Langhaus Rumah Chang, einem recht modernen Steinbau. Hier wohnen einige der Schwalbennestsammler. Der Madu Trail, der auf halben Weg vom Hauptquartier zur Höhle vom Plankenweg abzweigt, führt durch sumpfigen Wald mit Orchideen nach einer Stunde zum Ort Batu Niah. Von dort kann man am Fluß entlang zum Park Headquarter zurückgehen.

Tom Harrisson
Ethnologe und Charleston-Tänzer

Dem Engländer Tom Harrisson begegnet man bei Reisen in Sarawak auf Schritt und Tritt. Er machte archäologische Funde, sammelte für das Sarawak Museum und war ein Kenner der Stammeskulturen von Borneo. Ältere Bewohner in Sarawak können sich noch an ihn als Organisator des Widerstands gegen die japanischen Besatzer erinnern.

Geboren 1911, studierte Tom Harrisson in Cambridge und in Oxford. Schon als Student unternahm er Expeditionen, unter anderem nach Lappland. 1932 schloß er sich als 21jähriger einer Oxford-Expedition nach Borneo an. Die Arktis, damals ein beliebtes Exkursionsziel, erschien ihm zu langweilig, wie er in »Borneo Jungle«, einer von ihm herausgegebenen Anthologie der Expeditionsteilnehmer, schrieb. Mit seinen Kommilitonen stieß er bis in die Gegend um die Dulit Range vor, wo das Team sechs Monate lang forschte. Die Teilnehmer gewannen nicht nur wissenschaftliche Forschungskenntnisse, sondern lernten auch von den eingeborenen Kayan, Kenyah und den nomadischen Penan. Zu dieser Zeit erwarb Harrisson auch den Ruf als Borneos schnellster Charleston-Tänzer. Bei reisweinseligen Festen mit Einheimischen tanzte er zur Freude aller ungeheuer geschickt auf dem Tisch.

Von 1941 bis zum Ende des Zweiten Weltkriegs war Harrisson Major des britisch-australischen Kommandos und leitete den Widerstand gegen die japanischen Besatzer. Mit dem Fallschirm sprang er 1944 über den Kelabit Highlands ab. Mit den Führern der Kelabit organisierte er die Bewaffnung der Hochlandbewohner und studierte deren Sprachen und Kultur.

Über seine Erfahrungen des Alltagslebens und die Kultur der Kelabit schrieb Harrisson 1959 »World Within«, heute eine wichtige Quelle über alte Gesellschaftsformen im Hochland. Nach dem Zweiten Weltkrieg kamen Missionare, die den Kelabit viele ihrer traditionellen Lebensformen abgewöhnten.

Während seiner Tätigkeit in Kuching als Kurator des Sarawak Museum von 1947 bis 1966 baute Harrisson die Sammlung aus. Er unternahm Ausgrabungen auf der Santubong-Halbinsel nahe Kuching und in den Niah-Höhlen in Nord-Sarawak. Dort machte er 1957 seinen sensationellsten Fund: einen 35 000 Jahre alten Menschenschädel, das älteste Zeugnis menschlicher Besiedlung in Südostasien.

Harrissons Frau Barbara begleitete ihn bei seinen Expeditionen und machte sich als Zoologin einen Namen. Auf ihre Initiative ging die Gründung der Orang-Utan-Aufzuchtstation in Sepilok zurück. Ihr in den 60er Jahren erschienenes Buch über Orang-Utans ist noch heute ein Standardwerk. Harrisson starb im Januar 1976 in Bangkok.

Etwa 30 km südlich von Miri, das Park Headquarter mit Chalets direkt an der Hauptstraße, liegt der **Lambir Hills-Nationalpark** 2 (S. 304). Die bis zu 450 m hohen Lambir Hills sind von Miri gut zu sehen, für Städter ist der Park ein beliebtes Wochenendausflugsziel, besonders die schönen Wasserfälle sind dann oft so bevölkert wie heimische Freibäder im Hochsommer. Vom Latak-Wasserfall, nur 1,5 km vom Parkeingang entfernt, ergießt sich eine über 20 m hohe Kaskade in einen Pool umgeben von dichtem Regenwald. Während der Woche ist der von Miri leicht erreichbare Park ruhig, man kann Wanderungen unternehmen. Neben den zum Baden einladenden Wasserfällen ist der Park für seine überaus artenreiche Pflanzenwelt berühmt.

Die Straße von Kuching entlang der Küsten von Sarawak führt nach mehr als 800 km zur Stadt **Miri** 3 (S. 309) an der Grenze zum Sultanat Brunei. Miri ist auf Öl gebaut. Auf dem Hügel oberhalb der Stadt erinnert ein alter hölzerner Förderturm an die erste Ölquelle, welche die holländische Shell-Gesellschaft hier 1910 anzapfte. Seitdem boomt Miri, das es mittlerweile auf mehr als 200 000 Einwohner bringt. Noch immer wohnen hier viele Europäer, Angestellte der Ölfirmen, die heute hauptsächlich *offshore,* auf Bohrinseln vor der Küste, arbeiten. An Wochenenden wird die Stadt von Touristen aus dem benachbarten

Der Nordosten von Sarawak von Sibu bis Miri

Der Melinau-Fluß im Mulu-Nationalpark

Brunei bevölkert, die ihrer sittenstrengen Heimat kurz den Rücken kehren wollen. In Miri finden sie dank einer für Sarawak erstaunlichen Kneipendichte genug Zerstreuung und vor allem Alkohol.

Der alte Förderturm auf dem Canadian Hill ist die einzige historische Sehenswürdigkeit. Vom Hügel hat man einen schönen Blick auf das Südchinesische Meer im Westen und die weite Ebene des Baram River im Osten. Das alte Stadtzentrum liegt rings um den Fischmarkt in der Jalan Bendahara. In der Jalan Cina stehen einige schöne alte *shop houses*. Ein bißchen stöbern kann sich durchaus lohnen, denn manchmal tauschen die Orang Ulu alte Kunsthandwerksgegenstände gegen neue Waren ein. Die Händler verkaufen das Kunsthandwerk weiter, teurer natürlich.

Auf dem Tamu Muhibbah am Padang werden täglich Dschungelprodukte verkauft. Hier kann man den feinkörnigen Hochlandreis aus Bario in den Kelabit Highlands kaufen, unter Kennern als bester Reis von Sarawak gerühmt.

Gegenüber vom Markt befindet sich die Tourist Information des Sarawak Tourism Board, die erste Adresse, wenn man von Miri Touren in den Mulu-Nationalpark oder die Kelabit Highlands unternehmen möchte. Wer auf eigene Faust dorthin reisen will, bekommt hier aktuelle Informationen über *permits*.

Am bequemsten erreicht man den Gunung-Mulu-Nationalpark, dessen Kalksteinhöhlen zu den größten der Welt zählen, mit dem Flugzeug von Miri, Limbang oder Brunei. Man hat eine schöne Sicht auf den Regenwald und die mäandernden Flüsse. Bevor der kleine Landeplatz gebaut wurde, konnte man nur nach einer eintägigen Bootstour in den Park gelangen – auch heute noch eine schöne Alternative für Leute mit Zeit und Unternehmungslust.

Die Reise beginnt in **Kuala Baram** 4, einem Küstenort 20 km nördlich von Miri. Von hier fahren Expreßboote auf dem Baram River in drei Stunden bis **Marudi** 5, wo man in ein weiteres Expreßboot bis **Long Terawan** 6 umsteigt, was noch einmal drei Stunden dauert. Von dort geht es in kleineren Langbooten weiter, die den Tutoh River hochfahren, um dann auf dem Melinau bis zum Park Headquarter des **Gunung Mulu-Nationalparks** 7 (S. 311) zu gelangen.

Der mit 544 km^2 größte Nationalpark von Sarawak ist mit tropischem Regenwald bedeckt, der von klaren Flüssen durchzogen wird. Drei Berge bilden eine eindrucksvolle Kulisse: der Gunung Mulu, mit 2376 m der höchste, gefolgt vom Gunung Api mit 1750 m und Gunung Benarat mit 1585 m. Am Hang des Gunung Api haben Sonne und Regen über die Jahrtausende die Pinnacles, einen faszinierenden Steinwald aus 45 m hohen Kalksteinstelen, geformt.

Die Höhlen wurden vor 5 Mio. Jahren von Regenfällen und unterirdischen Flüssen in den weichen Kalkstein gewaschen. Tropfwasser hat über Jahrtausende riesige Formationen von Stalagmiten und Stalaktiten gebildet. Für die westliche Welt wurden die Höhlen erst Mitte des 19. Jh. entdeckt, als der Brite Spenser St. John, ein Freund des Raja James Brooke, den vergeblichen Versuch unternahm, den Gunung Mulu zu besteigen. 1974 wurde das Gebiet zum Nationalpark erklärt, 1977/78 fand eine weitere Expedition der British Royal Geographical Society statt, während der über 100 km an Höhlen und Passagen erforscht wurden. Seitdem gehen regelmäßig Forscherteams in den Untergrund und entdecken immer neue Kammern. Trotzdem nimmt man an, daß erst 40 % des gesamten Systems bekannt sind. Seit 1985 ist der Park auch für ›normale‹ Besucher geöffnet. Von den mehr als 25 bisher entdeckten Höhlen wurden vier als sogenannte *show caves* ausgewählt.

Die vier *show caves* von Mulu sollte jeder Besucher anschauen, man kann Wanderungen unternehmen, ein Mountainbike leihen oder die anstrengenden Treks auf den Gunung Mulu, zu den Pinnacles oder den Headhunters' Trail in Erwägung ziehen.

Vom Park Headquarter geht es zu Fuß in 1,5 Stunden über einen Plankenweg oder mit Langbooten in etwa 20 Minuten Fahrt den Melinau-Fluß hinauf bis zur Wind Cave, in deren engeren Passagen man zuweilen einen leichten Luftzug spürt. Die kleine Höhle beeindruckt durch ihre bizarren Tropfsteinformationen. Von 10 bis 12 Uhr werden einige Stalagmiten- und Stalaktitengebilde sanft angestrahlt, so daß sie fast wie Skulpturen oder menschliche Figuren aussehen.

Von der Wind Cave führt ein Plankenweg zur Clearwater Cave, die man nach etwa fünf Minuten erreicht. Boote fahren vom Melinau einen Nebenfluß hinauf bis zu einem klaren Pool, den Wasser aus der Höhle speist. Wer das recht kalte Wasser nicht scheut, kann hier ein Bad nehmen. Vorher geht es ein paar steile Stufen hinauf zum Eingang des über 100 km langen Höhlensystems. Die Höhle erhielt ihren Namen von dem kristallklaren Fluß, der durch das Innere rauscht.

Zur Deer Cave und Lang's Cave südlich des Park Headquarter geht man am besten nachmittags. Zum einen, weil die Beleuchtung der Tropfsteinformationen in der Lang's Cave nur nachmittags eine Stunde lang angeschaltet wird – längere Beleuchtung würde ein zu starkes Algenwachstum fördern. Zum anderen,

Richtig Reisen
Tip

Headhunters' Trail

Zu Beginn des 19. Jh. machten sich Krieger der Kayan vom Oberlauf des Baram auf die Jagd nach Kopftrophäen. Sie hatten es auf die Langhäuser der Murut und die chinesischen Farmen am Fluß Limbang abgesehen. Keine leichte Reise, beinahe 100 km mit Paddelbooten.

In ihren Langbooten fuhren sie den Baram hinunter, dann – mühseliger, weil stromaufwärts – den Tutoh entlang bis zur Mündung des Melinau-Flusses. Am Fuße der Kalksteinberge von Mulu folgten sie dem Melinau bis zur Melinau-Schlucht, dort kamen sie mit ihren Booten nicht weiter. Drei Kilometer mußten sie die schweren Holzkanus über Land ziehen, bis sie am Oberlauf des Terikan, einem Zufluß des Limbang, wieder auf ein befahrbares Gewässer stießen. Auf dem Limbang hatten sie dann leichteres Spiel, und die Kopfjagd in den Langhäusern am Fluß erwies sich derart erfolgreich, daß die Kayan ihre blutige Mission zu einem recht regelmäßigen Unternehmen machten. Den Überlandweg zwischen der Melinau-Schlucht und dem Terikan-Fluß befestigten sie mit Pflöcken und Baumstämmen, um den Transport der Boote zu erleichtern.

Von der Kayan-Straße fehlt heute jede Spur, nachdem der Weiße Raja Charles Brooke mit Hilfe der Iban den Kayan die Lust am Kopfjagen ausgetrieben hatte, stellten sie ihre Feldzüge ein. Die Route kann heute noch begangen werden, seit sie von einem Veranstalter in Miri wiederentdeckt wurde.

Der Headhunters' Trail ist immer noch ein Abenteuer, auch wenn die Route modifiziert wurde und man seine Kanus nicht selber tragen muß. Vom Park Headquarter des Mulu-Nationalparks geht es mit Langbooten in zwei Stunden bis zur Melinau-Schlucht. Im Camp 5 verbringt man die erste Nacht. Wer Kondition genug hat, bricht am nächsten Morgen auf, um zu den Pinnacles zu klettern, einem dramatisch schönen Steinwald aus bis zu 45 m hohen, scharfkantigen Kalksteinstelen in niedrigem Nebelwald. Der Weg vom Camp 5 bis zum Aussichtspunkt mit Blick auf die Pinnacles ist nur 2,4 km lang, aber es muß ein Höhenunterschied von 1200 m überwunden werden. Je nach Kondition benötigt man drei bis fünf Stunden für den Aufstieg und ebensoviel für den Rückweg. Auf dem letzten Stück geht es dann über Leitern, was nicht ungefährlich ist, wenn man vor

weil sich zur Dämmerung am Eingang der Deer Cave ein einzigartiges Naturspektakel abspielt.

Die Lang's Cave wird über einen Plankenweg vom Park Headquarter in etwa 45 Minuten erreicht. Den kleinen Eingang entdeckte erst 1985 ein einheimischer *guide* namens Lang. In der tunnelartigen Höhle verbergen sich kunstvolle Stalagmiten und Stalaktiten.

Anstrengung schon wacklig auf den Beinen ist. Der märchenhafte Ausblick auf die bizarren Steinformationen entschädigt die Strapaze. Mit dem Abstieg sollte man nicht lange warten, für die gesamte Tour sind etwa sieben bis acht Stunden reine Gehzeit zu veranschlagen.

Es folgt eine zweite Nacht im Camp 5, bevor es am nächsten Morgen zu Fuß nach **Kuala Terikan** 8 weitergeht. Da keine Boote getragen werden müssen, ist die etwa 11 km lange Strecke in vier Stunden zu bewältigen. Je nachdem, wann man ankommt, übernachtet man in einem einfachen Camp, oder es geht weiter mit dem Langboot bis zum drei Fahrtstunden entfernten Langhaus Rumah Bala Lesong. Hier wird die dritte oder vierte Nacht verbracht. Am Morgen geht es mit dem Boot zur Siedlung **Nanga Medamit** 9, hier wird man dann von der Zivilisation in Form eines Minibusses in Empfang genommen, der zum Städtchen **Limbang** 10 an der Grenze zum Sultanat Brunei fährt.

Den Headhunter's Trail auf eigene Faust zu gehen, ist nicht empfehlenswert, wenn nicht gar unmöglich. Im Mulu-Nationalpark ist ein *guide* vorgeschrieben, die Transportlogistik bezahlt man teurer, wenn man die Boote auf eigene Rechnung mietet. Reiseveranstalter in Miri und Kuching stellen die Tour zusammen, besorgen die *permits,* Proviant und Führer. Wer auf diesem Wege von Limbang in den Mulu-Nationalpark reisen möchte, kann die Tour auch umgekehrt machen.

Nebenan liegt der weite Eingang zur Deer Cave, so benannt, weil hier früher Rehe Unterschlupf suchten. Denen ist es hier mittlerweile zu lebhaft geworden, jetzt hängen nur noch Millionen von Fledermäusen an den Höhlendecken. Bevor man tief im Innern der Höhle die Größe würdigt, sollte man einige Meter hinter dem Eingang einen Blick zurück werfen. Aus dem Höhleninnern gesehen, erscheint in den Felsformationen auf der rechten Seite des Eingangs die Silhouette eines menschlichen Gesichts – durch den Spitzbart unverkennbar als Abraham Lincoln zu identifizieren.

Ein betonierter Pfad führt tiefer in die Höhle hinein. In Bergen von Guano auf dem Boden tummeln sich Abertausende von riesigen Kakerlaken und Ohrenkrabblern. Die Höhlenpassage der Deer Cave ist 122 m hoch und 174 m weit und 2 km lang. Für den Größenvergleich führt man hier die Londoner St. Paul's Cathedral an, die fünfmal Platz hätte.

Am Ende der Passage gelangt man zum Garden of Eden, wo eine Öffnung in der Decke Sonnenlicht einläßt und am Boden einen tropischen Garten wachsen läßt.

Bevor man den Weg zurück zum Park Headquarter antritt, sollte man am Ausgang noch auf den Anbruch der Dämmerung warten. Wenn die Sonne untergeht, machen sich die Millionen von Fledermäusen auf den Weg in den Abendhimmel. Nur wenn es regnet, wartet man vergeblich. Für den Rückweg sollte man eine Taschenlampe dabeihaben, denn im dichten Wald reicht das Dämmerlicht oft nicht mehr aus.

Die Wanderungen zum Gipfel des 2376 m hohen Gunung Mulu und zu den Pinnacles sind Mehrtagestouren, ein *guide* des Nationalparks ist für beide Routen vorgeschrieben. Die Touren sind nur für konditionsstarke Wanderer zu empfehlen, es geht nicht nur bergauf, es gilt auch, einige technische Tücken zu überwinden. Die Tour zu den Pinnacles kann man gut mit dem Headhunters' Trail nach Limbang verbinden.

Bario und die Kelabit Highlands

Karte S. 197

Nahe der indonesischen Grenze liegen die im Norden vom 2433 m hohen Gunung Murud begrenzten Kelabit Highlands, etwa 1000 m über dem Meeresspiegel. Hauptort ist Bario (*bario* – Wind in Kelabit) im Zentrum der Hochebene, daher wird die Gegend zuweilen auch **Bario Highlands** 11 (S. 269) genannt. Die Highlands sind eines der abgelegensten Gebiete in Sarawak, keine Straße führt von der Küste hierhin, der nächste mit Booten befahrbare Fluß ist einen mehrtägigen Fußmarsch entfernt. Propellermaschinen sind die einzigen Transportmittel nach Bario sowie nach **Ba Kelalan** 12 nördlich und **Long Lellang** 13 südlich davon.

Die lange Isolation von den Küstengebieten hat die Menschen im Hochland zu Selbstversorgern werden lassen. Sie entwickelten ein Bewässerungssystem für ihre Naßreisfelder und ernten Reis von höchster Qualität, der als der beste in Sarawak gilt. Salz gewinnen sie aus mineralhaltigen Quellen. Nicht mehr als 1500 Menschen leben hier heute, die meisten gehören zur Volksgruppe der Kelabit.

Besonders die Kelabit hatten einen reichen Schatz an animistischen Ritualen und eine eigenständige Kultur. Tom Harrisson, der 1944 in den Bario Highlands den Widerstand gegen die japanischen Besatzer organisierte, beschreibt das traditionelle Leben in seinem Buch »The World Within«. Die Kelabit errichteten Megalithe und ritzten Zeichnungen in Findlinge am Wegesrand. Es gab komplizierte Bestattungsrituale, einen großen Liederschatz und zahlreiche Feste, bei denen *borak,* der lokale Reiswein, literweise floß. Statussymbol der Frauen waren verlängerte Ohrläppchen, in die man schwere Messinggewichte hängte, um die Haut zu dehnen. Zu den wichtigsten Erbstücken der Familien zählten Ketten aus Glasperlen, die Hunderte von Jahren alt sind.

Harrissons Leute bauten die erste Landebahn in Bario, eine Graspiste mitten im Ort, die bis 1997 in Betrieb war. Heute gibt es einen neuen Flugplatz 1 km außerhalb des Dorfes mit asphaltierter Landebahn. Mit den Flugzeugen kamen auch moderne Zeiten für Bario, zunächst in Gestalt christlicher Missionare. Seit den 50er Jahren des 20. Jh. haben australische Prediger hier das Evangelium verbreitet und die heidnischen Bräuche gründlich eliminiert. Alkohol ist seitdem verpönt, Megalithe sind vom Dschungel überwuchert.

Geblieben ist die freundliche Aufgeschlossenheit der Menschen. Das kühle Klima und die Flüge von Miri machen das Hochland zu einem idealen Gebiet für Trekker, die außergewöhnliche Routen suchen. Die Treks sind jedoch nicht leicht, die Pfade sind nicht präpariert und oft steil. Brücken gibt es nicht, Flüsse werden entweder durchwatet, oder man balanciert auf Baumstämmen darüber. Übernachtet wird in Langhäusern und sehr einfachen Hütten der Penan, gebadet im Fluß. Ohne Führer sollte man keinesfalls auf einen mehrtägigen Trek gehen, man braucht ihn schon zum Übersetzen, denn Englisch und selbst Bahasa Malaysia wird hier kaum gesprochen. Reisebüros in Kuching und Miri organisieren Touren.

Wer Zeit hat, kann sich von Bario am ersten Tag mit Tagestrips akklimatisieren und in den vergleichsweise komfortablen *guesthouses* im Dorf übernachten. Eine gute Einstimmung ist der Weg von Bario Richtung Osten zu den Langhäusern Pa Umor und Pa Ukat, beide in

Dayak-Frau bei der Arbeit im Reisfeld

einem Tal mit Reisfeldern, etwa eine Stunde von Bario entfernt.

Touren von Bario zu anderen Orten mit Flugplätzen – Ba Kelalan im Norden und Long Lellang im Süden – dauern mindestens fünf Tage. Trekker, denen das immer noch zu bequem ist, können von Reiseveranstaltern Touren zum Gunung Murud planen lassen, acht Tage dauert die Wanderung mindestens, man startet in Bario und endet in Ba Kelalan – oder umgekehrt.

Sabah Land unter dem Wind

Sabah, das ›Land unter dem Wind‹ im Nordosten von Borneo, verdankt seinen Beinamen der Tatsache, daß es unterhalb des Gürtels von tropischen Wirbelstürmen liegt, die häufig weiter nördlich auf den Philippinen toben. Die Landeshauptstadt Kota Kinabalu ist mit 1400 km Luftlinie weiter von Kuala Lumpur entfernt als von Manila. Der Sultan von Sulu, das heute zu den Philippinen gehört, und der Sultan von Brunei waren bis zum 19. Jh. die Herrscher über die abgeschiedene Region. Dann übernahmen europäische Kolonialherren das Ruder, erst seit 1963 gehört Sabah zu Malaysia. Sabah ist heute nach Sarawak der zweitgrößte Bundesstaat von Malaysia, mit 73 000 km^2 etwas mehr als halb so groß wie die Halbinsel, aber mit einer Einwohnerzahl von nur 2,2 Mio. Menschen deutlich spärlicher besiedelt.

Ähnlich wie in Sarawak stammen die Einwohner von Sabah aus sehr unterschiedlichen Bevölkerungsgruppen. Die Kadazan-Dusun stellen die Mehrheit, an den Küsten leben Bajau, im Landesinnern die Murut, dazu kommen indonesische und philippinische Immigranten – nicht alle legal. Muslimische Malaien, Chinesen und Inder sind in der Minderzahl. Die Kultur der Kadazan-Dusun kann man am besten während der *Pesta Kaamatam* erleben, dem Erntefest Ende Mai. Die Festivitäten beginnen Anfang des Monats, Höhepunkte sind die Zeremonien und Rituale der *bobohizan*, der Priesterinnen der Kadazan.

Die Landschaft von Sabah wird dem Image, das Borneo immer noch hat, mehr als gerecht. Es gibt von Mangro-

◁ *Der 4095 m hohe Gunung Kinabalu*

Bajau mit seinem Boot

vensümpfen gesäumte Küsten, vor denen tropische Koralleninseln liegen. In den Hochebenen gedeiht Reis, ein Bergmassiv wird vom höchsten Gipfel Südostasiens bekrönt – und dann gibt es die Regenwälder, auch wenn sie in Sabah in den letzten Jahrzehnten rapide geschrumpft sind. Die Holzindustrie ist die Haupteinkommensquelle des Landes, anders als in Sarawak wurden hier weite Flächen vollständig gerodet, um riesige Ölpalmenplantagen anzulegen.

Die Antwort der Alliierten auf die japanischen Besatzer im Zweiten Weltkrieg fiel in Sabah drastischer aus als in den anderen Landesteilen von Malaysia. Die Städte Jesselton (das heutige Kota Kinabalu) und Sandakan wurden von alliierten Bomben nahezu vollständig dem Erdboden gleichgemacht. Die altmodische Atmosphäre von Kuching wird man in Sandakan und Kota Kinabalu vergeblich suchen. Gesichtslose Betonklötze säumen die Straßen von Kota Kinabalu oder KK, wie die Stadt in malaysischer Abkürzungsmanier genannt wird.

Kota Kinabalus wegbetonierter Charme wird durch die fünf tropischen Inseln des Tunku-Abdul-Rahman-Meeresnationalparks vor der Haustür mehr als ausgeglichen. Ein Aufenthalt an einem der feinsandigen Strände ist angenehm. Schon von KK sichtbar, erheben sich im Westen majestätisch die über 4095 m hohen Gipfel des Gunung Kinabalu, dessen Massiv gen Süden in die Crocker Range ausläuft. Die Crocker Range ist das Territorium des Stammes der Murut, ein ausgezeichnetes Trekkinggebiet. Auf der Kudat-Halbinsel nördlich von KK leben die Rungus teilweise noch in traditionellen Langhäusern.

Der Südosten von Sabah gilt vielen als »wilder Osten«, die Entführung von Tauchtouristen auf der Insel Sipadan im Frühjahr 2000 scheint dies noch zu bestätigen. Malaysias Regierung jedenfalls sorgt nun durch Militärpräsenz für die Sicherheit der Besucher. Die können Meeresschildkröten, Nasenaffen und Orang-Utans beobachten, im Danum Valley den Regenwald genießen oder Tauchgründe erforschen.

Auf Touristen ist man noch nicht überall eingestellt. An der Küste nahe der Hauptstadt gibt es einige Strandhotels mit internationalem Standard, in den Nationalparks stehen Chalets zur Verfügung. Am besten ist der Kinabalu-Nationalpark erschlossen, das Hauptreiseziel von Sabah. Wenn man abgelegenere Gebiete erkunden will, sollte man Abenteuergeist mitbringen und sich Reiseveranstaltern anvertrauen.

Kota Kinabalu

Tips und Adressen S. 286

Schon bei der Ankunft auf dem Flughafen von KK erlebt man die Kontraste, die diesen Teil von Sabah prägen. Vom Flugzeugfenster hat man die türkisgrünen Gewässer um die kleinen Inseln vor der Küste gesehen, bei der Fahrt in die Stadt muß man den Anblick der Betonarchitektur aus den 70er Jahren ertragen. Allerdings kann man in Fünf-Sterne-Hotels absteigen und in der Ferne das mächtige Granitmassiv des Gunung Kinabalu sehen.

Kota Kinabalu ist eine relativ junge Stadt. Bevor die British North Borneo Company 1882 ihren ersten Standort auf der vorgelagerten Pulau Gaya gründete, gab es hier nur Mangrovensümpfe und einzelne Häuser, die Fischer auf Pfählen ins Meer gebaut hatten. 1887 vernichtete ein Feuer die gerade gegründete Niederlassung auf Gaya, woraufhin man beschloß, auf das Festland zu ziehen. Den neugegründeten Ort nannte man nach dem Vize-Direktor der Company Sir Charles Jessel Jesselton. Die Einheimischen hatten den Ort Api Api genannt, manchmal hört man diese Bezeichnung heute noch.

Im Zweiten Weltkrieg wurde die Stadt fast völlig zerbombt. Nach dem Wiederaufbau und der malaysischen Unabhängigkeit wurde die Stadt noch einmal umbenannt, nach dem benachbarten Berg Kinabalu in Kota (*kota* – Stadt) Kinabalu.

Der größte Teil des heutigen Zentrums erstreckt sich auf Landaufschüttungen, die man in den vergangenen Jahrzehnten dem Meer abgerungen hat. An einigen Stellen sieht man mitten in der Stadt noch kleine ›Wasserinseln‹, wo umgeben von urbaner Bebauung ein **Kampung Air** 1, ein Dorf auf Stelzen, im Wasser steht.

Kota Kinabalu

1 Kampung Air 2 Jalan Gaya 3 General Post Office/Tourist Information 4 Signal Hill 5 Padang 6 Busstation 7 Bootsanleger 8 Central Market 9 Fish Market 10 Filippino Market 11 Night Market 12 Sabah State Museum

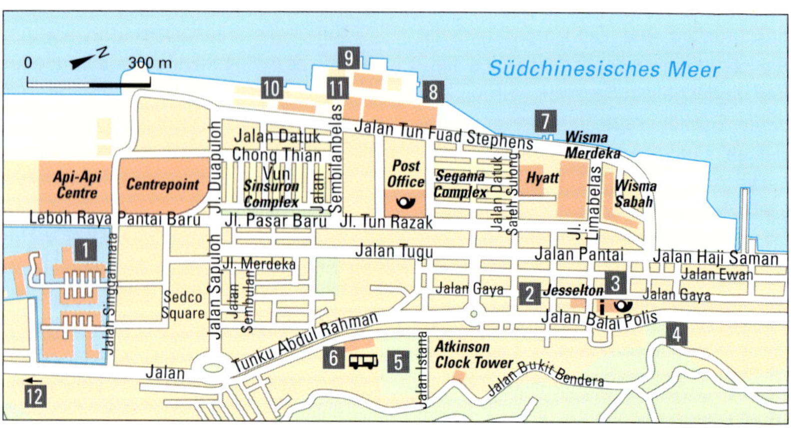

Magierin und Medizinfrau
Bobohizan

Übersinnliche Kräfte und spiritistische Zirkel haben die Menschen in aller Welt schon immer fasziniert. Je komplizierter die Mystik, desto interessanter wird es. So muß man sich fast wundern, daß die Kultur der Kadazan-Dusun von westlichen Ethnologen bislang fast ignoriert wurde. Vielleicht ist die akademische Auseinandersetzung auch nicht der angemessene Weg, um diesem Phänomen zu begegnen. Oder es liegt daran, daß die Mehrheit der Kadazan inzwischen zum Christentum konvertiert ist, das für spiritistischen Hokuspokus nur bedingt zu gewinnen ist.

Doch auch nach der Christianisierung sind die Überlieferungen während der Feste der Kadazan-Dusun noch präsent. Besonders während des alljährlichen Erntefestes Ende Mai treten die *bobohizan* in Aktion.

Die *bobohizan* sind zugleich Priesterinnen, Medizinfrauen, Exorzistinnen und Medien. Ihre Fähigkeiten erwerben sie durch jahrelanges Training, das oft schon im Kindesalter beginnt. Da sie ihre Fähigkeiten von ihren Ahnen übernehmen, zeigt es sich schon früh, ob ein Mädchen sich als *bobohizan* eignet oder nicht. Als erstes gilt es, die langen Liedtexte in der alten Kadazan-Dusun-Sprache auswendig zu lernen, die während der Rituale rezitiert werden.

Auch christianisierte Kadazan-Dusun rufen *bobohizan,* wenn es gilt, eine Krankheit zu heilen, derer entweder mit moderner Medizin nicht beizukommen oder von deren spiritueller Ursache man ohnehin überzeugt ist. Neben exorzistischen Ritualen beherrscht die *bobohizan* auch die traditionelle Medizin, die Heilpflanzen und Kräutermischungen einsetzt, um etwa Unfruchtbarkeit in einer Familie zu beheben.

Viele wenden sich auch an die Priesterinnen, wenn sie einen Bauplatz für ein Haus aussuchen. Die *bobohizan* vertreibt die Dämonen und weiht den Ort. Reiskörner und Muschelschalen dienen als Opfergaben. Bei Zeremonien tragen *bobohizan* eine schwarze Bluse und einen schwarzen *sarong,* darüber liegt oft eine *sandang,* eine bunte Schärpe. Als Kopfbedeckung trägt sie oft eine *tapi,* einen kapuzenartigen Hut, bei hohen Festen einen kronenähnlichen Kopfputz. Um den Hals hängt die *bamagi,* eine Perlenkette aus Knochen und Muscheln, die nicht nur Schmuck, sondern Teil der Rituale ist. Die Ketten werden von Generation zu Generation vererbt, manche sind über 100 Jahre alt.

Jedes Ritual beginnt mit der Anrufung der guten Geister, die *bobohizan* singt, schüttelt eine Rassel und wiegt sich im Rhythmus. Wenn Gesang und Rhythmus synchron sind, werden die guten Geister angelockt. Während der *pesta kaamatan,* des Erntefestes, überbringt die *bobohizan* den Dank der Bauern an den Schöpfergott Kinoingan. Die Kadazan-Dusun glauben, daß Kinoingan und seine Frau Suminundu ihre Tochter Huminedun opferten, um den Boden für die Ernte fruchtbar zu machen. Jedes ihrer Körperteile wird von einer anderen Pflanze repräsentiert, ihr Blut sei roter Reis, ihre Knie Yam-Wurzel, ihre Finger Ingwer. Das Fest ist für die Kadazan-Dusun nicht nur Erntedank, sondern Dank für die Schöpferkraft allgemein.

Nicht selten fallen die Priesterinnen durch ihren rhythmischen Gesang in Trance, man glaubt, dann träten sie in Kontakt mit ihren Ahnen, sie sähen Ereignisse aus der Vergangenheit und sprächen für die Ahnen. Um diesen Zustand zu erreichen, bedarf es Konzentration und Hingabe. Der Lohn für diesen Einsatz ist ein hohes Ansehen in der Kadazan-Dusun-Gesellschaft, Geld verdienen kann man mit dieser Gabe nicht. Das ist vielleicht auch ein Grund, warum man sich über den Nachwuchs an Priesterinnen Sorgen macht. Noch gibt es etwa 30 *bobohizan* in Sabah, die meisten leben zwischen Kudat und Papar, viele schon im Alter von über 90 Jahren.

Die Küstenlinie des alten KK verlief ursprünglich entlang der Jalan Pantai (Beach Road), Zentrum der Stadt war die Parallelstraße **Jalan Gaya** 2. Auf dem südlichen Abschnitt der Jalan Gaya findet Sonntagmorgens ein gut besuchter Markt statt, auf dem man Kunsthandwerk, Lebensmittel und allerlei Schnickschnack kaufen kann. Im alten **General Post Office** 3, dem letzten Überbleibsel kolonialer Architektur der Stadt, ist heute die Sabah Tourism Promotion Corporation untergebracht. Hier bekommt man Auskunft über Fahrpläne, Termine für die *Tamu*-Märkte und Feste.

Die Aussichtsplattform des **Signal Hill** 4 (Bukit Bendera) kann man über eine schmale Straße erreichen, die am **Padang** 5 nahe der **Busstation** 6 beginnt. Auf dem Weg zum Hügel kommt man am hölzernen Atkinson Clocktower vorbei, der 1905 erbaut wurde. Vom Signal Hill hat man einen schönen Blick auf die vorgelagerten Inseln und den Gunung Kinabalu, wenn er nicht gerade von Wolken verhüllt wird.

Vom **Bootsanleger** 7 hinter dem Hyatt Hotel fahren Boote zu den Inseln ab, weiter südlich finden vier Märkte statt. Im **Central Market** 8 bieten chinesische und Kadazan-Dusun-Händler Gemüse und Obst an. Richtung Meer liegt der **Fish Market** 9, auf dem man frühmorgens kapitale Fänge bestaunen kann. Besonders lebendig geht es auf dem **Filippino Market** 10 zu. Immigranten von den Philippinen stellen die Mehrzahl der Händler, aber auch Indonesier bieten geschmuggelte Kretek-Zigaretten und indonesisches Kunsthandwerk an. Kurz vor Sonnenuntergang eröffnet auf dem Platz neben dem Filippino Market der **Night Market** 11. Fisch-Grills vernebeln den abendlichen Himmel, der Duft von gebackenen Bananen und anderen Leckereien läßt das Wasser im Munde zusammenlaufen.

Das **Sabah State Museum** 12 außerhalb des Stadtzentrums erreicht man nach 20 Minuten Fußmarsch. Orientieren kann man sich an der goldverzierten Zwiebelkuppel der Staatsmoschee von Sabah unweit des Museums. Der moderne Bau ist einem Rungus-Langhaus nachempfunden. Die nicht besonders umfangreiche Sammlung im Hauptgebäude hält einen Vergleich mit dem Sarawak Museum nicht stand.

Im Ethnobotanic Garden werden heimische Pflanzenarten erläutert, im Kam-

Dusche auf dem Markt von Kota Kinabalu

pung Warisan (traditionelles Dorf) repräsentieren Häuser die Wohnformen der Volksstämme in Sabah.

Vom Museum 2 km weiter südlich gelangt man zur Strandpromenade von KK auf der Halbinsel Tanjung Aru. Einen Großteil der Landzunge nimmt das luxuriöse Shangri La Hotel ein. Es gibt einige *food stalls,* die Erfrischungen anbieten, man kann Boote für eine Fahrt zu den Inseln mieten. Der Strand ist nicht besonders einladend und das Meer recht trübe, zum Baden fährt man besser auf die Inseln.

Der Westen von Sabah

Fünf Inseln wurden 1974 als Nationalpark ausgewiesen, den man nach Malaysias erstem Premierminister **Tunku Abdul Rahman Park** **1** (S. 343) benannte. Auf der größten und dem Festland nächsten Insel, Pulau Gaya, gründete die North Borneo Company 1882 ihre erste Niederlassung, die sie aber schon ein paar Jahre später nach einem Brand aufgeben mußte. Heute wird die dem Festland zugewandte Seite der Insel von einem Pfahlbaudorf eingenommen. Dort wohnen vor allem Filippinos, die seit 1970 nach Sabah einwanderten. Die Hügel der Insel sind noch fast vollständig von Regenwald bedeckt, Lebensraum von Nashornvögeln, Wildschweinen und Makaken. Ein 20 km langes Netz von Wanderwegen führt durch den Wald. In den Stränden der Insel kann man herrlich entspannen, der schönste, Police Beach im Norden, erhielt seinen Namen, weil sich hier früher ein Schießstand der örtlichen Polizei befand.

Die kleine Pulau Sapi gegenüber der Südseite von Pulau Gaya ist vor allem an Wochenenden ein beliebter Picknickplatz der Einheimischen. Es gibt keine Unterkünfte, aber Duschen, Toiletten und einen Kiosk sowie die Möglichkeit zu zelten. Am weißen Sandstrand von Sapi kann man im Schatten liegen oder im klaren Wasser schnorcheln Dort werden auch Surfbretter verliehen. Gepäck und mitgebrachte Lebensmittel sollte man unbedingt vor den Makaken in Sicherheit bringen.

Auf Pulau Manukan befinden sich das Park Headquarter und einige Chalets, ein Restaurant, Tennisplätze und ein Swimmingpool. Am Strand gibt es Liegen und Grillplätze. Pulau Mamutik ist die kleinste der Inseln, außer einem

guesthouse für Taucher gibt es keine Unterkünfte, aber man kann zelten. Die fünfte im Bunde ist Pulau Sulug, am weitesten von Kota Kinabalu entfernt und daher an Wochenenden ruhig. Es gibt allerdings keinerlei touristische Einrichtungen und kein Süßwasser.

Die Fahrt von Kota Kinabalu entlang der Küste Richtung Südwesten lohnt sich nur, wenn man weiter mit der Eisenbahn durch die Padas-Schlucht in den Crocker Range-Nationalpark will. Die Inseln des Pulau Tiga-Park sind touristisch kaum erschlossen, für einen erholsamen Strandurlaub eignen sich die Eilande des Tunku Abdul Rahman-Parks besser. Überland nach Brunei zu gelangen ist noch nicht möglich. Da ist es einfacher, in Kota Kinabalu ein Expreßboot nach Brunei zu besteigen, zumal es entlang der Straße kaum Sehenswürdigkeiten gibt. Einzige Ausnahme ist das **Monsopiad Cultural Village** 2, 15 km südlich von Kota Kinabalu inmitten von Reisfeldern.

Das kleine Freilichtmuseum ist eine private Unternehmung einer Kadazan-Familie, Nachfahren des legendären Kopfjägers Monsopiad. Er soll aus Ärger über Piraten in einen Blutrausch verfallen sein und auf seinem lebenslangen Rachefeldzug 42 feindliche Köpfe erbeutet haben. 39 dieser Schädel kann man in einem eigens dafür errichteten Gebäude gegenüber vom Freilichtmuseum besichtigen. Fotografieren darf man sie nicht, denn es heißt, daß ihnen magische Kräfte innewohnen. Das Museum besteht aus Nachbauten traditioneller Häuser in einem Garten, es gibt einen Souvenirladen und ein Restaurant.

Richtung Süden führt die Straße durch ausgedehnte Reisfelder und Sümpfe. Früher standen in den Reisfeldern viele Megalithe, 1,5 m hohe roh behauene Statuen aus Sandstein. Man nimmt an, daß sie als Grenzsteine fungierten. Einige davon sind heute im Sabah Museum zu sehen, im Gelände muß man sie mittlerweile suchen. Zwischen den Dörfern Kinarut und **Papar** 3 wurden einige Strandhotels erbaut, die Strände sind eher mäßig, der Sand teils recht schlammig.

Beaufort 4 erhielt seinen europäisch klingenden Namen von einem Gouverneur der North Borneo Company, die hier ihre Spuren in Gestalt der einzigen Eisenbahnlinie von Borneo hinterließ. Die 150 km lange Bahnlinie beginnt in Tanjung Aru bei Kota Kinabalu und verläuft entlang der Küste, bis sie in Beaufort in das Landesinnere abbiegt und in die Crocker Range führt.

Von Beaufort fahren täglich nur drei Züge durch die Padas-Schlucht bis nach Tenom auf den Höhen der Crocker Range. Leider ist die Strecke in den letzten Jahren nicht besonders sorgfältig instand gehalten worden. Es kommt sehr häufig zu langen Verspätungen, weil Baumstämme und Felsen auf den Gleisen liegen, Weichen nicht funktionieren oder schlicht die Lok auf der steilen Strecke streikt. Es gab auch schon gefährliche Entgleisungen, so daß die Fahrt als touristische Attraktion nicht mehr zu empfehlen ist. Zudem sind große Teile des Regenwaldes in der Padas-Schlucht den hier hin und wieder auftretenden Bränden zum Opfer gefallen, wodurch der landschaftliche Reiz der Strecke stark eingebüßt hat.

Einige Reiseveranstalter bieten *whitewater raftig* auf dem Padas-Fluß von Tenom aus an, bei dem es je nach Wasserstand des Flusses recht wild zugehen kann – die Risiken dieses ›Sports‹ sollten mittlerweise hinreichend bekannt sein.

Die fruchtbare Hochebene der **Crocker Range** (S. 275) war jahrhundertelang von der Küste isoliert, die Stromschnellen des reißenden Padas-Flusses machten eine Bootsfahrt gefährlich, die einzige Alternative war der mühsame Weg über die Pässe der teilweise 2000 m hohen Bergkette. Hier ist das angestammte Gebiet der Murut, mit 50 000 Menschen eine der kleineren Volksgruppen in Sabah. Es gibt zwar ein paar Hotels in den Städten Keningau und Tenom, Busse fahren allerdings nur selten, meistens ist man auf Überlandtaxis angewiesen. Wer die Kultur der inzwischen christianisierten Murut erleben will, sollte sich an einen Veranstalter wenden.

Tenom 5 war zu Zeiten der North Borneo Company der Hauptort in der Crocker Range. Hier wurde der Kautschuk von den Plantagen weiter im Landesinnern umgeschlagen, die hier endende Eisenbahnlinie war vor dem Ausbau des Sinsuron-Passes der einzige Transportweg. Heute ist Tenom ein ziemlich verschlafenes Nest, das neben einer Orchideenzucht keine weiteren Sehenswürdigkeiten zu bieten hat. Das Orchid Centre 15 km nördlich von Tenom ist einer landwirtschaftlichen Forschungsstation angeschlossen. Mehr als 3000 Orchideenarten blühen hier, heimische wie auch Arten aus anderen Weltgegenden.

Auf dem Weg von Tenom Richtung **Keningau** 6 geht es durch eine fruchtbare Hochebene, rechts und links sieht man Kakao- und Kaffeeplantagen. Von Keningau fahren täglich zwei öffentliche Busse die holprige Straße bis **Sapulut** 7. Von dort erreicht man mit einem

Majestätisch ragt der Mount Kinabalu in der Crocker Range aus den Wolken hervor

Langboot den steilaufragenden, 250 m hohen Kalksteinfelsen **Batu Punggul** 8, von dem sich ein herrlicher Rundblick über den Regenwald bietet. Übernachten kann man in dem sehr einfachen Batu Punggul Resort, Lebensmittel sollte man mitbringen. Die Tour wird wegen der dürftigen öffentlichen Transportmöglichkeiten nicht billiger, wenn man sie auf eigene Faust unternimmt.

Landschaftlich am schönsten präsentiert sich die Crocker Range zwischen Keningau und **Tambunan** 9. Die 1000 m hoch liegende Ebene ist von Reisterrassen überzogen, nur unterbrochen von riesigen Bambusstauden. Im Osten erhebt sich der 2642 m hohe Gunung Trus Madi, der zweithöchste Berg von Sabah.

Von Tambunan führt eine landschaftlich sehr schöne Strecke in zwei Stunden nach Ranau, von wo man in den Kinabalu-Nationalpark gelangt. Wer zurück nach Kota Kinabalu möchte, fährt von Tambunan über den 1600 m hohen **Sinsuron Pass** 10. Bei wolkenlosem Wetter hat man eine schöne Fernsicht auf das Meer und den Gunung Kinabalu. Im **Rafflesia Forest Reserve** 11, kurz vor der Paßhöhe kann man rare Riesenblüten sehen.

Kota Belud und die Kudat-Halbinsel

Karte S. 213

Die Kudat-Halbinsel (S. 302) ist das traditionelle Siedlungsgebiet der Rungus, einer Untergruppe der Kadazan-Dusun. Die Rungus leben noch heute in Langhäusern, besonders im abgelegenen Norden von Kudat kann man schöne Beispiele ihrer Architektur sehen. An den Küsten der Halbinsel siedeln die Bajau, vorwiegend muslimische Fischer, die

Markttag in Kota Belud

auf Tourismusplakaten, farbenprächtig kostümiert und auf Ponys reitend, als »Cowboys des Ostens« bezeichnet werden.

Von **Tuaran** 12 erreicht man nach 20 Minuten Busfahrt die Pfahldörfer Kampung Mengkabong und **Kampung Penambawang** 13 an der Küste. Im schöneren, aber etwas schwieriger erreichbaren Dorf Penambawang leben die Bajau, als würde die Zeit still stehen. Ihre Häuser sind oft noch mit Palmblättern bedeckt, in der Sonne liegt Fisch zum Trocknen aus, Frauen weben Matten, Männer flicken Netze und zwischendrin spielen Kinder mit traumhafter Sicherheit auf den geländerlosen Plankenwegen über dem Wasser.

Einige der schönsten Strände von Sabah zwischen Tuaran und Kudat sind vom Tourismus noch ziemlich unberührt. In der Dalit Bay wurde Anfang der 90er Jahre ein Fünf-Sterne-Resort erbaut. Im angrenzenden Naturschutzgebiet kann man geführte Wanderungen unternehmen. Das Hotel hat in Zusammenarbeit mit dem State Wildlife Department eine kleine Orang-Utan-Station eingerichtet, in der einige Tiere aus Sepilok (vgl. S. 222) leben und trainiert werden.

Touristisches Highlight der Kudat-Halbinsel ist der sonntägliche *tamu* in **Kota Belud** 14. Von Lebensmitteln über Kleidung bis Vieh wird alles angeboten, was man für das tägliche Leben braucht. Da der *tamu* von Kota Belud als größter Markt von Sabah gilt, ist er ein beliebtes Ziel von Tourbussen. Der schönste Abschnitt liegt nahe dem Fluß unter großen schattenspendenden Bäumen, wo Obst und Gemüse angeboten werden. Im überdachten Teil gibt es Kleidung, Stoffe, Haushaltswaren und einfacheres Kunsthandwerk. Von Kota Belud führt die Straße durch Reisfelder nach **Kota Marudu** 15. Im Hintergrund ragt der Gunung Kinabalu empor.

Bis zur Spitze der Halbinsel bei Kudat sind es von Kota Marudu 50 km über teils sehr holprige Straßen. Hier sieht man noch einige Langhäuser. Wer dort übernachten will, sollte in Kota Kinabalu eine Tour buchen. Im Rungus-Dorf **Kampung Bavanggazo** 16 haben die Einwohner mit der Tourismusbehörde und einigen Reiseveranstaltern in einem ihrer Langhäuser ein Gästehaus eingerichtet. Alles soll so ursprünglich wie möglich (Karbidlampen statt Neonröhren) und so komfortabel wie nötig (Duschen) sein, die Gäste werden mit einheimischen Gerichten bewirtet und mit Tänzen und Musik unterhalten.

Vom Kinabalu-Nationalpark bis Sandakan

Sabahs größte Attraktion, der **Gunung Kinabalu** 1 (S. 282) ist mit 4095 m die höchste Erhebung zwischen dem Himalaya und Papua-Neuguinea. Der Low's Peak ist Ziel der internationaler Gipfelstürmer, 1996 waren es mehr als 30 000, im Schnitt mehr als 80 pro Tag. Besondes an Wochenenden und zu Ferienzeiten kann es eng werden auf dem Gipfel, so daß die Verweildauer auf zehn Minuten beschränkt werden muß.

Über den Namen des Berges kursieren Legenden. So soll ein chinesischer Prinz vom Kaiser von China entsandt worden sein, um eine ganz besondere Perle zu suchen, die man – bewacht von einem Drachen – auf dem Gipfel des Berges vermutete. Der Prinz fand die Perle, besiegte den Drachen, verliebte sich jedoch vor seiner Rückkehr nach China in eine einheimische Frau. Er heiratete sie und hätte glücklich mit ihr leben können, wenn ihn nicht das Pflichtbewußtsein eingeholt hätte. So verließ er seine Frau und reiste samt Perle nach China. Zurück blieb die ›Witwe‹ des Chinesen, die *cina* (China) *balu* (Witwe). Etwas wahrscheinlicher klingt die Erklärung des Namens in der Sprache der Kadazan-Dusun. Für sie ist

Vom Kinabalu-Nationalpark bis Sandakan

Richtig Reisen *Tip*

Besteigung des Gunung Kinabalu

Einmal im Jahr, im Oktober, wird der 4095 m hohe Gunung Kinabalu zum Mekka eisenharter Frauen und Männer aus aller Welt. Ihr Ziel ist der Gipfel. *Climbathon* heißt das Spektakel, die Rekordzeiten dieses Marathons für Bergfexe werden am Fuß des Berges auf einer Anschlagtafel bekanntgegeben. Den Rekord hält ein Inder, der 1991 in 2 Stunden, 42 Minuten und 33 Sekunden von Tal zu Berg rannte.

In dieser Zeit schaffen es Normalsterbliche gerade bis zur dritten Schutzhütte. Und eigentlich hat man auch mehr von dem landschaftlich sehr reizvollen Weg, wenn man sich für Auf- und Abstieg zwei Tage Zeit läßt. Die meisten Bergsteiger beginnen frühmorgens mit der ersten Etappe des 13 km langen und 2600 Höhenmeter überwiegenden Weges. Die ersten 5 km über die Asphaltstraße vom Park Headquarter zur Power Station am Timpohon Gate legt man in Bussen zurück. Natürlich kann man auch zu Fuß gehen, die meisten Wanderer sind aber angesichts des vor ihnen liegenden Tagespensums ganz froh über den Busservice.

Dank der Holzstufenkonstruktionen gewinnt man schnell an Höhe. Die ersten 500 Höhenmeter führen durch dichten Regenwald, je höher man kommt, desto lichter wird der Wald. Jenseits der vierten Schutzhütte Layang Layang ist die Vegetation so niedrig, daß man schöne Ausblicke ins Tal genießen kann. Allerdings ziehen hier häufig am Vormittag Nebelwolken vom Tal hinauf, die wabernden Wolkenfetzen sorgen für eine märchenhafte Atmosphäre im Wald. Um 2500 m rund um die Villosa-Hütte wachsen viele Kannenpflanzen, versteckt abseits des Weges, die Führer kennen die Plätze mit schönen Exemplaren.

Ab km 9 oder 3000 Höhenmeter wachsen nur noch Krüppelkiefern, von deren Ästen dicke Moosgeflechte herabhängen. Der Weg wird mühsamer, nicht nur, weil die Luft dünner ist und vielen Wanderern der Sauerstoff ausgeht, der Pfad führt auch über Wurzelwerk, jeder Schritt will geplant sein. Kurz vor der sechsten Schutzhütte zweigt links ein Weg zu einem Felsüberhang ab, in der Paka Cave schlugen frühere Kinabalu-Expeditionen ihr Nachtlager auf.

Die Vegetationsgrenze liegt in den Tropen auf 3300 m Höhe. Wenn selbst die Kiefern nicht mehr wachsen und Granit an die Oberfläche tritt, hat man das Plateau von Panar Laban erreicht mit Schutzhütten und dem komfortablen – weil beheizten – Laban Rata Resthouse. Die meisten Bergsteiger sind nach fünf bis sechs Stunden steilen Aufstiegs dankbar für ein Mahl aus der Küche des Resthouse und verbringen dort eine Nacht, bevor sie zum Gipfel steigen.

Die Nachtruhe ist nicht besonders lang, viele Wanderer können in der Höhe ohnehin kein Auge zutun. Die Bergführer rufen am nächsten Morgen um halb zwei zum Aufbruch zu den letzten 900 Höhenmetern bis zum Low's Peak. Da man für diese Etappe 2,5 Stunden braucht, ist es nicht nötig, so früh aufzubrechen, die Sonne geht erst kurz vor 6 Uhr auf. Wenn man schon um 5 Uhr erschöpft auf dem Gipfel anlangt, muß man dort eine Stunde ausharren, um den Morgenhimmel würdigen zu können. Da kann es trotz aller Romantik kalt werden.

Auch wer nicht in der Dunkelheit gehen will, sollte seinen *guide* zu einem späteren Aufstieg überreden. Wenn nicht gerade heller Vollmond den Weg erleuchtet, ist für die nächtliche Wanderung eine gute Taschenlampe unverzichtbar. Besser noch, man ist mit einer Stirnlampe ausgerüstet, dann hat man die Hände frei. Streckenweise wird man sich nämich auf allen Vieren vorwärts bewegen müssen. Wenn man mit der Sayat Sayat Hut auf 3800 m Höhe die letzte Schutzhütte hinter sich gelassen hat, geht man auf dem grauen Granitgestein, in dessen Spalten nur noch vereinzelt Grasbüschel wachsen.

An besonders steilen und glatten Passagen wurden Seile befestigt, an denen man sich hoch ziehen kann. Unterhalb der Doppelspitzen des Donkey's Ear Peak kann man sich von der Kraxelei kurz erholen, hier führt der Weg über ein mäßig ansteigendes Plateau. Die letzten Meter auf den Low's Peak sind sehr steil, mancher Wanderer muß von den *guides* zu dieser letzten Anstrengung überredet werden. Auf dem Gipfel wird man von einem herrlichen Rundblick belohnt, bei wolkenfreiem Himmel kann man über das Granitplateau bis weit in die Crocker Range und aufs Meer sehen. In die andere Richtung fällt der Berg steil ab, die tiefe Schlucht des Low's Gully erscheint im spärlichen Licht fast bodenlos.

Für den Abstieg zum Laban Rata Resthouse braucht man 1,5 Stunden, bevor es in drei Stunden zurück zum Timpohon Gate im Tal geht. Hier kann man sich mit einem kräftigen Frühstück stärken. Die Bergführer geben telefonisch die Namen der Gipfelbezwinger zum Park Headquarter durch. Wenn man dann dort gegen Mittag ankommt, kann man stolz seine Urkunde in Empfang nehmen.

Wer den anstrengenden Aufstieg scheut – oder sich nach dem erfolgreichen Gipfelsturm erholen will – kann rings um das Park Headquarter die Natur genießen. Im 1964 eingerichteten Kinabalu-Nationalpark wachsen zahlreiche endemische Pflanzenarten, wie eine nur hier vorkommende Rhododendronart, viele Orchideen und einige Kannenpflanzenarten. Einzigartig ist die Nepenthes Raja, deren trichterförmige Kanne bis zu 2 l Flüssigkeit aufnehmen kann. Die Pflanzen kann man am besten im Mountain Garden hinter dem Verwaltungsgebäude studieren. In dem Gebäude erklärt ein Museum die Geologie, Flora und Fauna des Parks. Wer morgens auf den Wanderwegen um das Park Headquarter unterwegs ist, kann mit etwas Glück einen Zwerghirsch oder einen der großen schwarzgrünen Raja Brooke-Schmetterlinge sehen. Sicher wird man aber betört vom Vogelgezwitscher, 280 verschiedene Arten gibt es hier – neben großen Nashornvögeln kleinere Drongos und Bülbüls.

Der beste Ort für einen Eistee oder einen Kaffee ist die Veranda des Balsam Restaurant am Parkeingang. Hier beginnt mit einem Frühstück der Aufstiegstag, hier treffen sich mittags die Rückkehrer vom Gipfel, und hier kann man abends den Blick auf den gewaltigen Berg genießen.

der Berg der *aki nabalu,* der heilige Ort der Ahnen, zugleich der Grund, ihn nie zu besteigen.

Als Sir Hugh Low 1851 den ersten Versuch unternahm, den Berg zu erklimmen, mußte er viel Überzeugungsarbeit bei seinen lokalen Trägern und Führern leisten. Viele Einheimische hatten Furcht vor Geistern und Dämonen. Daher nahmen Lows Begleiter Amulette und reichlich Opfergaben mit, die sie den Geistern des Berges an dem kleinen See auf dem Gipfelplateau darbrachten. Noch heute opfern die Kadazan-Bergführer am Panar Laban – dem Ort des Opfers – Tabak, Reis und Hühner. Low schaffte 1851 den Gipfelsturm nicht, erst 1888 gelang er dem Engländer John Whitehead, der Low die Ehre überließ, Namengeber für den (damals) höchsten Gipfel zu werden.

Der markierte Weg, der durch vier Vegetationszonen führt, ist in fünf bis acht Stunden zu schaffen. Der Aufstieg gilt als relativ leicht in Anbetracht der Höhe des Berges. Man muß keine technischen Schwierigkeiten überwinden, und Schneefelder gibt es trotz der Höhe in diesen tropischen Breiten nicht. Ein Sonntagsspaziergang ist der steile Aufstieg dennoch nicht. Ab 3000 m Höhe wird die Luft merklich dünner.

Entspannung bietet ein Bad in den heißen Schwefelquellen von **Poring** 2 (S. 313) im gleichnamigen Nationalpark. Die japanischen Besatzer erschlossen die Quellen während des Zweiten Weltkriegs. In der Gartenanlage rings um die Quellen gibt es noch ein Schwimmbekken und ein Restaurant mit einer Veranda.

Auf dem Gelände stehen Chalets für Übernachtungen zur Verfügung, wer länger bleibt, kann im Regenwald des Nationalparks kürzere Wanderungen unternehmen. Oberhalb der Schwefelquelle führt ein Waldweg nach einer halben Stunde zum *canopy walkway* von Poring. Das Hängebrückensystem zwischen den Baumwipfeln ist zwar etwas kürzer als der *walkway* im Taman-Negara-Nationalpark in West-Malaysia, doch gibt es hier längere Öffnungszeiten. Ab 7 Uhr kann man sich zur Vogelbeobachtung begeben, mit etwas Glück sieht man dann sogar rotbraune Zottelhaare im Geäst. Die gehören meistens den Roten Languren, manchmal ist es auch ein Orang-Utan. Nach Absprache mit den Park Rangers kann man auch nachts den *canopy walkway* begehen, allerdings ein recht teures Vergnügen.

Von **Ranau** 3 erreichen Busse in drei bis fünf Stunden Sandakan. Landschaftliche Schönheiten sind hier nicht zu erwarten, der letzte Abschnitt führt durch eintönige Palmölplantagen und abgeholzte Mondlandschaften.

Von **Sandakan** 4 (S. 329), der einzigen Stadt an der zerklüfteten Ostküste von Sabah verläuft die Grenze zum philippinischen Territorium in nur 20 km Luftlinie. Auch historisch verbindet die Hafenstadt einiges mit dem Sultanat von Sulu, dessen Zentrum einst auf den Sulu-Inseln südlich von Mindanao lag. Sandakan, dessen Name in der Sprache der Sulu der geliehene Ort bedeutet, war einer der wichtigsten Handelsposten des Sultanats.

In der zweiten Hälfte des 19. Jh. kamen die ersten Europäer in der Bucht an, befanden sie als geeignet für einen geschützten Naturhafen und gründeten eine Siedlung auf einer der vorgelagerten Inseln. Bester Kunde beim einträglichen Waffenhandel war der Sultan von Sulu. Zu den Händlern zählten nicht nur Briten, sondern auch einige Deutsche, daher wurde die Siedlung Kampung Jerman – deutsches Dorf – genannt. Davon blieb nach einem Brand 1878 nichts mehr übrig. Es wurde sogleich eine neue Niederlassung gegründet, die 1885 zur Hauptstadt von British North Borneo aufstieg. Bis zur japanischen Besatzung im Zweiten Weltkrieg war Sandakan die Hauptstadt, während des Krieges unterhielten die Japaner hier ihr größtes Kriegsgefangenenlager. Gegen Ende des Krieges zerstörten die Bomben der Alliierten die Stadt derart gründlich, daß die Verwaltung nach Kota Kinabalu verlegt wurde.

Doch Sandakan hat sich davon erholt. In den 60er und 70er Jahren des 20. Jh. wurde die Hafenstadt zum Zentrum des Holzhandels von Sabah, Tausende von Baumstämmen wurden vom Hinterland angeliefert und hier verladen. Heute sind die Wälder großflächig abgeholzt, statt dessen wachsen einträgliche Ölpalmen.

Sandakan gehört gewiß nicht zu den romantischen Hafenstädten der Welt. Trotz der Lage an einer von kleinen Inseln durchsetzten Bucht am Fuße eines (noch) bewaldeten Hügels, strahlen die rechtwinklig verlaufenden Straßenzüge mit Ladenzeilen in Kistenbauweise kaum Atmosphäre aus. Historische Sehenswürdigkeiten fehlen fast gänzlich, einzige Ausnahme ist die neogotische St. Michael's and All Angels Church von 1893 nördlich des Padang, die wie durch ein Wunder das alliierte Bombardement im Zweiten Weltkrieg überstand.

Hauptattraktion in ›downtown‹ Sandakan ist der Fischmarkt an der Jalan Pryer mit Meeresgetier in allen Regenbogenfarben – kleinen Haien, großen Rochen –, auch Krokodilfleisch wird gehandelt und leider auch Schildkröteneier.

Auf der Hauptstraße Richtung Osten gelangt man nach 15 Minuten Fußweg zur futuristischen Moschee von Sandakan, die seit 1988 einen recht herben Kontrast zu wackeligen Pfahldörfern in ihrer unmittelbaren Nachbarschaft bildet. Einen guten Eindruck vom Alltag der Bewohner erhält man im Wasserdorf Kampung Buli Sim Sim hinter der

Blick in den Puu Jih Shih Temple in Sandakan

Moschee. Auf *jambatan,* hölzernen Stegen, kann man durchs Dorf spazieren.

Von den Hügeln oberhalb des Zentrums hat man einen schönen Ausblick. Gegenüber vom Observation Point an der Jalan Bukit Merah liegt das Haus von Agnes Keith, einer Amerikanerin, die in den 30er und 40er Jahren in Sandakan lebte und hier drei Bücher über ihr Leben auf Borneo schrieb. Mit »Land below the Wind« machte sie den alten Seefahrernamen für Sabah wieder populär. Vom Tor des 1987 außerhalb des Zentrums errichteten Puu Jih Shih Tempel hat man einen wunderschönen Blick auf die Bucht.

Der Südosten von Sabah

Das **Sepilok Orang Utan Rehabilitation Centre** **1** 25 km westlich von Sandakan ist eines von nur drei Orang-Utan-Trainingszentren der Welt. Besucher können hier Orang-Utans *(Pongo pygmaeus)* in ihrer natürlichen Umgebung beobachten. Sepilok ist kein Zoo, der Hauptzweck der Einrichtung ist es, verwaiste oder aus Gefangenschaft befreite Tiere auf ein Leben in Freiheit vorzubereiten. Bisweilen sind einige Abschnitte geschlossen, um die Tiere nicht zu stören.

Im Orang-Utan-Trainingszentrum

Der Regenwald steht seit 1957 unter Schutz, 1963 richtete die Forstbehörde von Sabah hier eine Forschungsstation ein. Orang-Utans zählten schon damals zu den am meisten gefährdeten Arten, besonders bedroht durch Holzfäller, die sich durch den illegalen Verkauf von Orang-Utan-Babys als Haustiere ein Zubrot verdienten. Seit 1963 ist der private Besitz der Menschenaffen in Malaysia verboten, viele Tiere wurden konfisziert.

Manche dieser ›Haustiere‹ konnten nicht klettern, geschweige denn auf Nahrungssuche gehen. Die Orang-Utans, die heute in Sepilok ankommen, sind meist verwaiste Jungtiere, die ihre Mütter durch Waldbrände verloren.

Die Parkwächter bringen den Zöglingen das Klettern bei und füttern sie mit einer monotonen Kost aus Bananen und Milchbrei. Das soll die Tiere ermuntern, selbst abwechslungsreichere Delikatessen zu suchen. Bislang wurden um die 100 Tiere erfolgreich ausgewildert.

Die Fütterung der Orang-Utans um 10 und 14.30 Uhr ist besonders interessant.

Der Südosten von Sabah

Auf der Plattform A, eine Art Baumhaus, fünf Minuten vom Parkeingang, sitzen Park Rangers mit Futterkübeln. Die Orang-Utans hangeln sich über Äste und Seile dorthin, zum Amusement des reichlich vorhandenen menschlichen Publikums auf einer tribünenartigen Plattform gegenüber.

Die Plattform B, eine weitere Futterstelle tiefer im Wald, ist häufig für Besucher geschlossen, um die Auswilderung nicht zu gefährden. Das Nature Education Centre gegenüber vom Eingang zeigt täglich interessante Videos. In der Tierklinik des Zentrums werden neben Orang-Utans auch Elefanten und die seltenen Sumatra-Nashörner behandelt.

Acht kleine Inseln in der Sulu-See, teils auf philippinischem, teils auf malaysischem Staatsgebiet, sind seit einigen Jahrzehnten das wichtigste Brutgebiet für Karettschildkröten *(hawksbill turtle)* und Suppenschildkröten *(green turtle)* in Südostasien. Seit 1977 stehen drei der Inseln als **Turtle Islands Park** 2 unter Naturschutz. Auf der größten, Pulau Selingan (S. 326), werden die Schildkröteneier schon seit 1964 eingesammelt, um sie in bewachten Brutstätten vor menschlichen und tierischen Nesträubern zu schützen.

Von Juli bis Oktober kommen die meisten Meeresschildkröten an Land, aber auch in den anderen Monaten kann man die nächtliche Ei-Ablage miterleben. Auf Pulau Selingan liegen das Park Headquarter und die Chalets der Parkverwaltung. Übernachten kann

Richtig Reisen *Tip*

Vampire des Regenwalds
Blutegel

Sie sind ekelig, schleimig, und sie beißen. Schmerzlos zwar, aber fest und dauerhaft. Gierig saugen sie sich voll mit Blut und lassen erst nach zehn Minuten dick und gesättigt wieder los. Wegen des Anti-Gerinnungsmittels, das sie injizieren, kann der Biß noch einige Stunden weiter bluten.

Blutegel sind scheinbar überall, auf längeren Wanderungen durch den Regenwald kann man ihnen kaum entkommen. Auch Königin Silvia von Schweden und die schöne Isabella Rosselini nicht. Beide waren schon in der Borneo Rainforest Lodge, Erinnerungsfotos zeigen sie in passender Schutzkleidung, die Königin von Schweden gar mit kniehohen Blutegel-Socken, was ihr nach Aussagen eines *guide* aber auch nichts genützt hat.

Dabei sind die Tierchen harmlos. Der Blutegel, lateinisch *Phylum Amelida,* englisch *leech,* ist ein Verwandter des Erdwurms. Neun verschiedene Arten gibt es in Borneo, darunter der riesige Buffalo Leech, der bis zu 15 cm lang werden kann. Im Regenwald um die Rainforest Lodge trifft man neben den kleineren Brown Leeches *(Haemadipsa Zylanica)* auf die schön gemusterten Tiger Leeches *(Haemadipsa picta).* Blutegel leben als Hermaphroditen, also zweigeschlechtlich. Ihre einzige Nahrung ist Blut. Sie warten am Waldboden oder auf Büschen und Bäumen auf Warmblüter, die sie mit ihren Wärmesensoren erfühlen. Hat sich etwas Warmes genähert, lassen sie sich herabfallen oder bewegen sich in Flip-Flop-Überschlagtechnik erstaunlich schnell auf das Opfer zu. Wer am Ende einer Gruppe geht oder länger stehenbleibt, bietet also die beste Angriffsfläche.

Die Egel haben an jedem Ende einen Saugnapf, der Mund mit den scharfen kleinen Zähnchen befindet sich am dünneren Ende. Nur einmal in seinem Leben kommt der Blutegel in den Genuß des leckeren Saftes, deshalb muß man auch keine Angst vor Parasitenübertragung haben. Etwa ein halbes Jahr kann er mit der Mahlzeit noch überleben, währenddessen vermehrt er sich und stirbt schon bald danach.

Obwohl in Europa auch heute noch Blutegel im medizinischen Einsatz sind – in Borneo war das Schröpfen übri-

man auch auf der Nachbarinsel Pulau Libaran, die nicht mehr zum Park gehört, dort werden Schildkröten allerdings seltener gesichtet.

Die Insel kann man in 30 Minuten umrunden, an den weißen Sandstränden sonnenbaden und im klaren Wasser schwimmen. Rings um die Insel haben sich die Korallen noch nicht von den zerstörerischen Dynamitladungen der lokalen Fischer erholt, so daß Schnorcheln weniger interessant ist.

gens nie üblich –, versuchen die meisten westlichen Besucher alles, um sich die lästigen Viecher vom Leibe zu halten. Wer es Königin Silvia nachtun will, kann sich in dem kleinen Laden der Lodge entsprechende Socken kaufen. Es gibt aber noch andere Schutzmaßnahmen. Einige schwören auf Baygon-Insekten(vernichtungs)spray, mit dem Wanderstiefel möglichst flächendeckend eingesprüht werden müssen. Da die Egel nicht nur am Boden lauern, sondern sich auch von Blättern herunterfallen lassen, reiben manche Wanderer den ganzen Körper mit Autan ein. Wer soviel Chemie scheut, kann es mit Salz versuchen. Socken sind im Salzwasser zu waschen, die Salzkruste führt dazu, daß die Tiere verenden, bevor sie zubeißen können.

Wenn Egel sich erst einmal festgesaugt haben, hilft entweder geduldiges Abwarten, bis sie voll sind und von allein abfallen – so machen es die furchtlosen Einheimischen. Wer die Sauger vorher loswerden will, bestreut sie mit Salz, dann winden sie sich und sterben. Wer den Gestank nicht scheut, fackelt sie mit dem Feuerzeug oder einer glimmenden Zigarette ab. Profis zwirbeln den Egel ein paar Sekunden zwischen Daumen und Zeigefinger, worauf der sein Gleichgewicht verliert und verwirrt von seinem Opfer abläßt. Den blutenden Biß behandeln sie mit den Blättern des Gasing-Baumes, deren Pflanzensaft schon nach wenigen Minuten die Blutung stoppt.

Ab 19.30 Uhr, wenn die Ankunft der Schildkröten erwartet wird, darf man die Strände nicht mehr betreten. Gäste sitzen mit Park Rangers im Restaurant und werden gerufen, sobald das erste Tier erscheint. Dann geht es mit Taschenlampen an den Strand, wo es angesichts der unter der Anstrengung fast menschlich stöhnenden Schildkröte schwerfällt, sich nicht als Eindringling zu fühlen. Die unter Wasser so wendigen und schnellen Tiere haben an Land Mühe. Zuerst gilt es, sich aus den Fluten zu robben, um dann ein etwa 80 cm tiefes Loch zu graben – mit den dazu wenig geeigneten Flossen. Dann legen die Weibchen zwischen 50 und 100 tischtennisballgroße Eier. Wächter hindern die Tiere daran, das Gelege sogleich im Sand zu vergraben. Sie sammeln die Eier ein und vergraben sie in einem bewachten Gehege *(hatchery)*. Zuschauer der Ei-Ablage dürfen die Tiere weder anleuchten noch mit Blitzlicht fotografieren. Allabendlich wird nur eine Schildkröte zur ›Besichtigung‹ freigegeben, die anderen können von Besuchern unbehelligt an Land kommen. Alle Tiere werden aber von den Rangers überwacht, gegebenenfalls markiert und ihre Eier eingesammelt.

Wenn kleine Schildkröten geschlüpft sind, können Besucher den Rangers helfen, die Babys freizulassen. Obwohl die heftig rudernden Tierchen einen konditionsstarken Eindruck machen, widerstehen nur 2 % ihren natürlichen Feinden und Krankheiten. Die Weibchen unter ihnen werden dann nach 20 Jahren wieder an den Strand von Selingan zurückkehren.

Die **Gomantong-Höhlen** 3 in einem Kalksteinmassiv südlich der Bucht von Sandakan sind seit Jahrhunderten Brutstätte von Salanganen, einer Schwalbenart, deren Nester unter Chinesen als Delikatesse gelten. Öffentliche Transportmittel gibt es nicht, wenn man eine Tour zum Kinabatangan-Fluß bucht, kann man die Höhlen auf dem Weg dorthin besuchen.

Die über einen fünfminütigen Plankenweg vom Parkplatz erreichbare große Simud-Hitam-Höhle erhielt ihren Namen von den schwarzen (*hitam* – schwarz), von Federn durchsetzten Nestern, die man dort erntet. Vor der Höhle steht das Haus der Pflücker, die hier während der Saison leben. Da in den Höhlen nicht nur Schwalben nisten, sondern auch Tausende Fledermäuse leben, ist der Höhlenboden mit Guano-Bergen bedeckt. Darin fühlen sich unzählige Kakerlaken, Mistkäfer und Spinnen wohl – nichts für Leute mit Insektenphobie.

Die wertvolleren, von Verunreinigungen fast freien, sogenannten weißen Nester, findet man in der schwer zugänglichen und daher für Besucher gesperrten Simud-Putih-Höhle. Geerntet werden darf nur zweimal im Jahr: Von Februar bis April, wenn die Schwalben die Nester gebaut haben, aber bevor sie ihre Eier ablegen. Danach läßt man den Vögeln Zeit, ein zweites Nest zu bauen, das man nach der Brutzeit erntet, meist zwischen Juli und September.

Die Forstbehörde von Sabah sorgt dafür, daß die Höhlen streng bewacht werden. Besucher werden von Wachposten mit Gewehren allerdings nicht behelligt. Die Hauptsorge gilt übereifrigen Schwalbennestpflückern, die für ihre gefährliche Arbeit einen ungewöhnlich hohen Lohn erwarten können. Ein Kilo der weißen Nester erzielt einen Preis von 500 US-Dollar, die Pflücker erhalten pro Erntesaison umgerechnet zwischen 3500 und 5000 € – ein Lehrer verdient in Malaysia kaum 500 € im Monat.

Der längste Fluß Sabahs, der **Kinabatangan** 4, mündet nach 500 km südlich der Bucht von Sandakan in die Sulu-See. In seinem weiten Mündungsdelta und an den zahlreichen Altarmen des Flusses leben Krokodile und Otter, in den Wäldern streifen Zibetkatzen umher, in der Dämmerung sieht man mit etwas Glück die putzigen Plumploris und kleine Zwerghirsche. Hin und wieder kann man an den Ufern auch eine der letzten Elefantenherden von Sabah beobachten. Orang-Utans in den Baumwipfeln bekommt man seltener zu Gesicht als die bizarren Nasenaffen, die in den Mangroven entlang der Flußufer leben. Vor allem morgens sieht man leuchtendblaue Eisvögel und exotisch aussehende Ruder-Drongos mit langen Schwanzfedern.

Seit einigen Jahren bringen spezialisierte Reiseveranstalter Touristen zum Kinabantangan. Mittlerweile kann man hier relativ komfortabel übernachten, mitten in der Wildnis haben verschiedene Veranstalter Lodges errichtet.

Von dort werden Bootsausflüge unternommen, es gibt auch einige Wanderwege zu den *oxbow lakes,* den Altarm-Seen des Kinabatangan, an denen man Vögel beobachten kann. Die steigende Touristenzahl in Sukau verringert die Chance, seltene Tiere zu sehen. Vor allem der rege Bootsverkehr auf dem Fluß geht nicht ohne Motorenlärm ab. Elefanten halten sich fern. Bisher haben sich Nasenaffen, die Hauptattraktion von Sukau, noch nicht von ihrer Gewohnheit abbringen lassen, abends in großer Zahl in den Mangroven zu erscheinen – zur Freude der Besucher, die ihnen erstaunlich nahe kommen können.

Die 170 km lange Fahrt von Sandakan bis an die Bucht von Lahad Datu führt in den ›wilden Osten‹ des Landes. Unterwegs gibt es nicht viel zu sehen. Einzig die Grabhöhlen am Fuße des Kalksteinfelsens **Batu Putih** 5 (auch Batu Tulug genannt) sind von archäologischem Interesse, allerdings auf eigene Faust nicht leicht zu erreichen. Hier fand der Kurator des Sarawak Museum, Tom

Schwalbennestpfücker
in den Gomantong-Höhlen

Richtig Reisen
Thema

Fliegende Holländer
Nasenaffen

Da sitzt er, wie ein Pascha, schmerbäuchig, mit grotesk dicker Knollennase, als deutliches Zeichen seiner Männlichkeit ragt seine Dauererektion wie eine leuchtend rote Chili hervor. Träge kauend schiebt er mit seinen dicht behaarten Armen den Blättervorhang zur Seite, um nachzusehen, wer Unruhe ins Geäst bringt. Zwei Weibchen turnen in halsbrecherischer Manier im Nachbarbaum, die Jungen an ihren Bäuchen scheinen ihre Flugmanöver nicht zu behindern. Im Stockwerk darüber trainieren Junggesellen für Rivalenkämpfe, Zähnefletschen, Ästerütteln und Verfolgungsjagden mit wilden Sprüngen sollen Eindruck machen. Wenn Nase und Bauch dick genug sind und das Imponiergehabe stimmt, können die Halbstarken Chef einer Haremsgruppe werden, mit bis zu 15 Frauen und in einer futterreichen Gegend wie dieser kein schlechtes Leben. Der Pascha muß also wachsam sein.

Nasenaffen, englisch *Proboscis Monkeys,* lateinisch *Nasalis larvatus,* gibt es nur in den sumpfigen Küstengebieten von Borneo. Die jungen Blätter der Mangrovenbäume sind ihre Lieblingsspeise. Ihr bizarres Aussehen hat ihnen unter der einheimischen Bevölkerung den Namen *orang belanda* eingebracht, *belanda* ist das malaiische Wort für holländisch. Der dicke Bierbauch und die lange Nase werden sie an Europäer er-

Harrisson, in den 50er Jahren zahlreiche Särge aus hartem Eisenholz. Die mit reichen Schnitzereien verzierten Särge sind mehr als 200 Jahre alt, die Baumstämme, aus denen sie gefertigt wurden, teilweise bis zu 500 Jahre.

Das 20 000 Einwohner zählende Städtchen **Lahad Datu** 6 (S. 303) ist eine ›Cowboy Town‹. Die Straßen sind staubig, die Häuser ziemlich herunterge-kommen, und die Atmosphäre ist so rauh, daß man kaum verwundert wäre, wenn ein pistolenschwingender Cowboy dahergaloppiert käme. So phantastisch ist diese Vorstellung nicht, denn die Bucht an der Celebes-See gilt noch immer als eine der Seeräuberhochburgen von Borneo. Die meisten ›Piraten‹ sind kleinkriminelle Schmuggler, die Touristen nicht zu nahe kommen.

innert haben – nicht besonders respektvoll, aber sicher treffend!

Wissenschaftler rätseln noch heute, warum die Männchen so eine riesige Nase haben. Einige meinen, sie diene zum Temperaturausgleich, ähnlich wie Elefantenohren. Dagegen spricht, daß Weibchen ohne den dicken Riecher auskommen. Andere nehmen an, daß ein großes Riechorgan die Weibchen anlockt, die von dessen Größe auf die Leistungsfähigkeit anderer Organe schließen. Das würde wiederum erklären, warum die Nase des Weibchen deutlich kleiner ist. Andererseits stellt der männliche Nasenaffe sein wichtigstes Stück stets gut sichtbar zur Schau, da ist die Nase eigentlich kaum nötig.

Erklären können die Biologen immerhin den dicken Bauch. Der ist auf die spezielle Ernährungsweise der Nasenaffen zurückzuführen. Für die schwerverdaulichen Blätter benötigt der Affe zwei Magenkammern, um die Gasbildung in den Griff zu bekommen. Trotz ihrer unförmigen Bäuche sind die Nasenaffen gute Schwimmer, was ihnen vor allem dann zugute kommt, wenn sie bei einem ihrer riskanten Sprungmanöver den Ast verfehlen und ins Wasser platschen. Wenn sie nicht schnell genug ans rettende Ufer gelangen, riskieren sie die Begegnung mit einem der gefräßigen Leistenkrokodile.

Nach weiteren 160 km entlang der Küstenlinie erreicht man Semporna, von wo Boote auf die Taucherinsel Sipadan fahren. Auch für die Fahrt mit Geländewagen zur Borneo Rainforest Lodge im Danum Valley muß man in Lahad Datu Station machen.

In der **Danum Valley Conservation Area** 7 (S. 276), einem 439 km² großen Naturschutzgebiet am Oberlauf der Flüsse Segama und Danum, wurde 1986 das Danum Valley Field Centre eingerichtet, in dem Wissenschaftler aus aller Welt die Ökologie des Regenwaldes erforschen. Für Touristen eröffnete man 1994 die Borneo Rainforest Lodge. Wer es sich leisten kann – ein Hotel mitten im Dschungel ist niemals billig – kann von seinem Chalet an der Biegung des Danum River in den Regenwald blicken, Vögel beobachten, tags und nachts Wanderungen unternehmen und im Wasserfall baden. Für viele Besucher ein Paradox, liegt das geschützte Gebiet inmitten der 9000 km² großen Sabah Foundation Concession Area, in der Holzeinschlag erlaubt ist.

Der Weg ins Danum Valley führt von Lahad Datu über 80 km holprige Holzfällerstraßen. Rechts und links des Weges passiert man Wirtschaftswald in verschiedenen Stadien: völlig abgeholzte Areale, in denen nur die hohen Menggaris-Bäume stehenblieben, selektiv eingeschlagene Gebiete, deren Lichtungen von niedrigem Buschwerk und Schlingpflanzen überwachsen sind, mit schnell wachsenden Hölzern wiederaufgeforstete Plantagenwälder und Sekundärwald, dem man nach mehr als 30 Jahren kaum noch ansieht, daß hier abgeholzt wurde.

Am Straßenrand zeugen niedergetrampeltes Buschwerk und dicke Haufen von der Präsenz asiatischer Elefanten. Die Dickhäuter sind mit einer Rückenhöhe von 2,5 m und einem Gewicht von um die 300 kg kleiner als ihre afrikanischen Verwandten, nur die Männchen haben Stoßzähne. Man nimmt an, daß noch etwa 1000 Exemplare in Sabah leben, drei bis vier Herden von je etwa 40 Tieren vermutet man im Danum Valley. Bislang konnte niemand die genaue Zahl der scheuen Tiere bestimmen, auch über ihre Herkunft herrscht Rätselraten.

Da man keine fossilen Überreste älterer Vorfahren gefunden hat, nimmt man an, daß die Elefanten von einem Sultan von Sulu als Arbeitstiere nach Sabah importiert wurden.

Rings um die Borneo Rainforest Lodge gibt es ein Netz schöner Wanderwege durch den Regenwald. Mit Ausnahme des Nature Trail neben der Lodge und des Canopy Walkway ist für alle Touren ein *guide* vorgeschrieben.

Von Lahad Datu bis Tawau

Karte S. 223
Etwa auf der Mitte der 160 km langen Strecke von Lahad Datu nach Semporna liegen die **Madai Caves** 8, ein weitverzweigtes Höhlensystem in einem Kalksteinmassiv 3 km westlich der Hauptstraße. Zweimal im Jahr werden die begehrten Nester der Seeschwalben geerntet. Auf eigene Faust kann man die Höhlen nicht erkunden, man sollte im benachbarten Dorf nach einem Führer fragen. Auf jeden Fall braucht man eine Taschenlampe, denn in den Höhlen ist es stockfinster, der Boden ist mit Fledermaus-Guano bedeckt.

Von den Madai Caves fährt man eine Stunde bis **Semporna** 9 (S. 330), einer Siedlung von Bajau-Fischern, die zum größten Teil aus Pfahlbauten über dem Meer besteht. Wie Lahad Datu wäre auch Semporna kein besonders einladender Ort, wenn man nicht das Semporna Ocean Tourist Centre (SOTC), ein Pfahlbau-Hotel, ins Meer gebaut hätte. Vom SOTC kann man einen Bootstrip zu den Wasserdörfern der Bajau, auch See-Zigeuner genannt, organisieren. Die meisten Besucher zieht es aber zur Insel Sipadan.

Die Unterwasserwelt vor Sipadan

Die kleine **Pulau Sipadan** 10 (S. 326) 35 km südlich von Semporna genießt unter Tauchern den Ruf eines Unterwasserparadieses. In die Schlagzeilen geriet die Insel, als im Frühjahr 2000 eine Handvoll Touristen von philippinischen Rebellen entführt wurde. Heute sorgt Militär für den Schutz der Urlauber. Schicke Hotels darf man auf Sipadan nicht erwarten, man wohnt in rustikalen Strandhütten. Die Zahl der Besucher auf der Insel ist aus ökologischen Gründen auf 80 beschränkt. Auf der Nachbarinsel **Pulau Mabul** 11 entstanden jüngst zwei wesentlich komfortablere Anlagen, zum Tauchen fährt man in 15 Minuten mit Schnellbooten nach Sipadan.

Hauptattraktion ist der mehrere Hundert Meter tiefe Steilabfall an der Nordseite der nur 1 km^2 großen Insel. Nur wenige Meter vom Strand wechselt die

Farbe des Wassers von hellem Türkisgrün in ein tiefes Nachtblau. Sipadan, eine ozeanische Insel, liegt nicht mehr auf der Kontinentalplatte, sondern ist die Spitze eines Vulkankegels, der 600 m vom Meeresboden aufragt. Die Überhänge der Steilwand sind mit Weichkorallen und Schwämmen bewachsen, in den Nischen sitzen Seesterne und Seeigel. Im tiefen Wasser schwimmen Suppen- und Karettschildkröten vorbei. Am östlichen Ende der Steilwand erstreckt sich in 20 m Wassertiefe die Turtle Cavern, ein 70 m langes Unterwasserhöhlensystem, in das sich bisweilen Schildkröten verirren, die dort dann verenden. Man sollte sich nur mit einem Tauchlehrer hier hinein begeben.

Nichttaucher sind auf Sipadan eine rare Spezies. Anreise und Unterkunft sind zu teuer, um nur ein bißchen zu schnorcheln. Wenn es auf Sipadan zu voll ist – bisweilen sieht man mehr Taucher und Luftblasen als Fische – kann man auf die Insel Sangalakki ausweichen, wo ein neues Resort für Taucher gebaut wurde. Die Insel, die schon auf indonesischem Staatsgebiet liegt, ist von Tawau am besten zu erreichen.

Tawau 12, die südlichste Stadt von Sabah, grenzt an das indonesische Kalimantan. Wenn man von Kota Kinabalu weiter nach Sipadan reisen möchte, bucht man am besten einen Flug nach Tawau, von wo es überland in 1,5 Stunden nach Semporna geht. Zu den Wasserfällen und heißen Quellen im Regenwald des Tawau-Hill-Nationalparks nördlich der Stadt gibt es nur an Wochenenden öffentliche Busverbindungen. Dann kann es dort recht voll werden.

Brunei

Das nur 5765 km^2 große Sultanat Brunei (S. 270) an der Nordküste von Borneo ist umgeben, ja sogar in zwei Hälften geteilt von den malaysischen Bundesstaaten Sarawak und Sabah. Seit fast 600 Jahren wird Brunei von einer Dynastie regiert, die es seit der Erschließung ergiebiger Ölquellen zu einer der reichsten Herrscherfamilien der Welt gebracht hat. Das kleine Brunei liefert 5 % des weltweit gehandelten Erdöls und fast 10 % des Erdgases, vor allem an Japan. Das Pro-Kopf-Einkommen ist heute mit jährlich 20 000 US-Dollar das höchste in Südostasien, Einkommensteuer muß man in Brunei nicht zahlen.

Der derzeit regierende 29. Sultan Hassan Bolkiah wird seit Jahren vom »Guiness Buch der Rekorde« und von amerikanischen Wirtschaftsmagazinen als einer der reichsten Männer der Welt geführt, auf 37 Mrd. US Dollar schätzt man sein Vermögen. Der Sultan weist darauf hin, dies sei Staatsvermögen und nicht sein persönliches.

Immerhin kann er sich einen Palast mit 1778 Zimmern und 257 Badezimmern leisten, für den er zwischen 350 und 450 Mio. US-Dollar ausgegeben haben soll. Der Sultan liebt schnelle Autos, angeblich besitzt er 350 davon, und Polo, 200 Polo-Ponies stehen in seinen Ställen. Von seinen zwei Frauen hat er zehn Kinder, 1998 wurde sein ältester Sohn Billah zum Kronprinzen proklamiert. Seine 280 000 Untertanen läßt er an seinem Reichtum teilhaben, die Beamten dürfen zur freien Krankenhausbehandlung nach Singapur fliegen, die Pilgerfahrt nach Mekka gehört ebenso zu den Vergünstigungen wie Einkaufsreisen nach London. Zu seinem 50. Geburtstag 1996 gab seine Hoheit eine Rie-

Die Masjid Omar Ali Saifuddin in Bandar Seri Begawan

sen-Party fürs Volk, zu der er sogar Michael Jackson einfliegen ließ.

Angesichts eines derart üppigen Staatshaushalts verwundert es kaum, daß man es nicht für nötig hält, um die Devisen ausländischer Touristen zu werben. Seitdem man 1991 den Verkauf und Ausschank von Alkohol verboten hat, ist der Anreiz, das streng islamische Brunei zu besuchen, nicht gewachsen. Dabei kann die Hauptstadt Bandar Seri Begawan mit einigen Sehenswürdigkeiten aufwarten. Das Pfahlbaudorf Kampung Ayer und die Omar-Ali-Saifuddin-Moschee sind einzigartig, und die Kollektion islamischer Kunst im Brunei Museum hat internationalen Rang.

Ein Billigreiseziel ist Brunei nicht. Die meisten Besucher in Brunei sind denn auch Geschäftsleute, deren Spesenkonten die Fünf-Sterne-Preise für Hotel und Transport begleicht. Öffentliche Busse sind zwar vorhanden, aber die Fahrpläne haben große Lücken. Schließlich hat jeder zweite Einwohner ein eigenes Auto ... Wer abseits der Hauptstadt Bandar Seri Begawan reisen will, leiht sich am besten einen Wagen.

Ein souveräner Staat ist Brunei Darussalam, so der offizielle Name, erst seit 1984. Aus dem 7. Jh. existieren Berichte chinesischer Kaufleute, die hier einen Ort namens Puni oder Poli verzeichnen. Im 14. Jh. erreichte wahrscheinlich von Melaka aus der Islam Brunei. Im 15. und 16. Jh. war Brunei auf dem Höhepunkt seiner Macht, die Nordküste der Insel stand unter Kontrolle des Sultans, zeitweilig reichte das Territorium bis in das heutige Staatsgebiet der Philippinen. So ist es auch zu erklären, daß die ersten Europäer Sultanat und Insel als Einheit empfanden: Die Bezeichnung Borneo ist eine Verballhornung von Brunei.

Als 1521 der Weltumsegler Magellan hier ankerte, kommentierte sein Sekretär Antonio Pigafetta die Pracht des königlichen Palastes, schon damals galt der Reichtum des Sultans als unermeßlich. Die Hauptstadt befand sich noch weiter oberhalb an der Flußmündung, dort wo heute das Brunei Museum steht. Im 17. Jh. wurde sie zum Schutz vor Piraten weiter ins Land an die heutige Stelle verlegt.

Piraten, Epidemien und Palastintrigen trugen in der Folgezeit zum kontinuierlichen Niedergang des Sultanats bei. Um 1800 war die einst so reiche Stadt nur noch ein heruntergekommenes Nest, der Sultan umgeben von intriganten Hofschranzen. Als 1837 dann James Brooke auf der Bildfläche erschien, hatte er leichtes Spiel mit Brunei. Mit seinen Kanonen schlug er einen Aufstand von Minenarbeitern und Eingeborenen nieder und erhielt zum Dank sein erstes Stück vom Borneo-Kuchen, die Region um das heutige Kuching. In den folgenden Jahrzehnten arbeitete sich der Weiße Raja weiter gen Osten vor. Nicht immer ganz politisch korrekt, schaffte er es, sich bis 1890 als östlichste Region die Gegend um Limbang anzueignen. Damit hatte er Rest-Brunei in zwei Landeshälften gespalten und auf den Tiefpunkt seiner Geschichte gebracht.

Brunei wurde britisches Protektorat, bis 1984 war Großbritannien in der Außen- und Verteidigungspolitik federführend. Schon 1903 hatte man die erste Ölquelle gefunden. Ab 1931 wurde das schwarze Gold exportiert, und seitdem ging es wirtschaftlich steil bergauf für Brunei. Während die britischen Kronkolonien Sarawak und Sabah sich 1963 mit Malaya zusammenschlossen, konnte das wohlhabende Brunei es sich leisten, unabhängig zu bleiben – und den Reichtum allein zu genießen.

Der heutige Sultan ist zugleich Premierminister und Verteidigungsmini-

Hinter diesem Tor wohnt einer der reichsten Männer der Welt – Eingang zum Istana Nurul Iman

ster, den Außenministerposten bekleidet sein Bruder Prinz Mohamad, lange Jahre war sein zweiter Bruder Prinz Jeffri Finanzminister. Der berüchtigte Playboy hat jedoch sein Jet-set-Leben ein bißchen übertrieben und die Staatsfinanzen damit durcheinandergebracht, so daß er 1998 in Ungnade fiel. Brunei wird seit 1962 unter einer Notstandsgesetzgebung regiert, was angesichts der friedvollen und fast verschlafenen Atmosphäre erstaunt, aber dem Sultan das Regieren leichter macht, weil er allein entscheiden kann.

In Brunei gibt es nur eine offizielle Zeitung, »Borneo Bulletin«. Die relativ strikte Auslegung des Islam, Staatsreligion von Brunei, ist für die zu fast 80 % aus Malaien bestehende Bevölkerung weniger ein Problem als für die hier lebenden Chinesen. Ihnen wurde nach der Unabhängigkeit 1984 nicht automatisch die Staatsbürgerschaft übertragen, vielmehr müssen sie in einem komplizierten Verfahren malaiische Sprachtests absolvieren und eine mehr als 25jährige Anwesenheit im Lande nachweisen, um Staatsbürger von Brunei zu werden.

Bandar Seri Begawan und Umgebung

Die Hauptstadt Bandar Seri Begawan – kurz BSB – war bis 1970 nur als Brunei Town bekannt. Tatsächlich ist es die einzige größere Stadt im Staate, und selbst hier ist alles noch überschaubar. 75 000 Menschen leben in BSB, die Hälfte davon im Pfahlbaudorf Kampung Ayer am Brunei River. Vom **Bootsanleger** 1 an der Jalan MacArthur pendeln den ganzen Tag über Wassertaxis zwischen Festland und Wasserdorf.

Ein Spaziergang über die hölzernen Stege des **Kampung Ayer** 2 ist eine Zeitreise ins alte Brunei. Die Bewohner haben nichts dagegen, wenn Touristen zwischen ihren Häusern herumlaufen.

Was man auf den ersten Blick nicht sieht: Kampung Ayer besteht nicht aus einem Dorf, sondern aus 40, jedes hat seinen eigenen Bürgermeister, der die Interessen vor dem Stadtrat vertritt. Die Lebensweise in den Pfahlbauten scheint im fortschrittlichen Brunei nicht mehr angemessen, für Umsiedlungswillige errichtete man neue Wohnungen auf dem Festland, sogar ein modernes Wasserdorf hat man gebaut, nahe Kota Batu. Die seit Generationen hier lebenden Familien wollen jedoch nicht wegziehen. Auch wenn die Holzhäuser einen baufälligen Eindruck machen, sie haben Wasseranschluß und Strom, es gibt Schulen, Moscheen, Krankenstationen und eine eigene Feuerwehr. Einziges – wenn auch dringendes – Problem ist die Abfallbeseitigung. Als Waren und Speisen noch in Bananenblätter gewickelt wurden, konnte man Verpackungen in den Fluß werfen und sich auf natürliche Beseitigung verlassen. Plastiktüten sind dazu nicht geeignet, die Praxis des ›in-den-Fluß-damit‹ haben die Einwohner aber beibehalten.

Die Festlandseite der Stadt dominiert die 1958 während der Regentschaft des 28. Sultans vollendete und nach ihm benannte **Omar-Ali-Saifuddin-Moschee** 3. Von allem wählte man nur das Beste – Marmor aus Italien, Granit aus Shanghai, die Buntglasscheiben aus England, Teppiche aus Saudi-Arabien und Kronleuchter aus Belgien. Die über 50 m hohe, goldene Kuppel ist mit venezianischem Glasmosaik belegt. In einer künstlichen Lagune spiegelt sich die Moschee. Fernöstliches Flair verleiht dem Ensemble der Nachbau einer königlichen Barke aus dem 16. Jh. in der Lagune. Außerhalb der Gebetszeiten können angemessen gekleidete Nicht-Muslime die Moschee besichtigen. In einem der 44 m hohen Minarette befindet sich ein Aufzug zu einer Aussichtsplattform, von der man einen schönen Blick über das Kampung Ayer hat.

Während sein Vater sich mit der Moschee ein monumentales Denkmal setzte, ließ der Sohn Sultan Hassan Bolkiah 1996 nebenan einen Konsumtempel erbauen. Der **Kompleks Yayasan Sultan Haji Hassanal Bolkiah** 4 steht der Moschee an Opulenz kaum nach. Wände und Böden sind mit Marmor bekleidet, das Messing ist immer gut poliert, und in den Auslagen glitzern Juwelen. Für Jugendliche gibt es ein paar Boutiquen und für die vielen westlichen *expatriates* eine Filiale der Bäckereikette Délifrance. Lebensmittel kaufen Einheimische aber lieber auf dem **Tamu** 5 an der Jalan Sungai Kianggeh nahe dem Brunei Hotel. Nebenan bekommt man an einigen Essensständen preiswerte Mahlzeiten.

Vier Museen zeigen die Geschichte und Schätze des Landes, zwei im Stadtzentrum, das Brunei Museum und das Malay Technology Museum etwa 5 km außerhalb. Das **Royal Regalia Museum** 6 an der Jalan Sultan kann man kaum verfehlen. In dem 1992 eingeweihten Kuppelbau sind die Kroninsignien der Sultansfamilie verwahrt. Dort ist auch die prachtvolle Kutsche ausgestellt, mit der Sultan Hassan Bolkiah zu seiner Krönung fuhr. Der Lebenslauf des Herrschers wird in einer Foto-Ausstellung gewürdigt. Mehr zur Geschichte der Sultansfamilie erfährt man nebenan im **Brunei History Centre** 7.

Bandar Seri Begawan
1 Bootsanleger an der Jalan MacArthur 2 Kampung Ayer 3 Masjid Omar Ali Saifuddin 4 Kompleks Yayasan Sultan Haji Hassanal Bolkiah 5 Tamu 6 Royal Regalia Museum 7 Brunei History Centre 8 Brunei Museum 9 Istana Nurul Iman

Bootsanleger in Bandar Seri Begawan

Vorbei am Brunei Handicraft Centre geht es zum **Brunei Museum** 8 mit der Privatsammlung des Sultans, einer exquisiten Kollektion islamischer Kunst aus mehreren Jahrhunderten – Koranhandschriften, antikes Glas, Waffen und Schmuck. Im oberen Stockwerk dokumentiert eine Ausstellung die Frühgeschichte von Brunei. Auch eine Selbstdarstellung der Ölfirma Shell fehlt nicht, deren Schautafeln alles Wissenswerte rund ums Erdöl erklären. Im angrenzenden Malay Technology Museum werden alte Handwerkstechniken wie Bootsbau und Blasrohrherstellung gezeigt. Nahe dem Museum beherbergt ein kuppelgekrönter Pavillon das Grab des fünften Sultans von Brunei.

Die **Istana Nurul Iman** 9 thront auf einer Anhöhe 5 km westlich des Zentrums. Der Palast des Sultans ist über 500 m lang, besitzt 1778 Räume, 257 Badezimmer, 44 Treppenhäuser und 18 Aufzüge, die von 564 Kronleuchtern und mehr als 50 000 Glühbirnen erleuchtet werden. Boden und Wände bestehen aus feinstem Marmor – wenn sie nicht wie im Thronsaal 22-karätig vergoldet sind. 4000 Menschen können im Bankettsaal speisen, zum Gebet kann der Monarch 1500 Gläubige in die hauseigene Moschee bitten.

Normalsterbliche dürfen den Palast nur am zweiten und dritten Tag nach dem Ramadan-Ende betreten, wenn der Sultan zum traditionellen *hari raya* empfängt.

Wer Ziele außerhalb von Bandar Seri Begawan besuchen will, leiht sich am besten einen Wagen. Die Straße zum Brunei Museum führt bis Muara, dem Haupthafen nordöstlich der Stadt. Südlich von Muara erstrecken sich einige mäßig schöne Sandstrände, am Pantai Muara und am Pantai Serasa gibt es Umkleidekabinen und Essensstände.

Die Küstenstraße nach Westen führt nach etwa 20 km zum ›Spielplatz‹ von Brunei, dem Jerudong Park Playground. Bis 1994 war der Ort dem Sultan allein vorbehalten, hier liegen die Polo-Plätze, die Stallungen und der Palast seiner Zweitfrau. Aus Anlaß seines 48. Geburtstags machte der Herrscher seinem Volk einen Vergnügungspark zum Geschenk. Die Fahrt auf den Achterbahnen, Riesenrädern, Go-Karts, Wildwasserbahnen und Kinderkarussells ist kostenlos. 2000 Besucher vergnügen sich hier

täglich, voll wird es in dem großen Park nur an Wochenenden und Feiertagen.

Westlich von Jerudong wird die Küste ländlicher, Sanddünen wechseln mit Mangrovenwäldern ab. Um Seria kurz vor der Grenze nach Sarawak wurde 1903 das erste Öl gefunden. Noch heute liegen dort die Verwaltungsstätten von Shell, am Strand von Seria hat die Firma das bizarre Monument of the Billionth Barrel aufstellen lassen.

Die zweite, kleinere Landeshälfte von Brunei kann man von Bandar Seri Begawan nur über das Wasser erreichen. In 45 Minuten fahren Expreßboote nach Bangar, der Hauptstadt des Distrikts Temburong. Die Boote rasen durch die Bucht, nicht zuletzt wegen ihrer länglichen Form werden sie daher auch als *flying coffins* (fliegende Särge) bezeichnet. Dank seines Ölreichtums hatte Brunei es bisher nicht nötig, seine Regenwälder auszubeuten, fast 80 % des Landes sind noch mit Primär-Dschungel bedeckt. Den zu erleben wird Besuchern allerdings schwergemacht, auf eigene Faust ist es sehr umständlich. Reisebüros in Bandar Seri Begawan bieten recht teure Touren an. Im benachbarten Sarawak bekommt man mehr für's Geld.

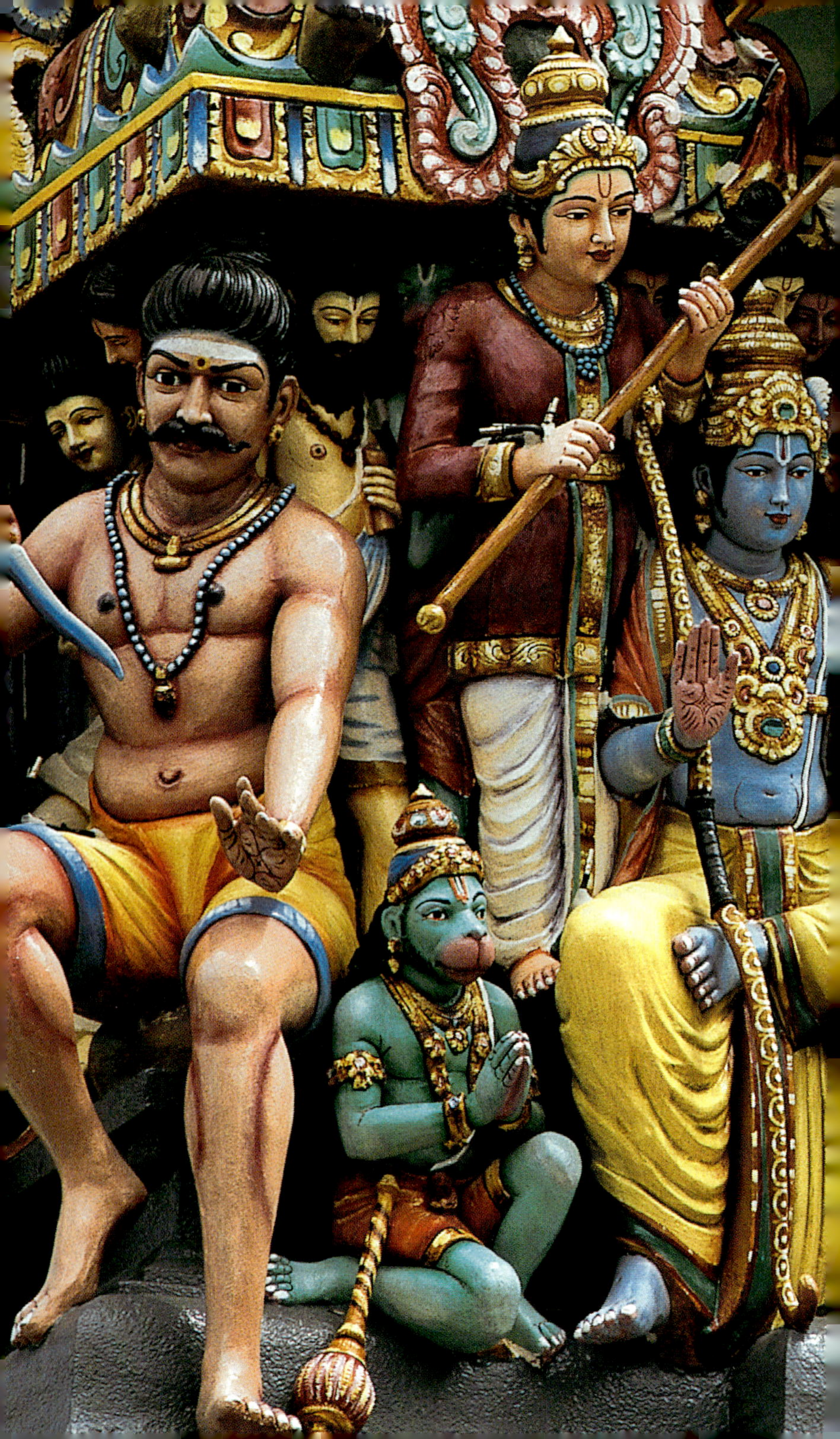

Singapur

Stadterkundung Singapur

Tips und Adressen S. 332

Singapur, einst eine kleine tropische Insel knapp 100 km nördlich des Äquators, wurde eine Erfolgsstory der britischen Kolonialzeit. Heute ist Singapur eine asiatische Metropole mit High-Tech-Appeal. Der Gründer der Stadt – Sir Stamford Raffles – war ein Mann mit Visionen. Vom kleinen Fischerdorf, das er 1819 vorfand, wuchs Singapur in kaum 150 Jahren zur Metropole mit 3 Mio. Einwohnern, zu einem wichtigen Handelsplatz zwischen Ost und West und einem der am weitesten entwickelten Tigerstaaten in Asien mit dem höchsten Pro-Kopf-Einkommen in Südostasien. 75 % der Bevölkerung sind Chinesen, neben Chinatown gibt es auch ein Little India, ein Holland Village und das muslimische Viertel um die Arab Street.

Singapur ist die mit Abstand sauberste Stadt in Asien. Ein Status, den man sich mit harter Disziplin und rigiden Strafen erarbeitet hat. Kaugummikauen (und schlimmer noch, auf die Straße spucken) kostet 500 Singapur Dollar Strafe, Rauchen in öffentlichen Gebäuden wird milder geahndet, und Sensoren in öffentlichen Toiletten melden, wenn nicht gespült wurde – macht umgerechnet 130 €. Immerhin können die Singapurer drüber lächeln. In Souvenirläden werden T-Shirts mit dem Aufdruck »Singapore is a FINE city« verkauft (engl. *fine* – schön, Strafe).

Über die Neigung der Singapurer Stadtplaner, ganze Viertel rigoros zu sanieren und die so pittoresk verwitterten Chinesenviertel in pastellfarbene Schaustücke zu verwandeln, wurde in der Vergangenheit viel diskutiert. Mit dem Verschwinden der romantisch verfallenen Viertel würde auch der Reiz von Singapur für westliche Touristen verloren gehen – so die einhellige Meinung. Bei aller Exotik verwitterter Anstriche und windschiefer Fensterrahmen: Komfortable Wohnbedingungen bieten diese Häuser nicht. Die großen Neubauviertel mit bienenwabenartigen Wohneinheiten besitzen wenig Charme verglichen mit den renovierten Chinesen-Häusern am Boat Quay oder Clarke Quay, die zu Kneipenvierteln wurden. Soviel mediterranes Flair gibt es in Südostasien sonst nicht.

Die netten Amüsierviertel sind das Sahnehäubchen auf den Modernisierungsanstrengungen, die Singapur in den Jahrzehnten seit der Unabhängigkeit unternommen hat. Dereinst galten die Slums der Stadt als die elendsten in Asien. Lee Kuan Yew, der erste Premier des Stadtstaates, entwickelte ehrgeizige Programme für die ehemalige Kolonie ohne eigene Rohstoffe.

Zur frühen Geschichte Singapurs gibt es nur wenige Quellen, dafür um so mehr Legenden. Immerhin läßt die Erwähnung eines Ortes namens Pu-luo-chung (Insel am Ende der Halbinsel) in einem chinesischen Reisebericht des 3. Jh. darauf schließen, daß das Gebiet des heutigen Singapur auf eine lange Tradition in der Seefahrt zurückblicken kann. Marco Polo fand hier eine Siedlung vor, deren Namen er mit Chiamasie angab, ähnlich wie der malaiische Name der Insel, Temasik. Temasik wird auch in javanischen Hofannalen erwähnt.

Ende des 14. Jh. flüchtete ein hinduistischer Prinz aus Sumatra hierher. Er

Detail vom Torturm des Sri Mariamman
◁ *Temple in Singapur*

Die Raffles Landing Site in Singapur

war wegen der Heirat mit einer javanischen (buddhistischen) Prinzessin in die politischen Wirren zwischen dem hinduistischen Sri-Vijaya-Reich von Sumatra und dem buddhistischen Majapahit-Reich auf Java geraten. Parameswara gab der Insel Temasik einen neuen Namen. Der Legende zufolge soll der Prinz im dichten Dschungel einen Löwen gesichtet haben – vielleicht war es auch ein Tiger, Löwen gibt es in diesem Teil der Welt nur im Zoo – jedenfalls war dieses Ereignis aufregend genug, um den Ort fortan mit dem Sanskrit-Namen Singha Pura (*singha* – Löwe, *pura* – Stadt) zu benennen.

Im späten 18. Jh. wurde der Handel mit China immer einträglicher, vor allem die Holländer mit ihren Handelsniederlassungen in Batavia (heute Jakarta) und Melaka verdienten prächtig daran. Grund genug für die Briten, auch in der Gegend aktiv zu werden. Zunächst sicherte sich die British East India Penang (1786), dann beauftragte man den Gouverneur von Bencoolen auf Sumatra, noch einen Hafen weiter südlich zu etablieren – der Name des Gouverneurs: Sir Stamford Raffles.

1818 landete dieser in Begleitung des Residenten von Melaka, William Farquhar, in der Mündung des Singapore River. Raffles erkannte das Potential dieses Ortes als Hafenstadt und trat in Verhandlung mit dem Sultan von Johor. 80 000 spanische Dollar wechselten den Besitzer, zuzüglich jährlich fälliger Pacht – am 29. 1. 1819 konnte Raffles den Union Jack hissen lassen.

Singapur war ein freier Handelshafen, auf Im- und Exporte wurden keine Steuern und Zölle erhoben, eine Politik, die ihre Wirkung nicht verfehlte. Bei der ersten Volkszählung 1824 hatten sich mehr als 10 000 Menschen hier niedergelassen. Aus den südlichen Provinzen von China strömten Arbeitsuchende, aus der britischen Kolonie Indien kamen

Arbeiter und Verwaltungsbeamte, auch für Malaien war die Insel wieder attraktiv, dazu kamen europäische Händler. Weitsichtig entwarf Raffles 1822 den ersten Stadtplan, um die verschiedenen Volksgruppen in gesunder Distanz voneinander zu halten. Die Chinesen sollten sich südwestlich des Singapore River niederlassen, die Inder im Nordosten um die Serangoon Road, die Muslime um den alten Sultanspalast um die heutige Arab Street, die Bugis-Seefahrer in der Bugis Street – noch heute ist diese Aufteilung der Stadtviertel erhalten.

1860 überstieg die Einwohnerzahl schon 80 000. Ein Boom setzte ab 1877 ein. In diesem Jahr brachte Henry Ridley geschmuggelte Samen von Kautschukbäumen auf die malaiische Halbinsel, Singapurs Hafen wurde bald zum Hauptumschlagplatz für Kautschuk. Auch das an der Westküste geförderte Zinn wurde über Singapur verschifft. Bis in die 30er Jahre des 20. Jh. vervielfachte sich das Handelsaufkommen jährlich.

Das änderte sich erst mit der Weltwirtschaftskrise und mit dem Zweiten Weltkrieg. Im Dezember 1941 bombardierten die Japaner Pearl Harbor, wenig später landeten sie an der Ostküste der malaiischen Halbinsel, am 15. 2. 1942 ergaben sich in Singapur die britischen Truppen. Drei Jahre herrschten die Japaner in einem blutigen Regime über Singapur, das sie in Syonan – Licht des Südens – umbenannten. Die japanische Militärpolizei trieb Chinesen zur Zwangsarbeit. Die Singapurer fühlten sich von der Weltmacht Großbritannien im Stich gelassen.

So ist es nicht verwunderlich, daß nach der japanischen Kapitulation schnell der Ruf nach Unabhängigkeit laut wurde. Zwar kehrten die Briten zunächst zurück, doch den Parteien wurde ein stärkeres Mitspracherecht eingeräumt. Im Mai 1959 erhielt Singapur sein erstes unabhängiges Parlament, die Regierung wurde von Premierminister Lee Kuan Yew geführt, einem in Cambridge ausgebildeten Juristen.

Boat Quay – heute ein beliebtes Kneipenviertel in Singapur

Lee stand vor der Aufgabe, aus einer ehemaligen Kolonie einen auch wirtschaftlich unabhängigen Staat zu machen. Trotz der unterschiedlichen Interessenslage wurde 1963 ein Föderationsvertrag mit Malaya abgeschlossen, doch schon zwei Jahre später, im August 1965, wieder aufgehoben.

Der wirtschaftliche Aufschwung unter der Regierung von Lee ist Legende. Allerdings wurde der Fortschritt mit einem hohen Preis erkauft. Lee, der überzeugt war, daß westliche Demokratievorstellungen nicht auf Asien übertragbar seien, führte den Stadtstaat mit strenger Hand. Die Presse wurde zensiert, eine Opposition war nicht zugelassen, unliebsame Kritiker können noch heute mittels des Internal Security Act für Jahrzehnte außer Gefecht gesetzt werden, ohne Gerichtsverfahren. Es gab eine Kampagne zur Geburtenkontrolle, später eine, die mehr Kinder propagierte, nicht zu vergessen die Sauberkeits- und Höflichkeits-Kampagnen. Als man erkannte, daß allzu viel Überwachung vor allem für Touristen unattraktiv ist, soll es sogar eine »Spaß-Kampagne« gegeben haben. Die Vergnügungsinsel Sentosa ist sicher ein Produkt derselben.

Solange sich ein Großteil der Singapurer noch an die ärmlichen Zustände der Zeiten vor Lee Kuan Yew erinnern kann, wird im Sauberstaat Dankbarkeit den Freiheitsdrang übersteigen. Die junge Generation – geprägt durch Internet und MTV – könnte aufmüpfiger werden. Der amtierende Premier Goh Chok Tong, an den Lee 1990 die Regierungsgeschäfte übergab, verspricht denn auch mehr bürgerliche Freiheiten. Immerhin gibt es seit Beginn der 90er Jahre mehr Kneipen mit längeren Öffnungszeiten.

Das koloniale Zentrum

Den historischen Gegebenheiten folgend, beginnt der Rundgang durch das koloniale Viertel an der **Raffles Landing Site** 1. Hier, am Nordostufer des Singapore River erinnert seit 1972 eine marmorne Raffles Statue an den Stadtgründer, der am 29. 1. 1819 in Singapur den Union Jack hißte.

In nachdenklich verharrender Pose scheint Raffles zu überlegen, ob er sein Singapur heute noch wiedererkennt, abgewandt von den Wolkenkratzern des Business District blickt er Richtung Meer. Was er freilich nicht mehr sehen kann, denn immense Landaufschüttungen haben die Gegend um die Mündung des Singapore River in den letzten Jahren stark verändert. Zu Raffles Zeiten glich der Fluß noch einem schwimmenden Markt, voller *sampans* und Lastenkähne. Damit wurde in den 80er Jahren im Zuge der Ordnungskampagnen aufgeräumt, heute liegen nur noch ein paar umgebaute Passagierboote am Kai, die Flußrundfahrten anbieten.

Weiter geht es Richtung Meer, vorbei am klassizistischen Empress Place Building, das 1865 als Gerichtsgebäude errichtet wurde. In den letzten Jahren wurde es zum **Asian Civilisation Museum** 2 umgebaut. Gegenüber vom Empress Place führt die **Cavenagh Bridge** 3 über den Fluß. Durch die Landgewinnung im Hafen erkennt man nicht mehr, daß hier einst die Mündung des Singapore River lag. Heute ist die Cavenagh Bridge eine Fußgängerbrücke, der Autoverkehr wird über die Anderson Bridge und die neue Highway-Brücke südlich davon geführt. Der **Merlion** 4, eine 8 m hohe Statue – halb Löwe, halb Fisch –, stand einmal frei als eine Art Wahrzeichen an der Mündung, inzwischen wirkt er etwas eingezwängt zwischen all dem Beton.

Auf dem anderen, von modernen Bürohochhäusern geprägten Flußufer, steht in Sichtweite noch ein schönes altes Gebäude, das **Fullerton Building** 5. Es dient seit seiner Fertigstellung 1928 als Hauptpostamt.

Hinter dem Empress Place Building sieht man den hohen Uhrturm, der zum **Victoria Theatre and Concert Hall** 6 gehört. Das Theater wurde 1862 als Rathaus errichtet, 1905 fügte man die Konzerthalle hinzu. Heute kann man hier Konzerte des Singapore Symphony Orchestra genießen.

Der **Cricket Club** 7 am **Padang** 8, dem Zentrum der kolonialen Siedlung, wurde 1850 für die weißen Einwohner der Kolonie gegründet, am anderen Ende des Platzes wurde ein paar Jahre

Singapur
Das koloniale Zentrum und Orchard Road

1 Raffles Landing Site 2 Asian Civilisation Museum 3 Cavanagh Bridge 4 Merlion 5 Fullerton Building 6 Victoria Theatre and Concert Hall 7 Cricket Club 8 Padang 9 Singapore Recreation Club 10 Supreme Court 11 City Hall 12 Parliament House 13 St. Andrew's Cathedral 14 Raffles Hotel 15 CHIJMES Complex 16 Singapore Art Museum 17 National Museum 18 Fort Canning Park 19 Armenian Church 20 Clarke Quay 21 Orchard Road 22 Dhoby Ghaut 23 Istana Negara 24 Emerald Hill Road 25 Singapore Botanic Garden später der **Singapore Recreation Club** 9 eingerichtet, hier ›durften‹ sich auch Chinesen und Eurasier vergnügen. Heute ist der Cricket Club die Lieblingsbar indischer Rechtsanwälte, die hier nach den Sitzungen im Gerichtsgebäude gegenüber ihre Drinks nehmen.

Der klassizistische **Supreme Court** 10 wurde 1939 fertiggestellt. Vorher stand hier das Hotel de l'Europe, das damals vornehmer als das Raffles war. Der Schriftsteller Rudyard Kipling beschrieb die Vorzüge beider Luxusherbergen: »Esse im Raffles, aber schlafe im l'Europe«. Vor der imposanten Kulisse der **City Hall** 11 mit ihrer Front aus korinthischen Säulen hielt Lee Kuan Yew gern seine Reden.

Das **Parliament House** 12 an der High Street, dessen Kern 1827 als Privathaus für einen reichen britischen Kaufmann errichtet wurde, komplettiert das

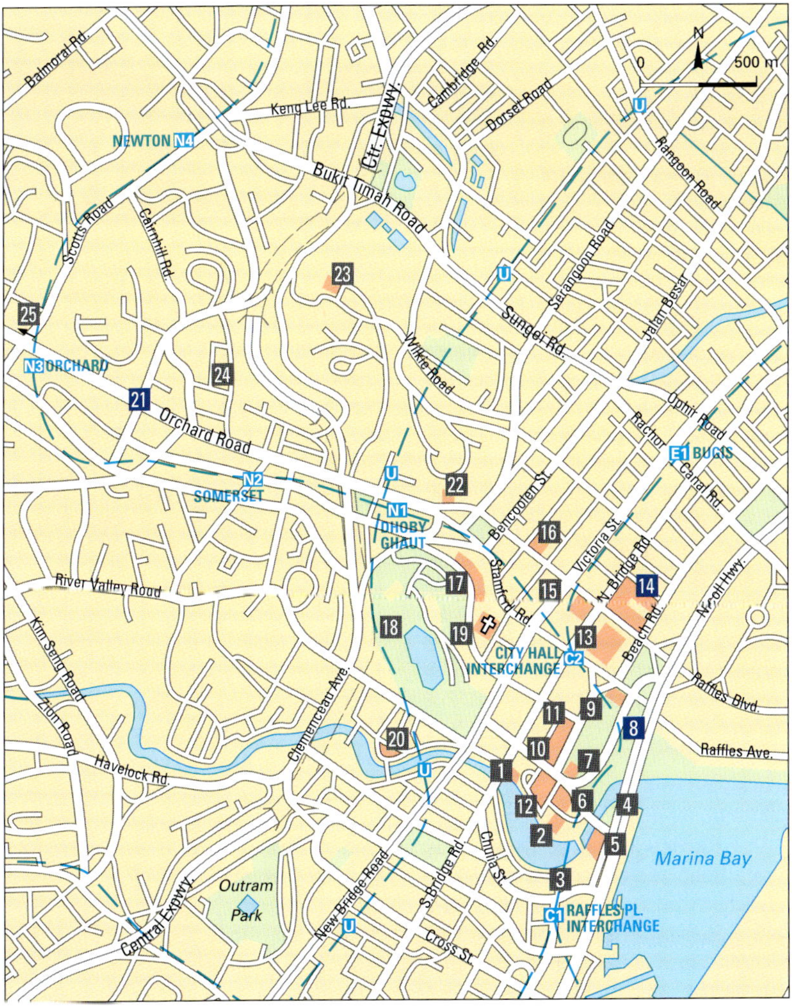

Das legendäre Raffles Hotel

administrative Zentrum. Seit 1841 tagt hier das Parlament. Wie auch andere viktorianische Gebäude in Singapur entstand dieses nach Plänen des irischen Architekten George Coleman.

Eine kurze Rast auf dem Weg zum Raffles Hotel kann man unter den schattigen Bäumen rings um die 1862 geweihte, neogotische **St. Andrew's Cathedral** 13 einlegen. Erbaut haben sie indische Strafgefangene, die für den Putz der Außenwände auch eine Rezeptur aus Madras – *chunam* – benutzten: Dazu mischten sie Kalk mit Eiweiß, Zukker und dem Wasser aus jungen Kokosnüssen, das Ganze polierten sie anschließend mit Kristallen, wodurch ein sehr schöner matter Glanz entstand.

Das **Raffles Hotel** 14 liegt an der Beach Road, die bis Anfang des 20. Jh. tatsächlich noch an der Küste entlang führte. Hier stand seit Mitte des 19. Jh. die Villa eines arabischen Kaufmannes, welche die armenischen Sarkie-Brüder 1886 kauften. Den Sarkies, seinerzeit schon erfolgreiche Hoteliers, gehörten zwei Hotels auf Penang, das Crag Hotel auf dem Penang Hill und das Eastern & Oriental, außerdem das Strand Hotel in Rangoon/Burma. 1887 eröffneten sie das Raffles. Über die Jahre wurden weitere Anbauten und Erweiterungen vorgenommen – das Raffles war das erste Hotel in Singapur mit Aufzügen, elektrischem Licht und Ventilatoren. Kein Wunder, daß das Haus schon bald zu einer der ersten Adressen für eine illustre Gästeschar aus aller Welt wurde. Nach dem Ende der Kolonialzeit wurde es stiller im Raffles. Angesichts der Konkurrenz neuer Fünf-Sterne-Hotels in der Orchard Road ging es in den 70er Jahren bergab, in den 80er Jahren war der Bau so heruntergekommen, daß man eine Totalsanierung beschloß. 1991 wurde das runderneuerte Raffles wiedereröffnet, manche sagen, ohne die charmante Atmosphäre der alten Zeit.

Aber eine Hotellegende bleibt es doch, dank der berühmten Künstler und Literaten, die hier abstiegen. Von Charlie Chaplin bis John Lennon, Rudyard Kipling über Hermann Hesse, Stammgast Somerset Maugham nicht zu vergessen, sogar Günter Grass soll hier genächtigt haben. Sie alle probierten wahrscheinlich auch den Singapore Sling, der 1913 hier von einem chinesischen Barmann erfunden wurde. Im Raffles soll 1902 der letzte Singapurer Tiger erschossen worden sein, er versteckte sich unter dem Billardtisch in der Bar. Andere Quellen behaupten, es sei ein altersschwaches Zirkustier gewesen. Wie auch immer, Literaten, Cocktail und Tiger sind heute willkommene Marketing-Mittel. Der moderne Anbau des Raffles, der bei der Renovierung 1991 errichtet wurde, beherbergt einen riesigen Laden mit Raffles-Andenken vom Milchkännchen bis zum Pantoffel.

Der **CHIJMES Complex** 15 rund um eine neogotische Kirche war ehedem ein christliches Konvent. In der Kirche finden heute oft Hochzeiten statt, in den Kreuzgängen und im Innenhof haben edle Restaurants, Bars und Geschäfte eröffnet.

In der St. Joseph's Institution zeigt das **Singapore Art Museum** 16 neben Werken lokaler Künstler auch internationale Ausstellungen. Das **National Museum** 17 von Singapur wurde 1887 in einem eleganten viktorianischen Gebäude eingerichtet, das eine verglaste Kuppel krönt. Wechselausstellungen und Dioramen dokumentieren die Geschichte von Singapur.

Im **Fort Canning Park** 18, bis zur Ankunft von Raffles der Verbotene Hügel (Bukit Larangan) der malaiischen Sultane, soll der letzte malaiische Herrscher der Insel, Sultan Iskandar Shah, begraben sein. Die Europäer erbauten ein Fort, das nach Viscount George Canning, einem Gouverneur der indischen Kolonie, benannt wurde. Dort, wo heute der Aussichtspunkt ist, stand 1823 das Holzhaus, in dem Raffles während seines kurzen Aufenthaltes in Singapur wohnte.

Nachdem man Aussicht und kühle Brise auf dem Hügel genossen hat, gelangt man am südlichen Zipfel des Parks über eine Treppe hinunter zur Hill Street nahe dem Singapore River. Die **Armenian Church** 19 an der Ecke zum Canning Rise wurde 1835 nach Plänen des irischen Baumeisters George Coleman fertiggestellt und ist damit die älteste Kirche Singapurs. Als Vorbild der Tempelfassade und Säulengliederungen diente die Londoner Kirche St. Martin-in-the-Fields.

Von hier sind es nur ein paar Minuten zu Fuß bis zum **Clarke Quay** 20, einem

Haustüren in traditionellem Stil – heute ein seltener Blickfang

Der Botanische Garten in Singapur

Restaurantviertel, in dem man sich zu einem wohlverdienten Drink niederlassen kann. In den restaurierten *shop houses* geht es vor allem abends lebhaft zu, wenn an den vielen *Saté*-Ständen unter freiem Himmel die schmackhaften Spießchen gegrillt werden.

Eine der Attraktionen von Singapur ist für viele Reisende eine Einkaufstour in der Orchard Road. *Orchard* ist das englische Wort für einen Obstgarten, und vielmehr als ein Gartenweg war die **Orchard Road** 21 vor 100 Jahren auch nicht: ein schmaler Pfad, der durch Büsche und Bambusstauden von den indischen Wäschereien im Süden, heute **Dhoby Ghaut** 22 genannt (*dhoby* – Wäscher) bis zum Botanischen Garten führt – Dhoby Ghaut heißt heute die MRT-Station am Beginn der Orchard Road. Noch heute sind die Seitenstraßen der Orchard Road nach den jeweiligen Eigentümern der Pflanzungen benannt, der Trampelpfad jedoch hat sich zu einer der berühmtesten Einkaufsmeilen der Welt entwickelt mit breiten Bürgersteigen und Straßencafés. Über 2 km reiht sich ein Einkaufszentrum ans nächste, eines prächtiger als das andere.

Die **Istana Negara** 23, der Sitz des Präsidenten von Singapur, wurde 1869 als Gouverneurssitz erbaut, zu besichtigen ist das Gelände nur an Feiertagen, wenn der Präsident sein traditionelles *open house* hält.

Nach 1 km Konsumvergnügen liegt die **Emerald Hill Road** 24 mit restaurierten, an die 100 Jahre alten *Perenakan*-Häusern günstig etwa auf der Mitte der Strecke. 1985 wurde die Straße als Fußgängerzone umgestaltet, wo man heute in Straßencafés und unter schattigen Bäumen eine Shopping-Pause einlegen kann. Eine kleine Ausstellung gibt Einblick in die Kultur der *Perenakan*- oder *Straits-borne*-Chinesen.

Wenn man auch das letzte Einkaufszentrum am westlichen Ende der Orchard Road erkundet hat, sind es nur noch ein paar Minuten bis zum **Singapore Botanic Garden** 25. Der 1859 gegründete Park ist vor allem bei Joggern und *Tai Chi*-Anhängern beliebt, an Wochenenden als Fotokulisse für Brautpaare. Dort wuchsen die ersten Kautschukbäume Südostasiens, deren Samen aus Brasilien eingeschmuggelt worden waren und für den ersten Wirtschaftsboom der Region Anfang des 20. Jh. sorgten.

Chinatown

Mit einer zu 77,3 % chinesischen Bevölkerung ist eigentlich ganz Singapur Chinatown, historisch gesehen ist aber das Viertel südwestlich von Singapore River und New Bridge Road das Zentrum der Chinesen. Hier entstanden die ersten Geschäfte, Tempel natürlich und auch die typischen *kongsi,* Klanhäuser, die Neu-Ankömmlingen in der Stadt Unterkunft und Arbeit boten. Durch den ständigen Zustrom von Immigranten war Chinatown bald das am dichtesten be-

Singapur – Chinatown
1 Raffles Place 2 Boat Quay 3 Telok Ayer Street 4 Nagore-Durgha-Schrein 5 Thian Hock Keng Temple 6 Club Street 7 Ann Siang Road 8 Eu Yang Sang Medical Hall 9 Sri Mariamman Temple 10 Temple Street 11 Sago Street 12 Tanjong Pagar Road

Vogelkäfige in Chinatown

siedelte Stadtgebiet – und das hygienisch und moralisch bedenklichste mit zahlreichen Gangstern, Opiumhöhlen und Bordellen.

Chinatown war daher auch die erste Gegend, die den Aufräum-Kampagnen der Stadtverwaltung zum Opfer fiel, Straßenverkäufer wurden in *hawker center* umquartiert, ganze Straßenzüge wurden abgerissen und durch Hochhausblöcke ersetzt, so geschehen an der Neil Road mit dem Chinatown Complex.

Nachdem Proteste gegen diese Bulldozer-Restaurierung laut wurden, wandte man sich etwas moderateren Methoden zu. Die alten *shop houses* durften stehenbleiben, wurden aber meist entkernt und so perfektioniert, daß man nun nicht mehr recht weiß, was noch original ist. Für die restaurierten Häuser stiegen die Mieten, heute findet man statt Gewürzhändlern immer mehr Werbe-Agenturen oder Souvenirshops. Mit ein bißchen Phantasie kann man aber immer noch den alten Charme des Viertels spüren –, und im Restaurantviertel von Tanjong Pagar nimmt man den hohen Hygienestandard ja auch gern hin.

Der Rundgang durch Chinatown beginnt an der MRT-Station **Raffles Place** **1**. Dieser Platz war einst das Zentrum der Geschäftswelt und zugleich auch Einkaufszentrum, heute sind rings um den Platz turmhohe Bankenpaläste aus dem Boden geschossen. Die chinesischen *shop houses* nur einen Straßenzug weiter am **Boat Quay** **2** wirken vor dieser Kulisse reichlich bedrängt. In den restaurierten Gebäuden am Singapore

River befinden sich heute die beliebtesten Kneipen der Stadt, in der Mittagspause vor allem frequentiert von den Bankern aus dem benachbarten Financial District.

Südlich des Hochhausviertels liegt das Herzstück der alten Chinatown, die **Telok Ayer Street** 3, deren Name Wasserbucht bedeutet. Wie an so vielen Stellen ist auch hier von Bucht und Wasser keine Spur mehr, dank schon 1880 vorgenommener Landgewinnung verläuft die Straße heute mehrere Blocks landeinwärts. An der Telok Ayer Street und in der parallelen Amoy Street findet man die ältesten Tempel der Stadt. Der **Nagore-Durgha-Schrein** 4, an der Ecke zur Boon Tat Street ist seit 1830 Gebetsstätte der indischen Muslime. Der **Thian Hock Keng Temple** 5 zwei Häuser weiter wurde im Jahre 1842 fertiggestellt. Im Tempel des himmlischen Glücks, traditionell die erste Anlaufstelle für Immigranten, zündeten Neu-Ankömmlinge Räucherstäbchen an und dankten Ma Chu Por (oder Tian Hu), der Göttin der Seefahrer, für die sichere Überfahrt.

Die Telok Ayer Street führt weiter nach Süden, gesäumt von langen Reihen alter Geschäftshäuser, manche schick renoviert, manche noch im morschen Originalzustand. Die **Club Street** 6 gab den verschiedenen Klanorganisationen und Handwerksgilden ihren Namen. Einige sind noch erhalten: recht schmucklose Säle mit Stuhlreihen an jeder Wand und Fotos verstorbener Mitglieder darüber. Die Club Street führt auf die ruhigen Seitenstraßen **Ann Siang Road** 7 und den Ann Siang Hill, Beispiele für die ›Yuppie-Chinatown‹ mit Bistros und Design-Büros.

Gegenüber auf der South Bridge Road tost der Verkehr, wenn nicht gerade parkende Touristenbusse die Straße blockieren. Denn hier gilt es den Sri-Mariamman-Tempel und die Souvenirshops rund um die Tempel Street zu besuchen. In der **Eu Yan Sang Medical Hall** 8, einer renovierten chinesischen Apotheke rechts von der Einmündung der Ann Siang Road, gibt es die erstaunlichsten Pülverchen zu kaufen. Rheumageplagte können sich dort getrocknete Seepferdchen mahlen lassen. Etwas konventioneller ist da schon der Ginseng-Tee, den man vor Ort einnehmen kann.

Der 1845 fertiggestellte **Sri Mariamman Temple** 9, neben Little India das Zentrum der hinduistischen Inder in Singapur, wurde vom indischen Händler Naraina Pillay gestiftet, der als Sekretär auf Raffles Schiff mitfuhr. Geweiht ist der Tempel der Göttin Mariamman, der Heilkräfte gegen Krankheiten und Epidemien zugesprochen werden. Auf dem *gopuram* und den Friesen im Innern sind auch zahlreiche andere Gottheiten dargestellt. Während des hinduistischen Festes Thimithi, das zu Ehren der Göttin Mariamman jährlich zwischen Oktober und November abgehalten wird, zieht der Tempel Tausende Pilger an. Besonders spektakulär ist der Lauf über glühende Kohlen, mit dem viele Männer die Stärke ihres Glaubens beweisen wollen. Sie tragen meist keine Verbrennungen davon. Für alle Fälle steht immer ein Krankenwagen bereit.

Nach der Besichtigung des Tempels kann man durch die kleinen Gassen in der Nähe spazieren. In der Pagoda Street und der **Temple Street** 10 gibt es eine interessante Mischnung aus traditionellen Läden, *coffee shops* und Touristenfallen. Ständer voller schrillbunter Batikkleider und Auslagen mit allerlei chinesischem Schnickschnack sollen Käufer anlocken. Die Trengganu Street führt zur **Sago Street** 11, die vor der Restaurierung die ›Sterbestraße‹ von Chinatown war. Alte Menschen zogen sich in die dunklen Sterbehäuser zurück, wo sie auf den Tod warteten. Bestattungshäuser gab es gleich nebenan, sie verkaufen heute chinesische Grabbeigaben – Papiernachbildungen von Handys, Fernsehern und Autos, die den Verstorbenen ein komfortables Leben auch im Jenseits ermöglichen sollen.

Von hier ist es nicht weit bis zum südlichen Ende der South Bridge Road, die sich in die Neil Road und die **Tanjung Pagar Road** 12 gabelt, einst voller Opiumhöhlen und Bordelle. Das hat man gründlich geändert, heute findet man dort exquisite Restaurants mit asiatischer und europäischer Küche sowie an der Neil Street traditionelle chinesische Teehäuser.

Little India und Arab Street

Als Raffles 1819 nach Singapur segelte, befanden sich in seiner Entourage mehr als 100 Inder – Matrosen, Sekretäre und Beamte. Als deren Wohngebiet hatte Raffles einen Straßenzug am Rande der heutigen Chinatown vorgesehen, die Straße ist auch heute noch nach den Chulia, den südindischen Muslimen, benannt.

Als gegen Ende des 19. Jh. mehr indische Immigranten nach Singapur kamen, war in Chinatown nicht mehr genügend Platz. Weil sich das fruchtbare Land nahe dem Rochor River zur Aufzucht von Kühen eignet, ließen sich die Inder gern hier nieder. Heute bildet das Viertel nördlich des Rochor River und rings um die **Serangoon Road** 1 das Little India der Stadt.

In der Serangoon Road und deren Seitenstraßen reihen sich zahlreiche bunte Läden aneinander. In den Auslagen strahlen Seiden-Saris mit Goldschmuck um die Wette, Gewürzhändler halten alle Ingredenzien der indischen Küche bereit, die man in den unzähligen kleinen Restaurants verköstigen kann. Im Schatten der Arkaden sitzen indische Wahrsager mit ihren Papageien, die aus einem Stapel Horoskopkarten die jeweils passende herauspicken (oder auch nicht).

Bengalische Arbeiter erbauten 1881 den **Sri Veeramakaliamman Temple** 2, der Kali geweiht ist. Die Göttin der Kraft und Stärke wird mit mehreren Armen dargestellt, die recht grausame Waffen halten. Jedes Jahr zum Hindu-Fest Deepavali im Oktober/November findet neben dem Tempel ein Markt statt. Das indische Viertel wird geschmückt und erstrahlt abends im Glanz Tausender Lichterketten.

Im **Sri Srinivasa Perumal Temple** 3 versammeln sich während des Thaipusam-Festes (Januar/Februar) die *Kavadi*-Träger, durchbohrt von Haken und Ösen, um in Trance zum Chettiar Temple nahe der Orchard Road zu ziehen. Der fünfstöckige *gopuram* (Eingangstor) zum Tempel wurde 1979 von Künstlern aus Süd-Indien ergänzt, der Tempel selbst entstand 1961.

Den buddhistischen **Shakayamuni Buddha Gaya Temple** 4 erbaute 1927 ein thailändischer Mönch. Zentrum des Heiligtums ist ein 15 m hoher meditierender Buddha, umgeben von Tausen-

Singapur
Little India und Arab Street
1 Serangoon Road 2 Sri Veeramakaliammam Temple 3 Sri Srinivasa Perumal Temple 4 Shakayamuni Buddha Gaya Temple 5 Abdul Gaffor Mosque 6 Sultan Mosque 7 Istana Kampung Glam 8 MRT-Station Bugis 9 The Gateway 10 Raffles City Complex

den Glühbirnchen. Daher wird das Gebetshaus auch Temple of Thousand Lights genannt.

Von der Serangoon Road kann man durch die lebhaften Seitenstraßen von Little India Richtung Jalan Besar zurückschlendern, sich vom Duft der Räucherstäbchen betören lassen oder vielleicht einen Sari kaufen.

Die 1910 fertiggestellte **Abdul Gaffor Mosque** **5** ist ein Meisterwerk des Eklektizismus, wenn auch hier die Vergänglichkeit recht deutlich wird; über maurischen Fächerbögen liegen römische Konsolensimse, der mit Halbsäulen verzierte Portikus hat Vorbilder in der italienischen Renaissance-Architektur, ein paar Details erinnern auch an indische Mogul-Bauten.

Rund um die Kreuzung Arab Street und North Bridge Road, dem Zentrum des Arab Quarter, gibt es bunte Ge-

TORE
HAJI
HAJI V. SYED ABU THAHIR TRADING
MONEY
CHANGER
MONEY
CHANGER
TUKAR WANG

schäfte, in denen man schwarze malaiische *Songkok*-Hüte, Koranständer und dergleichen mehr kaufen kann.

Von weitem sieht man schon die goldenen Zwiebelkuppeln der **Sultan Mosque** 6 an der North Bridge Road, der wichtigsten der über 80 Moscheen in Singapur. Ein Vorgängerbau stand schon 1825 hier, das jetzige Gebäude wurde 1928 fertiggestellt. Ein kleines Kuriosum: Die Basis der goldenen Kuppel besteht aus Glasflaschen!

Obwohl auch das ›arabische‹ Viertel eine Raffles-Planung ist, gab es dort schon vor der Stadtgründung eine muslimisch-malaiische Siedlung. Nachkommen des Sultan Hussein, der Singapur an Raffles verkaufte, leben noch heute hier. Für sie erbaute man 1840 die **Istana Kampung Glam** 7, eher ein kolonialer Bungalow denn ein malaiischer Palast.

Bevor man zur **MRT-Station Bugis** 8 zurückkehrt, kann man noch einen Blick auf ein neues Architekturkunstwerk des chinesisch-amerikanischen Architekten Ieoh Ming Pei werfen, dem Erbauer der Glaspyramide vor dem Pariser Louvre und der Bank of China in Hongkong. Auch in Singapur hinterließ er an der Beach Road ein spitzwinkliges Bauwerk. **The Gateway** 9, zwei Bürotürme, die wie zwei Klingen in den Himmel ragen. I.M. Pei entwarf auch den **Raffles City Complex** 10 an der Beach Road 300 m weiter südlich.

Rund um den Bugis Square, dem traditionellen Viertel der Seefahrer aus Sulawesi, wurde in den letzten Jahren viel saniert. Ein Straßenzug hinter dem Hotel Intercontinental wurde mit einem Glasdach überspannt und ist heute eine beliebte Einkaufspassage mit Modeboutiquen und trendigen Cafés. Im Bugis Village gibt es viele Seafood-Restaurants, die abends gern von Reisegruppen frequentiert werden.

Die Sultan Mosque – die Basis der Ziebelkuppel besteht aus Glasflaschen

Außerhalb des Zentrums

Neben glitzernden Einkaufspalästen, Bürotürmen, verräucherten Tempeln und exotischen Gewürzläden hat Singapur auch etwas Natur zu bieten. Zwar gezähmt in Parks, die sind jedoch meist sehr abwechslungsreich und naturnah angelegt – oder schlicht skurril –, was auf jeden Fall einen Besuch lohnt.

Die **Insel Sentosa** ist ein hervorragendes Beispiel für ein ernsthaft und bis ins Detail durchgeplantes Vergnügungszentrum. Man erreicht die Insel entweder mit Bussen oder Fähren vom gegenüberliegenden World Trade Centre oder mit der Seilbahn, wegen der schönen Aussicht auf Hafen und Skyline die interessantere Alternative.

Ein paar Wanderwege gibt es auf Sentosa zwar, aber schon die Strände sind künstlich aufgeschüttet. Für Frohsinn sorgen ein Wasserspaßbad, Gruselkabinette, *food stalls* natürlich und eine Bimmelbahn rund um die Insel. Im Volcano-Land sieht man alle halbe Stunde einen künstlichen Vulkan ausbrechen, im Asian Village kann man auf handliche Größe reduzierte Häuser in regionalen Baustilen besichtigen, und abends glühen die Augen des in allen Regenbogenfarben angestrahlten 37 m hohen Merlion – Kitsch pur. Sehenswert ist die Underwater World auf Sentosa. Neben kleineren Aquarien, in denen so exotische Tiere wie die Japanische Riesenkrabbe mit einer Beinlänge von bis zu 3 m leben, ist die Hauptattraktion das Tunnelbecken. Ein 80 m langer Glastunnel führt durch ein Aquarium voller Rochen, Haie und Muränen.

Wer nach dem Besuch von Sentosa noch nicht genug hat, kann an der Westküste ein weiteres Festival des Kitsch bestaunen. Einheimische lieben den **Tiger Balm Garden,** den die mit Tiger-Balsam reich gewordenen Brüder Aw Boon Haw und Aw Chu Kin 1931 anlegen ließen. Von den Japanern zerstört, wurde er nach dem Krieg wiederaufgebaut. Die Tiger-Balsam-Brüder wollten die Besucher der Anlage nicht mehr amüsieren, sie verfolgten eine höhere Mission. Die in Beton gegossenen und mit viel Farbe bemalten Szenen aus der chinesischen Mythologie sind moralische Lehrstücke »Über Liebe ... Mut ... Loyalität ... Ehebruch ... und deren Konsequenzen«, wie der Prospekt ernsthaft verkündet. Neben den Beton- und Gipsfiguren gibt es auch ein Open-air-Theater, eine Multi-Media-Show und natürlich Souvenirläden.

Im Stadtteil Jurong gibt es rund um den Jurong Lake gleich mehrere Parks. Der **Chinese Garden** und der **Japanese Garden** sind vor allem landschaftsarchitektonisch interessant mit Pagoden und Pavillons sowie einer 65 m langen Brücke, die sich malerisch über den See spannt. Der vielbeworbene **Tang Dynasty Park** kann die hochgeschraubten Erwartungen kaum erfüllen. Im **Jurong Bird Park** leben in einer riesigen Voliere über 1500 Vögel (fast) frei, im gesamten Park mehr als 8000 Vögel 600 verschiedener Arten vom antarktischen Pinguin bis zum Flamingo, vom Kiwi bis zum Nashornvogel. Sehenswert sind die Vogel-Shows mit abgerichteten Adlern oder die World of Dark-

Keine Scheu vor Farben – der Tiger Balm Garden

Richtig Reisen
Tip

Nacht-Safari im Singapore Zoo

Fast die Hälfte der millionenstarken Besucherschar empfängt der Zoo des nachts. Seit 1994 bietet man *night safaris* an: Täglich von 19.30 Uhr bis Mitternacht kann man sich im Night Safari Park 200 m neben dem eigentlichen Zoo auf die Suche nach leuchtenden Augenpaaren im Dunkeln machen. Die Wege im Nacht-Zoo sind spärlich, aber ausreichend beleuchtet. Besuchern, denen das zu unheimlich ist, können 45 Minuten lang mit einem Mini-Zug à la Jurassic Park an den Gehegen vorbeifahren.

Mehr als 1000 nachtaktive Tiere leben im Nacht-Zoo. Unter subtiler Beleuchtung sieht man Giraffen beim Äsen, wer's gruseliger mag, schaut sich die Routine der Hyänen an. Unbestrittene Könige der Nacht sind die Raubkatzen.

Neben soviel spektakulärer Fauna sollte man auch die tropischen Baumriesen beachten, die hoch in den nächtlichen Himmel aufragen. Wer nicht in den echten Dschungel reist, bekommt hier zumindest einen Eindruck vom nächtlichen Wald mit seinen gespenstischen Schatten und Geräuschen.

ness, in der man nachtaktive Vögel beobachten kann. Nebenan im **Jurong Reptile Park** kann man sich dann die größten Krokodile der Welt ansehen oder sich mit einer Python fotografieren lassen. Wahre Tierfreunde werden an den reißerischen Shows keine besondere Freude haben, ebensowenig wie an dem Angebot von Krokotaschen und Gerichten mit Krokodilfleisch im angeschlossenen Restaurant.

Den 28 ha großen **Singapore Zoo** im relativ grünen Norden der Insel besuchen über 2,5 Mio. Menschen im Jahr. Der Tierpark ist ein *open zoo,* die weitläufigen Freigehege sind durch Gräben gesichert, und man kann die meisten Tiere in einer sehr natürlichen Umgebung sehen. Raubtiere müssen auch hier hinter Gitter, viele Affen hingegen laufen ungehindert den Besuchern über die Füße. Hauptattraktionen sind die Komodo-Warane aus Indonesien, die sonst in nur drei anderen Zoos zu sehen sind, ein Wild-Africa-Gehege mit weißen Nashörnern, Gazellen und Giraffen sowie ein großes Eisbären-Becken – mitten in den Tropen. Unbestrittener Star des Zoos ist der Orang-Utan Ah Meng, der mit seinen Artgenossen in einem großen Freigehege lebt, wenn er nicht gerade zum Frühstück oder *afternoon tea* ausgeht. Für ein paar Singapore Dollar kann man mit dem rothaarigen Feinschmecker eine Orang-Utan gerechte Mahlzeit einnehmen. Am besten vorbuchen, denn die exotische Mahlzeit ist sehr beliebt. Im Zoo-Souvenirshop gibt es neben den üblichen T-Shirts und Tassen auch Zoo-Poo zu kaufen, einen organischen Pflanzendünger.

Pulau Pangkor im Abendlicht ▷

Information

Unterkunft

Restaurant

Sehenswert

Museum

Einkauf

Nachtleben

Unterhaltung

Feste

Aktivitäten

Strand

Verkehr

Tips & Adressen

Tips & Adressen

▼ Das erste Kapitel, **Tips & Adressen von Ort zu Ort**, listet die im Reiseteil beschriebenen Orte in alphabetischer Reihenfolge auf. Zu jedem Ort finden Sie hier Empfehlungen für Unterkünfte und Restaurants sowie Hinweise zu den Öffnungszeiten von Museen und anderen Sehenswürdigkeiten, zu Festen, Unterhaltungsangeboten etc. Piktogramme helfen Ihnen bei der raschen Orientierung.

▼ Die **Reiseinformationen von A bis Z** bieten von A wie ›Anreise‹ bis Z wie ›Zeitzonen‹ eine Fülle an nützlichen Hinweisen – Antworten auf Fragen, die sich vor und während der Reise stellen.

Bitte schreiben Sie uns, wenn sich etwas geändert hat!
Alle in diesem Buch enthaltenen Angaben wurden von der Autorin nach bestem Wissen erstellt und von ihr und dem Verlag mit größtmöglicher Sorgfalt überprüft. Gleichwohl sind – wie wir im Sinne des Produkthaftungsrechts betonen müssen – inhaltliche Fehler nicht vollständig auszuschließen. Daher erfolgen die Angaben ohne jegliche Verpflichtung oder Garantie des Verlages oder der Autorin. Beide übernehmen keinerlei Verantwortung und Haftung für etwaige inhaltliche Unstimmigkeiten. Wir bitten um Verständnis und werden Korrekturhinweise gerne aufgreifen:
DUMONT Reiseverlag, Postfach 10 10 45, 50450 Köln
info@dumontreise.de

Inhalt

Adressen und Tips von Ort zu Ort
(in alphabetischer Reihenfolge)

Reiseinformationen von A bis Z

Adressen und Tips von Ort zu Ort

Die **Hotels** wurden folgendermaßen eingestuft (Preiskategorien für ein Doppelzimmer pro Nacht):

sehr teuer:	ab 80 € (viel Luxus)
teuer:	45–80 € (internationale Hotels)
moderat:	25–45 € (Mittelklassehotels)
günstig:	10–25 € (schlichte Gästehäuser)
sehr preiswert:	bis 10 € (Strandhütten, Schlafsäle)

Für eine Mahlzeit ohne Getränke in **Restaurants** gilt:

teuer:	ab 15 € (gehobene Küche und elegantes Ambiente)
moderat:	8–15 € (einfache Restaurants mit einheimischer Küche)
günstig:	bis 8 € (Garküchen, Coffeeshops)

Alor Setar

Lage: Vordere Umschlagkarte E 5/6
Vorwahl: 04

Hauptstadt des Bundesstaates Kedah im Norden von Westmalaysia, nahe der thailändischen Grenze

Holiday Villa, 163 Jalan Tunku Ibrahim, Tel. 734 9999, Fax 734 1199, 1998 eröffnetes Haus nahe Bahnhof und Busbahnhof, mit Pool und gemütlichen Zimmern, integriert in ein Einkaufszentrum; moderat
Grand Continental, 134 Jalan Sultan Badli Shah, Tel. 733 5917, Fax 733 5161, zentrale Lage und Vier-Sterne-Ausstattung, aber schon ziemlich abgewohnt, daher oft Discounts; moderat–günstig
Grand Crystal, 40 Jalan Kampung Perak, Tel. 731 3331, in der Nähe der Zahir-Moschee, die Zimmer sind oberflächlich rein, es gibt einen Pool und gute Ermäßigungen; günstig
Samila, 27 Jalan Kanchut, Tel. 731 8888, Fax 733 9934, einfach, klein, in der Nähe des Fernsehturms; günstig

Restoran Rose, Jalan Sultan Badli Shah, Ecke Jalan Tunku Ibrahim, indische Küche; günstig
Food stalls auf dem Markt Pekan Rabu, der großen Markthalle an der Jalan Tunku Ibrahim; günstig
Coffee shops mit chinesischem Essen im Zentrum um die Jalan Tunku Ibrahim; günstig

Balai Besar, Audienzhalle gegenüber der Moschee, wird für Staatsempfänge genutzt und kann nicht besichtigt werden
Balai Nobat, Padang, achteckiger dreigeschossiger Turm, der die königlichen Musikinstrumente beherbergt, kann nicht besichtigt werden
Balai Seni Negeri, Padang, Mo–So 10–18, Fr 12–14.30 Uhr geschl., Eintritt frei, Gemäldesammlung malaysischer Maler
Masjid Zahir, Jalan Pekan Melayu, Padang, Moschee im maurischen Stil von 1912, kann außerhalb der Gebetszeiten besichtigt werden
Menara Alor Setar, Lebuhraya Darul Aman, Ecke Jalan Istana Lama, 10–22 Uhr, Eintritt, von der Aussichtsplattform schöner Blick auf das alte Zentrum und die

Reisfelder in der Umgebung, bei schönem Wetter bis Langkawi
Muzium di Raja, hinter der Balai Besar, Mo–So 10–18, Fr 12–14.30 Uhr geschl., Eintritt frei, Sammlung von Memorabilia der Sultansfamilie
Muzium Negeri, Lebuhraya Darul Aman, etwa 2 km außerhalb des Zentrums, Mo–So 10–18, Fr 12–15 Uhr geschl., Eintritt frei, archäologische Fundstücke aus Kedah und Artefakte aus der Zeit als Vasallenstaat von Siam, sehr aufwendige Silberschmiedearbeiten, Taxi vom Zentrum etwa 5–6 RM
Wat Siam Nikradharam, Jalan Stadium, am Kreisverkehr mit der Jalan Telok Wanjah, thailändisch-buddhistischer Tempel

Überlandbusse nach Alor Setar kommen an verschiedenen Busstationen an: Langstreckenbusse und Busse aus Thailand meist an der Expreßbusstation nördl. des Zentrums an der Lebuhraya Darul Aman, Busse aus Richtung Süden am Busbahnhof Jalan Langgar oder an der Station am Kreisverkehr Jalan Stadium/Jalan Telok Wanjah. Von Alor Setar fahren lokale Busse von der Jalan Langgar-Station, überregionale Verbindungen von der Expreßbusstation Shahab Perdana 4 km nördlich des Zentrums, Taxis vom Zentrum zum Expreßbusbahnhof ca. 6 RM.

Station für Ferntaxis neben dem Busbahnhof Jalan Langgar

Der **Flughafen** von Alor Setar liegt 12 km nördl. der Stadt, von dort tägliche Flüge nach Kuala Lumpur, das MAS-Büro befindet sich in Kompleks Alor Setar, 180 Lebuhraya Darul Aman, Tel. 731 1106

Der **Bahnhof** liegt etwas versteckt fünf Fußminuten vom Zentrum in der Jalan Stesyen, hier hält vormittags der internationale Expreß von Bangkok nach Butterworth, nachmittags der Gegenzug von Butterworth nach Bangkok. Ein Zug nach Kuala Lumpur und weiter nach Singapur fährt abends und kommt früh am nächsten Morgen in KL an.

Bako-Nationalpark

Lage: Hintere Umschlagkarte C4 (nahe Kuching)
Vorwahl: 082

Sarawaks ältester Nationalpark auf einer Halbinsel 37 km nördlich von Kuching

Permits für mehrtägige Aufenthalte und Reservierungen für die Unterkünfte werden unkompliziert bearbeitet vom: National Parks and Wildlife Booking Office, c/o Visitor's Information Centre, 31 Jalan Masjid, 93400 Kuching, Tel. 248 088, Fax 256 301, sarawak@po.jaring.my, Mo–Fr 8–18 Uhr, Sa 8–16 Uhr, Tagesbesucher benötigen kein *permit* aus Kuching, sondern lassen sich bei Ankunft im Bako Park Headquarter registrieren. Wie für alle Parks in Sarawak wird auch hier ein kleines Eintrittsgeld verlangt sowie eine Gebühr für Fotoapparate und Videokameras

Lodge, Hostel und **Campingplatz** in der Nähe des Park Headquarter, etwas zurückgesetzt vom Strand unter Bäumen, Reservierungen im Wildlife Booking Office, Kuching, Tel. 248 088, in den Hütten einfach ausgestattete Zimmer mit zwei bis fünf Betten und Kochgelegenheit, wegen der äußerst frechen und diebischen Makaken sollten die Zimmer und Zelte immer gut verschlossen sein; sehr preiswert

Die **Kantine im Park Headquarter** serviert Toast zum Frühstück und einfache malaysische Gerichte, ein kleiner Laden verkauft Lebensmittel; günstig

Wanderungen auf den markierten Wegen
Baden im Meer und im Wasserfall
Reisebüros in Kuching bieten **Touren nach Bako** an. Ein- oder Zweitagestouren lassen sich leicht und günstiger selbst organisieren.

Busse: alle 40 Min. mit Petra Jaya Bus Nr. 6 von Kuching bis in das Dorf Bako (Fahrzeit 45 Min.)

Boote vom Fischerdorf Bako zum Park Headquarter (30 Min., Festpreis ca. 30 RM pro Boot)

Ferntaxis vom Taxihalteplatz Kuching, gegenüber dem Electra House

Bario Highlands

Lage: Hintere Umschlagkarte G6

Hochebene in Sarawak an der Grenze zum indonesischen Kalimantan

John Terawe und seine englische Frau Karen, Inhaber des gleichnamigen *guesthouse* in Bareo nahe dem alten Flugplatz, kennen sich bestens in der Geographie, Geschichte und Kultur von Bario aus und geben gern Auskunft; auch der Inhaber der Bario d'Plateau Lodge kann Auskünfte geben und *guides* organisieren (kein Telefon)

Einfache *guesthouses* gibt es nur in Padang Pasir beim alten Flugplatz Bario und im Ort Ba'Kelalan. Ansonsten wird in Langhäusern oder Dschungel-Camps übernachtet. Bei der Ankunft der Flugzeuge ist immer jemand aus den *guesthouses* da, der Neuankömmlinge empfängt.
Terawe's, Padang Pasir, nahe dem alten Flugfeld, vier einfache Zimmer mit Matratzen, gutes Essen, aber manchmal lauter Verkehr vor der Haustür; sehr preiswert
Bario d'Plateau Lodge, auf dem Weg vom neuen Flugplatz zu den Langhäusern Pa'Ukat und Pa'Umor, sehr ruhig, einfache, saubere Zimmer, schöner Garten und leckeres Essen; sehr preiswert
Green Valley Inn, Ba'Kelalan, nahe dem Flugplatz, schlicht und sauber; sehr preiswert

Coffeeshops nur in Padang Pasir und Ba'Kelalan

Wanderungen und Touren von drei bis acht Tagen unternimmt man am besten mit einem Führer und organisiert sie über Reisebüros in Miri. Einschließlich Flug, Führer, Unterkunft und allen Mahlzeiten ist mit etwa 40–50 € pro Person und Tag zu rechnen, Preise vergleichen und handeln! Empfehlenswert: Seridan Mulu, Lobby Arcade, Rihga Royal Hotel, Jalan Datuk Temenggong Oyong Lawai, 9800 Miri, Tel. 414300, Fax 416066, info@seridanmulu.com

Tägl. ein **Flug** von Miri und einer von Marudi, immer morgens, nicht bei schlechten Sichtverhältnissen, Regen oder Sturm. Die kleinen Twin-Otter-Maschinen fassen nur 18 Passagiere und sind fast immer von Einheimischen reserviert, trotzdem hat man gute Chancen auf der Warteliste und als Stand-by-Passagier.

Batu Ferringhi

s. Pulau Penang S. 318

Besar

s. Pulau Besar S. 314

Bintulu

Lage: Hintere Umschlagkarte E5
Vorwahl: 086

›Cowboystadt‹ in Sarawak, auf halbem Weg zwischen Sibu und Miri

Bintulu Development Authority, Jalan Sommerville, Mo–Fr 8.30–16.30 Uhr

Plaza Hotel, 116 Jalan Abang Galau, Tel. 335111, Fax 332742, erstes Haus am Ort, Swimmingpool auf der Dachterrasse; moderat
River Front Inn, 256 Taman Sri Dagang, Tel. 33111, Zimmer mit und ohne Fenster; günstig
Sea View Inn, Taman Sri Dagang, Tel. 339228, liegt wirklich am Hafen, einfache Zimmer mit und ohne Seeblick; günstig

Fata Inn, 113 Jalan Masjid, Tel. 332 998, Klimaanlage und eigenes Bad sind der einzige Luxus, sonst schlicht; sehr preiswert

Tam Nak Thai Restaurant, Jalan Main Bazar, thailändische Küche in gepflegtem Ambiente; günstig
Sea View Restoran, am Ende der Esplanade, kurz vor dem malaysischen Kampung, gute chinesische Fischgerichte und Bier; günstig
Day Market, erster Stock, malaysische und chinesische Essensstände; günstig

Busse der Gesellschaft Suria nach Batu Niah und weiter nach Miri fahren von morgens bis nachmittags stündl. von der Busstation hinter dem Tamu-Markt, von dort auch tägl. mehrere Abfahrten nach Sibu und Kuching, ca. 2 Stunden bis Niah und 5 Stunden bis Miri

Ferntaxis nach Batu Niah oder in den Niah-Nationalpark

Der **Flugplatz** von Bintulu, Tel. 331 963, liegt mitten in der Stadt, tägl. mehrere Flüge nach Kuching, Sibu und Miri, zweimal tägl. nach Kota Kinabalu; MAS-Büro, 129 Jalan Masjid, Tel. 331 554

Auf dem Kemana-Fluß fahren **Expreßboote** in 90 Min. nach Tubau, vier Abfahrten ab 7 Uhr bis mittags. Von Tubau gelangt man über Holzfällerstraßen nach Belaga.

Brunei/Bandar Seri Begawan

Lage: Hintere Umschlagkarte F7
Stadtplan Bandar Seri Begawan S. 238
Vorwahl: 02

Das Sultanat, das der Insel Borneo seinen Namen gab, wird von einem der reichsten Männer der Welt regiert

Tourist Information, Brunei International Airport, am Ausgang der Ankunftshalle, keine geregelten Öffnungszeiten, aber die umfangreiche Broschüre »Explore Brunei« liegt immer aus.

Sheraton Utama, Jalan Tasek Lama, Tel. 244 272, fünf Sterne, fünf Fußminuten vom Zentrum; teuer
Terrace Hotel, Jalan Tasek Lama, Tel. 243 554, terrahtl@brunet.bn, neben dem Sheraton, etwas günstiger und schlichter; teuer–moderat
Brunei Hotel, 95 Jalan Pemancha, Tel. 242 372, bruhot@brunet.bn, im Zentrum, angenehme Zimmer; teuer–moderat
Pusat Belia, Jalan Sungai Kianggeh, Tel. 222 900, die Jugendherberge von Brunei, internationaler Studentenausweis und ordentliche Kleidung nötig, zentrale Lage hinter dem Markt; sehr preiswert

Essensstände am Kanal an der Jalan Sungai Kianggeh; günstig
Einfache chinesische, malaysische und indische Restaurants in der Jalan MacArthur und Jalan Sultan; günstig
Portview Café, Jalan MacArthur gegenüber dem Yayasan Complex, angenehmes Tages- und Nachtbistro mit Blick auf das Wasserdorf und den belebten Brunei River; günstig
Délifrance, McDonald's und Kentucky Fried Chicken im riesigen Yayasan Complex gegenüber der Moschee; günstig

Der Ausschank von Alkohol ist in Brunei verboten. Nicht-Muslime über 17 Jahre dürfen 2 l Spirituosen oder zwölf Dosen Bier einführen, die am Zoll deklariert werden müssen.

Brunei History Centre, Jalan Sultan, Mo–Do, Sa 9–12, 13.30–16.30 Uhr, Fr, So geschl., Eintritt frei, Geschichte Bruneis und der Sultansfamilie
Brunei Museum, 5 km außerhalb von Bandar Seri Begawan am Ufer des Brunei River, Di–Do 9.30–17, Fr 9.30–11.30, 14.30–17, Sa–So 9–17 Uhr, Mo geschlossen, Eintritt frei, sehenswerte Ausstellung islamischer Kunst, 1998 neugestaltete archäologische und historische Sammlung
Istana Nurul Iman, der größte Palast der Welt wird von einem der reichsten Männer der Welt, dem Sultan von Brunei, bewohnt. Man kann den Palast an einem Tag im Jahr, zu *Hari Raya,* dem Ende des Ra-

madan, besuchen, 4 km außerhalb des Zentrums
Jerudong Park Playground, im Bezirk Jerudong, tägl. 14–2, Fahrgeschäfte von 17–0, Fr, So 14–0 Uhr, während des Ramadan ab 20 Uhr, Eintritt frei, ein Geschenk des Sultans an seine Untertanen, die Busse Nr. 55 & 57 fahren nur bis 18 Uhr
Kampung Ayer, Dorf mit Stelzenhäusern im Wasser; am Bootsanleger an der Jalan MacArthur warten Boote auf Kundschaft
Malay Technology Museum, neben dem Brunei Museum, Di–Do 9.30–17, Fr 9.30–11.30, 14.30– 17, Sa–So 9–17 Uhr, Mo geschlossen, Eintritt frei, nachgebautes Wasserdorf, Webstühle, Landwirtschaft und Fischerei
Omar-Ali-Saifuddin-Moschee, Mo–Mi, Sa–So 8–12, 13–15.30, 16.30–17.30 Uhr, Do und Fr für Nicht-Muslime geschlossen
Royal Regalia Building, Jalan Sultan, tägl. 8.30–17, Fr 11.30–14.30 Uhr geschl, Eintritt frei, stellt in einem äußerst prachtvollen Bau die Kroninsignien zur Schau

Nobel-Geschäfte im **Yayasan Complex**, dort ist von Marken-Mode über Kristall-Lüster bis zur goldenen Rolex alles zu haben.

National Day 23.2, Armed Forces Day 31.5, Sultans Geburtstag 15.7

Durchgehende **Busverbindungen** von Sabah oder Sarawak nach Badar Seri Begawan gibt es nicht, von Sarawak fahren Busse nur bis Kuala Belait, von Sabah bis Lawas. Von dort geht es mit Taxis oder Booten weiter in die Stadt. In Brunei gibt es ein gutes und übersichtliches Nahverkehrsbusnetz. Alle Busse fahren von der zentralen Busstation in Bandar Seri Begawan ab, Tickets werden im Bus verkauft.

Mietwagen: Avis Rent-A-Car, Tel. 422 284, im Sheraton Hotel, Jalan Sungai Kiangeh.
National Car Rental, Tel. 224 921, erster Stock Banguman Hasbullah, Jalan Gadong

Der internationale **Flughafen** von Brunei liegt 11 km außerhalb von Bandar Seri Begawan. Royal Brunei Airlines fliegt nonstop nach Frankfurt und London, nach Singapur und zu weiteren Zielen in Asien und Australien. Tägl. mehrere Flüge nach Kuala Lumpur, Kuching und Miri. Tägl. einmal nach Mulu. Wer von Sabah oder Sarawak nach Brunei möchte, sollte angesichts der relativ günstigen Preise und der recht komplizierten Anreise mit Bus, Boot oder Taxi einen Flug in Erwägung ziehen; MAS ist günstiger als Royal Brunei.
Nach Brunei fahren tägl. mehrere **Expreßboote** von Labuan. Von Brunei kann man in 90 Min. nach Labuan und von dort in einem Anschlußboot in knapp 3 Std. weiter nach Kota Kinabalu in Sabah fahren.

Bujang Valley/Gunung Jerai

Lage: Vordere Umschlagkarte E5 (nahe Butterworth)
Vorwahl: 04

Ausgrabungen hinduistischer Tempel nahe dem Ort Merbok am Fuße des 1200 m hohen Gunung Jerai

Nahe dem Ausgrabungsort Merbok keine Unterkünfte, der nächste größere Ort ist Sungai Petani. Das Gunung Jerai Resort ist am besten mit eigenem Wagen zu erreichen.

In Sungai Petani:
Sri Malaysia Hotel, Jalan Pasar, nahe der Busstation, Tel. 423 4060, einfache Zimmer mit Bad, Klimaanlage und Fernseher, im Motelstil; günstig
Gunung Jerai Resort, Tel. 423 4345, etwas heruntergekommene, dafür sehr sehr ruhige Zimmer mit Aussicht, Chalets und Zeltplatz auf dem Gipfel des Gunung Jerai; günstig–sehr preiswert

Muzium Arkeologi Lembah Bujang (Archaeological Museum Bujang Valley), im Ort Merbok, tägl. 9–17 Uhr, Fr mittag geschl., Eintritt frei, im Museum gibt es Kunst- und Kultgegenstände zu sehen, die rings um die hinduistischen Tempel ausgegraben wurden; auf dem Gelände des Museums wurden zahlreiche Tempel *(candi)* restauriert, allerdings nur in Fundamenten

Von Sungai Petani gibt es keinen direkten **Bus** bis zum Ausgrabungsort Merbok, man muß in Bedong umsteigen, am besten nimmt man ein **Taxi** von der Busstation in Sungai Petani, ca. 50 RM; zum Gunung Jerai gelangt man von Gurun, das an der Hauptstraße von Sungai Petani nach Alor Setar liegt, von Gurun fahren **Jeeps** die 10 km lange Serpentinenstraße auf den Gipfel, zu Fuß etwa zwei bis drei Stunden

Bukit Larut

s. Taiping/Maxwell Hill S. 339

Cameron Highlands

Lage: Vordere Umschlagkarte F4 (nahe Tanah Rata)
Vorwahl: 05

Teeplantagen und kühle Bergluft in West-Malaysias bekanntestem Hochland

Tourist Information: Zur Zeit gibt es keine offizielle Touristeninformation in den Highlands. In den Hotels und Läden in Tanah Rata gibt man jedoch gern Auskunft, hier sind Karten erhältlich, und man kann Touren buchen. Eine gute Website mit vielen Links zu Unterkünften ist www.cameronhighlands.com. An Internet-Cafes besteht in Tanah Rata kein Mangel

In Brinchang gibt es einige Mittelklassehotels, die sich beim einheimischen Publikum großer Beliebtheit erfreuen. Für einen Aufenthalt in den Highlands ist Tanah Rata der attraktivste Ort. Die besseren Hotels befinden sich fast alle außerhalb des Ortes: eines in der Nähe von Ringlet, die anderen um den Golfplatz und an der Straße nach Brinchang, ein eigenes Auto ist von Vorteil. Im Zentrum von Tanah Rata stehen eine große Auswahl an preiswerten *guesthouses* zur Wahl, trotzdem kann es besonders im August und Dezember während der malaysischen Schulferien voll werden.

Ye Olde Smokehouse, By the Golfcourse, Tanah Rata, Tel. 491 1215, Fax 491 1214, yoshch@po.jaring.my, das Original seit 1937, Old England in den Tropen, 13 teilweise mit Antiquitäten eingerichtete Suiten, manche allerdings für den Preis ein bißchen zu winzig und muffig; sehr teuer

The Lakehouse, 39th Mile Ringlet, Tel. 495 6152, Fax 495 6213, cameron@concorde.net, luxuriöses Landhaushotel im Tudor-Stil, 10 km von Tanah Rata auf einem Hügel über dem Stausee, eigenes Auto ratsam; teuer

Equatorial Hill Resort, Kea Farm, Brinchang, Tel. 496 1777, Fax 496 1333, schöne Lage inmitten der Gemüse- und Teeplantagen, allerdings verschandelt der riesige Hotelklotz das Panorama, das 1997 fertiggestellte 510 Zimmer-Hotel hat einen Swimmingpool, Tennis- und Squash-Plätze und etliche Restaurants, ein Kino ist geplant; teuer

Strawberry Park Resort, Lot 195 & 196, Tanah Rata, Tel. 491 1166, Fax 491 1949, 1997 renoviertes Pseudo-Tudor-Resort in den Hügeln über dem Golfplatz, Zimmer mit Balkon und Holzdielenböden, beliebt bei Singapurern und deutschen Gruppenreisenden, eigenes Auto ratsam; teuer–moderat

The Heritage Hotel, Jalan Gereja, Tanah Rata, Tel. 491 3888, Fax 491 5666, Zimmer teilweise mit Balkon und schöner Aussicht, nur fünf Minuten von der Ortsmitte; teuer–moderat

Cool Point Hotel, Tanah Rata, Tel. 491 4914, Fax 491 4070, zentrale Lage, hinter Hauptstraße und Flüßchen; moderat

Bala's Holiday Chalets, Jalan Tanah Rata, Tel. 491 1660, Fax 491 1178, balasch @hotmail.com, 20 Minuten zu Fuß von Tanah Rata, einfache Zimmer, manche mit Zugang zum Garten, gutes Restaurant und nette Leute, etwas überteuert; günstig–preiswert

Father's Guesthouse, Tanah Rata, Tel. 491 2484, fathersonline@hotmail.com, traditioneller Traveller-Treffpunkt auf dem Hügel über Tanah Rata, fünf Minuten vom Zentrum, Zimmer im ehemaligen Pfarrhaus und Schlafsäle in Hütten, entspannte Atmosphäre; sehr preiswert
Cameronian Holiday Inn, 16 Jalan Mentigi, Tanah Rata, Tel. 491 1327, ruhig am Ortsrand gelegen; sehr preiswert
Es gibt noch viele ähnliche *guesthouses* in Tanah Rata, dazu einige Hotels an der Hauptstraße. An Wochenenden und in den Schulferien kann es voll werden

Ye Olde Smokehouse, einen (teuren) *afternoon tea* im Rosengarten des Hotels sollte man sich gönnen, auch für ein romantisches Dinner bietet das Smokehouse das stilvollste Ambiente in den Camerons, gepflegte Kleidung erwünscht (keine Shorts und T-Shirts); teuer
Downtown Café, 41 Main Rd., alle Mahlzeiten vom Frühstück bis zum Abendessen, auch Kuchen und Gebäck; günstig
Restoran Kumar, 26 Main Rd., serviert einfache indisch-malaysische Gerichte auf dem ›Sunset-Boulevard‹ von Tanah Rata; günstig
In den food stalls an der Main Road gibt es bis in den frühen Abend Nudel- und Reisgerichte und Saté.

Spezialität in Tanah Rata ist *steamboat,* eine Art Fondue, bei der man Gemüse, Fleisch, Fisch und Nudeln in einer mehr oder minder scharf gewürzten Suppe garkocht. Nichts für tropische Hitze, aber da es in den Highlands abends kühl wird, macht es dort Spaß.

Blasrohre, Orchideen und Honig verkaufen Orang Asli entlang der Straße von Tapah nach Tanah Rata.
Boh Tea Shop, Sungai Palas Tea Estate, Brinchang, feine Teesorten, Tassen und Zubehör für Teefans
Einige Läden in Brinchang und Tanah Rata bieten in Kunstharz gegossene Insekten an, die man – wie alle Souvenirs pflanzlichen und tierischen Ursprungs – besser nicht kauft, will man die Umwelt lebend erhalten. Die Souvenir-Blasrohre dürfen im Flugzeug nicht als Handgepäck mitgenommen werden, sondern müssen aufgegeben werden, wenn sie nicht in den Koffer oder Rucksack passen, als Gefahrgut!

Zwei **Teefabriken** können besichtigt werden, der Boh Tea Estate an einer Nebenstraße, die vom Ort Habu Richtung Osten abzweigt, tägl. außer Mo 11–15 Uhr, Sungai Palas Tea Estate, nahe dem Equatorial Hill Resort an der Straße zum Gunung Brinchang, Di–Sa 8.30–15 Uhr. Zu beiden Plantagen fahren von Ringlet bzw. Tanah Rata Busse, allerdings nicht öfter als viermal tägl., am besten, man mietet sich für ein paar Stunden ein Taxi, die offiziellen Preise sind in der Taxizentrale in Tanah Rata neben der Busstation angeschlagen.
Malaysias höchste Bergstraße führt auf den Gunung Brinchang (2032 m), oben wird man zumindest am Morgen mit einem herrlichen Ausblick belohnt.
Touren: Die Hotels und einige Läden in Tanah Rata und Brinchang bieten Halbtages- und Tagestouren an. Bei Wanderungen auf eigene Faust ist Vorsicht geboten, denn die Wege sind zum Teil sehr schlecht markiert und teils zugewachsen. Am besten vorher jemanden informieren, wohin man aufbricht und wann man etwa zurücksein wird.

Alle Orte der Highlands, Ringlet, der Hauptort Tanah Rata und Brinchang, liegen an der Hauptstraße und sind mit **Bussen** erreichbar.

Nach Tanah Rata fahren morgens in 4,5 Std. Busse von Kuala Lumpurs Puduraya-Busstation. Nach Tapah, dem nächstgrößeren Ort unterhalb des Hochlands mit Anschluß an die Nord-Süd-Autobahn, fahren Busse von allen größeren Städten der West- und Ostküste, einschließlich Penang. In Tapah kann man bis 18 Uhr in einen von den vielen Bussen umsteigen, welche die 60 km lange Serpentinenstraße in die Cameron Highlands in 90 Min. hochfahren. Von Tanah Rata gibt es morgens und mittags einen direkten Bus nach Kuala Lumpur und Penang (6 Std.)

In den Highlands: Auf der Hauptstraße zwischen Ringlet, Tanah Rata und Brinchang und zurück verkehrt zwischen 8 und 18 Uhr etwa stündl. ein Bus. Die Nebenstraßen der Highlands werden seltener bedient: Bis zur Sungai-Palas-Plantage fährt viermal tägl. bis mittags ein Bus, die schöne Strecke von Brinchang bis Kampung Raja und zurück wird etwa alle zwei Stunden gefahren und zur Boh-Plantage zwischen Tanah Rata und Ringlet geht es dreimal tägl.

Falls von Tapah der letzte Bus nach Tanah Rata schon weg sein sollte, kann man ein **Taxi** mieten

Die **Züge** der Westküstenlinie halten 8 km westl. von Tapah am Bahnhof Tapah Road. Nach Norden und Süden fahren tagsüber zwei Züge, vormittags und nachmittags.

Cherating

Lage: Vordere Umschlagkarte H4
Vorwahl: 09

Badeort an einer sanft geschwungenen Bucht der Ostküste von West-Malaysia, 42 km nördlich von Kuantan

Es gibt keine offizielle Touristeninformation, aber an der Dorfstraße einige Büros, die Bustickets und Touren verkaufen sowie Auskunft über Reiseverbindungen und Unterkünfte geben können. Es gibt keine Bank in Cherating und die Wechselstuben haben recht lausige Kurse.

Im alten Dorf (Kampung Cherating Lama) preiswerte Hütten und Mittelklasse-Unterkünfte, die teilweise etwas renovierungsbedürftig wirken, außerhalb des Ortes, an der Route 3 Richtung Norden, wurden in den letzten Jahren zahlreiche Resort-Hotels der gehobenen Klasse errichtet
Residence Inn, Lot 826, Kampung Cherating, Tel. 581 9333, Fax 581 9561, an der nördlichen Ortsausgangsstraße 200 m vom Strand, Pool, gut ausgestattete Zimmer mit Klimaanlage; teuer
Tanjung Inn, Kampung Cherating, Tel. 581 9081, Fax 03-735 6745 (Büro in Kuala Lumpur), schöne Gartenanlage um einen Teich, Hütten in verschiedenen Preis- und Ausstattungsklassen, Zugang zum Strand, am südlichen Strandabschnitt; günstig
Greenleaves Inn, Kampung Cherating, Tel. 010-3378242, am Sungai Cherating gelegen unter schattigen Bäumen, entspannte Atmosphäre in sehr einfachen Hütten; sehr preiswert

Außerhalb:
Club Méditerranée, Batu 29, Jalan Kuantan Kemaman, Tel. 581 9133, Fax 581 9524, Kuala Lumpur Büro, Tel. 03-2614670, chua@clubmed.com.my, 2 km von Cherating, große, gut bewachte Anlage im malaysischen Stil an einem schönen Strandabschnitt, riesiger Pool, Läden, verschiedene Restaurants und Animationsprogramm, während der Regenzeit von November bis Mitte Januar geschl.
Impiana Resort, Jalan Kuantan Kemamam, Tel. 581 9000, Fax 581 9090, impcher@po.jaring.my, 4 km nördl. von Cherating am Cendor-Strand, Vier-Sterne-Standard, Pool, Gartenanlage; teuer
Cherating Holiday Villa, Lot 1301, Mukim, Tel. 581 9500, Fax 581 9178, cychai@tm.net.my, hübsche Anlage um eine Pool-Landschaft, am Strand, Sportmöglichkeiten; teuer
Swiss Garden Resort, Mukim, Kampung Beserah, Tel. 544 7333, Fax 544 9555, neue, fünfstöckige Anlage am Strand, mehrere Pools; teuer

Im Ort gibt es einige einfache chinesische Seafood-Restaurants und Cafés mit westlichen Gerichten. Am Strand einige Bars, dort erhält man tagsüber und abends kleine Snacks, kalte Getränke und Bier
Pop Inn, an der Dorfstraße beim Cherating Mini-Motel, auch deutsche Gerichte, manchmal Live-Musik; günstig
Mimi's, an der Dorfstraße, malaysische und indische Küche; günstig

Cherating Cultural Centre, Tel. 5819790, neues Kulturzentrum am südlichen Ende des Dorfes, für den Ort ein bißchen zu groß geraten, hier gibt es samstags Tanzvorführungen und Kunsthandwerkskurse

Batikkurse werden von verschiedenen Werkstätten angeboten, die Strandcafés vermieten **Windsurfbretter,** fast alle Unterkünfte vermitteln **Bootstouren** auf dem Cherating-Fluß, **Schnorchelausflüge** zur Snake Island (Pulau Ular) und nächtliche **Schildkröten-Beobachtungs-Trips**

Nach Cherating fahren von Kuantan etwa jede Stunde **Nahverkehrsbusse,** die Passagiere an der Hauptstraße (Route 3) aussteigen lassen, die restlichen 300 m ins Dorf geht man zu Fuß. Auch die **Fernbusse** von Kuantan Richtung Norden nach Kuala Terengganu und die Busse von Norden lassen Fahrgäste an der Hauptstraße aussteigen. Von Cherating zu Zielen an der Ostküste und im Landesinneren fährt man am besten nach Kuantan, um dort in Fernbusse umzusteigen. Die Unterkünfte in Cherating organisieren günstige Shuttle-Bus-Verbindungen nach Kuantan und verkaufen Tickets mit Sitzplatzreservierungen.

Die Unterkünfte vermitteln auch **Taxis** für Fahrten nach Kuantan, zum Flughafen und zum Lake Chini sowie zu Fernzielen

Crocker Range

Lage: Hintere Umschlagkarte G7
Vorwahl: 087

Bergzug mit Regenwald und Reisterrassen, der den Küstenstreifen von Sabah vom Binnenland trennt

In Tenom:
Perkasa Hotel, Tel. 735811, etwas außerhalb, hat aber einen Abholservice und wunderschöne Aussicht; günstig

Sri Perdana Hotel, Tel. 734 001, neues Haus im Zentrum, drei Fußminuten vom Bahnhof; günstig
Sri Jaya, Tel. 735077, an der Hauptstraße; sehr preiswert

In Keningau:
Hotel Perkasa, Jalan Keningau, Tel. 331045, man ist stolz, das erste Haus am Ort zu sein; günstig

Sinsuron-Paß:
Gunung Emas Highland Resort, Tel. 215 499, 50 km von Kota Kinabalu, 10 km von der Rafflesia Forest Reserve, 2000 m hoch gelegen, Zimmer verschiedener Kategorien mit und ohne Aussicht, an Wochenenden oft ausgebucht; moderat–günstig

Rafflesia Forest Reserve, KM 60 am Sinsuron-Paß, Info Centre tägl. 8–12.30, 14–17 Uhr, Tel. 088-774061, markierte Wege zu den Blüten, falls welche vorhanden sind, vorher anrufen!
Tenom Agricultural Research Station and Orchid Centre, Di–So 9–16 Uhr, Tel. 737 952, 15 km nördl. von Tenom, lokale Nutzpflanzen wie Kaffee und Kakao, Sammlung von Orchideen aus aller Welt, Taxis ca. 20 RM hin und zurück

Whitewater Rafting in der Padas-Schlucht wird von einigen Veranstaltern in Kota Kinabalu angeboten, ab Tambunan gibt es **mehrtägige Wandertouren** auf den Mount Trus Madi oder in den Dschungel der Crocker Range, zu buchen über Borneo Eco Tours, Anschrift s. Kota Kinabalu

Nach Tambunan und Keningau fahren von Kota Kinabalu und Rana aus **Mini-Busse,** von dort muß man für die Weiterfahrt nach Tenom umsteigen. Die letzten Mini-Busse aus der Crocker Range fahren am frühen Nachmittag nach Kota Kinabalu oder Ranau.

Der **Schmalspurzug** zwischen Beaufort und Tenom verkehrt dreimal tägl. und braucht etwa drei Std. für die Strecke. Es gibt auch zwei **durchgehende Züge** von

Kota Kinabalus Tanjung Aru Station bis Tenom. Die Abfahrtzeiten ändern sich häufiger, deshalb den aktuellen Fahrplan bei der Sabah Tourism Promotion Corporation erfragen, Tel. 088-212121. In der letzten Zeit gab es einige Unfälle auf dieser Strecke, sogar Entgleisungen, außerdem ist der Regenwald 1999 durch Brände sehr in Mitleidenschaft gezogen worden. Die Bahnfahrt ist daher nicht mehr als touristische Attraktion zu empfehlen.

Damai Beach

Lage: Hintere Umschlagkarte C4 (nahe Kuching)
Vorwahl: 082

Der Strand von Kuching in Sarawak

Holiday Inn Resort Damai Lagoon, Tel. 846900, Fax 846901, luxuriöse Anlage mit 256 Zimmern, die Chalets sind um eine üppige Pool-Landschaft gruppiert, die für den durchschnittlichen Strand entschädigt; teuer
Holiday Inn Resort Damai Beach, Tel. 846999, Fax 846777, hirdb02@po.jaring.my, Schwesterhotel des Damai Lagoon 500 m weiter südl.; teuer
Damai Rain Forest Resort, Tel. 846487, Fax 846 486, in den Dschungel gebaute Anlage, die Chalets sind ziemlich muffig, etwas Besonderes sind dagegen die Baumhäuser mit Klimaanlage und schönem Blick durch die Baumwipfel auf das Meer, für den Standard etwas überteuert; moderat

Restaurants: in den großen Hotels oder an der Straße Richtung Kuching im Fischerort Buntal. Dort gibt es am Strand viele Seafood-Restaurants, die allerdings abends nur mit eigenem Transport gut zu erreichen sind.

Sarawak Cultural Village, Tel. 846411, Mo–So 9–17.15 Uhr, Tanzvorführungen tägl. 11.30 und 16.30 Uhr, Eintritt 45 RM, Kinder die Hälfte, Freilichtmuseum mit originalgetreuen Nachbauten von traditionellen Langhäusern

Wassersportmöglichkeiten in den Hotels. **Wanderungen** durch den Regenwald oberhalb des Cultural Village. Der Weg auf den Gipfel des Gunung Santubong ist sehr anstrengend und nur etwas für Sportliche, denn das letzte Stück Weg führt an Seilen und über Strickleitern; ausreichend Trinkwasser nicht vergessen; **Bootstouren** zu malaysischen Fischerdörfern in den umgebenden Flußmündungen werden von den Hotels organisiert; **Mountainbikes** sind eine gute Möglichkeit, die umliegenden Dörfer auf eigene Faust zu erkunden, zu mieten in den Hotels
Damai Golf and Country Club, Tel. 846 088, Fax 846044, bietet exklusives Golfvergnügen im Arnold-Palmer-Design mit Meeresblick

Busse der Petra Jaya Line Nr. 2B fahren alle zwei Stunden von Kuching (45 Min.), bequemer und etwas teurer sind die Pendelbusse der Hotels, die stündl. vom Riverside Hotel und Holiday Inn bis Damai fahren (30 Min.)

Danum Valley

Lage: Hintere Umschlagkarte H7

Unberührter Regenwald im tiefsten Sabah

Die einzige Unterkunft ist die **Borneo Rainforest Lodge,** zu buchen über Borneo Nature Tours, Block 3, Fajar Centre, P.O. Box 61174, 91120 Lahad Datu, Sabah, Tel. 089-880207, Fax 089-885051 oder Innoprise, Tourism Division, Block D, Sadong Jaya Complex, P.O. Box 11622, 88817 Kota Kinabalu, Tel. 088-243245, Fax 088-262050, ijl@po.jaring.my; die Lodge besteht aus 20 komfortablen Holz-Bungalows, die über einen schönen Balkon verfügen. In der Lodge gibt es ein Restaurant, einen Minishop, eine kleine Bibliothek und ein Kartentelefon. Meist wird ein Pauschalpreis inklusive Transport, Vollpension und *guides* angeboten, aufgrund der abgeschiedenen Lage ein teurer, aber lohnender Spaß; teuer

Mehrere **Wanderwege** von der Lodge durch den Regenwald. Bis auf den kurzen Orientierungsweg nahe der Lodge und den Canopy Walkway müssen alle – aus gutem Grund – mit einem *guide* gegangen werden. Es werden Vogelbeobachtungstouren, nächtliche Wanderungen oder Nacht-Safaris mit einem Jeep angeboten. In einem Wasserfall 15 Minuten von der Lodge entfernt kann man schwimmen.

Transfer: Gäste, die in der Lodge reserviert haben, werden vom Flughafen in Lahad Datu abgeholt und in etwa 2–3 Stunden mit Geländewagen über Holzfällerstraßen zur Lodge gefahren.

Endau-Rompin-Nationalpark

Lage: Vordere Umschlagkarte H2 (nahe Kulai)

Wenig besuchter Nationalpark mit einzigartiger Vegetation im Süden Malaysias

National Parks Johor Corporation, JKR 475 Bukit Timbalan, 80000 Johor Bahru, Tel. 07-2337471, Fax 07-2337472, stellt auch die *permits* aus

Im Base Camp und an einigen Orten im Park einfache Hütten; ansonsten wird gezeltet. Weil eine Tour in diesen Nationalpark im Unterschied zum Taman-Negara-Park mehr Vorbereitung und Ausrüstung erfordert, ist es ratsam, über einen Veranstalter zu buchen. Dieser besorgt das *permit* und kümmert sich um die Ausrüstung. In Mersing organisiert das Omar Backpacker Hostel, Tel. 07-7995096, Touren in den Park, in Johor Bahru New Asia Tours & Travel, 157 Jalan Simbang, Taman Perling, 81200 Johor Bahru, Tel. 07-2377329, Fax 07-2363590

Der letzte Ort, den man mit **Bussen** oder **Autos** erreichen kann, ist Kampung Kahang an der Ost-West-Verbindungsstraße zwischen Mersing/Jemaluang und Ayer Hitam. Von hier fahren **Jeeps** in das 45 km entfernte Kampung Peta, einem Orang-Asli-Dorf. Dort geht es 45 Min. mit **Booten** bis zum *base camp* in Kuala Jasin. Manche Veranstalter bieten eine Bootstour von Endau an der Ostküste an. Diese dauert mehr als einen halben Tag und ist entsprechend teuer. Wenn man eine organisierte Tour bucht, wird man in Mersing oder Johor Bahru abgeholt.

Fraser's Hill

Lage: Vordere Umschlagkarte F3 (nahe Raub)
Vorwahl: 09

Ruhiges Hill Resort am Fuße der zentralen Bergkette von West-Malaysia

Information Office, im Erdgeschoß des Puncak Inn, Tel. 3622201, 3622248, Fax 3622273, tägl. 8–18 Uhr, dort gibt es eine Kartenskizze der Wanderwege, Buchung der Bungalow-Unterkünfte der Fraser's Hill Development Corporation (FHDC). WWF Nature Education Centre, Tel. 362 2517, oberhalb des Ortes, gute Karten und geführte Dschungelwanderungen

Ye Olde Smokehouse, Jalan Jeriau, Tel. 3622226, Fax 3622035, yoshfh@tm.net.my, an der Straße zu den Jeriau-Wasserfällen, schöner Garten, Ableger des Original-Smokehouse in den Cameron Highlands, wer hier übernachtet, muß für das Flair und den traditionsreichen Namen mitbezahlen; sehr teuer
Quest Resort, Tel. 3622300, Fax 3622284, im Ort und architektonisch eine Sünde, die Ausstattung ist etwas moderig, nur der Blick auf die Hügel und den Golfplatz stimmt versöhnlich; moderat
Puncak Inn, Jalan Genting, Tel. 3622055, gegenüber vom Uhrturm, einfache Zimmer, wochenends voll und laut; günstig
Von den FHDC-Bungalows sind der Rompin-, Kuantan- und Jerantut-Bungalow besonders schön, aber etwas abseits gelegen, die ersten beiden haben drei Schlafzimmer, Jerantut vier; günstig
Gap Resthouse, Tel. 3622227, Buchungen über Tel. 03-8041026, am *gap,* dem Anfang

der 7 km langen, nur einspurig befahrbaren Straße zum Ort Fraser's Hill, ein kolonialer Bau, etwas renovierungsbedürftig; sehr preiswert
Buchungen für alle Chalets über FHDC, Tel. 362 2248; sehr preiswert

Ye Olde Smokehouse, Jalan Jeriau, englische und internationale Speisen zu gesalzenen Preisen; moderat
Spices, in einem gemütlichen altenglischen Steinhäuschen gegenüber vom Uhrturm, mit Sonnenterrasse; günstig
Golf-Clubhouse, mit Blick über den Platz, auf der Veranda kann man Anfänger beim Abschlag üben beobachten, chinesische Küche; günstig
Gap Resthouse, chinesische Küche und Erfrischungen, gut um die Wartezeit am *gap* zu verbringen; günstig

Der Neun-Loch-Golfplatz ist auch für Nicht-Klubmitglieder gegen Gebühr geöffnet, Fahrräder werden stundenweise im Büro des Clubhouse vermietet. Wanderungen auf sieben markierten Wegen, kein Weg dauert länger als 2,5 Stunden

Keine Direktbusse von Kuala Lumpur nach Fraser's Hill, man muß in Kuala Kubu Baru umsteigen. Dorthin fahren stündl. **Busse** von Kuala Lumpur, Puduraya-Busstation, von Kuala Kubu Baru fährt um 8 Uhr und mittags ein Bus in einer Stunde nach Fraser's Hill. Von Fraser's Hill fahren tägl. zwei Busse um 10 und um 14 Uhr zurück nach Kuala Kubu Baru.

Ferntaxi: Von Kuala Kubu Baru nach Fraser's Hill die Nord-Süd-Autobahn bis zur Ausfahrt Rawang, dort auf die Landstraße Richtung Norden/Kuala Kubu Baru, dort ist Fraser's Hill ausgeschildert. Am Fuße der Hügel regelt eine Schranke, das berühmte *gap,* den einspurigen Verkehr auf der schmalen Bergstraße. Bergauf geht es zu ungeraden Uhrzeiten (7–19 Uhr), bergab zu geraden Uhrzeiten (6–18 Uhr), abends und nachts ist die Straße für beide Richtungen geöffnet!

Georgetown

s. Pulau Penang S. 318

Gunung Gading-Nationalpark

Lage: Hintere Umschlagkarte C4/5
Vorwahl: 082

Nationalpark und Schutzgebiet für Rafflesia, 120 km westl. von Kuching in Sarawak

Das National Parks & Wildlife Booking Office, c/o Visitor's Information Centre, 31 Jalan Masjid, 93400 Kuching, Tel. 248 088, Fax 256 301, sarawak@po.jaring.my, Mo–Fr 8–18, Sa 8–16 Uhr, oder das Park Headquarter, Tel. 735 714, informieren darüber, ob gerade eine Rafflesia blüht. Ein *guide* führt im Park zur Blüte.

Chalets und **Hotels** im Park Headquarter, einfach und mit Kochgelegenheit; günstig–sehr preiswert

Im Park gibt es kein Restaurant, im Ort Lundu einige gute Fisch-Restaurants

Busse: Von Kuching, Terminal Gambier Road, fährt fünfmal tägl. Sarawak Transport Co. Bus Nr. 2B nach Lundu (1,5 Std.), von Lundu zum Park Headquarter weiter mit Bus 17C oder in einer halben Stunde zu Fuß
Ferntaxis: Von Kuching, Electra House

Gunung Kinabalu

s. Kinabalu-Nationalpark S. 282

Ipoh

Lage: Vordere Umschlagkarte F4
Vorwahl: 05

Hauptstadt von Perak, koloniale Prachtbauten und elegante Villen erinnern an den Glanz vergangener Tage

Perak Tourist Information Centre, Jalan Tun Samabanthan, neben dem Padang, Tel. 241 2958, Mo–Fr 8–13, 14–16.15 Uhr
Auch in Ipoh wurden in letzter Zeit einige englische Straßennamen ›malayisiert‹ – aus Jalan Chamberlain wurde Jalan C. M. Yusuf, Jalan Leech wurde in Jalan Bandar Timar umbenannt, und die Bahnhofstraße heißt statt Jalan Kelab nun Jalan Panglima Bukit Gantang Wahab

Casuarina Parkroyal, 18 Jalan Gopeng, Tel. 255 5555, großes Haus mit internationalem Standard, etwas außerhalb des Stadtzentrums, mit Pool und Garten; teuer–moderat
The Majestic Hotel, Stesen Keretapi, Tel. 255 5605, Fax 255 3393, Hotel im Bahnhof, die Zimmer sind nicht mehr so ganz taufrisch, aber das kann dem Haus nichts von dem kolonialen Charme nehmen, den man besonders gut auf der langen Veranda im dritten Stock genießen kann; günstig
Sri Malaysia Hotel, Jalan Raja DiHilir, Tel. 241 2936, 1997 eröffnetes Haus der malaysischen Budget-Motelkette, schlichte Zimmer mit Fernsehen, Klimaanlage und Bad; günstig
Grand Cathay, 88 Jalan C. M. Yusuf (früher Jalan Chamberlain), Tel. 241 9685, älteres, aber freundliches Hotel, in der Gegend gibt es noch mehr davon, viele vermieten Zimmer allerdings am liebsten stundenweise (!); sehr preiswert

Corridor Café, im dritten Stock des Majestic Hotel; günstige Set-Lunches und Dinners, die koloniale Atmosphäre ist auf jeden Fall eine Besuch wert, wenn auch die Küche nicht so gut ist; günstig
Kedai Kopi Kong Heng, Jalan Bandar Timah, hier gibt es die berühmten *Ipoh kway teow,* breite Reisnudeln, gebraten oder als Suppe, in der Nachbarschaft viele ähnliche *coffee shops* in schönen alten Häusern; günstig
Food stalls, Jalan Musa Aziz, verschiedene *hawker* haben ihre Küchen und Tische rund um einen Kinderspielplatz aufgestellt; günstig

D. R. Seenivasagam Park, Jalan Raja Musa Aziz, am nördl. Ende der City, der Ipoh-Baum *(Antiaris toxicaria)* gab der Stadt ihren Namen und sein Milchsaft den Orang Asli Gift für ihre Pfeile.
Geologisches Museum, Jalan Sultan Azlan Shah, Mo–Do 8–16.15, Fr, Sa 8–12.15 Uhr, Eintritt frei, liegt außerhalb der Stadt, Ausstellung zum Zinnabbau
Perak Museum, Jalan Panglima Bukit Gantang Wahab, tägl. 9–17 Uhr, Eintritt frei, zehn Minuten zu Fuß vom Padang, historische Fotos von Ipoh zur Zeit des Zinnbooms

Felsentempel Kek Lok Tong und Sam Poh Tong Temple südöstl. der Stadt und der Perak Tong Tempel im Nordosten, alle 8–18 Uhr, Eintritt frei, und Kellies Castle, 30 Autominuten oder 12 km südl. von Ipoh an der Straße A8 nach Batu Gajah, tägl. 7–18 Uhr, Eintritt

Busse von allen größeren Orten der Halbinsel. Ipoh liegt nahe der Nord-Süd-Autobahn. Der Busbahnhof für überregionale Busse ist an der Ecke Jalan Tun Abdul Razak/Jalan Panglima Bukit Gantang Wahab, südl. vom Bahnhof. Busse nach Lumut, den Hafen für Pangkor, fahren von 8–17 Uhr, stündl. von einem Halteplatz gegenüber dem Busbahnhof in 1,5 Std.

Ferntaxis: Vom Busbahnhof, Tel. 241 2189, die lokale Taxistation an der Jalan Dato Tahwil Azari, neben den *food stalls* am Kinderspielplatz. Dort kann man Taxis für die Felsentempel oder zu Kellie's Castle stundenweise mieten.

Mietwagen: Avis, Tel. 313 6586, und **Budget,** Tel. 313 4558, haben Büros am Flughafen

Sultan Azlan Shah Airport 5 km von der City, Tel. 312 2459; MAS, Tel. 241 4155, und Pelangi, Tel. 312 4770, fliegen nach Kuala Lumpur, Langkawi, Melaka, Medan und Singapur

Die **Züge** der Butterworth-Singapur-Linie halten in Ipoh, nach Norden und Süden fahren tagsüber jeweils zwei, vormittags und nachmittags. Außerdem gibt es in beide Richtungen Nachtzüge.

Jerantut

Lage: Vordere Umschlagkarte G4
Vorwahl: 09

Tor zum Nationalpark Taman Negara im Landesinnern der Halbinsel Malaysia

Jerantut ist der Hauptumsteigeort für Trips in den Taman Negara, am Busbahnhof herrscht daher immer eine hektische Atmosphäre. Angestellte der *guesthouses* versuchen mit teils aggressiven Methoden möglichst viele Kunden zu gewinnen und mit dem Hinweis, der Park sei ausgebucht, von der direkten Weiterfahrt in den Taman Negara abzuhalten. Am besten man informiert sich selbst an der Bootsanlegestelle in Kuala Tembeling, 18 km von Jerantut, oder – noch besser – man hat vorher im Taman Negara reserviert.

Green Park Resthouse, Tel. 266 3844, etwas außerhalb, Abholservice vom Busbahnhof, Zimmer verschiedener Kategorien, nette Atmosphäre und viele Informationen zum Taman Negera; sehr preiswert
Travellers Inn, Jalan Besar, Tel.266 3693, einfache Zimmer mit und ohne Bad, hilfsbereites Personal; sehr preiswert

Einfache chinesische Restaurants und *food stalls* am Markt neben der Busstation

Tägl. mehrere **Expreßbusse** nach Jerantut in jeweils 4 Std. von Kuala Lumpur, außerdem **lokale Busse** vom Temerloh.

Wer die letzten **Boote** vom Kuala Tembeling in den Nationalpark erreichen möchte, muß spätestens um 13 Uhr in Jerantut ankommen und am besten mit einem **Taxi** die restlichen 18 km bis zur Anlegestelle Kuala Tembeling zurücklegen, Festpreis ca. 20 RM pro Taxi

Der **Bahnhof** liegt 200 m von der Busstation. Die Abfahrtzeiten der Züge sind ziemlich unkomfortabel, sowohl der Zug Richtung Norden bis Whakaf Bahru (für Kota Bahru) als auch der Gegenzug bis Johor Bahru und Singapur fahren mitten in der Nacht bzw. frühmorgens ab

Johor Bahru

Lage: Vordere Umschlagkarte H1
Vorwahl: 07

Die erste malaysische Stadt auf dem Festland, durch zwei Brücken mit Singapur verbunden

Johor Tourism Information Centre (JOTIC), Jalan Air Molek, neben der Einwanderungsbehörde, Tel. 222 3590, Mo–Fr 9–16, Sa 9–12.30 Uhr

Puteri Pan Pacific, Kotaraya-Einkaufszentrum, Jalan Trus, Tel. 223 333, Fax 223 6622, das erste Haus am Platze; teuer
Causeway Inn, 6a Jalan Meldrum, Tel. 224 8811, Fax 224 8820, zentrale Lage, Klimaanlage und Fernseher; günstig
Footloose Bed & Breakfast, 4H Jalan Ismail, Tel. 242 2881, etwas versteckt in einer Seitenstraße der Jalan Air Molek nahe der Einmündung Jalan Gertak Merah, Schlafsäle und einfache, saubere Zimmer, freundliche Atmosphäre; sehr preiswert

Die besten Fisch-Restaurants von Johor Bahru liegen etwas außerhalb westlich des Zentrums an der Uferstraße, beliebt bei Singapurern, die hier gerne billiger essen als zuhause. Gut ist das Sungai Chat Seafood Centre, einen halben Kilometer westlich des Krankenhauses
Selasih Restaurant, Hotel Puteri Pan Pacific, Jalan Trus, hier gibt es, wie auch in den anderen Restaurants des Hotels, oft

relativ günstige *set lunches* oder *dinners* in sehr gepflegter Atmosphäre; günstig–moderat

Nachtmarkt nahe dem Bahnhof am indischen Tempel in der Jalan Wong Ah Fock; günstig

Abu-Bakar-Moschee, Jalan Gertak Merah, tägl. außerhalb der Gebetszeiten

Istana Besar, Jelan Tun Dr. Ismail, die alte Residenz der Sultansfamilie, darin das Muzium di Raja

Muzium di Raja Abu Bakar, tägl. außer Fr 10–17 Uhr, Eintritt, Sammlung der Sultansfamilie von Kronjuwelen bis zu Schirmständern aus Elefantenfüßen

Sultan Ibrahim Building, Jalan Abdullah Ibrahim, 1940 vollendetes imposantes Verwaltungsgebäude

Johor Bahru ist mittlerweile ein beliebtes Einkaufsziel für Singapurer geworden, die hier mit ihrem starken Singapur-Dollar wesentlich günstiger einkaufen als zu Hause. Das Warenangebot ist daher weitgefächert und die Preise günstig. Elektronisches und Software bekommt man hier günstiger als im benachbarten Singapur. Die modernsten *shopping malls* sind Plaza Kota Raya nahe dem Pan Pacific Hotel und Johor Bahru City Square and der Jalan Wong Ah Fock.

Überlandbusse nach Johor Bahru kommen am Larkin Busterminal 5 km nördl. der Stadt an. Zwischen Johor Bharu und Singapur fährt alle 10 Minuten von 6.30–23 Uhr ein **Expreßbus.** Die Passagiere müssen jeweils an den Grenzübergängen aussteigen und die Formalitäten erfüllen. Gepäck immer mitnehmen, denn nicht immer steigt man wieder in denselben Bus ein.

Ferntaxis: Taxis fahren vom Pan Pacific Hotel für einen Festpreis von etwa 30 RM nach Singapur, Ferntaxis zu Zielen in West-Malaysia fahren vom Larkin Busterminal.

Mietwagen: Wer die Halbinsel Malaysia von Süden nach Norden mit dem Mietwagen bereisen will, tut gut daran, den Wagen in Johor Bahru statt in Singapur zu mieten, es ist wesentlich günstiger in Malaysia. Ein paar Tage vorher reservieren und handeln, 20% Rabatt sind sogar in der Hauptsaison oft möglich.

Mehrere Autovermieter haben Büros in der Lobby des Hotels Tropical Inn, 15 Jalan Gereja, darunter **Avis,** Tel. 2237971; außerdem **Hertz,** 1 Jalan Trus, Tel. 223 7520, Mayflower, Wisma Tan Cheng, Jalan Tun Abdul Razak, Tel. 224 1357 und mehrere Vermieter am Flughafen

Der **Flughafen** von Johor Bahru liegt 25 km nördl. des Zentrums; regelmäßiger Shutte-Bus-Service zum Airport, der neben dem Pan Pacific Hotel in Johor Bahru auch an mehreren Hotels in Singapur hält. Mehrere Flüge tägl. nach Kuala Lumpur, außerdem tägl. nach Penang sowie nach Kuching und Kota Kinabalu in Ost-Malaysia. Das MAS-Büro befindet sich im Menara Pelangi, Jalan Kuning, Tel. 334 1001

Der **Bahnhof** liegt direkt hinter dem Causeway nach Singapur an der Jalan Tun Abdul Razak. Alle Fernzüge der Westküstenlinie zwischen Butterworth und Singapur halten hier. Nach Singapur fahren tägl. mehrere Nahverkehrszüge.

Kapas

s. Pulau Kapas S. 314

Kapit

Lage: Hintere Umschlagkarte E5
Vorwahl: 084

Letzter Außenposten der zivilisierten Welt am mächtigen Rejang-Fluß im Herzen von Sarawak

Permits für Touren oberhalb von Belaga gibt es nach Vorlage des Reisepasses beim Resident Office im State Government Complex, Jalan Selinik, Mo–Fr 8–12.30, 14.15–16.15 Uhr

Pelagus Resort, Tel. 779 050, Fax 799 050, am Rejang Richtung Belaga, am Ufer über den Pelagus Rapids, alle Zimmer mit Balkon und Blick in den Regenwald oder auf die Stromschnellen, Swimmingpool, gutes Restaurant, Ausflüge zu benachbarten Langhäusern werden organisiert; moderat
Greenland Inn, 463 Jalan Teo Chow Beng, Tel. 796 388, Fax 796 708, Zimmer mit Klimaanlage, Bad und Fernsehen, nicht alle mit Fenster, sauber; günstig
New Rejang Inn, 104 Jalan Teo Cheow Beng, Tel. 796 600, einfach, mit Klimaanlage, und die übliche Auswahl zwischen fensterlosen Zimmern für wenig Geld und Zimmern mit Fenster für ein paar Ringgit mehr; günstig

Restaurant Kitai, am Kreisverkehr Jalan Hospital, chinesisches Fischrestaurant auf einer Insel im Teich; günstig
Ung Tong Bakery, gegenüber dem Day Market, Jalan Teo Chow Beng, leckeres Frühstück mit Brötchen u. Kaffee; günstig
Day Market, Jalan Teo Chow Beng, im Erdgeschoß zahlreiche gute Essensstände; günstig

Museum Kapit im Civic Centre, Jalan Hospital, Mo–Fr 9–12.45, 14–16.15, Sa 9–12.45 Uhr, Eintritt frei, kleine, aber informative Sammlung von Kunsthandwerk der Iban, Orang Ulu und Chinesen, es gibt sogar einen Katalog
Fort Sylvia, 1880 aus dauerhaftem Eisenholz erbaut, vom dritten Weißen Raja nach seiner Frau Sylvia benannt und von einigen Rejang-Hochwassern heimgesucht, erstrahlt Kapits Wahrzeichen seit 1998 in neuem Glanz

Lai Lai Handicraft, Jalan Airport, im Block neben der Feuerwehr, Kitsch und Kunst, einige sehr schöne rituelle Decken, *pua kumbo,* alte kosten zwischen 100 und 250 €, antike Bronzegongs

Touren zu Langhäusern der Iban, Kenyah und Kayan werden ab Kapit und Belaga sehr teuer, weil der Treibstoff für die Boote dort das fünffache des Preises an der Küste kostet und weil zur Bewältigung der Stromschnellen stärkere Motoren eingesetzt werden. Aber auch Lebensmittel sind flußaufwärts teurer als in den großen Städten. Mit Tageskosten von mehr als 80 € pro Person muß gerechnet werden. Bei der Entscheidung für eine Tour entlang der Flüsse Baleh und Balui sollte man auch berücksichtigen, daß die Langhäuser in dieser Gegend inzwischen fast alle sehr modern sind, reihenhausähnliche Konstruktionen aus Beton und Ziegeln eher die Regel sind als malerische Holzveranden. Bei der Ankunft der Expreßboote warten oft schon einheimische *guides* – darunter viele schwarze Schafe – auf Touristen, um sie zu Langhäusern weiter flußaufwärts zu führen. In Kapit gibt es nur einen seriösen, lizensierten *guide,* Mr. Tan Teck Chuan von Kapit Adventure Tours, 11 Jalan Tan Sit Leong, 96807 Kapit, Tel. 796 352, Fax 796 655, chuan_7d@tm.net.my

Kinabalu-Nationalpark

Lage: Hintere Umschlagkarte G/H 7/8
Vorwahl: 088

Großer Nationalpark am Fuße des mit 4095 m höchsten Berges von Südostasien

Permits für den Park und die Bergbesteigung sowie eine Pflichtversicherung und den obligatorischen *guide* bekommt man im Büro des Park Headquarter.

Die privaten Unterkünfte im Park Headquarter werden von Kinabalu Gold Resort verwaltet. Außerhalb des Parks an der Straße nach Ranau und im Ort Kundasang gibt es weitere private *guesthouses* und kleine Hotels.
Kinabalu Gold Resort, Block C, Komplex Karamunsing, 88300 Kota Kinabalu, Tel. 257941, Fax 242861, www.nature.kinabalu.net, im Park stehen Unterkünfte verschiedener Kategorien zur Verfügung: Schlafsaalbetten im Hostel; sehr preiswert;

Hütten mit Doppelbetten; günstig und Chalets für vier bis acht Personen, teils mit offenem Kamin; moderat. Am Berg werden verschiedene Hütten für die Übernachtung unterhalten, die komfortabelste ist das Laban Rata Resthouse, hier gibt es heiße Duschen und Heizung (wenn nicht gerade der Strom ausfällt). Die anderen Hütten sind einfacher, Schlafsäcke und Decken werden zur Verfügung gestellt; sehr preiswert. An Wochenenden und in den Schulferien wird ein Aufschlag berechnet; die Unterkünfte müssen eine Woche nach Erhalt der Buchungsbestätigung bezahlt werden, entweder unter Angabe der Kreditkartennummer oder per telegrafischem Transfer. Der Nationalpark erfreut sich zunehmender Beliebheit bei Malaysiern und internationalen Touristen, deshalb auf jeden Fall frühzeitig reservieren, besonders an Wochenenden und während der Hauptsaison im August und Dezember.

Wenn im Park alles ausgebucht ist, kann man sein Glück in den Hotels und *guesthouses* an der Straße von KK nach Ranau versuchen. Einige liegen in Laufnähe zum Park Headquarter, andere etwas weiter entfernt, bieten aber einen *shuttle service* für Bergwanderer an.

Hotel Perkasa, an der Straße nach Ranau, Tel.889 511, ein recht klotziger Bau, aber mit schöner Aussicht; moderat

Rina Ria Lodge, gegenüber der Einfahrt zum Park, Tel. 889 291, alle Zimmer mit Balkon und Aussicht; moderat

Zwei **Restaurants** im Park Headquarter, von denen das Balsam Restaurant das gemütlichere ist, dort kann man auch auf der Veranda sitzen und den Blick auf den majestätischen Berg genießen; günstig

Ein **Souvenirladen** im Park Headquarter mit großer Auswahl an T-Shirts à la »I climbed the highest mountain ...«

Das Balsam-Restaurant verkauft Instantnudeln, Schokolade und andere ›Über-Lebensmittel‹ für Bergsteiger. Wer eine Hütte mit Kochgelegenheit gebucht hat und diese auch nutzen will, sollte sich in Kota Kinabalu mit Lebensmitteln eindecken.

Neben der **Besteigung des Mount Kinabalu** bieten sich im Tal einige schöne **markierte Wanderwege** an. Im kleinen **botanischen Garten** finden tägl. Führungen statt.

Busse von Kota Kinabalu oder Ranau/Sandakan lassen Fahrgäste an der Straße aussteigen. Das Park Headquarter liegt nur wenige Meter von der Hauptstraße Kota Kinabalu–Ranau–Sandakan entfernt. Die Fahrt von Kota Kinabalu dauert etwa 2 Std., von Sandakan etwa 5 Std., vom Park Headquarter nach Ranau, dem Umsteigeort für die Poring Hot Spring, sind es etwa 2 Std.

Kinbatangan

s. Sukau S. 339

Kota Bahru

Lage: Vordere Umschlagkarte G6
Stadtplan S. 162
Vorwahl: 09

Hauptstadt des islamisch geprägten Bundesstaates Kelantan an der Ostküste mit reicher kultureller Tradition

Kelantan Tourist Information Centre, Jalan Sultan Ibrahim, 15050 Kota Bahru, Tel. 748 5534, Fax 748 6652, So–Do 8–13 und 14–16.30 Uhr, Do nachmittag und Freitag geschlossen. Öffentliche Einrichtungen und Banken in Kelantan schließen alle für das islamische Wochenende am Donnerstag nachmittag und Freitag und sind am Samstag und oft auch am Sonntag geöffnet.

Diamond Puteri Hotel, Jalan Atas Banggol, Tel. 743 9988, Fax 743 8388, 1998 eröffnete Luxusherberge am Kelantan-Fluß, fünf Minuten zum Zentrum, Pool; teuer

Perdana Hotel, Jalan Mahmud, Tel. 748 5000, Fax 744 7621, riesiger Kasten, etwa 15 Gehminuten vom Zentrum, erstes Fünf-Sterne-Hotel in Kota Bahru mit Pool, Restaurants und allem, was dazugehört, oft *discounts*; teuer
Safar Inn, Jalan Hilir Kota, Tel. 747 8000, Fax 747 9000, inmitten der *cultural zone* um die Museen, Zimmer mit Telefon und Fernsehen; moderat
Chrystal Lodge, 124 Jalan Che Su, Tel. 747 0888, Fax 747 0088, neues Mittelklassehotel in einer Seitenstraße der Jalan Sultan Zainab, einfache, saubere Zimmer mit Fernseher, das Frühstück wird auch auf der Dachterrasse serviert, von der man einen schönen Blick über den Fluß hat; moderat–günstig
Hotel Ansar, Jalan Maju, Tel. 747 4000, Fax 746 1150, laut Selbstdarstellung ein ›islamisches Hotel‹, alkohol- und nikotinfrei, zentral, sauber und freundlich; moderat–günstig
Rainbow Inn, 4423 Jalan Pengkalan Chepa, Tel. 743 4936, einfaches *guesthouse* mit familiärer Atmosphäre und Garten, in der Gegend gibt es weitere vergleichbare *guesthouses;* sehr preiswert

Nachtmarkt *(pasar malam),* Jalan Padang Garong, tägl. 18.30 Uhr bis Mitternacht, während des Abendgebetes um 19.30 Uhr eine halbe Stunde geschlossen
Foodstalls, die teilweise wie Restaurants ausgebaut sind, gibt es an der Kreuzung Jalan Mahmud, Jalan Bayan, gegenüber dem Kelantan Cultural Centre; günstig
D'Paris Coffee Shop, Jalan Dokter, gegenüber vom Central Market, Gebäck und Kaffee zum Frühstück; günstig
Alkohol gibt es in Kota Bahru nach einem strengen Erlaß der Regierung nur noch in speziell lizensierten chinesischen oder westlichen Restaurants, an Moslems darf er nicht ausgeschenkt werden.

Die Museen in der Cultural Zone sind alle tägl. außer freitags von 9 bis 16.30 Uhr geöffnet.
Istana Balai Besar, hinter dem Torbogen und verborgen von hohen Zäunen, ist der Repräsentationspalast des Sultans nicht zu besichtigen
Istana Batu, Royal Museum, Jalan Hilir Kota, der himmelblaue Palast beherbergt Fotos und Erinnerungsstücke der Sultansfamilie in originalen Räumen, Eintritt
Istana Jahar, Royal Customs Museum, traditioneller Palast aus Holz, in dem königliche Zeremonien dargestellt werden, Eintritt
Islamic Museum, Jalan Sultan, neben der Moschee, früher eine Koranschule, heute Sammlung zur Geschichte des Islam in Malaysia, Eintritt
Kampung Kraftangan, Jalar Hilir Kota, Kunsthandwerksmuseum, besteht aus mehreren malaysischen Holzhäusern, in denen nur wenige Ausstellungsstücke einer großen Auswahl von Souvenirs in mehreren Läden gegenüberstehen, Eintritt
Masjid Negeri, Jalan Sultanah Zainab, die Gebetsräume dürfen nur nach Absprache und in angemessener Kleidung besichtigt werden
State Museum, Jalan Sultan Ibrahim, am Kreisverkehr, Kelantan von der Steinzeit bis heute, Alltagsgegenstände, Kunsthandwerk und zeitgenössische Kunst, Eintritt
Weapons Gallery, Waffengalerie, in einem Anbau der Istana Jahar, Speere, Gewehre und wunderschöne Exemplare des malaysischen Dolches *kris,* Eintritt
World War II Museum, Jalan Sultan, eindrucksvolle photographische Sammlung über das Schicksal Kelantans im Zweiten Weltkrieg und der japanischen Besatzung in einem ehemaligen Bankgebäude, im Garten steht ein Bunker, Eintritt frei

Kota Bahru ist ein guter Ort, um sich mit ›typisch malaysischen‹ Souvenirs wie Batiken, Drachen, Silberarbeiten oder Schnitzereien einzudecken.
Der Bazaar Bulu Kubu an der Jalan Hulu, neben dem Central Market, beherbergt viele Läden, die günstige Batiken und Stoffe verkaufen.
Kampung Kraftangan (Kunsthandwerksmuseum) verkauft qualitätvolle Stücke, zu etwas höheren Preisen
Central Market, zweiter Stock, interessantes; günstiges Warenangebot von Ge-

würzen, Batiken, einheimischen Schönheitsmittelchen und Küchengerätschaften

Gelanggang Seni/Kelantan Cultural Centre an der Jalan Mahmud bietet von März bis Okt. Mo, Mi und Sa verschiedene Veranstaltungen. Ein Programm gibt es bei der Tourist Information an der Jalan Sultan Ibrahim, der Eintritt ist frei. Nachmittags werden malaysische Sportarten wie *sepak,* ein Ballspiel, oder *silat,* die kunstvolle malaysische Selbstverteidigung, vorgeführt; man kann bei der Herstellung von *wau,* malaisischen Drachen, zuschauen und sich Trommel- und Kreiselvorführungen ansehen. Abends wird man mit *wayang kulit* (Schattenspiel) oder traditionellen Musik- und Tanzvorführungen unterhalten.

Juni: Wau-Festival in Tumpat, einem Dorf nördlich von Kota Bahru, traditionelle malaysische Drachen und internationale Fluggebilde im Wettstreit
Juli: Trommel-Festival in Kota Bahru, Musikgruppen spielen auf traditionellen malaysischen Schlaginstrumenten
September: Kreiselwettbewerbe in und um Kota Bahru. Nähere Auskünfte und die genauen Termine erhält man bei der Tourist Information und auf der website www.tourism.gov.my.

Der islamische Fastenmonat Ramadan wird in den Bundesstaaten mit malaysischer Bevölkerungsmehrheit (wie Kelantan) streng eingehalten, d. h. zwischen Sonnenauf- und -untergang sind alle Restaurants mit Ausnahme der wenigen chinesischen *coffee shops* geschlossen. Dafür wird dann nach Sonnenuntergang besonders reichlich geschlemmt, der Nachtmarkt in Kota Bahru ist lebhafter denn je.

Das **Kampung-Homestay-Programm** bieten Reisebüros und das Kelantan Tourist Information Centre an. Man wohnt zwei oder drei Tage bei einer malaysischen Familie und kann sich dort im Kunsthandwerkeln üben.

Die Werkstätten entlang der Straße zum Strand haben zumeist kleine Läden, in denen sie ihre Produkte verkaufen. Jedes Dorf hat sich auf ein Handwerk spezialisiert, und so kann man auf einer Länge von 6 km alles über Drachenbau, Batik, Silberschmieden und Kreiselschnitzen erfahren.

Der populärste **Strand** ist der Pantai Cinta Berahi, zu deutsch Strand der leidenschaftlichen Liebe, kurz PCB und islamisch-korrekt umbenannt in Pantai Cahaya Bulan (Strand des schimmernden Mondes). Die Umgebung ist ziemlich dreckig, der Strand lang, schattenlos, voll an Wochenenden, ausgestorben an Wochentagen und kann Westlern kein wirklich entspanntes Badevergnügen bieten.

Fernbusse nach Kota Bahru kommen an einer der beiden Fernbusbahnhöfe an, die in südlicher Richtung außerhalb des Zentrums liegen, die Hamzah-Busstation an der Jalan Hamzah südl. des Zentrums, die Langgar Station an der Jalan Pasir Puteh.
Regionale Busse nach Kuala Terengganu fahren von 8 bis 17 Uhr stündl. von der zentralen Busstation beim Nachtmarkt. Nach Kuala Besut, dem Hafen für die Perhentian-Inseln, fährt alle 20 Minuten der Bus Nr. 3 bis Pasir Puteh, von dort weiter mit Bus Nr. 96 bis Kuala Besut. Alternativ organisieren die *guesthouses* und Reisebüros preiswerte Minibus-Transporte nach Kuala Besut, dem Hafen für die Perhentian Inseln

Ferntaxis fahren auch von der zentralen Busstation ab

Mietwagen: Avis, c/o Hotel Perdana, Jalan Mahmud, Tel. 748 4457

Der **Flughafen** liegt 9 km nördl. des Zentrums, Tel. 743 7000; MAS fliegt mehrmals tägl. nach Kuala Lumpur, Penang und Johor Bahru; MAS-Stadtbüro in der Jalan Gajah Mati am Kreisverkehr, Tel. 744 7000

Der **Bahnhof** Wakaf Bahru liegt 7 km westl. der Stadt und wird von der »Dschungellinie« von Singapur über Gemas, Jerantut und Kuala Lipis angefahren. Es gibt klimatisierte Expreßzüge, die dreimal wöchentl. bis nach Singapur fahren, und Bummelzüge, die in acht Stunden bis zum Städtchen Jerantut in der Nähe des Taman-Negara-Nationalparks fahren. Die Strecke ist malerisch, viel unberührten Dschungel sollte man allerdings nicht erwarten. Die Zugfahrpläne ändern sich alle paar Monate, Auskunft gibt die gute website der malaysischen Staatsbahnen www.ktmb.com.my

Kota Kinabalu

Lage: Hintere Umschlagkarte G7
Stadtplan S. 208
Vorwahl: 088

Hauptstadt von Sabah, an deren koloniale Vergangenheit nur noch der alte Name Jesselton erinnert

Sabah Tourism, 51 Jalan Gaya, 88000 Kota Kinabalu, Tel. 218 620, Fax 212 075, www.sabahtourism.com, Mo–Fr 8–16, Sa 8–12 Uhr, Informationsbroschüren sogar auf Deutsch, hilfreiche Angestellte

Kinabalu Gold Resorts, Block C, Komplex Karamunsing, Tel. 243 629, Fax 242 861, nature@kinabalu.net. Diese Abteilung der staatlichen Sabah Parks verwaltet die Unterkünfte im Kinabalu-Nationalpark, Poring, Tunku-Abdul-Rahman-Meeresnationalpark und auf Pulau Selingan/Turtle Island in Sandakan. Alle Buchungen müssen eine Woche nach Erhalt der Bestätigung bezahlt werden. Während der Hauptsaison von Juni bis September sind Reservierungen sinnvoll, in der Nebensaison kann man sein Glück auch vor Ort versuchen.

Hyatt Regency, Jalan Datuk Salleh Sulong, 88994 Kota Kinabalu, Tel. 221 234, Fax 218 909, neben dem Einkaufszentrum Wisma Merdeka gegenüber dem Bootsanleger, renoviert, Pool, die geschmackvollen Zimmer in den oberen Stockwerken haben teils eine schöne Aussicht auf den Gunung Kinabalu, einige gehen auch auf das überdachte Atrium und sind etwas düster; teuer

The Jesselton, 69 Jalan Gaya, Tel. 223 333, Fax 240 401, jesshtl@po.jaring.my, zwar kein authentisch altes Gemäuer, doch strahlt das luxuriöse Haus viel Atmosphäre aus; teuer

Shangri La's Tanjung Aru Resort, Jalan Pantai Aru, Tel. 241 800, Fax 217 155, star@po.jaring.my, Urlaubshotel in einer schönen Gartenanlage, großer Pool, nur mäßiger Strand, Shuttlebus-Service in die Stadt; teuer

Magellan Sutera Hotel, im neuen Sutera Harbour Complex, Lebuh Raya Pantai Baru, Tel. 312 222, sutera@suterah.po.my, riesige Anlage mit Pools, Tennis und Golfplatz auf einer Landgewinnung, die offiziellen Preise sind ziemlich hoch, aber das Überangebot an Zimmern macht oft recht deutliche Nachlässe möglich; teuer

Wah May Hotel, 36 Jalan Haji Saman, nahe dem Komplex Segama, einfaches von Chinesen geführtes Hotel, in der Nachbarschaft noch einige weitere einfache Hotels mit vergleichbarer Ausstattung; günstig

Trekkers Lodge, Jalan Pasar Baru, Block L, Sinsuran Komplex, Tel. 252 263, trekkerslodge@hotmail.com, Schlafsaal oder winzige Zimmer; sehr preiswert. Im selben Block und nebenan befinden sich noch mehrere billige *guesthouses* für Rucksacktouristen

SEDCO Complex, Jalan Sepuluh, chinesische Seafood-Restaurants unter freiem Himmel, frischer Fisch in allen möglichen Zubereitungsarten, gute Atmosphäre, allerdings viele zudringliche fliegende Händler; günstig

Nishiki Restaurant, Jalan Gaya, gegenüber dem Sabah Tourist Office, japanisch; günstig

XO Steakhouse, 54 Jalan Gaya, hier gibt es australische Steaks und deftige amerikanische Western-Küche, genau das Richtige für Trekker-Mägen, denen Nudelgerichte zu langweilig geworden sind. günstig

Pasar Malam, Jalan Tun Fuad Stephens am Filippino Market, ab 18 Uhr gegrillte Hühnchen und Fisch, keine Sitzgelegenheiten; günstig

In den Blöcken des Sinsuran Complex an der Jalan Pasar Baru und im Segama Komplex neben dem Hyatt Hotel haben tagsüber und abends zahlreiche malaysische, chinesische und indische *coffee shops* geöffnet. Gutes Brot, Brötchen und Gebäck bekommt man in der Bäckerei in der Lobby des Hyatt Hotels

Sabah State Museum, Jalan Tengku Abdul Rahman/Ecke Jalan Penampang, tägl. außer freitags 9–17 Uhr, Eintritt frei, ethnographische und archäologische Sammlung, aber leider recht uninspiriert präsentiert.

Auf dem **Central Market** an der Jalan Tun Fuad Stephens wird neben Lebensmitteln und Fisch auch Kunsthandwerk angeboten. Muscheln und muschelverzierte Handarbeiten sollte man aus Rücksicht auf die Meeresfauna nicht kaufen. In den Einkaufszentren Centrepoint, Merdeka, Api Api und im Wawasan Plaza gibt es neben vielen Schuhgeschäften auch Lebensmittel-Supermärkte, englischsprachige Buchläden und Kunsthandwerksläden.

Im **Mai** feiern die Kadazan Dusun in Sabah ihr Erntedankfest; in Kota Kinabalu sind zwei Tage lang alle öffentlichen Einrichtungen geschlossen, auf den Dörfern werden die Straßen geschmückt. Für Touristen gibt es Aufführungen mit traditionellen Tänzen. Den genauen Termin und Infos über einzelne Veranstaltungen erfährt man bei der Sabah Tourism Corporation oder unter www.sabahtourism.com

Tauchen und Schnorcheln: Von Kota Kinabalu kann man die Koralleninseln des Tunku-Abdul-Rahman-Meeresparks während eines Tagesausflugs erreichen, je nach Insel 10 bis 15 Bootsminuten, Abfahrt vom Pier hinter dem Hyatt Hotel. Viele Korallen sind durch rücksichtslose Fischereimethoden ziemlich in Mitleidenschaft gezogen worden, bunte tropische Fische gibt es jedoch noch reichlich: auf den Inslen kann man Schnorchelausrüstung leihen. Auch der Tamu in Kota Belud kann als Tagestrip besucht werden, früh genug aufbrechen, Fahrzeit 1,5 Std.

Borneo Divers, neunter Stock, Menara Jubilee, 53 Jalan Gaya, 88000 Kota Kinabalu, Tel. 088 222 226, Fax 088 221 550, www.jaring.my/bdivers. Tauchangebote auf Sipadan, im T. A. R. Park, Labuan, Layang-Layang und auf der indonesischen Insel Sangalakki

Borneo Eco Tours, 12 A Lorong Bernam 3, Taman Soon Kiong, 88300 Kota Kinabalu, Tel. 088 234 009, Fax 088 233 688, www.borneoecotours.com, Lodge in Sukau und ausgefallene Trekking-Touren

Sipadan Dive Centre, elfter Stock Wisma Merdeka, Jalan Tun Razak (am Hyatt Hotel), Tel. 088-240 584, Fax 088 240 415, www.jaring.my/sipadan, Lodges in Sukau und auf Sipadan

Sipadan-Mabul Regal Tours, zweiter Stock, Lot 8 B Segama Complex, Jalan Padas, Tel. 230 006, Fax 254 723, www.sipadan-mabul.com.my; gut ausgestattetes Tauch-Resort auf Sipadans Nachbarinsel Mabul, Tauchkurse.

Wildlife Expeditions, c/o Tanjung Aru Resort, Tel. 246 000 Fax 231 758, leegn@po.jaring,my, organisieren Touren in und um Sandakan und zum Kinabatangan-Fluß

Busse nach Kota Kinabalu kommen am Busbahnhof an der Jalan Tunku Abdul Rahman am Padang an. Von hier ist das Stadtzentrum zu Fuß erreichbar, ansonsten stehen Stadttaxis zur Verfügung. Fernbusse von Kota Kinabalu nach Ranau, Sandakan, Lahad Datu und Tawau fahren frühmorgens ab; später am Tag oft nur noch Minibusse. Alle Busse in diese Richtung fahren am Kinabalu-Nationalpark vorbei und lassen Passagiere 50 m vom Park Headquarter an der Straße aussteigen. Richtung Kudat (für Kota Belud) und Beaufort (für den Zug nach Tenom) fahren Minibusse oder Sammeltaxis, Abfahrten, wenn genügend Passagiere vorhanden sind, Taxis kann man auch für sich allein mieten.

Mietwagen sind in Sabah relativ teuer; wer entlegenere Straßen befahren möchte, muß viel Geld für einen Geländewagen ausgeben, Kinabalu Rent-A-Car, dritter Stock Komplex Karamunsing, Tel. 232602; Sabah Holiday Car Rental, Wisma Sabah, Jalan Tun Razak, Tel. 245106

Der internationale **Flughafen** von Kota Kinabalu liegt 6 km südl. der Stadt in Tanjung Aru. MAS fliegt international nach Manila, Cebu, Brunei, Singapur und Hongkong. Tägl. mehrere Flüge nach Kuala Lumpur, Sarawak und Sandakan, Tawau und Lahad Datu. Bei den Flügen nach West-Malaysia sollte man auf die Anzahl der Zwischenstopps achten. Beim Flug von Kota Kinabalu nach Sandakan hat man meist von einem Fensterplatz auf der rechten Seite den besten Blick auf den Gunung Kinabalu, nach Tawau auf der linken Seite. MAS Stadtbüro, 11. Stock Gaya Centre, am nördl. Ende der Jalan Tun Fuad Stevens hinter dem Hyatt, Tel. 213 555

Die einzige **Bahnlinie** in Ost-Malaysia führt vom Tanjung Aru-Bahnhof in Kota Kinabalu über Beaufort und durch die Padas-Schlucht nach Tenom, einem kleinen Ort in der Crocker Range. Es gibt tägl. zwei durchgehende Züge, frühmorgens und am Mittag. Die Fahrt von Kota Kinabalu bis Tenom dauert 45 Std. Da sich die Abfahrtszeiten häufig ändern, den Fahrplan beim Sabah Tourist Office erfragen, Tel. 218620.

Von den **Bootsanlegestellen** an der Jalan Tun Fuad Stephens hinter dem Hyatt Hotel legen Expreßboote nach Labuan ab, Abfahrten morgens bis nachmittags, Fahrzeit 2,5 Std. Von Labuan kann man ein Anschlußboot nach Brunei besteigen, ebenfalls 2,5 Std.

Kuala Kangsar

Lage: Vordere Umschlagkarte F4
Vorwahl: 05

Provinznest an der Biegung des Perak-Flusses mit einer besonders malerischen Moschee

Resthouse Kuala Kangsar, Jalan Istana, Tel. 7765872, schön gelegen mit Blick über den Perak-Fluß, die Zimmer sind groß, reichlich dekoriert; moderat–günstig
Double Lion Hotel, 74 Jalan Kangsar, Tel. 7761010, einfaches Hotel an der geschäftigsten Straßenkreuzung des Ortes, 2 Min. vom Busbahnhof; sehr preiswert

Restaurant im Resthouse, Jalan Istana, hat eine bizarr kitschige Einrichtung, die angesichts der klassisch-schönen Lage etwas deplaziert wirkt, dafür ist das Essen günstig, lecker und kann auf der Terrasse mit Flußblick genossen werden; günstig
Food stalls am Fähranleger, umrahmt von Souvenirläden und einem kleinen Freizeitpark; günstig

Istana Iskandariah, Jalan Istana, Sitz des Sultans, der den strahlend weißen Bau im Art-déco-Stil hauptsächlich für Empfänge nutzt und in Ipoh wohnt; kann nicht besichtigt werden
Istana Kenangan, Royal Museum, Jalan Istana, tägl. 9–17 Uhr, Do nachm. und Fr geschl., Eintritt, kleiner traditioneller Holzpalast, der hinter dem protzigen neuen Sultanspalast liegt, zu sehen sind historische Fotos sowie Memorabilia aus dem Leben des jetzigen Sultans
Ubidiah-Moschee, Jalan Istana, kann nach Absprache und mit angemessener Kleidung außerhalb der Gebetszeiten auch von Nicht-Muslimen besichtigt werden, im kleinen Laden neben der Moschee melden

Busse: Kuala Kangsar liegt 50 km nördl. von Ipoh an der Nord-Süd-Autobahn. Überlandbusse nach Kuala Kangsar halten an der Busstation im Zentrum.

Ferntaxis fahren von der Busstation am Markt ab

Der **Bahnhof** liegt 1 km nordwestl. der Stadt, alle Züge der Westküstenlinie halten hier.

Kuala Lipis/ Kenong-Rimba-Nationalpark

Lage: Vordere Umschlagkarte G4
Vorwahl: 09

Ein verschlafenes Städtchen und ein relativ unberührter Nationalpark im Herzen von West-Malaysia

Tourist Information Centre, KTM Railway Station Kuala Lipis, Tel. 312 3277, Fax 312 1224, ein privates Reisebüro, das umfassende Informationen über den Kenong-Rimba-Nationalpark bereithält und ein- oder mehrtägige Trekkingtouren organisiert.

Lipis Inn, 1 Komplex Taipan, Jalan Benta Lipis, Tel. 312 5888, Fax 312 5588, schickstes Haus im Ort, Zimmer mit Klimaanlage, Bad und Fernsehen, Karaoke-Bar; moderat–günstig
De' Rakit Chalet, Jalan Besar, Tel. 312 1008, zehn Zimmer mit Aussicht auf Fluß und Regenwald in schwimmenden Chalets auf dem Jelai-Fluß, Nachteil: Die Pontonkonstruktion wurde bei Hochwasser berechnet, bei niedrigerem Wasserstand ist alles schief; sehr preiswert
Appu's Guesthouse, 63 Jalan Besar, Tel. 312 3142, gemütlich-schlichtes Traveller-Hotel, in dem man immer Leute für einen gemeinsamen Dschungeltrek findet; sehr preiswert

Low Kwan Seafood Restaurant, 63 Jalan Besar, chinesisches Essen und dänisches Bier; günstig
Pattani Restaurant, 120 Jalan Besar, leckere malaysische Gerichte und ein bißchen Blick auf den Fluß; günstig
Food stalls in der überdachten Passage von der Jalan Besar zum Fluß und am Busbahnhof, hier gibt es fast alles; günstig

Clifford School, 1913 vom Resident Hugh Clifford gegründete Schule, die auch heute noch einen ausgezeichneten Ruf hat.
District Administration Building, gut erhaltene koloniale Repräsentationsarchitektur, errichtet 1919, als Kuala Lipis noch Distrikthauptstadt war
Lipis Resthouse, Bukit Residen, 1922 für den britischen Residenten erbaut, dem Resthouse angeschlossen ist ein kleines Museum mit historischen Fotos
Pahang Club, 1 Jalan Kelab, während andere britisch-koloniale Klubs zu schicken Golf-Gesellschaftshäusern umfunktioniert wurden, hat man an der Bar in Kuala Lipis das Gefühl, die Zeit wäre 1867 stehengeblieben, Besucher sind im Restaurant und an der Bar willkommen.

Dschungel-Boots, Taschenlampen und Rucksäcke bekommt man preiswert in den Läden an der Jalan Besar

Wanderungen im Kenong-Rimba-Park, der noch nicht so überlaufen ist wie der Taman-Negara-Nationalpark. Im Park gibt es mehrere Höhlen und schöne Wasserfälle, wer nichts dagegen hat, einige Nächte in Zelten auf hartem Waldboden zu schlafen, wird an den längeren Treks Gefallen finden. Der *guide* Appu im gleichnamigen *guesthouse* (Tel. 312 3142, nach 11 Uhr anrufen) geht mit kleinen Gruppen in den Dschungel. Das Tourist Information Centre am Bahnhof organisiert ebenfalls Dschungeltreks und hat außerdem ein interessantes Homestay-Programm in Kuala Lipis aufgebaut. Manchmal dauert es 2–3 Tage bis genügend Interessenten für eine Trekkingtour beisammen sind.

Busstation im Zentrum an der Jalan Besar; nach Kuala Lipis fahren von Kuala Lumpur morgens und mittags jeweils zwei Busse vom Puduraya-Busbahnhof, von Kuantan fährt ein Bus morgens und einer am frühen Nachmittag, von Kota Bahru gibt es einen Service mittags. Von Kuala Lipis gibt es ebenfalls regelmäßige Verbindungen nach Kuala Lumpur, nach Kuantan, zweimal tägl. nach Kota Bahru.

Ferntaxis: Für die Fahrt von Kuala Lipis nach Fraser's Hill lohnt sich wegen der umständlichen Busverbindung ein Taxi.

Die **Bahnstrecke** von Singapur bis Kota Bahru ist teilweise sehr schön, besonders der Abschnitt von Temerloh über Kuala Lipis bis Kuala Krai. Verspätungen kommen häufiger vor, die lokalen Züge bieten recht wenig Sitzkomfort.

Kuala Lumpur

Lage: Vordere Umschlagkarte F3
Stadtpläne S. 83 und 90
Vorwahl: 03.
Die Telefonnummern in Kuala Lumpur werden zur Zeit umgestellt (von sieben auf acht Stellen), die neuen Nummern kann man bei der Auskunft (Tel. 1050) erfragen.

Hauptstadt von Malaysia, Boomtown an der ›schlammigen Flußmündung‹

Malaysia Tourist Information Complex (MATIC), 109 Jalan Ampang, Tel. 216 43929, tourism@tourism.gov.my, tägl. 9–18 Uhr
Tourism Malaysia, zweite Etage Menara Dato' Onn, Putra World Trade Centre, 45 Jalan Tun Ismail, Tel. 441 1295, tägl. 9–18 Uhr
Tourism Malaysia, Shoplot 1, Plaza Putra, unter dem Merdeka Square, Tel. 293 6661, Mo–Sa 10–18 Uhr
Im **Internet** findet man unter www.visionkl.com Hinweise zu aktuellen Kulturereignissen, Restaurantempfehlungen und Listen mit den derzeit angesagtesten *nightspots*

Die Häuser der Luxuskategorie konzentrieren sich fast alle im Golden Triangle an der Japan Ampang, Jalan Sultan Ismail und um das neue KL City Centre mit den Petronas Towers. Gute Mittelklassehotels liegen an der Jalan Bukit Bintang und im Golden Triangle, hier gibt es aufgrund des großen Angebotes oft Sonderangebote, während der malaysischen Schulferien und in der Hauptsaison August und Dezember sind diese Hotels aber auch schnell voll. Die ganz preiswerten Unterkünfte konzentrieren sich in der Chinatown nahe der Pudu Busstation und in Little India an der Jalan Tunku Abdul Rahman.
Renaissance Kuala Lumpur Hotel, Jalan Sultan Ismail/Jalan Ampang, Tel. 262 2233, Fax 263 1122, aller Luxus, im gleichen Gebäude das Fünf-Sterne-Hotel New World, beide Häuser haben zusammen einen riesigen Pool und eine In-Disco; sehr teuer
Shangri-La Hotel, 11 Jalan Sultan Ismail, Tel. 232 2388, Fax 230 1514, das erste Luxushotel der Stadt und immer noch Treffpunkt der Business-Welt, gute Bäckerei und Restaurants; sehr teuer
Mandarin Oriental, Jalan Pinang, Tel. 262 9000, Fax 262 9977, neben den Petronas Towers mit Blick auf den neuen Park KLCC; sehr teuer
The Legend Hotel, 100 Jalan Putra, Tel. 442 9888, Fax 443 0700, schöner Dachgarten mit Pool, jedoch etwas abseits der meisten Sehenswürdigkeiten; sehr teuer
Concorde Hotel, 2 Jalan Sultan Ismail, Tel. 244 2200, Fax 244 1628, Michael Jackson bewohnte hier mal eine Suite, wahrscheinlich weil das Hard Rock Café direkt nebenan ist; teuer
Heritage Station, Jalan Sultan Hishamuddin, im Hauptbahnhof von KL, Tel. 273 5588, etwas renovierungsbedürftig, aber ideal, wenn man spätnachts oder frühmorgens am Bahnhof ist; moderat
Century Hotel KL, 21 Jalan Bukit Bintang, Tel. 243 9898, Fax 468 0880, cenkl@po.jaring.my. Mitten im prallen Leben der Hauptstadt liegt dieses gute Vier-Sterne-Haus, geschmackvolle Zimmer und oft gute *discounts;* moderat
Allson Genesis Hotel, 45 Tengkat Ton Shin, Tel. 241 2000, Fax 241 1000, allsongenesis@po.jaring.my, 2000 eröffnet, in einer Parallelstraße der Bukit Bintang, eine Art Boutique-Hotel mit moderner Einrichtung, Cafes und *food stalls* in der Nähe; moderat
Katari Hotel, 38 Jalan Pudu, gegenüber der Puduraya-Busstation, Tel. 201 7777, Fax 201 7911, katari@tm.net.my, sehr verkehrsgünstig, die 100 ordentlichen Zimmer haben Isolierverglasung; moderat
Hotel Noble, 165 Jalan Tunku Abdul Rahman, Tel. 925 7111, Fax 925 7222, 1998 er-

öffnetes Mittelklassehotel in Little India; moderat–günstig

Swiss Inn, 62 Jalan Sultan, Tel. 232 3333, Fax 201 6699, sikl@sgihotels.com.my, im Herzen von Chinatown, im Open air Café kann man sich vom Nachtmarkt ausruhen; günstig

Pondok Lodge, 20 Jalan Changkat Bukit Bintang, Tel. 2428449, pondok@tm.net.my, einfaches *guesthouse* in superzentraler Lage, noch dazu freundlich und sauber, eine Rarität!; günstig

Coliseum Hotel, 98–100 Jalan Tunku Abdul Rahman, Tel. 292 6270, zehn etwas abgenutzte Zimmer im 1921 erbauten Gebäude, im Erdgeschoß das Coliseum Café, eine Institution in Kuala Lumpur, günstig

TI Lodge, 104 Jalan Masjid India, Tel. 293 0261, Traveller-Hotel mit sehr einfachen, ordentlichen Zimmern, vielen *food stalls* und exotischen Läden drumherum; sehr preiswert

Carcosa Sri Negara, Lake Garden, Tel. 282 1888, mit Blick auf die Skyline in der ehemaligen Residenz des britischen Gouverneurs, So nachmittag *high tea,* gehobene Cuisine; teuer

Bon Ton, 7 Jalan Kia Peng, Tel. 241 3611, im Botschaftsviertel am KLCC, in einer umgebauten Villa wird inspirierte East-meets-West-Küche serviert; teuer

Scalini's & Citrus, 19 Jalan Sultan Ismail, Tel. 245 3211 & 242 5188, schick und italienisch, das Scalini gibt sich als edles Restaurant, das Citrus ist die Bistro-Variante; moderat

Spices, Concorde Hotel, 2 Jalan Sultan Ismail, Tel. 244 2200, sehr gute malaysische Küche, Teakholzmöbel und eine Terrasse über dem Pool; moderat

The Kapitan's Club, 35 Jalan Ampang, nahe Chinatown und der Masjid Jamek LRT Station, Tel. 201 0242, eine Institution in KL, in einem alten chinesischen *shophouse* werden Nyonya-Gerichte serviert, und abends schwingt man nach dem Dinner auch schon mal das Tanzbein; günstig

Annalaksmi, 46 Jalan Maarof, Tel. 282 3799, exzellentes indisch-vegetarisches Restaurant im Vorort Bangsar, abends Büfett; günstig

Coliseum Restaurant, 98–100 Jalan Tunku Abdul Rahman, Spezialität des Hauses sind *sizzling steaks,* die so spritzen, daß die Ober den Gästen vorher ein Lätzchen umhängen; günstig

Fatt Yan Vegetarian Restaurant, 18 Jalan Sultan, Tel. 230 3246, Gäste, denen die Herkunft der tierischen Bestandteile der chinesischen Küche suspekt sind, können hier unbesorgt zu den Tofu-Variationen greifen; günstig

Little India hat eine Vielzahl von kleinen indischen Restaurants zu bieten, in denen man hervorragende Tandoori Gerichte, indische Brote *(dosa* und *chapati)* und gute Curries zu sehr akzeptablen Preisen bekommt; günstig

Jalan Alor food stalls, in einer lebhaften Parallelstraße der Jalan Bukit Bintang sitzt man an Plastiktischen auf dem breiten Gehsteig, unzählige Garküchen grillen Fisch, *saté* und brutzeln chinesische und malaysische Gerichte; günstig

Jalan Petaling food stalls, hier stehen die Tische mitten auf der Straße, die für den Verkehr gesperrt ist, wenn abends der Nachtmarkt öffnet, chinesisch; günstig

Bangsar food stalls, Jalan Telawi, in Bangsar, einem Vorort von Kuala Lumpur, eine Straße voller Garküchen, *Tandoori*-Öfen und Tischen, an denen *roti canai, tandoori chicken, Biryani*-Reis mit *dhaal* und mehr serviert werden; günstig (Bus Nr. 5 von der Jalan Sultan Mohamed, aussteigen nach 10–15 Min. Fahrt an der großen Moschee von Bangsar)

Chan See Shu Yuen Temple, Jalan Petaling Ecke Jalan Stadium, nicht immer geöffnet, einer der ältesten chinesischen Tempel der Stadt

Islamic Museum, hinter der National Moschee Richtung Lake Garden, Tel. 2274 2020, tägl. außer montags von 10–18 Uhr

Istana Negara, Jalan Istana, königlicher Palast, nur von außen zu besichtigen

KL Tower (Menara Kuala Lumpur), Jalan Punchack, Aussichtsplattform Mo–Fr 10–22, Sa, So 9.30–22 Uhr, Eintritt, 1996 eröffneter Fernsehturm mit Panoramaplattform

Lake Gardens (Taman Tasik Perdana), Haupteingang in der Jalan Parlimen, im Park des National Monument, Asean Sculpture Garden, Butterfly Park, tägl. 9–18 Uhr, Eintritt, Orchideen- und Hibiskusgarten, tägl. 9–18.30 Uhr, wochenends Eintritt, Bird Park, tägl. 9–17 Uhr, Eintritt, Tun Abdul Razak Memorial

Masjid Jame, Jalan Tun Perak, Besichtigung außerhalb der Gebetszeiten, die älteste Moschee der Stadt

Merdeka Square (Dataran Merdeka), Jalan Raja, ehemaliges Cricket-Feld der Engländer, heute Paradeplatz der unabhängigen Republik

National Art Gallery (Balai Seni Lukis Negara),), Lake Titiwangsa Gardens, Jalan Temerloh, Off Jalan Tun Razak, Tel. 425 4989, tägl. 10–18 Uhr, Eintritt frei, 2000 eröffneter Neubau mit ständiger Sammlung malaysischer Kunst, Skulpurengarten, Cafe, Wechselausstellungen zeitgenössischer Kunst

National History Museum, Merdeka Square Ecke/Jalan Raja, Tel. 294 4635, tägl. 9–18 Uhr, Eintritt frei, Ausstellung zur geologischen Geschichte Malaysias

National Mosque (Masjid Negara), Jalan Sultan Hishamuddin/Jalan Perdana, tägl. 9–18 Uhr außerhalb der Gebetszeiten, Eintritt frei, dezente Kleidung und Kopftuch für Frauen Pflicht, moderne Moschee aus den 60er Jahren

National Museum (Muzium Negara), Jalan Damansara, Tel. 282 6255, tägl. 9–18 Uhr, Eintritt

National Planetarium, Planetarium Negara, Tel. 273 5485, tägl. außer Fr 10–16 Uhr, Eintritt, Sky Movie 11, 14 und 16 Uhr

Petronas Towers, Jalan P. Ramlee Ecke Jalan Ampang, Zwillingstürme, zur Zeit das höchste Gebäude der Welt, Besichtigung Di–So 10–12.45 und 15–16.45 Uhr, max. 500 Besucher tägl. (Warteschlangen!), es geht mit dem Fahrstuhl bis zur Verbindungsbrücke im 42. Stock

Railway Station (Stesyen Keretapi), Jalan Sultan Hishamuddin, eines der phantasievollsten Bahnhofsgebäude der Welt

Royal Selangor Club & Padang, Merdeka Square, Jalan Raja, Zutritt nur für Mitglieder, von den Engländern im Tudor-Fachwerkstil errichteter Club, auch heute noch ein exklusiver Ort

Sri Maha Mahamariaman Temple, Jalan Tun H. S. Lee, der bedeutendste hinduistische Tempel der Stadt mit eindrucksvollem *gopuram* (Tor)

Sultan Abdul Samad Building, Jalan Raja, Verwaltungsgebäude der Kolonialzeit im Mogul-Stil, heute Gericht

Textile Museum (Indokraf), Jalan Raja, tägl. 9–18 Uhr, Eintritt frei, Web- und Textilkunst aus allen Landesteilen, Verkauf von textilen Souvenirs

Thean Hou Temple, Jalan Syed Putra, buddhistischer Tempel auf einer Anhöhe über der Stadt

Suria KLCC Shopping Centre, Jalan P. Ramlee, in den Petronas Towers, 10–22 Uhr, neu, groß und superschick, Cafés mit Parkblick für die Shopping-Pause

LOT 10 Shopping Centre, Jalan Bukit Bintang, Jalan Sultan Ismail, 10–22 Uhr, grün und nicht zu übersehen, Mode, Uhren, Kosmetik und Kameras dominieren

Ampang Park Shopping Centre, Jalan Ampang an der Kreuzung Jalan Tun Razak, 10–21 Uhr, Favorit bei den Einheimischen; günstige Foto-Ausrüstungen in der ersten Etage

Imbi Plaza, Jalan Imbi/Ecke Sultan Ismail, Hardware und Software, Original und Fälschung, beides zu günstigen Preisen

Little India, Jalan Masjid India und Jalan Tunku Abdul Rahman, hier kann man in bunten Seidenstoffen und wunderschönen Saris schwelgen. Samstagabends findet in der Lorong Tunku Abdul Rahman ein beliebter Nachtmarkt statt, neben Stoffen und Haushaltswaren werden auch indische Snacks und Getränke angeboten, allerdings nur zum Mitnehmen, Tische und Stühle zum Hinsetzen gibt's leider nicht

Petaling Street – Chinatown, von 10 Uhr bis nach Mitternacht gibt es hier Rolex-Uhren, Microsoft-Software, Hollywood-Videos, Calvin-Klein-T-Shirts, Cartier-Täschchen und Versace-Brillen, alles fast original und billig wie noch nie

Central Market, Jalan Hang Kasturi, 10–21 Uhr, das pastellfarbige Gebäude im Art-déco-Stil mit Palmen davor könnte ebensogut in Miami stehen, der ehemalige *Wet Market* der Stadt wurde in den 70er Jahren vor dem Abriß gerettet, renoviert und in einen Markt für Kunsthandwerk, Souvenirs und allerlei Sammelsurium umgewandelt
Chow Kit Market, Jalan Haji Hussein, tägl. 9–17 Uhr, exotische Delikatessen, billige Kleidung und merkwürdige Arzneien
Kampung Baru Sunday Market, Jalan Raja Muda Musa und Jalan Haji Hassan Salleh, beginnt um 18 Uhr und geht bis in den Sonntagmorgen, kein spektakulärer Touristenmarkt, die dörfliche Stimmung mit den hell erleuchteten Petronas Towers im Hintergrund ist außergewöhnlich

In den letzten Jahren haben die KL-ites das Open-air-Gefühl für sich entdeckt. Cafes und Bars, die was auf sich halten, kommen ohne ein paar Stühle auf dem Gehsteig nicht mehr aus. Die Fußgängerzonen rings um die großen *shopping-centres* an der Jalan Bukit Bintang und im KLCC-Park sind besonders beliebt bei der malaysischen Café-Latte-Jugend. Es gibt zwei regelrechte Kneipenviertel in KL, eines im Zentrum (Golden Tringle) in der Jalan Changkat Bukit Bintang/Jalan Hicks, einer Seitenstraße der Jalan Bukit Bintang. Das andere In-Viertel ist etwas außerhalb im Vorort Bangsar, wo die Reichen und Schönen sowie viele der in KL arbeitenden Ausländer *(expats)* wohnen und alle Straßen verwirrenderweise Jalan Telawi heißen (haben jeweils andere Nummern).

In der City:
Little Havana, Changkat Bukit Bintang, tägl. bis 1 Uhr, Snacks, klassische Cocktails und eine große Zigarrenauswahl, die im luftigen Ambiente oder im klimatisierten Raucherzimmer genossen werden dürfen
Hard Rock Café, 2 Jalan Sultan Ismail, im Concorde Hotel, im Gegensatz zu den Hard-Rock-Café-T-Shirts, die in Chinatown verkauft werden, ist dieses echt und original, wochenends Stau am Einlaß und Mindestverzehr
Old China Café, 11 Jalan Balai Polis, neben dem Halo's, tägl. bis Mitternacht, seltenes Exemplar eines gemütlichen Cafés in Chinatown, in einem sparsam renovierten *shop house* und ganz ohne Neonröhren, *Nyonya*-Gerichte
Coliseum Bar, 98–100 Jalan Tunku Abdul Rahman, das Interieur bietet eine Mischung aus 40er und 70er Jahren
Marleys, 16 Jalan Pinang, tägl. 18–2 Uhr, alter kolonialer Bungalow im Schatten des KLCC, gute Stimmung bei Reggae und Rock, kaum Schicki-Micki Publikum
Bloomer 60s Bar, Piazza, Phileo Promenade, 189 Jalan Tun Razak, tägl. von mittags bis 2 Uhr nachts, in der unmittelbaren Nachbarschaft befinden sich noch mehrere nette Kneipen, Bars und gute Restaurants

In Bangsar:
The Roof, 2 Jalan Telawi 4, Bangsar Baru, tägl. bis 1 Uhr, eine von vielen Trendkneipen in dieser Gegend, von der beliebten Dachterrasse kann man sich einen Überblick über die neuesten Automodelle und die Lage in den benachbarten Kneipen verschaffen.
House Frankfurt, 12 Jalan Telawi 5, Bangsar, tägl. von mittags bis 2 Uhr nachts, nicht das gemütliche deutsche Gasthaus das man unter dem Namen erwartet, sondern trendige Kneipe im trendigen Viertel Bangsar
Finnegan's Irish Pub, 6 Jalan Telawi 5, tägl. 12–2 Uhr. Frisch gezapftes Kilkenny und derbe Pub-Küche sind auch in Malaysia ein Garant für volles Haus und gute Atmosphäre.
Modesto's, 12 Jalan Telawi 3, Tel. 248 0080, tägl. 12–2 Uhr, Bangsar-Filiale der Pizzabäcker-Kette, neben italienischen Spezialitäten gibt es eine immer gut frequentierte Bar und Billiardtische.

Actor's Studio Theatre, Shoplot 19, Plaza Putra, unter dem Merdeka Square, Tel. 294 5400, 292 5927, Stücke von Shakespeare und bissige Satire, modernes Schauspiel und Tanztheater, meist in englischer Sprache, Hinweise in den Tageszeitungen oder vorher anrufen

Experimental Theatre, 464 Jalan Tun Ismail, nahe der Kreuzung Jalan Sultan Salahuddin, Tel. 294 3022
Dewan Filharmonik Petronas, Tel. 207 7007, dfp_boxoffice@petrobnas.com.my, 1998 eröffnete Konzerthalle in den Petronas Towers, Jalan P. Ramlee, Spielstätte des Malaysian Philharmonic Orchestra, Gastspiele internationaler Musiker, klassische Musik, Tanztheater
Goethe-Institut, 1 Jalan Langgak Golf/Ecke Jalan Tun Razak, Tel. 242 2011, Mo, Di, Do 10 bis 19, Mi, Fr 10–13 Uhr, Bibliothek mit aktuellen deutschen Tageszeitungen, regelmäßig Kulturveranstaltungen
Kuala Lumpur Memorial Library, Dataran Merdeka, neben dem National Museum, Tel. 292 4780, tägl. 10–18 Uhr
National Theatre, Lake Titiwangsa Gardens, Tel. 40252525, neu erbautes Haus für das National Symphony Orchestra and Choir, außerdem Ballet und andere Tanzdarbietungen
MATIC & Dewan Tun Razak, 109 Jalan Ampang, Tel. 243 4929, Di, Do sowie am Wochenende jeweils um 15.30 Uhr Tanzvorführungen, Eintritt, im Tun-Razak-Saal gelegentlich Theatergastspiele und Konzerte
Coliseum, Jalan Tunku Abdul Rahman, neben dem Coliseum Café & Hotel, allabendlich indische und chinesische Kassenschlager, eher ein soziales als ein cineastisches Erlebnis
Central Market, im oberen Stockwerk Kinos, amerikanische und chinesische Filme
Tanjong Golden Village, im Suria KLCC, dem Einkaufszentrum in den Petronas Towers, moderner und komfortabler Kinopalast

Januar/Februar/März: Hari Raya Adil Fitri, das Ende des Ramadan, *open house* beim Premierminister;
Januar/Februar: Chinese New Year, Löwentanzgruppen auf den Straßen;
Februar: Thaipusam-Feierlichkeiten in den Batu Caves, Hunderttausende pilgern mit Milchopfern und oft in Trance, von Haken durchbohrt, zu den Höhlentempeln,
Juli: Pesta Flora, Blumenparade am Merdeka Square;
31.8.: Merdeka Day/Unabhängigkeitstag, große Parade in Kuala Lumpur;
September: Pesta Malaysia (Malaysia-Fest), zahlreiche Kulturveranstaltungen und Spezialitätenwochen in den Hotels

Sunway Lagoon Waterpark, Jalan Lagun Timur im Stadtteil Bandar Sunway, Tel. 735 6000, tägl. außer Di 12–21 Uhr, an Wochenenden und in den Schulferien 10–22.30 Uhr, Eintritt, Wellenbad, Wasserrutschen und Jahrmarktsbetrieb
Eislaufbahn, Sunway Lagoon Shopping Centre, Tel. 735 8886, tägl. 11–22 Uhr
Bootsverleih im Lake Garden
Rollschuhbahn und Bootsverleih im Lake Titiwangsa Park, Jalan Kuantan
Batu Caves, Old Gombak Road, tägl. 8–19 Uhr, Eintritt frei, Art Gallery Eintritt, Bus Nr. 11 von Lebuh Ampang-Busstation, hinduistische Tempel in drei Höhlen
National Zoo & Aquarium (Zoo Negara), Jalan Ulu Klang, Stadtteil Ampang, Tel. 408 3422, tägl. 9–17 Uhr, Eintritt
Templer Park (Hutan Kanching), Jalan Ipoh, 20 km von Kuala Lumpur und 10 km nördl. der Batu Caves, Len-Bus Nr. 81, 83 o. 66, ab Padu Raya-Busstation
FRIM (Forest Research Institut of Malaysia), Kepong, Tel. 634 2633, tägl. von 8–18.30 Uhr, Canopy Walkway Di–Sa, Bus Nr. 148 von Kota Raya (1 Stunde Fahrt)
Genting Highlands, 50 km nördl. der City, Casino 24 Stunden geöffnet, Themenpark, Seilbahn, Genting-Casinobus von Puduraya-Busstation fährt tägl. jede Stunde von 8 bis 19 Uhr
Crab Island (Pulau Ketam), Fischerdorf, KTM Komutertrain vom Hauptbahnhof bis zur Endstation in Port Klang, Bootsanleger am Bahnhof, Fähren stündl. von 9 bis 18 Uhr

Die **LRT (Light Rail Transit)** fährt auf zwei Linien: Star und Putra, damit kann man Chinatown, Little India, die Puduraya-Busstation und Bangsar erreichen. Im April 2002 wird eine neue Linie, die ERL (Express Rail Link), vom neuen Bahnhof KL Central in Brickfields, zum Flughafen KLIA fahren. Die Züge sollen etwa 30 Minuten zum Flughafen brauchen und etwa alle 10 Minuten abfahren, Fahrpreis ca. 35 RM.

Das Verkehrsnetz der lokalen **Busse** ist schwer zu durchschauen, es gibt mehrere private Gesellschaften, mehrere Tarifsysteme und Fahrpläne, meistens sind das Fahrziel und der Preis (für alle Entfernungen gleich) angeschlagen. Die Abfahrtsorte: Lebuh Ampang-Busstation, Ecke Jalan Gereja (u. a. Zoo, Batu Caves); Kota Raya Shopping-Komplex/Maybank, nahe Kreisverkehr Jalan Tun Perak u. Jalan Cheng Lock; Klang-Busstation; Jalan Sultan Mohamad-Station, Ecke Jalan Hang Kasturi (u. a. Bangsar, Petaling Jaya Old Town); Bangkok Bank, Lebuh Pudu, gegenüber Central Market (u. a. Batu Caves)

Taxis gibt es in Kuala Lumpur günstig und zuhauf. Die Fahrer sind gehalten, den Taxameter immer einzuschalten, was sie leider nicht immer tun, vor allem wenn es heftig regnet, die Taxis knapp sind oder vor den großen Hotels (wenn sie meinen, es mit arglosen Touristen zu tun zu haben). Stadtfahrten sind selten teurer als 5–10 RM, in den Vorort Bangsar mit seinen Restaurants bezahlt man etwa 15 RM, zu den Batu Caves etwa 25 RM, zum KLIA Flughafen etwa 60–70 RM incl. einem (legalen) Zuschlag auf der Flughafenstrecke.

Fernbusse fahren fast alle ab/bis Puduraya-Busbahnhof in der Jalan Pudu, die offiziellen Ticketschalter der Busgesellschaften befinden sich im Erdgeschoß.

Busse nach Alor Seta (9 Std.), Butterworth (7 Std.), Kuala Kubu Bahru/Fraser's Hill, Ipoh (4 Std.), Johor Bahru (6 Std.), Kota Bahru (10 Std.), Kuala Kedah, Kuala Lipis (4 Std.), Kuala Terengganu (7 Std.), Kuantan (5 Std.), Lumut (4 Std.), Melaka (2 Std.), Penang (8 Std.), Seremban (1 Std.), Singapur (7 Std.), Taiping (5 Std.), Temerloh (3 Std.) fahren stündl. oder häufiger, Cameron Highlands (4,5 Std.), etwa viermal tägl., ein Bus nach Mersing (8 Std.) fährt abends ab und ist frühmorgens dort. Busse von der Ostküste und aus dem Landesinnern (z. B. Taman Negara) kommen an und starten im Norden der City auch an der Pekeliling-Busstation, Jalan Raja Laut oder der Putra-Station, Jalan Tun Ismail nahe Putra World Trade Centre

Ferntaxis fahren auch ab Puduraya-Station in der ersten Etage

Mietwagen: Alle großen internationalen und nationalen Autoverleiher haben Büros am Flughafen und in der Stadt;
Avis: Tel. 2417144;
Hertz: Tel. 2486433;
Budget: Tel. 242 4693;
Mayflower: Tel. 622 188;
Pacific: Tel. 2425116

Der neue **Kuala Lumpur International Airport** (KLIA) liegt 65 km südl. der Stadt in Sepang. Inlandsflüge gehen sowohl vom KLIA als auch vom alten Flughafen in Subang ab. Wer keine internationalen Anschlüsse zu beachten hat, fliegt von Subang sehr bequem, der Flughafen ist übersichtlich und näher an der Innenstadt von Kuala Lumpur. (Subang soll angeblich endgültig geschlossen werden, sobald im April 2002 die neue Zugverbindung zum KLIA eröffnet wird).

Transport in die Stadt: Vom KLIA und vom Subang-Flughafen fahren nur die Wagen des Airport Limo Service. Am KLIA gibt es einen Budget- und eine Premier-Service. Beide werden mit Coupons bezahlt, die man am Schalter in der Ankunftshalle, 50 m rechts vom Ausgang der Gepäckausgabe, erhält. Die Limos brauchen je nach Verkehrsdichte zwischen 45 Min. und 1 Std. in die Stadt, von Subang brauchen die Limos 20 bis 30 Min.

Vom KLIA fahren auch klimatisierte Airport Shuttle Busse in die Stadt. Tickets werden in der Ankunftshalle neben dem Limo-Couponschalter verkauft. Die Busse fahren bis zur Haltestelle Jalan Duta, am Rande des Zentrum. Eine Schnellbahnverbindung zum neuen Bahnhof KL Central wird im April 2002 eröffnet, die Fahr dauert 30 Minuten und kostet 35 RM.

Die Airport Shuttle-Busse von der Haltestelle Jalan Duta fahren alle 15 Min. zum KLIA ab und brauchen etwa 1 Std.

Kuala Lumpur Main Station (Tel. 274 7443/273 8000) ist das historische Bahnhofsgebäude an der Jalan Sultan Hishamuddin. Der Taxiservice von dort wird mit einem Couponsystem geregelt, Abfahrt am Hinterausgang Jalan Cheng Lock. Nahverkehrszüge fahren ab dem Jahr 2002 von der neuen Station Kuala Lumpur Central.

Kuala Selangor

Lage: Vordere Umschlagkarte F3
Vorwahl: 03

Ehemalige Sultansstadt nahe einem Naturschutzgebiet 70 km nördl. von Kuala Lumpur

Zum Vogelreservat gibt die Malaysian Nature Society Auskunft, Tel. 791 2185, mehr über Touren zu den Leuchtkäfern im Kampung Kuantan erfährt man unter Tel. 889 2294

Hotel Kuala Selangor, 90 Jalan Stesyen, Tel. 892 709, zentrale Lage und annehmbare Zimmer; günstig
Chalets im Kuala Selangor Nature Park, zu buchen über Malaysian Nature Society Tel. 791 2185, von einfachen Nur-Dach-Hütten bis zu Chalets mit drei Zimmern; günstig–sehr preiswert

Fort Altingsburg, Bukit Melawati, tägl. 9–17 Uhr, Eintritt frei, im 18. Jh. errichtetes Fort auf dem Bukit Melawati, 1867 zerstört
Kuala Selangor Nature Park (Taman Alam Selangor), tägl. 8–19 Uhr, 1987 eröffneter Park, der hauptsächlich aus Mangrovengebieten besteht, hier leben mehr als 100 Vogelarten sowie Affen und Otter
Leuchtkäfer im Kampung Kuantan, 10 km westl. von Kuala Selangor am Ufer des Sungai Selangor, abends, wenn es nicht regnet sind in den Mangroven Tausende von Leuchtkäfern *(fireflies)* aktiv. Am Anleger des Dorfes warten Bootseigner darauf, Gäste zu dem Spektakel zu schippern. Von Kuala Selangor nach Kampung Kuantan chartert man am besten ein Taxi, Rückfahrtzeit vereinbaren, hin und zurück ca. 30 RM.

Busverbindungen: Von der Puduraya-Busstation in Kuala Lumpur fährt stündl. ein Bus nach Kuala Selangor, von dort ins Kampung Kuantan gibt es keinen öffentlichen Transport, man kann aber **Taxis** mieten

Kuala Terengganu

Lage: Vordere Umschlagkarte H5
Vorwahl: 09

Schnell wachsende Öl-Boomtown der Ostküste

Tourist Information Centre, Jalan Sultan Zainal Abidin, 20000 Kuala Terengganu, Tel. 09-622 1553, Sa–Mi 9–12.45, 14–17, Do 9–13 Uhr, Fr geschl.

Park Royal, Jalan Sultan Mahmud, Tel. 622 2122, Fax 622 2121, freundliches Haus etwas außerhalb der Stadt an der Strandstraße, mit Pool, Zimmer mit Klimaanlage und Fernsehen; teuer
Grand Continental, Jalan Sultan Zainal Abidin, Tel. 625 1888, 2000 eröffnetes Hotel der gehobenen Mittelklasse, leider müffelt der Teppichboden schon etwas feucht, sonst nett mit Pool, nahe dem Stadtstrand und einem großen *shopping-centre;* teuer
Seri Malaysia Hotel, Jalan Hiliran, Tel. 623 6454, Fax 623 8344, im Zentrum beim Fähranleger zur Pulau Duyong, winzige Zimmer, teils mit schönem Blick auf Fluß und die Insel; günstig
Ping Anchorage Traveller's Homestay, 77 Jalan Dato Isaacs, Tel. 622 0851, 622 8824, Fax 622 8093, Traveller-Treff, Schlafsaal und einfache Zimmer, ein paar mit eigenem Bad, Dachterrasse, man organisiert gute Touren zum Lake Kenyir, Safaris

in das Binnenland und Fahrten auf die Inseln; sehr preiswert

Am Strand nahe dem neuen Grand Continental Hotel einige gute chinesische Fischrestaurants.
In der Jalan Bandar und in der Nähe des Central Market befinden sich einfache Restaurants
Food stalls haben tagsüber und abends in der Nähe der Busstation am Fluß, Jalan Sultan Zainal, geöffnet. Hier kann man Terengganus Spezialität, *krupuk lekor*, probieren. Die aus Fischmehl hergestellten, länglichen Teigwaren sehen zwar etwas grau und unappetittlich aus, schmecken aber frittiert und mit scharfer Chili-Soße sehr lecker.

Istana Tengku Long Museum (Terengganu State Museum), tägl. 9–17 Uhr, Fr geschl., Eintritt, am Ufer des Terengganu-Flusses, 5 km außerhalb des Zentrums. Neben der Terengganu-Architektur sind auch die kunsthandwerklichen Sammlungen und die Ausstellung zum traditionellen Bootsbau sehr sehenswert
Pulau Duyong, Zentrum des traditionellen Bootsbaus in Terengganu, zu erreichen mit der Fähre vom Anleger Jalan Sultan Ismail, Jalan Bandar
Istana Tengku Long Museum, tägl. 10–18, Fr 12–15 Uhr geschl., Eintritt, am Ufer des Terengganu-Flusses, 5 km außerhalb des Zentrums. Neben der Terengganu-Architektur sind auch die kunsthandwerklichen Sammlungen und die Ausstellung zum traditionellen Bootsbau sehr sehenswert.

Im Central Market (Pasar Payang) werden im ersten Stock Batiken, Körbe und anderes Kunsthandwerk verkauft.
Teratai Art, 151 Jalan Bandar, Kunstgewerbeladen mit malaysischen und indonesischen Produkten, schöne Postkarten und Kunstausstellungen
Pusat Budaya Craf, Lot 2195, Kampung Chendering, Tel. 617 1033, Mo–Do 9–16 Uhr, 10 km südl. vom Zentrum, große Fabrikhallen, in denen alle Arten von malaysischem Kunsthandwerk hergestellt werden, die Werkstätten kann man besichtigen, mit Verkaufsraum.

Ausflug zum Stausee Tasik Kenyir, zum Sekayu-Wasserfall organisiert das Guesthouse Ping Anchorage. Trips zu den Inseln Redang und Lang Tengah muß man im voraus buchen, die meisten Büros der Insel-Hotels befinden sich entlang der Jalan Bandar. Sie organisieren Unterkunft und den Bootstransfer von Merang als Pauschalarrangement, außer im Juli/August und vor Feiertagen kann man über den Preis handeln.

Überlandbusse fahren von der Expreßbusstation am Fluß, Jalan Sultan Zainal Abidin, stündl. Verbindungen nach Kuantan und Kota Bahru, morgens und abends fahren Fernbusse zu allen größeren Städten an der Westküste ab, nach Butterworth und Penang über den East-West-Highway.

Ferntaxis: Station in der Jalan Masjid Abidin, neben der großen Nahverkehrsbusstation

Der **Sultan Mahmud-Flughafen** liegt 20 km nördl. des Stadtzentrums, MAS und Pelangi Air fliegen mehrmals tägl. nach Kuala Lumpur, zweimal wöchentl. nach Kuantan. Das MAS-Stadtbüro ist etwas außerhalb des Zentrums, 13 Jalan Sultan Omar, Tel. 622 1415

Kuantan

Lage: Vordere Umschlagkarte H3
Vorwahl: 09

Hauptstadt von Pahang an der Ostküste

Tourist Information Centre, Jalan Mahkota, Mo–Fr 9–17, Sa 9–13 Uhr, Tel. 516 007, bei der Taxistation

Hyatt Hotel Kuantan, Teluk Chempedak, Tel. 566 1234, Fax 567 7577, an einem guten Strandabschnitt, die frische

Seebrise weht auch an den schönen Pools, geschmackvolle Zimmer; teuer

MS Garden Hotel, Jalan Beserah, Tel. 554 0201, Fax 554 558, schickes Hotelhochhaus mit Pool, Shoppingcentre nebenan; teuer

Shazan Inn, am Padang, 1997 eröffnetes gutes Mittelklassehaus am Padang neben dem Museum, Pool; moderat

Mega View Hotel, Jalan Besar, Tel. 514 2541, hat den besten Blick der Stadt am Kuantan-Fluß; moderat

De Gaya Inn, 96 D Jalan Besar, Tel. 552 6708, freundlich geführtes Haus, 1998 eröffnet, gegenüber dem Busbahnhof, saubere und einfache Zimmer mit WC und Klimaanlage; günstig

Hotel Kuantan, Teluk Chempedak, Tel. 568 0026, es fehlt das Hyatt im Namen und die Fünf-Sterne-Ausstattung in den Zimmern, der Strand ist aber derselbe; günstig

Swan Bakery Café, Jalan Bukit Ubi, hinter dem Shahzan Hotel am Padang, Backwaren, westliche und malaysische Gerichte in klimatisierten Räumen; günstig

Pattaya Restaurant, Terrasse an der Strandpromenade in Teluk Chempedak, chinesisches Seafood; günstig

Food Stalls, Jalan Besar, am Busbahnhof, Mee und Nasi Goreng, teilweise sogar mit Blick auf den Fluß; günstig

Food Stalls an der Strandpromenade in Teluk Chempedak; günstig

Masjid Negeri, Jalan Mahkota, 1991 erbaute, weiß-blaue Staatsmoschee

Muzium Negeri Pahang, Padang, Mo–Fr 9–17, Sa 9–13 Uhr, 1998 renoviertes Staatsmuseum von Pahang

Gua Charas, buddhistischer Tempel in einer Kalksteinhöhle, 25 km nordwestl. von Kuantan, Bus Nr. 48 fährt halbstündl. von der Busstation bis Kampung Panching, von da 5 km zu Fuß durch Ölpalm- und Kautschukplantagen oder Taxi von Kuantan ca. 25 RM

Pekan, 45 km südl. von Kuantan, stündl. mit Bus Nr. 31 von der lokalen Busstation, bis 1898 königliche Hauptstadt von Pahang, alte Sultanspaläste verschiedener Herrscherdynastien und die Art déco-Moschee Masjid Abdullah

Tasik Chini, Lotusblütensee am Pahang River, 70 km von Kuantan, die Anreise mit öffentlichen Verkehrsmitteln ist umständlich und nicht so schön, besser sind Bootstouren vom Kampung Belimbing,

Touren über die Tourist Informatiion in Kuantan und zahlreiche Anbieter in Cherating

Der Strand von Kuantan ist in Teluk Chempedak, dort liegt am Meer das luxuriöse Hyatt Hotel, in den drei Straßen dahinter gibt es preiswertere Alternativen. An Wochenenden ist der Strand bei Tagesausflüglern beliebt.

Nördlich von Chempedak kann man über einen Dschungelpfad in ca. 20 Minuten zu weiteren fast menschenleeren weiten Sandstränden laufen. Nach ca. 5 km erreicht man das Fischerdörfchen Beserah. Hier herrscht noch eine typische Ostküstenidylle, die Fischer entladen ihren Fang am Dorfstrand, und unter Palmenhainen ducken sich die traditionellen malaysischen Holzhäuser. Soviel Tradition bedeutet aber auch, daß westliche Bikini-Schönheiten hier angestarrt werden wie Außerirdische, am besten mindestens T-Shirt und nicht zu kurze Shorts anziehen.

Busverbindungen: Expreßbusse nach Kuantan kommen am Expreßbusbahnhof an der Jalan Stadium außerhalb des Zentrums an. Regionale Busse halten am Busbahnhof in der Jalan Besar im Zentrum am Fluß.

Von Kuantan nach Kuala Lumpur fahren tägl. mehrere Expreßbusse, ebenso nach Singapur und Kota Bahru. Morgens fahren Fernbusse nach Mersing, Tapah (Cameron Highlands), Jerantut (Taman Negara) und Kuala Lipis. Regionale Busse von der Busstation fahren gegen 10 Uhr und am frühen Nachmittag nach Kuala Terengganu über Rantau Abang und Marang, nach Cherating stündl. Busse.

Regionale Taxis fahren vom Halteplatz an der Jalan Mahkota, gegenüber der Busstation, für längere Distanzen auch ab Expreßbusbahnhof

Mietwagen: Hertz, im Samudra Riverview Hotel, Jalan Besar, Tel. 552 8041; **Avis,** 102 Jalan Telok Sisek, Tel. 523 666

Kuching

Lage: Hintere Umschlagkarte C4
Stadtplan S. 178
Vorwahl: 082

Hauptstadt von Sarawak mit reicher Geschichte und viel Charme

Visitor's Information Centre, 31 Jalan Masjid, 93400 Kuching, Tel. 248 088, Fax 256 301, sarawak@po.jaring.my, Mo–Fr 8–18 Uhr, Sa 8–16 Uhr, Informationsmaterial, hilfreiche Mitarbeiter, im selben Büro befindet sich das Wildlife booking office für die Nationalparks um Kuching
Sarawak Tourist Association, in einem Pavillon an der Uferpromenade, neben dem Sarawak Steamship Building, Tel. 240 620, Fax 427 151, Mo–Do 8.30–12.30, 14–16.15, Fr 8.30–11.30, 14.30–16.45, Sa 8.30–12.45 Uhr

Gute Informationen zu Zielen, Geschichte und Natur im Internet unter www.sarawaktourism.com.my. Links zu Hotels und Tour-Veranstaltern unter www.sarawakmice.com

Kuching Hilton International, Jalan Tunku Abdul Rahman, Tel. 248 200, Fax 428 984, das erste Haus am Platze, auch hinsichtlich der Zimmer mit Aussicht auf den Sarawak River, Pool, mehrere Restaurants, Cybercafé und Fünf-Sterne-Service; teuer
Holiday Inn Kuching, Jalan Tunku Abdul Rahman, Tel. 423 111, Fax 426 169, hikrsv@po.jaring.my, etwas preiswerter als das Hilton, dafür nicht ganz so glamourös, am Fluß, Pool, Restaurants; teuer
Crown Plaza Riverside, Jalan Tunku Abdul Rahman, Tel. 247 777, Fax 425 858, cprk@po.jaring.my, das Dritte im Bunde der Waterfront-Hotels, der Blick ist leider durch einen Neubau teilweise verstellt, Pool und alle Luxushotel-Annehmlichkeiten; teuer
Merdeka Palace, Jalan Tun Haji Openg, neben dem Sarawak Museum, Tel. 258 000, Fax 425 400, mpalace@po.jaring.my, 1999 eröffnetes Palasthotel mit hollywoodreifem Kitschdekor in der Lobby, wer zuviel Marmor und Messing nicht scheut, kommt hier sehr komfortabel unter, es gibt einen Pool und ein Fitneßstudio, einen amerikanischen Coffeeeshop und eine kubanische Zigarrenbar; teuer
Borneo Hotel, 30 Jalan Tabuan, Tel. 244 122, Fax 254 848, zentral Fernseher, Minibar und Klimaanlage; moderat–günstig
Telang Usan Hotel, Jalan Ban Hock, Tel. 415 588, Fax 425 316, tusan@po.jaring.my, zentral, aber ruhig ist Kuchings einziges von Orang Ulu geführtes Hotel, der Name bedeutet süßer Fluß in der Sprache der Kenyah und gibt einen Hinweis auf die entspannte und gepflegte Atmosphäre des Hotels; moderat–günstig
Fata Hotel, Jalan Tabuan, gegenüber dem Borneo Hotel, Tel. 248 111, einfache Zimmer mit Dusche, Fernseher und Klimaanlage, zwei Nachtklubs; günstig

The Waterfront Café, Hilton Hotel, Tel. 248 200, mittags und abends Bufett zu angemessenen Preisen, sonntags Brunch mit Aussicht, Cybercafé-Bereich; moderat–günstig
See Good, Ban Hock Road, nahe Telang Usan Hotel, inmitten recht schäbiger *shop houses* liegt dieses exzellente chinesische Fischrestaurant; günstig
Top Spot Food Court, Jalan Padungan, sechster Stock des *car park* hinter der Standard Chartered Bank, unter freiem Himmel servieren verschiedene chinesische *food stalls* Fisch, Meeresfrüchte und einheimische Gemüsedelikatessen wie wilden Farn; günstig
Benson's Seafood Centre, Jalan Chan Chin Ann, am Sarawak River gelegen, günstig
Katulistiwa Café, Waterfront, einem Bidayuh Schädelhaus nachgebildeter Pavil-

lon neben den Riverbank Suites, trotz gruseligem Architekturvorbild nette Atmosphäre und ein guter Ort für ein Frühstück mit Flußblick. 24 Stunden geöffnet; günstig
Green Restaurant, 16 Main Bazaar, hat indisch-malaysische Spezialitäten wie *roti canai, murtabak, rojak* und diverse *curries,* nur mittags; günstig

Astana, gegenüber dem Square Tower am anderen Ufer des Sarawak River, 1869 von Charles Brooke erbauter kolonialer Bungalow, kann nicht besichtigt werden
Botanical Gardens, Aquarium, auf der Rückseite des alten Sarawak Museum, durchgehend geöffnet, Eintritt frei
Cat Museum, in dem futuristischen Gebäude der North City Hall, Bukit Siol, Petra Jaya, Tel. 446 688, Di–So 9–17 Uhr, Mo geschl., Eintritt frei, Gebühren für Kameras, Petra Jaya Bus Nr. 2B oder 2C, antike Katzen, Katzen in der Musik, Katzen auf Briefmarken ...
Chinese History Museum, Main Bazaar gegenüber dem Tua Pek Kong Temple, Sa–Do 9–18 Uhr, Fr geschl., Eintritt frei, 1993 gegründetes, im historischen Gebäude der chinesischen Handelskammer untergebrachtes Museum, Einblicke in die Geschichte der chinesischen Einwanderer in Sarawak
Islamic Museum, Jalan P. Ramlee, Sa–Do 9–18 Uhr, Fr geschl., Geschichte der Muslime in Sarawak und in der malaysisch-indonesischen Welt
Fort Margherita, Police Museum, Di–So 10–18 Uhr, Mo geschl., Eintritt frei, weil das Museum auf dem Gelände des Polizeiquartiers liegt, wird manchmal ein Ausweis verlangt; Verbrechen und deren Bekämpfung, ausgestellt sind auch illegale Glücksspiele und eine nachgestellte Opiumhöhle
Sarawak Museum, Jalan Tun Haji Openg, tägl. außer an Feiertagen 9–18 Uhr, Eintritt frei, im Erdgeschoß gibt es eine naturkundliche Sammlung und eine von Shell gesponserte Ausstellung zur Ölförderung in Sarawak. Die ethnographische Sammlung im ersten Stock dokumentiert Sarawaks Kulturgeschichte und veranschaulicht das Leben der Dayak-Stämme durch originalgetreue Langhausnachbauten, eine Sammlung von Kunst und Kunsthandwerk sowie viele historische Fotos.
Square Tower, Waterfront, 1879 als Gefängnis erbaut, z. Zt. geschl.
Timber Museum, Wisma Sumber Alam, im Stadtteil Petra Jaya, Tel. 443 477, Mo–Do 8.30–16, Fr 8.30 bis 11.30, 14.30–16.30, Sa 8.30–12.30 Uhr, Kuching Matang Bus Nr. 8, informative Ausstellung über Sarawaks Wälder, aus der Sicht der Holzindustrie, daher etwas einseitig
Tua Pek Kong Temple, Main Bazaar, 1876 gegründet, der älteste chinesische Tempel in Kuching

Sarawak House, 67 Main Bazaar, Tel. 252 531, in seiner Galerie verkauft Richard Yong ausgesuchte Exemplare seiner Sammlung von Dayak-Kunst, gut zum Studium qualitätvoller Stücke
Atelier Gallery, 104 Main Bazaar, Tel. 243 492, ungewöhnliches Kunstgewerbe aus Sarawak und dem Rest Südostasiens in einem charmant renovierten alten *shop house*
Mohamad Yahia & Sons, Untergeschoß Sarawak Plaza und Lobby shop Holiday Inn, breite Auswahl an Büchern über Sarawak, Kulturgeschichte, Anthropologie, Ökologie und über die Rodungsproblematik
Riverside Complex (neben Riverside Crown Plaza) und Sarawak Plaza (neben Holiday Inn) sind die beiden großen Einkaufszentren mit Boutiquen, Parfümerien, Schuhgeschäften, Buchläden und Supermärkten
Sonntagsmarkt, Jalan Satok, nahe dem Satok Flyover, ist schon am Samstagnachmittag und -abend in vollem Gange, sonntags wird nur bis mittags verkauft: neben Kurzwaren, Haustieren, Fleisch und Fisch exotische und für Sarawak typische Obst- und Gemüsesorten wie *paku* und *miding* (wilder Farn), *petai* (große bohnenähnliche Schoten) und *lemang* (Bambusstämme zum Garen von Reis), sehr farbenfroh

Kuchings **Nachtleben** ist für seine Ausschweifungen berühmt berüchtigt, in dem Komplex hinter dem Crown

Plaza-Hotel an der Jalan Padungan finden sich mehrere recht wilde Pinten, in den allabendlich, besonders an Wochenenden, die Post abgeht. Vor 23 Uhr ist meist kaum was los, aber so um Mitternacht wird richtig aufgedreht.

Ang Café Bar, Jalan Tunku Abdul Rahman, im Erdgeschoß der Riverbank Suites, auf der Terrasse über dem Fluß kommt fast mediterranes Flair auf, zumal hier der beste – italienische – Kaffee von Kuching serviert wird, ab 13 Uhr

De Tavern, Taman Sri Sarawak Mall, gegenüber der Hilton Garage, 16.30–1 Uhr, dank Tuak und gut gelaunter Wirte ist hier immer etwas los, auch ohne Karaoke

Hari Gawai, Ende Mai, Anfang Juni, zum traditionellen Erntefest der Iban finden auch in Kuching zahlreiche Konzerte und Veranstaltungen statt

Pesta Kuching, im Aug., mit Konzerten, Kunsthandwerksmessen und Sportveranstaltungen wird rund um den Kuching City Day gefeiert, Höhepunkt sind die City Day-Parade und die Kuching-Regatta auf dem Sarawak River

Bidayuh-Langhäuser in Anah Rais, die Langhäuser im Kampung Anah Rais sind original und bewohnt, jedoch durch die Nähe zu Kuching mittlerweile eher ein Freilichtmuseum, Sarawak Transport Bus Nr. 9A fährt morgens dreimal die zweistündige Strecke, der letzte Bus zurück fährt mittags, Reisebüros in Kuching bieten Tagestouren an

Jong's Crocodile Farm und Mini Zoo, 29 km südl. von Kuching im Dorf Siburan an der Straße nach Serian, Tel. 863 570, tägl. 9–17, Fütterung 9 und 15 Uhr, Eintritt, Sarawak Transport Bus Nr. 3, 3A, oder 9 nach Siburan

Sarawak Cultural Village, Freilichtmuseum nördl. von Kuching auf der Santubong-Halbinsel nahe dem Damai Beach, tägl. 9–17.15 Uhr, Eintritt, Shuttle-Bus von allen großen Hotels in Kuching

Semengoh-Orang-Utan-Aufzuchtstation, 29 km von Kuching, 8–12, 14–16.15, Fütterung 8.30 und 15 Uhr, Sarawak Transport Bus Nr. 6, verwaiste und aus der Gefangenschaft befreite Orang-Utans werden hier auf ein Leben im Dschungel vorbereitet, vor dem Besuch muß im Visitor's Centre Kuching ein *permit* abgeholt werden.

Reisebüros, die Langhaus- und Trekkingtouren anbieten, gibt es reichlich in Kuching, besonders konzentriert in den alten Shophouses entlang der *waterfront.* Auf eigene Faust zu einem Langhaus aufzubrechen, ist nicht empfehlenswert, man braucht einen *guide,* der die Bewohner kennt, der vermittelt und dolmetscht. Die Preise, die zwischen 40 und 50 € pro Person und Tag variieren, richten sich weniger nach dem Standard der Unterbringung als nach der Anzahl der Reisenden. Im Preis sind Transport, Bootscharter, Unterkunft, (Dschungel-)verpflegung und *guide* enthalten. Bei der Auswahl einer Tour gilt es, vor allem darauf zu achten, daß nicht mehr als sechs bis acht Leute reisen, sonst kann es im Langhaus eng werden. Je länger die Tour, desto unberührter sind Natur und Langhäuser; drei Nächte sollte man für ein solches Abenteuer schon unterwegs sein. Zwei gute und langeingesessene Adressen sind:

Borneo Adventure, 55 Main Bazaar, 93000 Kuching, Tel. 245 175, Fax 082-422 626, www.borneoadventure.com, mehrfach ausgezeichneter Tourveranstalter, der am Oberlauf des Batang Ai ein Langhaus ›adoptiert‹ hat.

Singai Travel Service, 168 Jalan Chan Chin Ann, 93100 Kuching, Tel. 412 778, Fax 420 918, www.singai.com, Langhaustouren am Skrang und Lemenak, längere Treks in den Batang Ai- und Rejang-Flußsystemen, auch deutschsprachige *guides*

Regionale Busse werden von verschiedenen Gesellschaften betrieben, alle Abfahrtsorte liegen an der Gambier Road, im Visitor's Centre gibt es einen Fahrplan, Fernbusse fahren vom Express Bus Terminal, Jalan Penrissen, ab, vom Zentrum aus u. a. mit Sarawak Transport Bus Nr. 3 & 9 zu erreichen. Abfahrtzeiten der Fernbusse Richtung Osten über Sri Aman, Sibu und Bintulu nach Miri sind morgens bis mittags oder am Spätnachmittag und Abend; tägl. mehrere Busse nach Pontianak in Kalimantan/Indonesien (8 Std.), gültiges Visum für Indonesien ist erforderlich

Mietwagen: Pronto Car Rental, 98 Jalan Padungan, Tel. 236 7889, Fax 236 889
Mayflower Car Rental, vierter Stock, Wisma Satok, Jalan Satok, Tel. 410 110, Fax 410 115

Kuching Airport, Tel. 457 373, internationale Anschlüsse nach Hongkong, Manila, Singapur, Pontianak und Brunei, tägl. mehrere Flüge nach Kuala Lumpur, Johor Bahru und Penang, tägl. mehrere regionale Flüge nach Sibu, Bintulu, Miri, Labuan, Kota Kinabalu. Taxis vom Flughafen in die Stadt werden mit Coupons bezahlt; MAS-Stadtbüro, 255 Jalan Song Thian Cheok, Tel. 244 144

Schiffsverbindungen von Kuching bis Sibu in 4 Std., Tickets bei Borneo Interland, 63, Main Bazaar, oder anderen Reisebüros; Boote legen an der Express Boat Wharf in Pending an, erreichbar mit Chin Lian Long Bus Nr. 17, 19 oder mit dem Taxi

Kudat-Halbinsel

Lage: Hintere Umschlagkarte G8

Trotz einiger schöner Strände, traditioneller Langhäuser und einem populären Markt in Kota Belud touristisch so gut wie unerschlossener Landstrich im Norden von Sabah

Shangri La's Rasa Ria Resort, Pantai Dalit, 89208 Tuaran, Tel. 088-792 888, Fax 088-792 777, rrr.@po.jaring.my, sehr schöne Anlage an einem weiten Sandstrand, gepflegter Garten, viele Freizeitangebote, Golfplatz und ein Naturpark, in dem neben anderen Wildtieren und Vögeln auch Orang-Utans aus Sepilok rehabilitiert werden. Bus-Shuttle-Service nach Kota Kinabalu, etwa 45 Min; sehr teuer–teuer

Kampung Bavanggazo, traditionelles Rungus-Langhaus, das 1992 für ›sanften Tourismus‹ hergerichtet wurde. In der Umgebung sind noch einige ursprünglichere Langhäuser zu finden. Die Gäste des Langhauses werden mit einer kleinen Kulturshow unterhalten, zu buchen über Sabah Tourism Promotion Corporation oder Borneo Eco Tours, 12 A Lorong Bernam 3, Taman Soon Kiong, 88300 Kota Kinabalu, Tel. 088-234 009, Fax 088-233 688, www.borneoecotours.com; moderat
Kota Belud Resthouse, Tel. 088-977 062, außerhalb der Stadt mit schönem Blick über die Reisfelder und den Gunung Kinabalu; günstig

Der populäre Tamu-Markt in Kota Belud findet jeden Sonntag morgen auf dem Tamu-Platz am Fluß statt, 5 Min. vom Stadtzentrum. Während der Hauptreisezeit im europäischen Sommer finden sich einige Bajau in traditionellen Kostümen ein, die auf ihren Ponies für Fotos posieren. Der Markt startet bei Sonnenaufgang und löst sich am späten Mittag schon langsam wieder auf. Wer viel traditionelles Kunsthandwerk erwartet, wird etwas enttäuscht sein, denn hier werden vor allem die Bedürfnisse der lokalen Bevölkerung bedient, und die brauchen praktische Plastikschüsseln und moderne Kleidung. Ein netter Rummel ist der Markt allemal.

Minibusse nach Kota Belud fahren regelmäßig von der Busstation am Padang in Kota Kinabalu. Das Shangri-La Rasa Ria Resort unterhält einen eigenen Shuttlebus von und nach Kota Kinabalu bzw. zum Schwesterhotel Tanjung Aru für Gäste. Das Langhaus in Kampung Bavanggazo erreicht man am besten, wenn man eine Tour bucht.

Labuan

Lage: Hintere Umschlagkarte G7
Vorwahl: 087

Zollfreies Bundesterritorium und Mekka für Wracktaucher vor der Küste von Sabah

Labuan Tourist Information Centre, Jalan Dewan/Ecke Jalan Berjaya, Tel. 423445, mtpblbu@toursim.gov.my, Mo–Fr 10–15 Uhr

Sheraton Hotel, 462 Jalan Merdeka, nahe dem Padang, Tel. 422 000, Fax 422 222, luxuriös, mit Pool, mehreren Restaurants und Blick aufs Meer; teuer
Manikar Beach Resort, Jalan Batu Manikar, Tel. 418 700, Fax 418 740, Strand-Resort mit Wassersport, Bars, Pool, Tennis, Shuttle-Bus in das Stadtzentrum; teuer
Federal Hotel, Jalan Bunga Kesuma, Tel. 411 811, Fax 411 337, zentral, MAS-Büro im Hause; günstig

Im Park neben dem Sheraton Hotel gibt es zahlreiche *food stalls*, die von mittags bis abends einfache Gerichte und gute *seafood* zubereiten.

Labuan ist zollfreies Gebiet. Der überall in Malaysia hochbesteuerte Alkohol ist hier billig, allerdings darf nur 1 l pro Person nach Malaysia eingeführt werden; Duty-free-Geschäfte findet man nahe der Bootsanlegestelle rund um die Jalan Merdeka

Wracktauchen, über Borneo Divers, Dive Shop: 28 Lazenda Centre, Jalan Tun Mustapha; Tauchbasis: Marina am Labuan Financial Hotel, Jalan Wawasan, Tel. 415 867, Fax 413 454, www.jaring.my/bdivers

Der **Flughafen** liegt 4 km nördl. der Stadt, MAS fliegt nach Brunei, Kota Kinabalu, Miri und Kuching; das MAS-Büro befindet sich im Federal Hotel an der Jalan Bunga Kesuma, Tel. 412 263

Nach Labuan fahren tägl. mehrere **Boote** von Kota Kinabalu und Brunei, Anlegestelle in der Jalan Merdeka, Tickets werden am Schalter im Hafengebäude oder in den Büros der Fährgesellschaften entlang der Jalan Merdeka verkauft.

Lahad Datu

Lage: Hintere Umschlagkarte J7
Vorwahl: 089

Holzfällerstadt im ›wilden Osten‹ von Sabah, Sprungbrett zum Danum Valley

Lahad Datu ist nicht gerade ein touristenfreundlicher Ort, hier bleibt nur wer unbedingt muß. Piratenüberfälle kommen hier nicht nur im Kino vor, deshalb am besten nach Einbruch der Dunkelheit keine Spaziergänge mehr unternehmen.

Executive Hotel, Jalan Teratai, nahe dem Kampung Panji, Tel. 881 333, schickes Hotel, wirkt fast schon deplaziert in der schäbigen Umgebung; moderat
Hotel Mido, Jalan Teratai, am Kreisverkehr, Tel. 881 899, etwas abgewohnt; günstig
Für das Danum Valley: Borneo Nature Tours, Block 3, Fajar Centre, P.O. Box 61174, 91120 Lahad Datu, Sabah, Tel. 089-880 207, Fax 089-885 051, fünf Fußminuten vom Flughafen; organisiert den Transport und die Unterkunft in der Borneo Rainforest Lodge

Der **Nachtmarkt** im Zentrum versorgt Hungrige mit gegrilltem Fisch und anderen malaysischen Spezialitäten. An *coffee shops* mit einfachen Gerichten herrscht kein Mangel, wer es klimatisiert mag, kann im Spring Palace-Restaurant des Executive Hotel gepflegt chinesisch speisen.

Busbahnhof an der Jalan Bunga Raya, fünf Fußminuten vom ›Zentrum‹ mit den Hotels. Hier fahren die Minibusse nach Semporna, Tawau und Sandakan ab, wenn genügend Passagiere vorhanden sind.

Der winzige **Flughafen** liegt unweit vom Zentrum Richtung Norden, MAS-Büro an der Jalan Teratai im Hotel Mido, Tel. 881 707. Wer den letzten Flug nach Kota Kinabalu gebucht hat, sollte sich versichern, ob er nicht abgesagt wurde, und gegebenenfalls auf einen früheren Flug ausweichen.

Flugstreichungen kommen vor, wenn nicht genug Passagiere da sind. Dann findet MAS es günstiger, die Versprengten eine Nacht in Lahad Datu einzuquartieren und sie mit der ersten Maschine des nächsten Tages auszufliegen.

Lambir Hills-Nationalpark

Lage: Hintere Umschlagkarte F6
Vorwahl: 085

Zahlreiche Wasserfälle im Park nahe Miri in Nord-Sarawak

Visitor's Information Centre Miri, 452 Jalan Melayu, nahe der Miri-Busstation, Tel. 434 184, Fax 434 179, Mo–Do 8–16.15, Fr 8–16.45, Sa 8–12.45 Uhr, hier können Unterkünfte reserviert werden, im Parkbüro von Lambir gibt es eine kleine Ausstellung zur Geographie des Parks

Einfache Chalets mit zwei Zimmern à zwei Betten; preiswert, zwei Chalets mit Klimaanlage; günstig

Kantine mit einfachen Gerichten im Parkhauptquartier; günstig

Vierzehn gut markierte **Wanderwege,** der längste führt in 3 Std. über steile Hügel und reiches Wurzelwerk auf den Gipfel des 450 m hohen Bukit Lambir.

Von Miri fahren von 7 bis 16 Uhr alle 30 Min. **Busse** Richtung Batu Niah, Bakong oder Bekunu und passieren nach 40 Min. Lambir. Der Parkeingang und die Chalets liegen direkt an der Straße.

Langkawi

s. Pulau Langkawi S. 314

Lang Tengah

s. Pulau Redang S. 325

Marang

Lage: Vordere Umschlagkarte H5
Vorwahl: 09

Traditionelles Fischerdorf an einer Lagune, Hafen für die Insel Kapas, nicht zu verwechseln mit Merang, dem Anleger für die Insel Redang

Keine offizielle Touristeninformation, Auskünfte über die Boote zur Insel Kapas kann man in den Büros der Bootsbetreiber am Anleger bekommen.

In Marang gibt es einfache *guesthouses* und ein Sri Malaysia Hotel, an den langen Sandstränden in der südlichen Umgebung einige Resort-Hotels
Sri Malaysia Hotel, Kampung Paya Marang, Tel. 618 2889, die übliche Ausstattung dieser Hotelkette, häufig große Reisegruppen; günstig
Island View Resort, Kampung Paya Marang, Tel. 618 2006, einfache Chalets in verschiedenen Kategorien und Preislagen, auch mit Klimaanlage; günstig–sehr preiswert
Green Mango Inn, Kampung Paya Marang, Tel. 618 2040 auf einem Hügel nahe der Bootsanlegestelle, einfache Zimmer, schöner Garten, von einem malaysisch-deutschen Ehepaar geführt; sehr preiswert
Marang-Guesthouse, Kampung Paya Marang, Tel. 618 1976, schlichte Holz-Chalets, Restaurant, von dem man einen schönen Blick auf das Meer hat; sehr preiswert

Außerhalb an den Stränden:
Tanjung Jara Resort, Batu 8 off Jalan Dungun, Dungun, Tel. 845 1100, Fax 845 1200, Terengganu_tanjung-Jara@malaysianet.net, preisgekröntes Chalet-Hotel der Luxusklasse, die Architektur traditionell malaysisch, Gartenanlagen tropisch, Strand malerisch, mehrere Restaurants, Pools, Spa, Chalets teils mit Open-air-Badezimmern; sehr teuer
Marang Resort & Safari, Lot 1, Jalan Dungun, Kampung Pulau Kerngga, Tel. 618 2588, Fax 618 2334, 100 geschmackvolle Holz-Chalets, teilweise am Strand, teil-

weise an der Lagune, gutes Restaurant, großes Ausflugsangebot, in den Deluxe-Chalets Open air-Bad und Teakmöbel, entspannte Atmosphäre, die geradezu nach einem längeren Aufenthalt verlangt; teuer–moderat–

Anggulia Beach House, km 20 Kampung Rhu Muda, Tel. 618 1322, schlichte Chalets am Strand, Garten, gemütlicher Familienbetrieb, organisiert Ausflüge; günstig

Die meisten *guesthouses* in Marang haben ihr eigenes Restaurant, da im Ort die Möglichkeiten, essen zu gehen, eingeschränkt sind.

Food stalls öffnen abends am Markt nahe dem Bootsanleger, Sonntagabends wird dort ein größerer Nachtmarkt abgehalten

Die *guesthouses* organisieren **Schnorcheltrips** zur Insel Kapas und zur kleineren Nachbarinsel Gemia sowie eine Bootstour auf dem Marang-Fluß. Da während der Flußtour oft auch ein traditionelles *kampung* besucht wird, sollte man nicht in freizügiger Strandkleidung teilnehmen.

Busse: Marang liegt an der Ostküsten-Hauptstraße zwischen Kuala Dungun im Süden und Kuala Terengganu im Norden. Eine Busstation gibt es nicht, man kann an der Tankstelle im Zentrum aussteigen, von dort sind es 5 Min. zu Fuß bis zum Bootsanleger und den *guesthouses*. Einige *guesthouses* besorgen Busfahrkarten für Langstrecken von Kuala Terengganu aus.

Boote zur Insel Kapas legen vom Anleger am Markt ab, die Fahrt mit umgebauten Fischkuttern dauert 30 Min.; es fahren auch schnellere Boote in 15 Min. Die Abfahrtzeiten sind von den Gezeiten abhängig, bei Ebbe ist die flache Lagune nicht schiffbar.

Melaka

Lage: Vordere Umschlagkarte G2
Stadtplan S. 136
Vorwahl: 06

Wiege der malayischen Nation an der Meeresstraße von Melaka

Melaka Tourist Information Centre, Jalan Kota, gegenüber Stadthuys und Christchurch, Tel. 283 6538, tägl. 9–17 Uhr, Fr mittags geschl. Im Internet kann man unter www. melaka.gov.my alles über Kultur und Geschichte erfahren, www.melaka.net gibt Auskunft zu Hotels, Restaurants und Antiquitätenläden.

Melaka Renaissance Hotel, Jalan Bendahara/Ecke Jalan Munshi Abdullah, Tel. 284 8888, Fax 283 5351, 295 elegante Zimmer teilweise mit schönem Blick über die Altstadt, Pool; teuer

City Bayview Hotel, Jalan Bendahara, gegenüber St. Peter's Church, Tel. 283 9888, Fax 283 6699, imposanter Hotelklotz mit ansprechendem Inneren, zentral, Pool; teuer

Mahkota Century Hotel, Jalan Merdeka, Tel. 281 2828, Fax 281 2323, 617-Zimmer-Hotel neben der Shoppingmall auf der Landgewinnung am Meer, Pool; teuer

Hotel Equatorial, Jalan Bandar Hilir, Tel. 282 833, neues Hotelhochhaus am östlichen Ende des Bukit St. Paul, schöne Aussicht, gute Ausstattung und oft Nachlässe auf die Zimmerpreise; teuer

Heeren House, 1 Jalan Tun Tan Cheng Lock, Tel. 281 4241, Fax 281 4239, sechs Zimmer in einem historischen Haus am Melaka River, dank Stilmöbeln und Himmelbetten kommt Grachten-Feeling auf; moderat, Aufschlag an Wochenenden

Hotel Puri, 118 Jalan Tun Tan Cheng Lock, Tel. 282 5588, Fax 281 5588, e-mail: enquiries@hotelpuri.com, in mehreren geschmackvoll renovierten *Baba-Nyonya*-Häusern um einen schönen Innenhof; moderat

Baba House, 125–127 Jalan Tun Tan Cheng Lock, Tel. 281 1216, Fax 281 1217, historisches Gebäude in Melakas ›Millionärsstraße‹, Lage und Lobby versprechen mehr, als die teils recht finsteren Zimmer halten; günstig

Viele preiswerte Unterkünfte, die sich auf Rucksacktouristen spezialisiert haben, im neuen Stadtteil Taman Melaka Raya südl. des Zentrums hinter dem großen

neuen *shopping centre,* 15 Min. zu Fuß vom Roten Platz oder Bus Nr. 17 bis zum chinesischen Tempel, die Adressen wechseln häufiger, aber in der Nachbarschaft ist immer was zu finden (die Zimmer sind oft nur mit dünnem Sperrholz abgetrennte Kammern, nichts für empfindliche Ohren):
Sunny's Inn, 270 A/B Taman Melaka Raya, Tel. 283 7990, Zimmer schlicht, oberflächlich rein, teilweise mit eigenem Bad, Fahrradverleih und gute Infobörse; sehr preiswert
Kancil Guesthouse, 177 Jalan Parameswara, Tel. 281 4044, Traveller-Treff, vom Laundry Service bis zum Schokostreusel-Frühstück alles da; sehr preiswert

Jonkers Melaka, 17 Jalan Hang Jebat (Jonkers Street), tägl. 10–17 Uhr, Küche und Ambiente im *Perenakan*-Stil, leckerer Kuchen, kleiner und teurer Souvenirladen; günstig
Heeren House, 1 Jalan Tun Tan Cheng Lock, Tel. 281 4241, tägl. 8–18 Uhr, gutes Frühstück und Mittagsmenüs in angenehm klimatisierten Räumen; günstig
Café Loony Planet, 40 Jalan Laksamana, Melakas In-Café, oft bis Mitternacht geöffnet (rar in Melaka) mit angeschlossenem Internet-Café; günstig
Restoran D'Lisbon, Medan Portugis, pseudoportugiesische Architektur, pseudomediterrane Küche, schreckliche Live-Bands: ein bißchen Touristennepp pur in allen Restaurants am Medan Portugis; günstig
Old China Café, 15 Jalan Hang Lekir (3rd Cross Street), Tel. 283 6099, tägl. 9–18 Uhr, in einem schönen *Perenakan*-Haus im Stil der 20er Jahre, *Nyonya*-Küche, Antiquitätenladen; günstig
Food Stalls am Taman Merdeka, von morgens bis Mitternacht, leckere *satés,* gegrillter Fisch, Nudelgerichte aus malaysischen und chinesischen Garküchen; günstig

Baba & Nyonya Heritage Museum, 50 Jalan Tun Tan Cheng Lock, Tel. 283 1273, tägl. 10–12.30, 14–16.30 Uhr, Eintritt, mit Führung, Familienmuseum in einem gut erhaltenen *Straits*-Chinesen-Wohnhaus
Bukit China, ältester und größter chinesischer Friedhof außerhalb Chinas auf einem Hügel westl. des Zentrums, Jalan Puteri Hang Li Po (Jalan Bukit China)
Bukit St. Paul, mit der 1580 erbauten St. Paul's Church; die Porta de Santiago, einziger Überrest der 1511 begonnenen und 1807 abgetragenen Festung A Famosa
Cheng Hoon Teng Temple, Jalan Tokong, 1646 gegründeter chinesisch-buddhistischer Tempel
Christchurch, tägl. 9–17 Uhr, Eintritt frei, 1753 erbaute Kirche im Stil des holländischen Calvinismus
Hang-Jebat-Grab, Jalan Kampung Pantai, Mausoleum des berühmten malaysischen Kriegers aus dem 15. Jh.
Independence Memorial, Jalan Parameswara Ecke Jalan Kota, tägl. 9–18 Uhr, Fr mittag geschl., elegante Villa von 1912, ehemals Sitz des Melaka-Club, in dem Somerset Maugham Stammgast war
Istana Ke Sultanan & Melaka Cultural Museum (Muzium Budaya), Jalan Kota, tägl. 9–18 Uhr, Eintritt, moderner Nachbau eines hölzernen malaysischen Palastes aus dem 15. Jh.
Kampung Morten & Villa Sentosa Museum, Kampung Morten, tägl. 9–17 Uhr, Spende erwünscht, liebevoll eingerichtetes typisches Kampung-Haus am Melaka River
Maritime Museum, Jalan Quayside am Melaka River in einem Nachbau des portugiesischen Segelschiffes »Flor de la mer«, tägl. 9–21 Uhr, Fr mittag geschl., Eintritt
Masjid Kampung Hulu, Jalan Kampung Hulu, 1728 erbaute Moschee, die älteste erhaltene von Malaysia im sumatrischen Stil mit gestuftem Pyramidendach und einem pagodenartigen Minarett
Masjid Kampung Kling, Jalan Tokong, 1748 erbaut und im Baustil sehr ähnlich der Kampung-Hulu-Moschee
Medan Portugis (Portugiesischer Platz), Jalan De Albuquerque, 1985 eingeweihter ›Touristenplatz‹ im Herzen der historischen portugiesischen Siedlung 1 km südwestl. der City
Muzium Belia (Malaysian Youth Museum), Jalan Laksamana, tägl. 9–18 Uhr, Fr mittag

geschl., Eintritt, Dokumentation der malaysischen Jugendbewegungen
Sam Po Kong Temple, Jalan Bukit China, 1431 gegründeter chinesischer Tempel am Fuße des Bukit China
Stadthuis Ethnographic Museum, Jalan Gereja, tägl. 9–18 Uhr, Di u. Fr nachmittag geschl., Mittagspause, Eintritt, neben der umfangreichen völkerkundlichen und kulturhistorischen Sammlung ist die wehrhafte Architektur des über 300 Jahre alten Gebäudes interessant
St. Francis Xavier's Church, Jalan Laksamana, neogotische Kirche aus dem 19. Jh.
St. Peter's Church, Jalan Bendahara, 1710 von den Portugiesen erbaute katholische Kirche, Zentrum der Osterfeierlichkeiten

Melaka ist bekannt für **Antiquitäten,** in der Jalan Hang Jebat (Jonkers Street) reiht sich ein Laden an den anderen. Die Preise sind recht hoch und das Handeln oft schwierig, außerdem gibt es ein reichliches Angebot an modernen Reproduktionen, die nicht immer als solche gekennzeichnet sind.
Wah Aik, 92 Jalan Hang Jebat, verkauft Souvenir-Nachbildungen der seidenen Schühchen, welche die *Nyonya*-Frauen einst an ihren geschnürten Füßen trugen
The Orang Utan House, 59 Lorong Hang Jebat, Studiogalerie des einheimischen Künstlers Charles Cham, wundervolle Ölbilder, wenn Transport und Preis unmöglich scheinen, kann man sich mit den witzig-bemalten T-Shirts trösten.

Sound & Light Show, Tribüne auf dem Platz an der Jalan Parameswara gegenüber dem Independence Memorial, englische Version tägl. 21.30 Uhr, während des Ramadan eine Stunde früher
Cineplex Kino, Mahkota Parade Shoppingcentre, Jalan Merdeka

Januar/Februar: Chinese New Year mit der traditionellen Chap-Goh-Meh-Prozession im Zentrum. Medien in Trance, von Haken durchbohrt, weihen die geschmückten Häuser, die am Weg liegen, mit dabei sind auch Löwentanztruppen und Musikgruppen
März/April: Ostern wird von den christlichen Gemeinden in Melaka gefeiert, am Abend des Karfreitag wird in und vor der St. Peter's Church der Kreuzweg gebetet, in der Osternacht wird um 21 Uhr eine Lichterfeier gehalten, am Ostersonntag morgens eine feierliche Messe
Juni: Festa San Pedro, die portugiesische Gemeinde feiert Petrus, den Schutzparton der Fischer, mit Bootsprozessionen und traditionellen portugiesischen Volkstänzen

Melaka River Trip, tägl. 11, 12, 14, 15 und 16.30 Uhr, Tel. 286 5468, Anlegestelle am Fluß hinter der Tourist Information, 45 Min.
Schwimmbad, Jalan Kota im Taman Merdeka, tägl. 10–13, 14–16.15, 18–21 Uhr, Eintritt
Ayer Keroh, 14 km nördl. von Melaka City, tägl. 9–18 Uhr, Eintritt, Erholungsgebiet: Zoo, Schmetterlingspark, Krokodilfarm, Mini-Malaysia-Park, zu erreichen mit Bus Nr. 19 von der Busstation Melaka, Taxi von der Stadt ca. 15 RM, besonders beliebt bei malaysischen und Singapurer Familien am Wochenende
Pulau Besar, tägl. um 10 Uhr Boot von der Anlegestelle hinter der Tourist Information, 16 Uhr zurück von Besar, Tel. 283 6538; preiswerter von der Anlegestelle in Anjung Batu südöstl. von Melaka, Tel. 261 0492. Übernachten kann man im Pandanusa Island Resort, Tel. 281 5939, komfortable Chalets mit Vollpension, der Strand ist wesentlich netter als der im benachbarten Port Dickson; moderat

Busbahnhof im nördlichen Zentrum an der Jalan Hang Tu (Jalan Buona Vista). Nach Melaka fahren häufig Busse von großen Städten der Halbinsel, von Melaka fahren stündl. Busse in alle Zentren der Westküste, nach Kuala Lumpur, Johor Bahru und Singapur sogar häufiger. Busse zur Ostküste fahren seltener: Mersing zweimal tägl. morgens und nachmittags, Kuantan morgens und mittags, Kuala Terengganu und Kota Bahru abends für Übernachtfahrten.

Ferntaxis fahren auch vom Busbahnhof

Mietwagen: Avis, 124 Jalan Munshi Abdullah, Tel. 282 4991

Der kleine **Flughafen** liegt 9 km nördl. der Stadt, Tel. 317 1175, Pelangi Air, Tel. 282 2648, fliegt fast tägl. nach Singapur und Ipoh, Tickets im MAS-Büro im City Bayview Hotel. Zum neuen Flughafen Kuala Lumpur (KLIA) sind es von Melaka nur eine Stunde Fahrt über Autobahnen, genauso lang oder länger (Staus) dauert es von Kuala Lumpur, ein Taxi von Melaka zum KLIA kostet ca. 120 RM.

Nächster **Bahnhof** in Tampin, Tel. 411 1034, 40 km nördl. von Melaka, von der Stadt fahren regelmäßig Busse zum Bahnhof, auch Taxis sind zu bekommen. Die Züge der Butterworth-Singapur-Linie halten in Tampin, nach Norden und Süden fahren tagsüber jeweils zwei Züge, vormittags und nachmittags. Außerdem gibt es in beide Richtungen Nachtzüge.

Das **Boot nach Dumai** auf Sumatra können Nicht-Malaysier nur mit einem gültigen Visum nehmen, das man vorher in Kuala Lumpur oder Singapur besorgen muß. Die Shah-Bandar-Anlegestelle liegt zentral an der Jalan Merdeka, dort ist auch ein Ticketbüro. Die Fähren fahren zweimal tägl. morgens und mittags und brauchen etwa 4 Std.

Merang

Lage: Vordere Umschlagkarte G5
Vorwahl: 09

Fischerdörfchen an der Ostküste der Halbinsel und Bootsanleger für die Inseln Redang und Lang Tengah

Im Ort nahe der Bootsanlegestelle einfache Chalets, mehrere Resorts Richtung Süden an der Küstenstraße nach Kuala Terengganu (nicht zu verwechseln mit der ausgebauten Fernstraße A3, die weiter im Landesinnern verläuft)

The Aryani, Jalan Rhu Tapai, Setiu, Tel. 624 1111, Fax 624 8007, stilvolle Anlage mit Pool am Strand, geräumige Zimmer mit schöner Einrichtung und Räume in wiederaufgebauten traditionellen malaysischen Holzhäusern, Restaurant, Bibliothek, abends Live-Gamelan-Musik; sehr teuer
Merang Inn Village Resort, Pantai Peranginan Merang, nahe dem Bootsanleger, Tel. 624 3435, Chalets mit Ventilator oder Klimaanlage, Restaurant und Ticketbüro für Redang-Fähren; günstig–sehr preiswert

Die Resorts bieten **Tages- und Tauchtouren zur Insel Redang** an

Merang liegt an der weniger befahrenen Küstenstraße und ist mit öffentlichen **Bussen** nur schwer erreichbar. Am Anleger der Boote von der Insel Redang warten Minibusse, die einen Transport nach Kuala Terengganu anbieten.

Tickets für **Boote** nach Redang und Lang Tengah im Merang Beach Resort, in den Pauschalarrangements nach Redang sind sie oft schon im Preis enthalten. Die meisten Boote fahren am Vormittag bis etwa 13 Uhr.

Mersing

Lage: Vordere Umschlagkarte H2
Vorwahl: 07

Hafenstädtchen im Süden der Halbinsel Malaysia, Fährort nach Tioman

Mersing Tourist Information Centre, Jalan Abu Bakar, gegenüber dem Sportplatz 5 Min. von der Bootsanlegestelle, Tel. 799 5212

Sri Malaysia Hotel, liegt etwas außerhalb, Jalan Ismail, Tel. 799 1876, Fax 799 5333, 10 Min. zu Fuß vom winzigen Zentrum, Pool; günstig
Omar's Backpacker Hostel, Jalan Abu Bakar, Tel. 799 5096, Fax 799 4434, aktuelle Infos zu den Inseln und Touren, Schlafsaal und saubere Zimmer; sehr preiswert

Sheik Hostel, neben dem Omar Hostel, einfache Herberge, auch beliebt bei Rucksackreisenden; sehr preiswert
An der Jalan Abu Bakar im Zentrum nahe dem Kreisverkehr gibt es noch einige einfache Hotels; günstig

Mersing Seafood Restaurant, Jalan Ismail/Ecke Jalan Dato Mohamad Ali (Kreisverkehr), Früchte des Meeres in allen chinesischen Variationen; günstig
R & R Plaza, Jalan Abu Bakar, neben dem Bootsanleger, viele *food stalls* mit chinesischen und malaysischen Gerichten

Island Hopping Tour zu sieben teilweise unbewohnten Inseln auf dem Fischerboot »Black Sausage« mit Schnorchelstopps und Verpflegung organisiert Omar's Backpacker Hostel, Jalan Abu Bakar
Mersing Sightseeing Tour, besichtigt werden u. a. Ölpalmen- und Kautschukplantagen, die Fabriken, in denen diese Produkte weiterverarbeitet werden und ein traditionelles malaysisches Fischerdorf, 10–17 Uhr, zu buchen auch über Omar's Backpacker Hostel

Busstation am Fluß neben dem Markt an der Jalan Sulaiman; von hier fahren lokale Busse nach Endau und Tanjung Leman, den Hafen für Pulau Sibu und Pulau Tinggi. Die Busse nach Mersing halten oft auch am Kreisverkehr an der Jalan Abu Bakar oder an der R & R Plaza neben dem Bootsanleger. Der Nachtbus aus Kuala Lumpur kommt frühmorgens an. Von Mersing nach Kuala Lumpur und Kuantan fahren drei- bis viermal tägl. mittags, frühabends und nachts Busse vom Kreisverkehr beim Malaysia Restaurant ab. Hier und in den Büros an der R & R Plaza werden die Tickets verkauft. Nach Singapur und Johor Bahru fahren Busse von der R & R Plaza.

Von Mersing **Fährrouten** zu den Inseln Tioman, Rawa, Besar, Pemanggil und Aur. Die meisten Boote fahren morgens bis zum frühen Nachmittag, je nach Gezeitenstand. Während es auf den Booten nach Tioman meist genügend Plätze gibt, ist es für die Inseln Besar, Rawa und Pemanggil ratsam, ein paar Stunden vor Abfahrt zu reservieren oder gleich Unterkunft und Transport im Package zu buchen, was in den Büros am Bootsanleger leicht zu erledigen ist. Die Boote nach Sibu und Tinggi fahren von Tanjong Leman, einem kleinen Hafen ein paar Kilometer südlich von Mersing ab. Am Hafen wird man oft von sog. Ticket-Agenten angesprochen, die einen zu einem bestimmten Boot drängen wollen und oft behaupten, alles andere sei ausgebucht. Davon nicht verwirren lassen, und unbeirrt an entsprechenden Buden buchen. Für Tioman sollte man nur ein einfaches Ticket kaufen, dann hat man bei der Rückfahrt die Auswahl zwischen den verschiedenen Booten und Abfahrtzeiten.

Miri

Lage: Hintere Umschlagkarte F6
Vorwahl: 085

Ölstadt, Boomtown und Sprungbrett zu den Nationalparks in Nord-Sarawak

Visitor's Information Centre Miri, 452 Jalan Melayu, nahe der Miri-Busstation, Tel. 434 184, Fax 434 179, Mo–Do 8–16.15, Fr 8–16.45, Sa 8–12.45 Uhr, hier können Unterkünfte in den Nationalparks Niah, Lambir und Mulu gebucht werden, außerdem Auskunft über Touren in Bario, in der Ulu-Baram-Gegend, in Limbang und Lawas

Rihga Royal Hotel Miri, 779 Jalan Temenggong Datuk Oyong Lawai, Tel. 421 121, Fax 421 099, info@rihgamiri.com, schöne Anlage am Brighton Beach, der zum Schwimmen weniger geeignet ist als der gigantischgroße Hotel-Pool, gepflegte Gartenanlage, freundliche Atmosphäre und alle Annehmlichkeiten eines Luxushotels, Tauchschule; teuer
Mega Hotel, 907 Jalan Merbau, Tel. 432 432, Fax 433 433, megahot@po.jaring-my,

Businesshotel im Zentrum, Pool auf der Dachterrasse; teuer
Holiday Inn Miri, Jalan Temenggong Datuk Oyong Lawai, Tel. 418 888, himiri@po.jaring.my, nicht ganz so schick wie das Rihga Hotel, aber gute Preise und einen *shuttlebus* ins Stadtzentrum; teuer-moderat
Park Hotel, Jalan Raja, neben der Busstation, Tel. 414555, Fax 414488, zentral, etwas renovierungsbedürftig, daher oft Ermäßigungen möglich; günstig
In der Nachbarschaft des Mega Hotel zahlreiche kleinere, preiswerte Hotels
Cosy Inn, 545 South Yu Seng Road, Tel. 415522, Fax 415155, einfach, zentral; günstig–sehr preiswert
Rasa Sayang Inn, 566 Lee Tak Street, Tel. 413880, Fax 411366, einfache Zimmer mit Klimaanlage und Bad; günstig–sehr preiswert

Maxim Seafood Centre, Jalan Miri-Pujut, außerhalb des Zentrums, Miris populärstes Restaurant, die chinesische Küche und der gegrillte Fisch sind exzellent; günstig
Taman Selera, Jalan Temenggong Datuk Oyong Lawai, 500 m hinter dem Rihga Hotel am Strand, verschiedene Essensstände bieten Fisch, *saté* und *laksa;* günstig
Restaurant Rasma, 234 Jalan Maju, Beautiful Jade Centre, gegenüber dem Mega Hotel, malaysische Gerichte, herrliche *laksa;* günstig
In dem Block gegenüber dem Mega-Hotel gibt es noch weitere einfache Restaurants, die malaysische und chinesische Gerichte anbieten; günstig

Grand Old Lady, Miris erster Öl-Bohrturm, steht auf dem Canada Hill, einem Hügel über der Stadt, von dem man einen schönen Blick auf das Meer und die Berge des Lambir-Nationalparks hat

Tang Heng & Sons, Jalan Bendahara, nahe dem Hornbill-Kreisverkehr und dem alten *Godown*-Lagerhaus, schöne Bastmatten, Schilder, Gongs und Iban-Textilien

Tamu Muhibbah, am Padang, gegenüber der Busstation, frisches Obst, exotisches Gemüse und Hochland-Reis aus Bario
Bintang Plaza, Jalan Pujut/Ecke Jalan Merbau, Miris modernste Shoppingmall mit zahlreichen Fast-Food-Läden, Mode-Boutiquen und einem sehr gut bestückten Supermarkt

Rigs Disco, Rihga Royal Hotel, hier geht nicht nur samstags die Post ab, ab 23 Uhr wird es spannend
The Pub und **The Ranch** fast nebeneinander an der North Yu Seng Road sind die vollsten, am längsten geöffneten und lautesten Kneipen.

Bootstrips zu Korallenriffen vor Miris Küste organisiert Scuba Sarawak, Lot 2119 Jalan Bulatan, Tel. 423 369, info@scubasa.com
Touren zum Mulu-Nationalpark und in die Bario Highlands bei Seridan Mulu, Lobby Arcade Rihga Hotel, Tel. 414300, Fax 416 066, info@seridanmulu.com.
Den Headhunters-Trail, Adventure Caving und die Bootsanreise in den Mulu-Nationalpark organisiert auch Tropical Adventures, Erdgeschoß Mega-Hotel, Jalan Merbau, Tel. 419 337

Busse von der Haltestelle am Padang, neben dem Visitor's Information Centre; nach Lambir von 7 bis 16 Uhr alle halbe Stunde Richtung Batu Niah, Bakong oder Bekunu; nach Batu Niah 1,5 Std., Abfahrten stündl. von 7 bis 15 Uhr; nach Kuala Belait in Brunei tägl. fünf Busse zwischen 7 und 15 Uhr, für die Weiterfahrt nach Bandar Seri Begawan muß man in Kuala Belait umsteigen, der letzte Bus von dort nach Bandar Seri Begawan gegen 15 Uhr

Der **Flughafen,** Tel. 414242, liegt 9 km westl. der Stadt, Bus Nr. 9, tägl. mehrere Flüge nach Kota Kinabalu, Kuala Lumpur, Kuching, Sibu und Bintulu; nach Marudi, Limbang und Lawas, dreimal tägl. in den Mulu-Nationalpark, bei gutem Wetter tägl. morgens nach Bario und zweimal wöchentl. nach Long Lellang in den Kelabit Highlands, MAS-Büro in der South Yu Seng Road, Beautiful Jade Centre, Tel. 411 444. Die Flüge nach Mulu und Bario sind oft ausgebucht, weil Veranstalter und Einheimische die Sitze lang im voraus reservieren und die Maschinen überhaupt nur ca. 20 Sitze haben. Weil immer wieder kurzfristig Passagiere abspringen, hat man auf der Warteliste durchaus gute Chancen mitgenommen zu werden. Wenn im MAS Stadtbüro lange Warteschlangen stehen, kann man auch in dem Reisebüro nebenan MAS-Tickets kaufen

Mulu-Nationalpark

Lage: Hintere Umschlagkarte F6

Sarawaks größter und spektakulärster Nationalpark mit einem riesigen Höhlensystem, Dschungelströmen und primärem Regenwald

Visitor's Information Centre Miri, 452 Jalan Melayu, nahe der Miri-Busstation, Tel. 085-434 184, Fax 085-434 179, Mo–Do 8–16.15, Fr 8–16.45, Sa 8–12.45 Uhr, hier können die Unterkünfte im Park gebucht und die *permits* für den Besuch ausgestellt werden.

Im Park Headquarter gibt es Schlafsaalbetten, Chalets mit je vier Zimmern, und Resthouses mit zwei Zimmern Private Lodges am Ufer des Melinau werden von den Reisebüros in Miri betrieben, alle Mahlzeiten, Unterkunft und Transport sind im Pauschalpreis für die gebuchte Tour inbegriffen. Die Lodges haben einfache Zimmer mit Ventilator und eigenem Bad. Wenn Zimmer frei sind, können auch Reisende ohne Pauschalarrangement unterkommen; sehr preiswert

Royal Mulu Resort, Melinau River, Mulu, Tel. 085-790 100, Fax 085-790 101, www.royalmulu.com, Schwesterhotel des Rihga Royal in Miri, malerisch in einer Biegung des Melinau liegt die ganz aus Holz erbaute Hotelanlage, Zimmer mit Balkon, Swimmingpool, Tourdesk; teuer

Café im Park Headquarter, mit Klimaanlage, serviert einfache Reis- und Nudelgerichte; günstig

Buyun Sipan Lounge, am Melinau neben der Hängebrücke zum Parkeingang, entspannte Atmosphäre auf einer Terrasse über dem Fluß, Liegestühle, westliche und asiatische Küche und Bier; günstig

Der **Besuch der vier Show Caves** wird entweder vom Hotel, den Park Rangers oder den Veranstaltern arrangiert. Weitere Höhlen sind für *adventure caving* geöffnet, d. h. klettern, kriechen und krabbeln mit Spezialausrüstung. Reisebüros organisieren solche Touren, besorgen *permits* und die Ausrüstung; etwa Tropical Adventure Tours, Erdgeschoß Mega Hotel, Jalan Merbau, Miri, Tel. 419 337, Fax 414 503

Mountain-Bike- und Kanutouren im Park organisiert das Royal Mulu Resort

Trekking-Touren zu den Pinnacles, auf den Gunung Mulu und auf dem Headhunters' Trail nach Limbang sind anstrengende Mehrtagestouren, die nur mit einem *guide* unternommen werden dürfen. Am besten organisiert man solche Trips vorab mit einem Reisebüro, z. B. Seridan Mulu, Lobby Arcade Rihga Hotel, Tel. 414 300, Fax 416 066, info@seridanmulu.com

Flug: Von Miri fliegt dreimal tägl. eine Maschine nach Mulu, einmal tägl. von Marudi und ein- bis zweimal von Brunei. Der Flughafen von Mulu liegt 2 km vom Park Headquarter entfernt, bei Ankunft der Flugzeuge sind Leute da, die Transportmöglichkeiten anbieten. Flüge immer rückbestätigen, denn die Flugzeiten ändern sich oft, manchmal fällt ein Flug aus, und Überbuchungen sind auch nicht selten.

Eintägiger **Bootstrip** nach Mulu, eine beschwerliche Reise, die teurer als der Flug, aber an Erlebnissen reicher ist; von Miri mit dem Bus oder Taxi nach Kuala Baram, dort ein Expreßboot nach Marudi; dort Boot nach Long Terawan. Von Long Terawan geht es weiter den Tutoh hinauf und dann in die Mündung des Melinau, der zum Park Headquarter führt. Ankunft nach ca. 10 Stunden und meist nach Einbruch der Dunkelheit

Niah-Nationalpark

Lage: Hintere Umschlagkarte F6
Vorwahl: 085

Schwalbennestpflücker, archäologische Ausgrabungsstätte, Höhlenmalereien in Nord-Sarawak

Visitor's Information Centre Miri, 452 Jalan Melayu, nahe der Miri-Busstation, Tel. 434 181, Fax 434 179, Mo–Do 8–16.15, Fr 8–16.45, Sa 8–12.45 Uhr, Buchung der Unterkünfte im Park und Informationen zur Anreise

Niah Cave Inn, in Batu Niah, 2 km vom Park Headquarter Batu Niah Bazaar, Tel. 737 333, Fax 737 332, Zimmer mit Klimaanlage, Bad und Satellitenfernsehen; günstig
Chalets im Park Headquarter mit je zwei Schlafzimmern à vier Betten, sog. VIP-Chalets mit Klimaanlage (moderat), einfache Zimmer mit Ventilator, etwas stickig und mückenverseucht (günstig); ein Bett in einem der Vierbettzimmer im Hostel (sehr preiswert)

Chinesische Coffeeshops in Batu Niah, im Park ein Restaurant, das ein herzhaftes Frühstück und einfache Gerichte serviert; günstig

Die große **Höhle** mit den spektakulären Schwalbennestpflückern ist Niahs Hauptattraktion. Die Painted Cave mit prähistorischen Höhlenmalereien ist seit 1992 für Besucher geschlossen.
Zwei **Wanderwege** im Park sind gut erschlossen und markiert, der Weg auf Bukit Kasut belohnt mit einem schönen Panorama über den Park und auf das Städtchen Batu Niah. Das Iban-Langhaus Rumah Chang ist ein moderner Bau, in dem viele der Vogelnestsammler leben, vom Abzweig kurz vor der Höhle 15 Min.

Von Bintulu Busse der Gesellschaft Suria von morgens bis nachmittags stündl. von der lokalen Busstation hinter dem Tamu-Markt in 3 Std. nach Batu Niah. Von Miri nach Batu Niah 1,5 Std., Abfahrten stündl. von 7 bis 15 Uhr, Abfahrten nach Bintulu und Miri stündl. von morgens bis in den frühen Nachmittag. Von Batu Niah in den Park Taxis, bis 16 Uhr auch Langboote, oder man geht eine halbe Stunde den Pfad am Fluß entlang.

Pangkor und Pangkor Laut

s. Pulau Pangkor und Pangkor Laut S. 317

Pekan

Lage: Vordere Umschlagkarte H3
Vorwahl: 09

Etwas verschlafene Sultansstadt von Pahang am Sungai Pahang, 45 km südl. von Kuantan

Government Resthouse, Jalan Sultan Abu Bakar, am Padang, Tel. 422 1240, große, wenn auch renovierungsbedürftige Zimmer; günstig

Istana Putih, Istana Abu Bakar, Istana Permai, Istana Mangga Tunggal werden von der Sultansfamilie bewohnt und können nicht besichtigt werden.
Masjid Abdullah, Jalan Tengku Ahmad, 1932 fertiggestellte Art déco-Moschee, heute Sitz der Islamischen Religionsgesellschaft
Muzium Sultan Abu Bakar, Jalan Tengku Ahmad, tägl. 9.30–17 Uhr, Fr mittag geschl., in dem kolonialen Gebäude ist heute das Staatsmuseum von Pahang untergebracht, in dem es neben Kroninsignien und Memorabilia der Sultansfamilie einige antike chinesische Keramiken und buddhistische Statuen aus dem 14. Jh. zu sehen gibt.

Von Kuantans Busstation fahren stündl. **Busse** in etwa 45 Min. nach Pekan, das an der Hauptstraße von Kuantan nach Mersing und Johor Bahru liegt

Penang

s. Pulau Penang S. 318

Perhentian Besar

s. Pulau Perhentian Besar S. 323

Poring

Lage: Hintere Umschlagkarte G7

Heiße Quellen im Kinabalu-Nationalpark, 40 km vom Park Headquarter

In der schönen Gartenanlage des Poring Park Headquarter rund um die Schwefel-Pools einige **Chalets** und ein **Hostel.** Poring ist ein beliebter Urlaubsort auch für Einheimische, besonders an Wochenenden und in Schulferien ist es oft proppevoll, und Reservierungen sind ein Muß, vor allem weil es im Ort selbst keine weiteren Unterkünfte gibt. Unter der Woche kommt man aber auch ohne Reservierung zumindest im Hostel unter oder kann für ein paar Ringgit ein Zelt auf dem angeschlossenen Zeltplatz mieten (es regnet jedoch nicht selten!). Die Chalets haben zwei bis mehrere Schlafzimmer, ein Wohnzimmer, Bad und eine kleine Küche; zu buchen über Kinabalu Gold Resorts, Block C, Komplex Karamunsing, 88300 Kota Kinabalu, Tel.257 941, Fax 242 861, nature@kinabalu.net, je nach Größe und Ausstattung moderat–sehr preiswert

Ein **Restaurant im Park**, bei schönem Wetter sitzt man auf der Terrasse neben einem weiteren Pool; einheimische und westliche Gerichte; günstig
Die **Restaurants an der Straße** gegenüber vom Parkeingang sind eine Alternative

Bäder im heißen Schwefelwasser, in Badehäusern oder den offenen Wannen unter einer Pergola, Eintritt
Markierte Wanderwege, Canopy Walkway, Eintritt
Butterfly Farm, Eintritt

Wer von Sandakan nach Poring will, muß in Ranau umsteigen. **Minibusse** nach Poring fahren von Ranau den ganzen Tag über, wenn genügend Passagiere vorhanden sind. Vom Park Headquarter des Kinabalu-Nationalparks kann man einen **regulären Bus** nach Ranau an der Hauptstraße anhalten oder einen Minibus bis Poring mieten. Diese warten am Park-Büro auf Passagiere.

Port Dickson

Lage: Vordere Umschlagkarte F2
Vorwahl: 06

Kein Hafen, aber ein besonders bei einheimischen Wochenendurlaubern beliebter Badeort an der Westküste mit unterdurchschnittlichen Stränden

Die meisten Hotels liegen entlang der 18 km langen Strandstraße Richtung Süden bis zum Cape Rachado, die Standorte werden durch Meilensteine *(batu)* bezeichnet.
Paradise Lagoon Hotel, Batu 8 Jalan Pantai, Tel. 647 7600, Fax 647 7630, delta 1@po.jaring.my, eines der netteren Hotels in Port Dickson mit akzeptablem (wenn auch künstlichem) Strand und von Kokospalmen bestandenem Garten; moderat
The Travers Hotel, Batu 9, Jalan Pantai, Tel. 662 6693, Fax 662 5002, Familienhotel mit großem Pool; moderat

Food stalls an der Strandstraße und Restaurants in den Hotels

Nach Port Dickson (oft abgekürzt PD) alle 30 Min. **Busse** von Seremban und fast ebenso häufig von Kuala Lumpur; von Port Dickson fahren häufig Busse nach Melaka

Pulau Besar

Lage: Vordere Umschlagkarte H2 (nahe Mersing)
Vorwahl: 07

4 km lange Insel vor der Ostküste mit palmengesäumten Sandstränden

D'Coconut Island Resort, Tel. 019-271 4531, Fax 799 3014, dcoconut@tm.net.my, komfortable Chalets in einem Kokoshain am Sandstrand, Restaurant und Tauchschule; moderat
Hillside Chalets, Tel. 799 4831, Fax 799 3837, auf Stelzen am Hang gebaut, 15 Min. zu Fuß zu den anderen Anlagen an einem weniger guten Strandabschnitt, schöner Meerblick; moderat
Radin Safari Island Resort, Tel. 799 41 52, neben dem D'Coconut, 50 Chalets mit Klimaanlage, verteilt über ein großzügiges Areal, teilweise am Strand, Kinder-Pool, gutes Restaurant; günstig–sehr preiswert
Die Unterkünfte bucht man am besten als Package in Mersing, die Ticketbuden haben Fotos der Anlagen und organisieren auch den Bootstransfer

Tauchschule im D'Coconut Island Resort; **Schnorchelausrüstung** kann in den Unterkünften geliehen werden
Dschungeltreks auf die fast 300 m hohen Hügel der Insel und zum »Strand der leidenschaftlichen Liebe« an der Ostseite

Boot einmal tägl. gegen Mittag von Mersing

Pulau Kapas

Lage: Vordere Umschlagkarte H5 (nahe Marang)
Vorwahl: 09

Kleine Koralleninsel vor der Ostküste

Alle Unterkünfte am westlichen, dem Festland zugewandten Strand. An Wochenenden sind die Kapazitäten schnell erschöpft; Reservierung ratsam
Kapas Island Resort, Tel. 622 07 14, Fax 623 6110, größte und teuerste Unterkunft auf der Insel, aber kein Luxus, Chalets in einer Gartenanlage, kleiner Pool, Wassersport, Restaurant; moderat
Gem Island Resort, Tel. 623 6200, neue Anlage auf der kleinen Nachbarinsel Pulau Gem; eine Bausünde, welche die kleine Insel zerstört hat; beliebt bei Einheimischen, die Pauschalarrangements buchen, lauter Dieselmotor zur Stromerzeugung; moderat
Tuty Puri, Tel. 624 6090, gepflegte Anlage, ziemlich kleine Chalets, balinesisch inspiriert; moderat–günstig
The Lighthouse, Tel. 010-215 3558, Zimmer und Schlafsaal in einem Langhaus, sehr einfach, aber gute Atmosphäre; sehr preiswert

Am Bootsanleger ein kleiner *coffee shop,* Restaurants sind den Unterkünften angeschlossen

Dschungeltreks führen an die Ostseite der Insel, die allerdings nicht an Stränden, sondern oberhalb steiler Kliffs enden
Schnorcheln kann man am besten an den Ständen gegenüber der Gem. Den meisten Unterkünften ist eine Tauchschule angeschlossen

Die **Boote** nach Kapas legen je nach Gezeiten morgens bis zum frühen Nachmittag vom Hafen in Marang ab; Tickets werden dort verkauft

Pulau Langkawi

Lage: Vordere Umschlagkarte E6
Vorwahl: 04

Die schönsten Strände der Westküste, Reisfelder und dschungelbedeckte Berge im Binnenland

Langkawi Tourist Information Centre, Jalan Persiaran Putra, Kuah, neben der Moschee, Tel. 966 7789, tägl. 9–17 Uhr, Do nachmittag und Fr geschlossen. Wie in allen Bundesstaaten mit muslimischer Bevölkerungsmehrheit haben auch in Kedah und Langkawi Banken und Behörden am Freitag geschlossen

Hotels aller Kategorien im Hauptort Kuah, der neben einem zollfreien Einkaufszentrum nicht viel zu bieten hat, vor allem keine schönen Strände. Diese befinden sich im Westen und Norden der Insel: Unterkünfte gibt es am Tengah und Cenang im Süden, weiter nördl. am Pantai Kok und der benachbarten Teluk Burau (Teluk-Bucht), an der Nordküste in der Teluk Datai und in Tanjung Rhu.

Kuah:

Sheraton Perdana, Jalan Pantai Dato Syed Omar, Tel. 966 2020, über 200 Zimmer mit allen Annehmlichkeiten, Pool, aber kein guter Strand; teuer

City Bayview Hotel, Jalan Pandak Maya, Tel. 966 1818, Fax 966 3888, obere Mittelklasse und als Erastz für den fehlenden Strand ein Dachgarten mit Pool; moderat

Hotel Central, 33 Persiaran Putra, Tel. 966 858, nahe der Moschee, einfaches von Chinesen geführtes Hotel; günstig

Pantai Tengah:

Langkawi Holiday Villa, Tel. 955 1701, Fax 955 1504, gepflegte Anlage mit Zugang zum Strand, Pool, Restaurants, teuer

Langkawi Village Resort, Tel. 955 1511, Fax 955 1531, kleine Chalets unter Kokospalmen, teils am Strand, Pool, Restaurants; moderat

The Lanai, Tel. 965 3401, neuere Anlage am Strand, Pool, bietet aber nicht den Luxus wie The Datai im Norden, obwohl die Namengebung wohl Nähe suggerieren soll; moderat

Aseania Seaview Resort, Tel. 955 2020, apricotfarbener Hotelkasten, der zwar den Seeblick im Namen trägt, aber keinen hat, ist durch die Straße vom Strand getrennt; moderat

Cenang:

Hier gibt es mehr als 20 Hotels und Chalet-Anlagen, und es wird weiter gebaut, nicht alle liegen am Strand, und manche sind recht lieblos gestaltet und liegen direkt an der lebhaften Straße

Pelangi Beach Resort, Tel. 955 1001, Fax 955 1122, die größte und luxuriöseste Anlage am Cenang-Strand, riesiger Swimmingpool, schöner Garten und 350 Zimmer in Holz-Chalets mit allem Komfort; teuer

Beach Garden Resort, Tel. 955 1363, Fax 955 1221, kleine, liebevoll gepflegte Anlage am Strand, Mini-Pool und gutes Restaurant, deutsche Besitzer; moderat

Bon Ton by the Beach, Tel. 955 3643, bon_ton@hotmail.com, einfache, aber große und geschmackvoll designte Chalets umgeben von Reisfeldern am nördlichen Ende des Pantai Cenang, ca. 1 km vom Pelangi Resort; moderat

Semarak Beach Resort, Tel. 955 1377, Fax 955 1159, Holz-Chalets im malaysischen Stil, teils am Strand, teils nah an der Straße, Restaurant; moderat–günstig–

Delta Motel, Tel. 955 1307, am Ende des Strandes vor dem Aquarium, Hütten verschiedener Ausstattung; günstig–sehr preiswert

Kok/Teluk Burau:

Bis vor ein paar Jahren gab es an der palmengesäumten Bucht vom Kok-Strand nur Hüttenanlagen für Rucksacktouristen; nachdem sie dem Erdboden gleichgemacht wurden, sind drei luxuriöse Hotels die einzigen Unterkünfte. Hier kann man noch die Kulissen für den Film »Der König und ich« bewundern, der hier im Jahr 2000 mit Jodie Foster und Chow Yun Fatt gedreht wurde.

Sheraton Langkawi Beach Resort, Teluk Nibong, Tel. 955 1910, Fax 955 1968, südl. vom Kok-Strand, schöne Fünf-Sterne-Anlage mit zahlreichen Sportmöglichkeiten, Pool; sehr teuer–teuer

Burau Bay Resort, Tel. 959 1061, Fax 959 1172, Schwesterhotel des luxuriöseren Pelangi Beach Resort, hat Zugang zu zwei Abschnitten am Kok-Strand und in der Teluk Burau, Pool, Zimmer mit Klimaanlage in zeltartigen Chalets; teuer–moderat

Berjaya Langkawi Beach & Spa Resort, Tel. 959 1888, Fax 959 1886, gk@hr.berjaya.com.my, Zimmer in hölzernen Chalets im malaysischen Stil, teils in der weitläufigen Gartenanlage, teils auf Stelzen im Meer, Restaurants, Sportmöglichkeiten, Pool, mit über 400 Zimmern groß geraten, der Transport zu den teils weit entfernten Chalets erfolgt mit Golf-Wägelchen; teuer

Teluk Datai:
The Datai, Tel. 959 2500, Fax 959 2600, datai@ghmhotels.com, sehr geschmackvolle Anlage, umgeben von Regenwald, mit Zugang zu der schönen Datai-Bucht, gute Restaurants, Zimmer im Hauptgebäude oder in Villas unter Baumriesen, Golfplatz; sehr teuer
The Andaman, Tel. 959 1088, Fax 959 1168, Schwesterhotel des Datai gleich nebenan, mit viel Sinn fürs Detail eingerichtet; sehr teuer

Tanjung Rhu:
Radisson Tanjung Rhu, Tel. 959 1033, Fax 959 1876, www.radisson.com, 138 geschmackvoll eingerichtete Zimmer mit CD-Player und Modem-Steckern, das Luxushaus ist die einzige Anlage an diesem Strand, der sich bei Ebbe nicht gut zum Schwimmen eignet; sehr teuer

Bon Ton on the Beach, nördl. vom Cenang-Strand, Tel. 955 3643, bei Reservierung Abholservice, offenes Restaurant am Strand, *East-meets-west*-Küche, ausgefallene *Nyonya*-Gerichte; moderat
Beergarden, im Beach Garden Resort, Cenang-Strand, deutsche und lokale Küche, gute Pizza, Bier und Wein; günstig
Champor Champor, an der Hauptstraße in Cenang, ausgefallenes Dekor und experimentierfreudige Köche; günstig
The Sailor, an der Hauptstraße in Cenang, Vollkornbrot zum Frühstück, Laugenbrezel und dazu Sauerkraut; günstig

Air Hangat, tägl. 10–18 Uhr, Eintritt, 16 km nördl. von Kuah, heiße Quellen und ein Kunstgewerbedorf, Tanzvorführungen, wird oft von Tourbussen angesteuert
Crocodile Farm (Krokodil-Farm), im Norden an der Straße zur Datai-Bucht, tägl. 9–18 Uhr, Eintritt, Fütterungen und Show um 11.15 und 14.45 Uhr
Galleria Perdana, an der Straße von Air Hangat nach Kuah, tägl. außer Mo 10–18 Uhr, bizarre Sammlung der Geschenke und Auszeichnungen, die dem Premier Mahathir Mohamad im Laufe seiner Amtszeit zu Teil wurden, Eintritt
Makam Mahsuri, tägl. 8–17 Uhr, Eintritt, an der Straße von Kuah nach Pantai Cenang, das Grab der legendären Prinzessin Mahsuri, die auf Langkawi hingerichtet wurde, und reichlich Souvenirstände, Eintritt
Padang Matsirat, etwas abseits der Straße zwischen Flughafen und Pantai Kok liegt das Feld des verbrannten Reises, ein Relikt aus den Tagen, als Langkawi von den Siamesen bedroht war
Underwater World, zwischen Pantai Cenang und Pantai Tengah, Tel. 955 6100, tägl. 10–18 Uhr, Eintritt, riesiges Salzwasseraquarium mit Haien, Rochen und mehr als 500 Fischarten, Fisch-Streichelzoo

Langkawi ist zollfreies Gebiet, Alkohol, Kosmetika, Uhren, Parfum und elektrische Geräte gibt es in den großen Duty-free-Einkaufszentren und in den kleinen Läden in Kuah. Die Auswahl ist allerdings nicht besonders groß, und die Preise sind außer bei Alkohol auch nicht unbedingt günstiger als anderswo in Malaysia. Einzige Bedingung für den zollfreien Einkauf: Man muß mindestens 48 Stunden auf der Insel sein

Ein **Nachtleben** findet auf Langkawi trotz der vielen internationalen Hotels nicht statt. In den Hotels mag es zwar die ein oder andere (Karaoke)-Bar geben, aber gemütliche Bars und Kneipen am Strand wird man vergeblich suchen. Aber ein Sonnenuntergang am Strand, genossen mit einer Flasche zollfreien Sekts ist ja auch eine nette Alternative

Tauchtouren und -kurse werden von Tauschschulen am Cenang-

Strand angeboten. Die Sicht ist hier nicht so gut wie um die Inseln an der Ostküste Einige Hotels vermieten **Fahrräder und Mofas**, mit denen man auf den wenig befahrenen Straßen schöne Touren ins Inselinnere machen kann.

Telega Tujuh, ein steiler, 45 Min. langer Fußweg führt oberhalb der Staße am Burau Bay Resort zu den Wasserfällen, in denen man baden kann, allerdings sollte man besonders nach Regenfällen sehr vorsichtig sein, freche Affen!

Gunung Raya, auf den 890 m hohen Berg der Insel führt eine steile Straße, Maut für Autos

Islandhopping & Pulau Payar Marine Park, fast alle Hotels bieten Bootstouren zu den vorgelagerten Inseln an, besonders die Riffe um Payar eignen sich gut zum Schnorcheln

Busse fahren nur wenige Routen und nicht besonders häufig; Taxis und Mini-Busse stehen an allen Hotels und Stränden zur Verfügung, Preise müssen vorher ausgehandelt werden

Mietwagen gibt es auf der zollfreien Insel Langkawi billiger als auf dem Festland, jedoch kann man die Vehikel nur auf der Insel fahren, die Fahrt aufs Festland ist nicht erlaubt. Mehrere Mietwagen-Agenturen nahe dem Bootsanleger in Kuah, am Flughafen sowie in Cenang

Der **Flughafen** liegt im Westen der Insel nur wenige Autominuten vom Cenang-Strand, Tel. 955 1311; tägl. Flüge nach und von Kuala Lumpur, Penang und Singapur; MAS-Büro im Langkaw Fair Shopping Centre, Persiaran Putra, Kuah, Tel. 966 8611, Taxis vom Flughafen mit Coupon-System, nach Cenang ca. 18 RM, Datai ca. 40 RM

Fähren von und nach Kuala Perlis und Kuala Kedah legen mehrmals tägl. am Pier in Kuah an, 1 Std.; tägl. eine Fähre von und nach Penang, 2,5 Std.; am Pier stehen für den Weitertransport Taxis zur Verfügung

Pulau Pangkor und Pangkor Laut

Lage: Vordere Umschlagkarte E4
Vorwahl: 05

Dschungel, Strände, Nashornvögel auf zwei Inseln in der Straße von Melaka. Die Insel Pangkor Laut ist exklusiv für die Gäste des luxuriösen Pangkor Laut Resort und kann nicht von Tagesausflüglern besucht werden.

Auf Pangkor gibt es keine Touristeninformation, wohl aber im Fährhafen Lumut, 100 m von der Bootsanlegestelle nach Pangkor

Tourist Information Office, Jalan Clarke, Tel. 683 4057, Mo–Fr 9–17, Sa 9–13 Uhr

Pangkor Laut Resort, Pulau Pangkor Laut, Tel. 699 1100, Fax 699 1200, pir@po.jaring.my, Luxus-Resort auf der kleinen Privatinsel Pangkor Laut, 10 Min. Bootsfahrt von der Hauptinsel; Sportmöglichkeiten, mehrere Pools, Restaurants, Bibliothek, Laden; die 180 Chalets lassen kaum Wünsche offen: Freiluftbad, CD-Player, große Sonnenterrasse, manche gar auf Stelzen über dem Meer; oft ausgebucht; sehr teuer

Pan Pacific Resort Pangkor, Teluk Belanga/Golden Sands Beach, Tel. 685 1399, Fax 685 1852, resv@pprp.po. my, große luxuriöse Anlage mit zwei Pools an einem langen, weißen Sandstrand, Zimmer mit Balkon oder Chalets; teuer

Teluk Dalam Resort, Tel. 685 3000, Fax 685 4000, tlkdlm@tm.net.my, weiträumige Anlage mit Chalets, Pool, der Strand ist nichts Besonderes, und es fehlt etwas an Atmosphäre, oft Ermäßigungen; moderat

Sri Bayu Beach Resort, Pantai Pasir Bogak, Tel. 685 1929, Fax 685 1050, recht komfortable Hütten, teils am Strand, teils im Garten, Pool; moderat

The Hornbill, Teluk Nipah, Tel. 685 2005, Fax 685 2006, an der Strandstraße, aber nach 22 Uhr kaum noch Verkehr, schöne saubere Zimmer mit kleinen Balkonen, Klimaanlage; moderat–günstig

Khoo Holiday Resort, Jalan Pantai Pasir Bogak, Tel. 685 1605, Fax 685 1970, nicht

am Strand, aber von den Unterkünften an diesem Strandabschnitt noch eine der besseren; günstig
Nipah Bay Villa, Teluk Nipah, Tel. 685 2198, Fax 685 2386, gepflegte Anlage mit Chalets; günstig
Takana Juo, Teluk Nipah, Tel. 685 3477, zwei Fußminuten vom Strand in einer ruhigen Seitenstraße, einfache Zimmer oder Hütten mit oder ohne Bad, Ventilator, gutes Restaurant; günstig

Food stalls am Pasir Bogak und in der Coral Bay (200 m von Teluk Nipah), die meisten Unterkünfte haben angeschlossene Restaurants mit einfachen Gerichten und *seafood.*
Takana Juo, Teluk Nipah, dem gleichnamigen *guesthouse* angeschlossen, gute indonesische Gerichte und abends nette Bar-Atmosphäre; günstig

Kota Belanda, Kampung Teluk Gedong, von dem holländischen Fort, das 1680 errichtet wurde, stehen nur noch die Grundmauern.

Die Hotels vermieten **Fahrräder und Mofas**; die Straßen sind teils sehr steil, schmal und unübersichtlich
Schnorchelausflüge zu den vorgelagerten Felsen-Inselchen

Die **Hauptstrände der Insel** sind Pasir Bogak und Teluk Nipah, wovon der letztere der (noch) ruhigere und angenehmere ist. An beiden wird jedoch viel gebaut, nicht immer nach dem Geschmack europäischer Urlauber. Pasir Bogak ist beliebt bei malaysischen Urlaubern,Teluk Nipah zieht mehr internationale Traveller an

Fähren nach Pangkor alle 20 Min. von 7 bis 20 Uhr, sechsmal tägl. Speedboote. Die Boote legen im Kampung Sungai Pinang an, bevor sie den Hauptort Kampung Pangkor erreichen. Das Pan Pacific Resort und das Pangkor Laut Resort haben einen eigenen Bootsservice.

Flüge: Berjaya Air fliegt mehrmals wöchentlich von KL nach Pangkor

Pulau Penang

Lage: Vordere Umschlagkarte E5
Stadtplan Georgetown S. 116
Vorwahl: 04

Insel der Betelnußpalmen vor der Westküste der Halbinsel Malaysia

Penang Tourist Centre, Pesara King Edward, Penang Port, nahe dem Fort Cornwallis, 10300 Penang, Tel. 643 2111, Fax 643 2405, Mo–Fr 8.30–12.30, 14–16.30, Sa 8.30 bis 3 Uhr
Tourism Malaysia, neben dem Penang Tourist Centre, 10 Jalan Tun Syed Sheh Barakbah, 10200 Penang, Tel. 261 9067, Mo–Fr 8.30–12.30, 14–16.30, Sa 8.30–13 Uhr
Tourist Information Centre, dritter Stock, KOMTAR-Einkaufszentrum, Tel. 261 4461, tägl. 10–18 Uhr, hier können auch Touren gebucht werden.
Unter www.penang.net.my kann man Informationen zur Geschichte der Insel abrufen und findet zahlreiche Links zu Hotels und Attraktionen auf der Insel.

Stadthotels in Georgetown
Penang ist immer noch ein Treffpunkt der internationalen Rucksacktouristen-Szene. Die einfachen Hotels und *guesthouses* konzentrieren sich in der lebhaften Chulia Street und ihren Seitenstraßen. Während der Hauptsaison August und Dezember kann in der Chulia Street schon mal alles voll sein. Dann, oder wenn Chulia Street schlicht zu laut ist, findet man besonders in der Seitenstraße Lebuh Cinta (Love Lane) gute; preiswerte und ruhigere Ausweichmöglichkeiten.
Eastern & Oriental Hotel, 10 Leboh Farquhar, Tel. 261 8333, Fax 261 6333, www.e-o-hotel.com, das legendäre Hotel ist im Frühjahr 2001 nach jahrelanger Renovierung wieder eröffnet worden und erstrahlt in kolonialem Glanz und altweltlichem Charme. Das Restaurant im Erdgeschoß ist bis hin zum Porzellan originalgetreu rekonstruiert worden, hier können auch Nicht-Hotelgäste ihre Tea-Time genießen wie einst Somerset Maugham oder Hermann

Hesse. Die Zimmer heißen hier Suite und haben alle Meerblick; sehr teuer

Sheraton, 3 Jalan Larut, nahe der Kreuzung mit Jalan Burmah, Tel. 226 7888, Fax 266 6615, Fünf-Sterne-Haus mit allem, was dazugehört; teuer

Shangri-La, Jalan Magazine, neben dem KOMTAR-Hochhaus, Tel. 262 2622, Fax 262 6526, internationaler Standard, gute Restaurants, zentral; teuer

City Bayview, 25 Leboh Farquhar, Tel. 263 3161, Fax 263 4124, obere Mittelklasse und unlängst renoviert, im obersten Stockwerk ein drehendes Restaurant, oft Ermäßigungen; teuer

Cititel, 66 Jalan Penang, Tel. 370 1188, Fax 370 2288, email@cititelpen.com.my, gut ausgestattetes neues Business-Hotel im Zentrum; moderat

1926 Hotel, No 227, Jalan Burmah, Ecke Immigresen Road, Tel. 228 1926, Fax 227 7926, etwas außerhalb vom Stadtzentrum, in einem ehemaligen kolonialen Verwaltungsgebäude, koloniale Atmosphäre, Zimmer mit altem Holzfußboden und teils mit Balkon; moderat

Bellevue Hotel, Bukit Bendera (Penang Hill), Tel. 829 9500, Fax 829 9600, zu erreichen mit der Bergbahn bis zur Gipfelstation, von da 5 Min. zu Fuß; herrlicher Blick auf Georgetown und das Festland, kühle Luft, nur ist das Haus ziemlich heruntergekommen; günstig

Cathay Hotel, 15 Lebuh Leith, Tel. 262 6271, Fax 263 9300, in einem Kolonialgebäude, kein Luxus, dafür viel Atmosphäre, Zimmer mit Bad, Ventilator oder Klimaanlage, Reservierungen sind schwierig, wenn es voll ist, gibt es in der Nachbarschaft genügend Ausweichmöglichkeiten; günstig

Oriental Hotel, 105 Jalan Penang, an der Ecke Lebuh Chulia, Tel. 263 4211, Fax 263 5395, älteres Mittelklassehaus in zentraler Lage, Ermäßigungen; günstig

Swiss Hotel, 431 Lebuh Chulia, Tel. 262 0133, Dauerbrenner unter den Herbergen für Rucksacktouristen, schlicht, nett; sehr preiswert

Wan Hai Hotel, 35, Lebuh Cinta, Tel. 261 6853, einfach, sauber, zentral, auch Schlafsaal, gemütliche Dachterrasse; sehr preiswert

Strandhotels in Batu Ferringhi

Shangri-La Rasa Sayang Resort, Tel. 881 1966, Fax 881 1984, am nordöstlichen Ende der Bucht etwas separat gelegen, internationaler Standard, schöne Pool-Anlage; sehr teuer–teuer

Shangri-La Golden Sands Resort, Tel. 881 1911, Fax 881 1880, das kleinere Schwesterhotel des Rasa Sayang, Gäste können die Angebote beider Anlagen nutzen; teuer

Park Royal Batu Ferringhi, Tel. 881 1133, Fax 881 2233, großzügige Lobby mit Live-Musik, viele Restaurants und ein großer Pool, beliebt bei Wochenendausflüglern; teuer

Lone Pine Hotel, Tel. 881 1511, Fax 881 1282, info@lonepinehotel.com, nach einer gelungenen Komplett-Renovierung 2000 ist das Lone Pine das individuellste Hotel in Batu Ferringhi, geschmackvoll eingerichtete Zimmer, viele mit offener Veranda zum hier relativ ruhigen Strandabschnitt, der Pool ist allerdings nicht so riesig wie in den benachbarten Hotels; teuer–moderat

Casuarina Beach Hotel, Tel. 881 1711, Fax 881 2788, ruhigeres, kleineres Haus mit gutem Standard, alle Zimmer mit Blick aufs Meer; teuer–moderat

Baba's, Tel. 881 1686, westl. vom Park Royal an einem nicht ganz so gepflegten Strandabschnitt liegen neben dem Baba's mehrere einfache; preiswerte *guesthouses* mit einfachen Zimmern; günstig–sehr preiswert

Neben dem Baba's gibt es an diesem Strandabschnitt noch zwei, drei weitere einfache *guesthouses*

Die vielgerühmte Küche von Penang findet weniger in ausgesprochenen Restaurants statt, vielmehr ißt man an Straßenständen, die nur ein paar Plastikstühlchen auf dem Gehsteig zu bieten haben oder in einfachen *coffee shops*. Gemütliche Atmosphäre wird man vergeblich suchen, nicht mal bequem sind die Plastikhocker und wackeligen Tische oft, was zählt ist einzig das Essen. Das mag zwar für westliche Gourmets merkwürdig scheinen, die Penang-ites finden das jedoch sehr normal, jeder Einheimische kennt mehrere *food stalls,* in denen seine Leibgerichte immer frisch zubereitet werden. Und allabendlich pilgern Hunderte zum Gurney Drive, einem kurzen Abschnitt Strandpromenade 3 km westlich des Stadtzentrums. Hier schlagen die *hawker* ihre *food stalls* auf, beleuchtet von grellem Neonlicht, das von lauten Dieselgeneratoren angetrieben wird. Preis und Qualität der angebotenen Gerichte stimmen den Esser schnell versöhnlich, und das Durchfuttern auf dem Gurney Drive kann schnell zur Sucht werden. Spezialitäten sind Assam oder Penang Laksa (sauer-scharfe Nudelsuppe mit Fisch), Char Kwai Teow (gebratene Bandnudeln mit Krabbenfleisch), Rojak (Obst-und Gemüsesalat mit süß-scharfer Soße) und Sotong Bakar (getrockneter und gegrillter Tintenfisch)

In Georgetown:
Shang Palace, Shangri-La Hotel Georgetown, Jalan Magazine, Tel. 262 2622, chinesische Küche auf hohem Niveau, mittags Dim Sum, Klimaanlage; moderat
Kashmir, 105 Jalan Penang, im Souterrain des Oriental Hotel, schräges Dekor, dem man teils noch ansieht, daß hier vorher ein chinesisches Restaurant betrieben wurde, aber gutes nordindisches Essen; moderat
Kirishima, im Hotel Cititel Penang, Jalan Penang, Tel. 370 1188, japanisches Restaurant mit origineller Inneneinrichtung; moderat
Jaipur Court, 11 Leboh Leith, Tel. 263 0306, nordindische Küche, gepflegt und stilvoll; moderat–günstig
Orange is the color of her dress, 399 Jalan Burmah, Pulau Tikus, Tel. 228 2399, *east-meets-west-cuisine,* beliebt bei Westlern und etwas yuppiemäßig, aber nicht aufdringlich; moderat–günstig
Dragon King, 99 Leboh Bishop, Tel. 261 8035, gute *Nyonya*-Gerichte und die Penang-Spezialität »Curry-Kapitan«; günstig
Song River Seafood Restaurant, 65 Persiaran Gurney/Ecke Jalan Birch, verschiedene Essensstände bedienen an Tischen im Freien und im Haus, am Wochenende immer proppevoll; günstig
Green Planet, 63 Leboh Cintra, bei Rucksacktouristen beliebtes Café, der Besitzer Mr. Tan weiß, was die Traveller brauchen: Vollkornbrot zum Frühstück, Salat mit Vinaigrette, *banana pancake,* Buchtauschbörse und e-mail-Anschlüsse; sehr preiswert
Secret Garden, 414 Leboh Chulia, wird geführt von einem österreichisch-chinesischen Paar, gutes Frühstück, abends werden Filme gezeigt, führen auch ein Reisebüro und besorgen Visa für Thailand; sehr preiswert

In Batu Ferringhi:
Eden Seafood Village, Tel. 881 1852, ein Touristenrestaurant mit Tanzdarbietungen und großen Gruppentischen, die Küche ist (trotzdem oder deswegen) sehr gut, die Meeresfrüchte sind frisch; moderat
Akebono, neben dem Park Royal, Tel. 881 1263, japanisches Restaurant mit geschmackvollem Ambiente; moderat
End of the World Restaurant, in der Bucht von Teluk Bahang westl. von Batu Feringhi, bei Einheimischen populäres Fisch-Restaurant, volkstümlicher Service, aber exzellente Küche; moderat–günstig-
Foodstalls am Strand neben dem Park Royal Hotel mit verschiedenen Küchen und Meeresbrise; günstig
Papa Din's Bamboo Restaurant, hinter dem Happy Garden Restaurant, Papa Din ist der lokale *bomoh,* neben Essen kann man hier auch spirituelle Beratung oder eine traditionelle Massage bekommen; günstig

Acheh-Moschee, Leboh Acheh, 1820 erbaute Moschee der Muslime aus Sumatra, Besichtigung nach Absprache mit dem Moschee-Aufseher
Botanical Gardens, Jalan Kebun Bunga, Bus Nr. 7 bis Endstation, Tel. 227 9915, tägl. 5–20 Uhr, Eintritt, Di 9.30 Uhr Führung, Wasserfall, Mückenschutzmittel nicht vergessen, Vorsicht vor den frechen Affen
Cheong Fatt Tse Mansion, Leboh Leith, Tel. 261 0076, 017-475 1227, Führungen Mo, Mi, Fr, Sa um 11 Uhr und nach Vereinbarung, Eintritt, großzügiges Haus eines reichen chinesischen Kaufmannes, Drehort des Films »Indochine« mit Cathérine Deneuve

City Hall & Padang, Esplanade, 1880 erbaute koloniale Verwaltungsbauten
Fort Cornwallis, Leboh Light, tägl. 8–19 Uhr, Eintritt
Kapitan Keling Moschee, Jalan Kapitan Keling/Ecke Leboh Buckingham, tägl. geöffnet, Moschee der indischen Muslime, Leihgewänder werden bereitgehalten
Kek-Lok-Si-Tempel, Air Hitam, Bus Nr. 1 nach Air Hitam, tägl. von Tagesanbruch bis abends geöffnet, Eintritt zum Tempel frei, zur Pagode Eintritt, der größte buddhistische Tempel in Malaysia,
Khoo Kongsi, Leboh Acheh, Cannon Square, Mo–Fr 9–17, Sa 9–13 Uhr, Eintritt frei, das prächtigste der zahlreichen chinesischen Klanhäuser auf Penang
Guan Yin Temple, Jalan Kapitan Keling (Leboh Pitt), tägl. geöffnet, Tempel der Göttin der Barmherzigkeit
Nattukkottai Temple, Jalan Kebun Bunga, mit Bus Nr. 7 Richtung Botanischer Garten, tägl. von Tagesanbruch bis abends geöffnet, Eintritt frei, Hindu-Tempel, von dem im Jan./Feb. das Thaipusam-Fest startet
Penang Museum & Art Gallery, Leboh Farquhar, tägl. 9–17 Uhr, Fr geschl., Ausstellung zur Geschichte von Penang, Kunstgewerbe und Gemälde, Eintritt frei
Snake Temple, Bayan Lepas, 3 km vom Flughafen, an der westlichen Seite der Flughafenstraße, 1850 zu Ehren eines Wunderheilers erbauter Tempel, in dem sich jahrzehntelang hunderte giftiger Vipern um den Altar schlängelten. Der Tempel lebt noch heute von diesem Ruf und wird täglich von Touristenscharen besucht, die jedoch nur noch ein halbes Dutzend träger Schlangen vorfinden, die den Namen des Tempels kaum rechtfertigen, Eintritt frei, Spende erbeten
Sri Mariamman Temple, Leboh Queen, tägl. vom frühen Morgen bis abends geöffnet, 1883 erbauter Hindu-Tempel
St. Georg Church, Leboh Light/Ecke Leboh Pitt, tägl. 8.30–12, 13.30–16.30, So durchgehend
Wat Chaya Mangkalaram, Lorong Burma, mit allen Bussen Richtung Batu Ferringhi (Nr. 93, aussteigen an der Ecke Jalan Burmah und Lorong Burmah), tägl. von Tagesanbruch bis abends geöffnet, Eintritt frei, Tempel der thailändischen Buddhisten mit einem 30 m langen, liegenden Buddha
Penang Hill (Bukit Bendera), 830 m hoher Hügel mit weitem Blick über die Stadt und die Insel, zu erreichen mit der Standseilbahn von 6.30–21.30, an Wochenenden bis 23 Uhr, am Wochenende oft lange Warteschlangen
Penang Cultural Centre, 288 Jalan Teluk Bahang, 11050 Teluk Bahang, Tel. 885 1175, tägl. 9.30–22 Uhr, Führungen und Tanzdarbietungen um 9.30, 16.30, 18 und 19.30 Uhr, abends mit Essen

In der Leboh Chulia haben sich viele Läden auf Traveller-Bedarf eingestellt: Neben Second-hand-Büchern in allen Sprachen gibt es Batik-Mode und exotische Souvenirs
Entlang der Jalan Penang, besonders in der Nachbarschaft des Eastern & Oriental Hotels und in der ›Garage‹ gegenüber dem E & O viele Antiquitätenläden, die alte und auf alt gemachte Kunstgegenstände anbieten, unbedingt handeln
In den kleinen Läden der Chinatown und in Little India kann man stöbern und Seidensaris, vergoldetes Opferpapier, handgefertigte Blechkännchen, chinesische Kräutermedizin, indische Gewürze, Schmuck oder Tempelzubehör erstehen.
KOMTAR Shoppingcenter, Jalan Penang, ein Kaufhaus, Modeläden, Fotogeschäfte und Fast-Food-Restaurants in unübersichtlicher Anordnung, nebenan wird Ende 2001 eine neue Mega-Mall mit Fachgeschäften, vielen Boutiquen und mehreren Kaufhäusern eröffnet
Penang Plaza, Jalan Burmah/Jalan Larut, großes Einkaufszentrum mit Supermarkt, Boutiquen und einer englischen Buchhandlung

Das **Nachtleben** von Penang ist deutlich lebendiger als im Rest von Malaysia. Das liegt zum einen an der chinesischen Bevölkerungsmehrheit, die gerne mal ein Bierchen oder Cognacchen zu sich nimmt, zum anderen an der lebhaften Traveller-Szene und ihrem Bedarf an

Treffpunkten und Kneipen zum Austausch von Reise-Infos. Die Rucksacktouristen treffen sich in den Cafés an der Chulia Street, die hippe (und wohlhabende) Jugend von Penang bevorzugt die Bars und Restaurants im Vorort Pulau Tikus, 2 km westl. vom Zentrum entlang der Jalan Burma nahe des Midlands Shopping Centre

SOHO, 50 Jalan Penang, nähe Cititel, englisches Pub in Penang, es gibt Essig zu den Fish and Chips

Polar Café, 48 Jalan Penang, Neonleuchten so strahlend wie das Eis der Arktis, aber nicht zu cool, sondern entspannt familiär

20 Leith Street, Leboh Leith, gegenüber vom Cheong Fatt Tse Mansion, beliebte Kneipe, auf einer schönen Terrasse kann man draußen sitzen. Gegenüber noch weitere Biergärten und Pubs.

Hard Life Café, 363 Leboh Chulia, beinahe schon ein Anachronismus: Rasta-Farben, Reggae-Musik und Bob-Marley-Poster, ein paar Häuser weiter der Reggae Pub in ähnlichem Stil, beliebt bei Travellern

Hongkong Bar, 371 Leboh Chulia, in der Seemannskneipe Oldies aus der Musikbox

Garage Penang, 2 Penang Road, gegenüber dem Eastern & Oriental Hotel, www.garagepenang.com, ungewöhnliche Einkaufspassage in einer umgebauten Autowerkstatt, hier gibt es Cafes und Restaurants sowie Läden für Kitsch, Kunst und Kleinkram.

Januar/Februar: Chinesisches Neujahrsfest, in den Wochen vor dem zweitägigen Fest finden in Penang überall Straßenumzüge mit Drachen- und Löwentänzen statt, auf Plätzen werden Bühnen aufgebaut und Puppenspiele und Chinesische Opern aufgeführt

Februar: Thaipusam, das hinduistische Opferfest, wird in Penang nicht ganz so ausgiebig gefeiert wie in den Batu Caves nahe Kuala Lumpur, ist aber dennoch ein sehenswertes Spektakel. Eine Prozession, bei der Tausende von Kokosnüssen zerschlagen werden, führt vom Sri Mariammam Tempel in Little India zum Nattukotai Chettiar Tempel nahe dem Botanischen Garten

Juni/Juli: Drachenbootrennen

November/Dezember: Pesta Pulau Penang, zahlreiche Veranstaltungen wie Ausstellungen, chinesische Oper, Drachenbootrennen und Sonderangebote in vielen Läden in Georgetown und Umgebung

Butterfly Farm, Teluk Bahang, tägl. 9–17 Uhr, Eintritt, Schmetterlinge und exotische Insekten

Einige Reisebüros bieten **Tauch- und Schnorchelausflüge** zur Insel Payar vor Langkawi an, etwa Mayflower Tours, Tan Chong Building, 274 Leboh Victoria, Tel. 262 8196; MSL Travel, 340 Leboh Chulia, Tel. 226 6701

Round the Island-Touren werden für ca. 40 RM angeboten und sind empfehlenswert, wenn man nicht selbst ein Auto mieten will, denn mit öffentlichen Bussen ist die Rundfahrt ziemlich kompliziert.

Taxis sind in Penang reichlich vorhanden, und obwohl alle mittlerweile einen Taxameter haben müssen, sind die Fahrer sehr unwillig, ihn auch einzuschalten. Die Preise für Ziele innerhalb Georgetown und in die Vororte sind relativ fix, jedoch versuchen manche Fahrer von vermeintlich unwissenden Touristen mehr zu nehmen. Stadtfahrt ca. 5 RM, Gurney Drive ca. 8 RM. Die Preise sind etwas höher als in Kuala Lumpur.

Ferntaxis: ab Butterworth, Station neben der Busstation

Fahrrad-Rikschas *(trishaws)* fahren in der Stadt, die Preise müssen vorher ausgehandelt werden

Ein **Bussystem** ist vorhanden, aber leider etwas unübersichtlich. Die meisten Busse halten am KOMTAR-Hochhaus. Die wichtigsten Linien sind Hin Bus Nr. 93 nach Batu Ferringhi und Teluk Bahang via Gurney Drive, Transitlink Bus Nr. 8 zur Penang Hill Zahnradbahn, Transitlink Nr. 7 zum Botanischen Garrten, Transitlink Nr.1 nach Air Hitam für den Kek Lok Si Tempel und Yellow Bus Nr. 83 zum Flughafen (Vorsicht, braucht lange wegen Staus). Das Penang Tourist Centre gibt einen Plan heraus.

Nach Penang gibt es von jedem Ort in West-Malaysia Busverbindungen. Die meisten Busse fahren nur bis Butterworth, wo man von der großen Busstation bis zum Fähr-Terminal geht und mit der Fähre nach Georgetown übersetzt. Manche Überlandbusse fahren über die Penang Bridge bis zum Busbahnhof in Georgetown im KOMTAR-Zentrum an der Jalan Magazine. Für Verbindungen von Penang gilt: Es gibt einige Busse ab KOMTAR in Georgetown, die größere Auswahl hat man, wenn man von Butterworth startet. Reisebüros in der Leboh Chulia bieten die günstigsten Verbindungen nach Thailand an. Minibusse starten tägl., meist frühmorgens, nach Krabi, Phuket oder Surat Thani (für Ko Samui). Die Reisebüros besorgen Visa für Thailand.

Mietwagen: Hertz, 38 Leboh Farquhar, Tel. 263 5914
National Rent-A-Car, 1 Pengkalan Weld, Tel. 262 9404
Pacific, Airport Bayan Lepas, Tel. 643 8891
Avis Airport, Tel. 643 9633
Avis, nähe Shangri-La Golden Sands in Batu Ferringhi, Tel. 881 1522

Der **Bayan Lepas-Flughafen** liegt im Süden von Penang, Tel. 643 0811, Coupon-Taxi in die Stadt oder Bus Nr. 83 jede volle Stunde bis KOMTAR. Internationale Direktverbindungen mehrmals wöchentl. nach Hongkong, Phuket, tägl. nach Bangkok, Singapur und Medan, alle anderen Ziele über Kuala Lumpur. Mehrmals tägl. nach Kuala Lumpur, Johor Bahru und Langkawi, MAS-Büro im Erdgeschoß des KOMTAR-Gebäudes, Tel. 262 0011 für Rückbestätigung, Tel. 650 6111 für Reservierungen, Mo–Sa 8.30–18 Uhr, So 8.30–13 Uhr.

Bahn: Ab Butterworth Railway Station, Tickets auch in Georgetown, KTM Ticketing Office, Pengkalan Weld, Tel. 261 0290; tägl. mittags fährt der Expreß in 18 Std. von Butterworth über Surat Thani nach Bangkok, der Gegenzug trifft am späten Vormittag in Butterworth ein, nach Kuala Lumpur und Singapur fahren tägl. zwei Züge

Fähren nach Butterworth legen von 7 Uhr bis Mitternacht alle 15 Min. ab, zwischen Mitternacht und 7 Uhr stündl.; die Überfahrt dauert 20 Min.; tägl. eine Fähre nach Langkawi, um 8 Uhr ab Pesara Raja Edward, 3 Std. Fahrt; Tickets bei Langkawi Ferry Service, Perara Raja Edward, am Uhrturm, Tel. 262 5630; Fähren nach Medan tägl. in 6 Std.; Tickets bei Express Bahagia, Pesara Raja Edward, Tel. 263 1943; für die Einreise in Medan ist zwar kein Visum erforderlich, es wird aber die Vorlage eines Rückreisetickets oder eines Flugscheins verlangt.

Pulau Perhentian Besar und Kecil

Lage: Vordere Umschlagkarte G5
Vorwahl: 09 oder Mobilfunknummer

Inseln mit einfachen Unterkünften vor der Küste von Terengganu

Am Hafen von Kuala Besut, von wo die Boote nach Perhentian abfahren, gibt es eine Menge kleiner Reisebüros. Sie haben von allen Unterkünften Fotos, machen Reservierungen und verkaufen Bootstickets für die Überfahrt.

Während der Regenzeit von November bis Februar/März ist die Überfahrt wegen zu rauher See oft nicht möglich bzw., wenn sie trotzdem angeboten wird, sehr riskant.

Auf den Inseln gibt es keine Wechselstuben, nur manche Unterkünfte wechseln Devisen zu einem ziemlich lausigen Kurs. Weil aus diesem Grund die meisten Reisenden mit dicken Bargeldpaketen rumlaufen, findet man leider auf den Inseln mittlerweile genügend kriminelle Energie, um diese Pakete zu ergattern. Die einfachen Chalets bieten mit ihren simplen Schlössern keinen Schutz vor Dieben, am Strand sollte man seine Preziosen genausowenig unbeaufsichtigt lassen. Manche Unterkünfte haben Safes, in denen man seine Wertsachen lagern kann, Quittung nicht vergessen.

Da die Unterkünfte auf den beiden Inseln nur per Boot zu erreichen sind, weil es auf den Inseln keine Straßen gibt, muß man sich vorher entscheiden, an welchem Strand man aussteigen möchte. Wenn es am ersten Ort nicht gefällt, kann man von der Insel jederzeit mit einem Boots-Taxi zu den anderen Stränden/Unterkünften gelangen.

Auf Perhentian Besar:

Teluk Dalam (ruhige Bucht an der dem Festland zugewandten Seite, bei Ebbe nicht geeignet zum Schwimmen):
Flora Bay: Fauna Chalets, Tel. 011-971 843, einfache Anlage aus Holzhütten mit Bad und Ventilator, kleine Terrasse, alle mit Meerblick, Strand bei Ebbe zu flach zum Schwimmen; günstig–sehr preiswert
Flora, Tel. 011-977 266, Hütten mit unterschiedlicher Ausstattung, einige mit Klimaanlage; günstig–sehr preiswert
Pelangi, Tel. 010-981 1762, einfache Zimmer und Chalets, Tauchschule; günstig–sehr preiswert

Teluk Pauh (die lebhafteste Bucht auf Besar mit guten Schnorchelmöglichkeiten, Strandbar und Sonnenschirmchen):
Perhentian Island Resort, Tel. 691 0946, Fax 09-697 7562, das beste Haus auf den Inseln, schöner Strand mit Schatten, Pool, Restaurant, Tauchschule, die Zimmer mit Klimaanlage und Teppichboden (!) sind etwas überteuert; moderat
Coral View Island Resort, Tel. 010-903 0943, 60 Chalets in einem nett angelegten Garten, teils mit Klimaanlage, auf einer Landzunge zwischen zwei Stränden, Tauchschule, beliebtes Restaurant; günstig
Mama's Place, Tel. 010-984 0232, die beliebteste Adresse auf Besar und daher oft voll, Chalets unterschiedlicher Kategorien am Strand oder im Garten, gutes Restaurant; günstig–sehr preiswert
Abdul's Chalets, Tel. 983 7303, an einem schönen, ruhigeren Strandabschnitt mit Palmen und Casuarinas, Hütten verschiedener Kategorien; günstig–sehr preiswert

Auf Pulau Perhentian Kecil:

Pasir Panjang/Long Beach (langer weißer Traumsandstrand, beliebt bei der Rucksackjugend aus aller Welt und in der Hauptsaison oft hoffnungslos überfüllt. Mehr als 20 Chalet-Anlagen und ständig kommen neue hinzu):
Rock Garden, Tel. 778 9326, sehr einfache Hütten auf dem von Kokospalmen bestandenen Hügel oberhalb der Bucht, schöner Blick auf den Sand und das Meer vom Long Beach; sehr preiswert
Matahari, Tel. 010-984 2065, Holzhütten mit Ventilator und Moskitonetzen; sehr preiswert

Teluk Kurma:
D'Lagoon, Tel. 011-970 631, die einzige Anlage in einer winzigen Bucht nördl. des Long Beach, weil alles so eng beieinander ist, kann die Nachtruhe durch laute Musik aus dem Restaurant gestört werden, gut zum Schnorcheln, der Strand ist nicht feinsandig; sehr preiswert

Coral Bay/Teluk Aur (an der Seeseite von Kecil, schmaler Sandstrand):
Impiani Island Resort, Tel. 010-913 0300, Klimaanlage und Bad, recht teures Restaurant; moderat–günstig
Coral Bay Chalets, Tel. 010-984 7636, Hütten am schönen Strand, Tauchschule, sehr preiswert

Alle Unterkünfte haben ein Restaurant, in dem Gerichte von Nasi Goreng bis Banana Pancake serviert werden. Das Restaurant in Mama's Place bereitet Fisch zu, der vorbestellt werden muß. Westl. Küche und Alkohol gibt es nur im Restaurant des Perhentian Island Resort.

Mehrere Tauchschulen, Tauchkurse mit Zertifikat:
Turtle Bay Divers, Perhentian Besar neben Mama's Chalet, Tel. 010-984 0232
Watercolours Dive Centre, Perhentian Besar neben den Paradise Chalets, Tel. 018-893 1852, deutsche Tauchlehrerin
Perhentian Dive Centre, Coral Bay, Perhentian Kecil, Tel. 018-836 1442

Boote: Die Inseln sind von Kuala Besut erreichbar, einem Hafenstädtchen 35 km südl. von Kota Bahru. Von Kota Bahru nach Kuala Besut mit öffentlichen Bussen, Minibussen oder Taxi. Von dort Fischerboote in 60 Min. oder Speedboote in 30 Min. bis Perhentian. Die Fahrt mit den Speedbooten ist auch bei ruhiger See ziemlich rauh und nicht empfehlenswert für empfindliche Landrattenmägen. Die meisten Boote legen am Vormittag ab, nach 14 Uhr fahren nur noch wenige.

Pulau Rawa

Lage: Vordere Umschlagkarte H2 (nahe Mersing)
Vorwahl: 07

Trauminsel für Robinson-Ferien vor der Küste von Johor

Rawa Safaris Island Resort, Tel. 799 5073, Fax 799 3848, die einzige Anlage auf der Insel, einfache Chalets am Strand, Gemeinschaftsduschen, Restaurant, Tauchverleih, frühzeitige Reservierung an Wochenenden und in den Ferien empfehlenswert; moderat

Boote: Von Mersing 30 Min. nach Rawa, zu buchen über das Büro von Rawa Safaris am Anleger

Pulau Redang und Pulau Lang Tengah

Lage: Vordere Umschlagkarte G5

Koralleninseln mit den besten Tauchrevieren an der Ostküste

Die Hotels auf beiden Inseln sollte man im voraus reservieren, dann wird auch ein Bootstransfer arrangiert. Die meisten Unterkünfte bieten Voll- oder Halbpension an, man bekommt aber auch nur Zimmer mit Frühstück. Am besten kann man sich in Kuala Terengganu in den Büros der Unterkünfte informieren. Die Tourist Information von Kuala Terengganu hat eine Hotelliste von Redang.

Auf Pulau Redang:
Berjaya Redang Beach Resort, Teluk Dalam, Tel. 09-697 3988, Fax 09-697 3899, einziges Luxus-Resort an einer schönen, feinsandigen Bucht, Wassersport, Pools, Golfplatz; teuer
Coral Redang Island Resort, Pasir Panjang, Tel. 011-972 174, Fax 09-699 6270, Stadtbüro in Kuala Terengganu: 137A, erster Stock Jalan Sultan Zainal Abidin, Tel. 09-623 6200, Fax 623 6300, die beste Anlage an diesem Strand, geräumige Chalets, Pool, gutes Restaurant, Tauchschule; moderat
Redang Pelangi, Pasir Panjang, Tel. 010-983 7158, Stadtbüro in Kuala Terengganu: 2A Jalan Hussein Kanan, Tel. 09-983 7158, Fax 09-623 5202, einfache Zimmer und Chalets, Restaurant, beliebt bei Gruppen aus Singapur; moderat

Auf Lulau Lang Tengah:
Blue Coral Island Resort, Tel. 010-934 0040, Büro in Kuala Lumpur: Tel. 705 2577, Fax 705 2579, sehr gepflegte Anlage mit Pool, geräumige Chalets mit Veranda, Restaurant, Tauchschule; teuer
Square Point Resort, Tel. 010-930 0333, Stadtbüro in Kuala Terengganu: 83 Jalan Bandar, Tel. 623 5333, Fax 09-623 9533, schöner Strand, aber die Anlage hat den Charme einer Jugendherberge, abends Video und Karaoke; moderat

Alle Unterkünfte bieten **Schnorchel- und Tauchausflüge** rings um die Inseln und zur Insel Inang an, auf der sich das Hauptquartier des Meeresschutzparks befindet.

Den Bootstransfer nach Redang und Lang Tengah bucht man mit der Hotelunterkunft, meist fahren die Boote am Vormittag ab. Die Hotels arrangieren einen Transport von Kuala Terengganu bis zum Bootsanleger in Merang (nicht Marang). Tickets für Tagesausflüge kauft man in Merang in den Restaurants am Anleger.

Pulau Selingan

Lage: Hintere Umschlagkarte H 7/8

Turtle Island von Sabah, wo Meeresschildkröten ihre Eier ablegen

Die **Chalets** auf der Insel wurden erweitert, die Zimmer haben Klimaanlage, aber Gemeinschaftsduschen; moderat. Zu buchen über: Chrystal Quest, 12. Stock Wisma Khoo Siak Chiew, Sandakan, Tel. 089-212 711, Fax 089-212 712, cquest@tm.net.my. Es steht nur eine sehr begrenzte Anzahl von Betten zur Verfügung, die schnell belegt sind, also frühzeitig buchen. Chrystal Quest organisiert auch den Bootstransfer nach Selingan. Etwas teurer, als wenn man es selbst organisiert, sind die Pauschalpakete der Veranstalter in Sandakan, die auch den Bootstransfer und einen *guide* organisieren. Adressen s. Sandakan
Uncle Tan, Mile 14 Labuk Road, Tel. 089-531 917, Fax 089-531 639, tansulim@tm.net.my. Uncle Tan führt ein *guesthouse* in Sandakan, das bei Rucksackreisenden beliebt ist. Seine Touren liegen preislich deutlich unter denen der anderen Veranstalter, denn übernachtet wird nicht auf Selingan selbst, sondern auf einer Nachbarinsel, deshalb kann es vorkommen, daß man die Schildkröten verpaßt

Pulau Sibu

Lage: Vordere Umschlagkarte H2
Vorwahl: 07

Bei Singapurern beliebtes Wochenendziel im Archipel um Tioman

Rimba Resort, Tel. 011-711 528 oder Tel. 223 1493, Fax 223 1753, Rundhütten im afrikanischen Stil, sehr entspannte Atmosphäre an einem etwas steinigen Strand, Restaurant; moderat (inkl. drei Mahlzeiten)
Sea Gypsy Resort, Tel. 222 8642, Fax 238 7305, cgypsy@po.jaring.my, am schönen Oststrand, Holz-Chalets mit Veranda und Meerblick, Restaurant, Tauchschule und viele Aktivitäten; moderat (inkl. drei Mahlzeiten)
Cabanas & La Bamba, Tel. 331 7216, Fax 331 1920, labamba@tm.net.my, unter Kokospalmen mit Blick auf den Vulkankegel von Tinggi, gute Bar und Restaurant; moderat
Sibu Island Resort & Waterfall Hillside Chalet, Tel. 011-771 790, Hütten mit Klimaanlage, beliebt bei Pauschalgruppen aus Singapur; moderat; nicht zu verwechseln mit dem Sibu Island Resort auf der Nachbarinsel Sibu Tengah, einer Anlage mit Pool, Tennisplätzen und allem Schnickschnack
O & H Kampung Huts, Tel. 799 3125, einfache Nur-Dach-Hütten und Chalets mit Dusche in einem schönen Gelände, guter Strand und beliebtes Restaurant, angenehme Atmosphäre; günstig–sehr preiswert

Die Resorts arrangieren bei Reservierung den 30-minütigen **Bootstransfer** von Tanjung Leman, der Anlagestelle 30 km südl. von Mersing; O & H Kampung Huts organisiert auch den **Minibustransport** von Mersing nach Tanjung Leman. Von Mersing kann man den **Bus** nach Kota Tinggi nehmen und an der Kreuzung nach Tanjung Leman aussteigen. Dort warten **Taxis,** die zum Hafen fahren.

Pulau Sipadan und Pulau Mabul

Lage: Hintere Umschlagkarte J6

Weltberühmtes Tauchparadies im Südosten von Sabah

Im Semporna Ocean Tourism Centre, am Hafen, unterhalten Borneo Divers, das Sipadan Dive Centre und Borneo Sea Adventures Informationsbüros für Touren nach Sipadan.

Nach der Entführung von Tauchtouristen von der Insel Sipadan im Frühjahr 2000 ist die Sicherheit dieser Gegend ziemlich ins Gerede gekommen. Fakt ist, daß muslimische Rebellen von den südlichen Philippinen hier immer noch die Gewässer unsicher machen. Auch sollen

Piraten zuweilen lokale Fischerboote angreifen. Auf Sipadan selbst patroulliert zur Zeit malaysisches Militär, um die Sicherheit der Touristen zu garantieren.

Aus ökologischen Gründen ist die Anzahl der Übernachtungsgäste auf Sipadan auf maximal 80 festgelegt worden

Auf Sipadan gibt es schlichte Hüttenanlagen mit Gemeinschaftsduschen und einfachen Restaurants, auf der 15 Bootsminuten entfernten Nachbarinsel Pulau Mabul stehen zwei Anlagen mit gehobenerer Ausstattung zur Verfügung, auf der Sandbank-Insel Kapalai hat das Pulau Sipadan Resort komfortable Chalets auf Stelzen über dem Meer errichtet. Alle Anbieter offerieren Pauschalarrangements, inkl. Airporttransfer von Tawau, Bootstransfer von Semporna, Vollpension, Tauchausrüstung, tägl. drei Tauchgänge vom Boot und unbegrenzte Tauchgänge vom Strand; sehr teuer–teuer

Borneo Diver's Lodge, zu buchen über: Borneo Divers, neunter Stock, Menara Jubilee, 53 Jalan Gaya, 88000 Kota Kinabalu, Tel. 088-222 226, Fax 088-221 550, www.jaring.my/bdivers; gegenüber dem Bootsanleger von Sipadan, einfache Hütten mit Restaurant, neben der *dive base* unterhält Borneo Divers eine Dekompressionskammer auf der Insel

Sipadan Dive Centre, zu buchen über: Sipadan Dive Centre, elfter Stock Wisma Merdeka, Jalan Tun Razak, Kota Kinabalu, Tel. 088-240 584, Fax 088-240 415, www.jaring.my/sipadan, nette Anlage, einfacher Standard

Pulau Sipadan Resort, zu buchen über PSR, Block P Sabindo Komplex, Kota Kinabalu, Tel. 088-765 200, Fax 089-763 575, etwas komfortablere Hütten als die anderen Anlagen

Sipadan Mabul Resort, Pulau Mabul, zu buchen über: Sipadan-Mabul Regal Tours, zweiter Stock, Block B, Segama Komplex, Jalan Padas, 88847 Kota Kinabalu, Tel. 088-230 006, Fax 088-242 003, www.sipadan-mabul.com.my, schöne, großzügige Anlage unter Kokospalmen, gemütliches Restaurant, Pool und Bar, Chalets mit Klimaanlage und eigenem Bad

Sipadan Water Village, Pulau Mabul, zu buchen über: Sipadan Water Village, PO Box 62156, Wisma MAA, 91031 Tawau, Tel. 089-752 996, Fax 089-752997, swv@sipadan-village.com.my, luxuriöse Anlage auf Stelzen über dem Wasser, große Chalets, Restaurant, Bar

Kapalai Water Village, zu buchen über: Pulau Sipadan Resort, Block P Sabindo Komplex, PO Box 61120, 91021 Tawau, Tel. 089-765 200, Fax 089-763 575. www.sipadan-kapalai.com. Die Insel Kapalai ist eine Sandbank, die nur bei Ebbe zum Vorschein kommt. In den schönen und geräumigen Chalets hat man Meer pur!

Tauchen Die Resorts auf Mabul fahren tägl. mit mehreren Booten zum Tauchen nach Sipadan. Obwohl die Gewässer um Mabul nicht so spektakulär sind, hat das Tauchen hier auch seine Reize. statt großer Fische und Schildkröten sieht man eine Menge Kleingetier

Pulau Tioman

Lage: Vordere Umschlagkarte H 2/3
Vorwahl: 09

Urlaubsinsel vor der Ostküste mit beliebten Badebuchten

Tourist Information Centre, neben dem Anleger in Air Batang, tägl. 8–11, 14–16 Uhr

Tiomans Buchten sind mit Ausnahme von Tekek am besten per Boot zu erreichen. In Tekek findet man den Flugplatz, die Bootsanlegestelle, eine Bank und die einzige Straße der Insel zum luxuriösen Berjaya Resort. Es gibt viele Unterkünfte in Tekeks weiter Bucht, aber der Strand wird erst weiter südl. am Berjaya Resort gut. Die beliebtesten Buchten mit den meisten Unterkünften sind Air Batang (ABC), dessen Strand bei Ebbe nicht zum Schwimmen geeignet ist, und Salang am nördlichen Zipfel der Insel. Ruhigere Strände sind in der Bucht von Juara im Osten zu finden. Die Buchten und Orte im

Süden, Genting, Nipah, Mukut und Asah haben schöne Strände, sind aber schwer erreichbar und am besten als Pauschalarrangement von Mersing zu buchen.
Berjaya Tioman Beach Resort, Tel. 09-419 1000, Fax 419 1718, tod@hr.berjaya.com.my, 2 km südl. von Tekek an einem schönen Strandabschnitt mit Schnorchel- und Tauchinsel, Holz-Chalets, zwei Pools, Golfplatz, mehrere Restaurants; teuer
Samudra Swiss Cottage, Tekek, Tel. 224 2829, schlichte Zimmer in nettem Garten, Restaurant; günstig

Air Batang:
Penuba Chalets, Penuba Bay, Tel. 011-952 963, die einzige Unterkunft in dieser schönen kleinen Bucht: manchmal leidet der Service unter dem Monopol, Restaurant; günstig
ABC Chalets, Air Batang, Tel. 011-349 868, am nördlichen Ende der Bucht, der Strand ist besser am Südende, aber hier gibt es die besten Hütten, teilweise auf Stelzen über den Felsen mit Meerblick; günstig–sehr preiswert
Nazri's Beach Cabanas, Air Batang, Tel. 011-349 534, Fax 799 5405, schöne Chalets im Palmenhain, teilweise Klimaanlage; günstig–sehr preiswert
Johan's Place, Air Batang, Tel. 011-664 257, einfache Hütten und ein gutes Restaurant über dem Meer; sehr preiswert

Salang Beach:
Nadia's Inn Salang Bay, Tel. 07-799 5582, Fax 07-799 5797, 160 gut ausgestattete Chalets am Steilhang am südlichen Ende der Bucht; moderat
Zaid's Place, Salang, Tel. 011-719 820, Tel. & Fax 419 5019, gemütliche, einfache Hütten im Garten oder am Strand, der hier am besten ist, gutes Restaurant; günstig
Khalid's Place & Salang Pusaka, Tel. 011-953 421, hinter der Lagune, 50 m vom Strand in einem Garten, nebenan noch ähnliche Anlagen; günstig
Salang Indah Resort, Tel. 011-730 230, 09-419 5015, Fax 419 5024, große Anlage, einfache Hütten und komfortable Chalets mit Fernseher und Klimaanlage, Restaurant und Supermarkt; günstig

Juara Beach:
Paradise Point, Juara, einfache Nur-Dach-Hütten und ein nettes Restaurant am nördlichen Ende der Bucht; sehr preiswert
Sunrise & Rainbow Bungalows, Juara, nette, rosafarben gestrichene Strandhütten, Restaurant; sehr preiswert
Juara Bay Resort, Tel. 07-794 3605, größere Anlage mit Chalets am Hang; günstig–sehr preiswert

Melina Beach:
Melina Beach Resort, Tel. 013-432 9066, die einzige Anlage an dieser ruhigen Bucht, einfache geschmackvolle Chalets und ein gutes Restaurant, deutsch-malaysische Besitzer; moderat

Tauchen und Schnorcheln zählen zu den Lieblingsbeschäftigungen auf Tioman; in der Bucht von Salang findet man die größte Auswahl an Tauchschulen, Tauchkurse mit SSI- oder PADI-Zertifikat bieten u. a. an: Berjaya Tioman Dive Centre, Tel. 419 1000; Dive Asia, Salang, Tel. 011-716 733
Dschungelwanderung von Tekek nach Juara, ca. 2 Std., vom Airport am Fluß entlang, an der Biegung dem Betonpfad Richtung Osten folgen
Inselumrundungen mit dem Boot, tägl. 9–16 Uhr, Tickets werden in den Unterkünften verkauft
Coral Island Trip, Bootstour zu den Korallen der Insel vor Tiomans Nordküste

Der **Flugplatz** liegt in Tekek, ein Büro der Fluglinien Berjaya Air und Air Pelangi gibt es im Berjaya Resort, Tel. 07-419 1000, tägl. Flüge nach Kuala Lumpur, Singapur und Kuantan, die rückbestätigt werden müssen, weil sich die Flugzeiten ändern können. Bei schlechtem Wetter keine Starts und Landungen

Nach Tioman tägl. mehrere **Expreßboote** in zwei Stunden von Mersing, die Boote legen zuerst in Genting an, halten dann am Berjaya Resort, in Tekek, Air Batang und zuletzt in Salang. Von Tioman nach Mersing fahren die meisten Expreßboote am frühen Morgen, manche auch mittags, und steuern jede Bucht an. Will man von einer Bucht zur anderen, muß man ein **Boot** mieten und leider meist zäh mit den Skippern über den Preis verhandeln, die meisten verlangen exorbitante Honorare, weil sie wissen, daß man auf sie angewiesen ist.

Vom Berjaya Resort gibt es **Shuttleboot-** und **-bus-Service** nach Tekek.

Rantau Abang

Lage: Vordere Umschlagkarte H4 (nahe Dungun)
Vorwahl: 09

Hier kommen die riesigen Lederschildkröten zur Ei-Ablage an den Strand

Turtle Information Centre Rantau Abang, während der Schildkrötensaison von Mai bis August tägl. 8–12.45, 14–18 und 20–23 Uhr, Fr 9–12, 15–23 Uhr außer Fr; Nebensaison von September bis April tägl. 8–12.45 und 14–16 Uhr, Fr und Do nachm. geschl.

Die Anzahl der Schildkröten, die um Rantau Abang zur Eiablage kommen, nimmt – nicht zuletzt auch verursacht durch touristische Störenfriede – immer weiter ab, nur mit viel Glück wird man hier Zeuge dieses Spektakels werden.

Tanjung Jara Resort, Batu 8 off Jalan Dungun, Dungun, Tel. 845 1100, Fax 845 1200, Terengganu_tanjung-Jara@malaysianet.net, preisgekröntes Chalet-Hotel der Luxusklasse, die Architektur traditionell malaysisch, Gartenanlagen tropisch, Strand malerisch, mehrere Restaurants, Pools, Spa, Chalets teils mit Open-air-Badezimmern; sehr teuer
Awang Bungalows, Tel. & Fax 844 3500, neben dem Visitor's Centre am Strand, Chalets in unterschiedlicher Ausstattung, auch mit Klimaanlage, in der Nebensaison Ermäßigungen; moderat–günstig, nebenan noch einige weitere einfache Anlagen mit Hütten am Strand.

Rantau Abang liegt an der Küstenstraße zwischen Kuantan und Kuala Terengganu. Die **Expreß-Langstreckenbusse** aus Kota Bahru oder Kuantan fahren meist nicht auf der Küstenstraße, sondern landeinwärts auf der A 14. Man muß entweder in Kuala Terengganu oder in Dungun in einen regionalen Bus wechseln, der über Rantau Abang auf der Küstenstraße fährt.

Rawa

s. Pulau Rawa S. 325

Redang

s. Pulau Redang S. 325

Sandakan

Lage: Hintere Umschlagkarte H7
Vorwahl: 089

Sprungbrett zu den Attraktionen im Osten von Sabah

Renaissance Hotel, KM1 Jalan Utara, Tel. 213 299, Fax 271 271, das beste Hotel von Ost-Sabah außerhalb des Zentrums, großer Pool und Restaurant, oft Ermäßigungen; teuer–moderat
Hotel Sandakan, 4th Avenue, Tel. 221 122, Fax 221 100, tengis@tm.net.my, untere Mittelklasse, im Zentrum; moderat
Hotel London, Block 10, 4th Ave., Tel. 807 4488, spartanische, aber saubere Zimmer, Dachterrasse; sehr preiswert

In Sepilok, 25 km nördlich von Sandakan gibt es einige einfache Unterkünfte:
Sepilok Resthouse, Tel. 534 900, sephse@tm.net.my, nahe dem Centre-Hauptgebäude, Zimmer mit unterschiedlichem Standard; moderat–günstig
Uncle Tan, Mile 14 Labuk Road, Tel. 089-531 917, Fax 089-531 639, tansulim@tm.net.my, einfachste Zimmer und Schlafsaal, gute Info-Börse; günstig
Sepilok Jungle Resort, KM 22 Labuk Road, Tel. 533 031, Fax 533 029, sepilokjr@

yahoo.com, 100 m vom Orang-Utan-Zentrum in Sepilok, Holzhaus mit Zimmern in verschiedenen Kategorien, organisiert Touren und Shuttle-Bus in die Stadt, günstig–sehr preiswert

Bis auf die Restaurants im Renaissance Hotel hat Sandakan keine bemerkenswerten Gaststätten zu bieten, überall gibt es *coffee shops,* Bäckereien und Essensstände. Am Padang an der Singapore Road gibt es abends *saté,* gegenüber chinesische Restaurants. Gegenüber dem Postamt findet tägl. ein guter Nachtmarkt statt

Kampung Buli Sim Sim, Sandakans Wasserdorf östl. der futuristisch anmutenden Moschee
St. Michael's and All Angels Church, Jalan Puncak, 1893 erbaute neogotische Kirche

Sepilok Orang Utan Sanctuary, Tel. 531 180, Fax 531 189, 23 km von Sandakan, tägl. 9–11, 14–15.30, Fütterung tägl. 10 und 15 Uhr, keine Fütterung Freitagnachmittags; Aufzucht- und Trainingszentrum für Orang-Utan-Waisen oder aus Gefangenschaft befreite Primaten
Die mehrtägigen **Touren zu den Turtle Islands** (Pulau Selingan), den Lodges in Sukau am Kinabatangan-Fluß und den Gomantong-Höhlen starten in Sandakan. Man kann sie vor Ort buchen, allerdings ist Selingan in der Hauptsaison oft belegt.
SI Tours, im Flughafen Sandakan, dritter Stock, Wisma Yeng Yo Hong, Jalan Leila, Tel. 673 503, Fax 673 788, www.jaring.my/sitours
Wildlife Expeditions, 9th Floor, Wisma Khoo Siak Chiew, 4th Ave., 90009 Sandakan, Tel. 219 616, Fax 214 570, sliew@pc.jaring.my
Chrystal Quest, 12 Stock Wisma Khoo Siak Chiew, 4th Ave, Sandakan, Tel. 089-212 711, Fax 089-212 712, cquest@tm.net.my

Busse nach Sandakan können an drei verschiedenen Busbahnhöfen ankommen, die alle in Laufnähe zum Zentrum liegen. **Fernbusse** enden und starten meist vom Busbahnhof an der Jalan Leila, **lokale Busse** fahren bis und ab Jalan Pelabuhan Lama nahe dem Markt. Von Sandakan tägl. sehr früh morgens **Expreßbusse** nach Kota Kinabalu über Ranau, nach Tawau über Lahad Datu und Semporna **Minibusse,** immer, wenn sie voll sind.

Der **Flughafen** liegt 12 km außerhalb der Stadt, tägl. mehrere Flüge nach Kota Kinabalu und Tawau, MAS-Büro: Jalan Pelabuhan, Tel. 273 966

Selingan

s. Pulau Selingan S. 326

Semporna

Lage: Hintere Umschlagkarte J6
Vorwahl: 089

Heimatstadt der Bajau – der ›Seezigeuner‹ von Sabah – und Hafen für die Taucherinsel Sipadan

Dragon Inn, im Semporna Ocean Tourism Centre, 6 Jalan Kastam, Tel. 781 088, Langhäuser aus Holz auf Stelzen im Meer, nebenan der Bootsanleger nach Sipadan, klimatisierte Zimmer; günstig

Pearl City, chinesisches Fischrestaurant im Semporna Ocean Tourism Centre, das beste der Stadt; günstig

Über die Büros der Tauchveranstalter im Semporna Ocean Tourism Centre lassen sich **Tagesausflüge nach Sipadan oder Mabul** organisieren, s. Pulau Sipadan

Mini-Busse nach Semporna kommen am Halteplatz am Kreisverkehr an, von hier sind es nur wenige Schritte zum Semporna Ocean Tourism Centre; von Semporna Mini-Busse nach Tawau und Lahad Datu

Seremban und Sri Menanti

Lage: Vordere Umschlagkarte G 2/3
Vorwahl: 06

Zentren der Minangkabau in Negri Sembilan

In Seremban:
Allson Klana Resort, Jalan Pengkulu Cantik, Tel. 762 9600, aklana@hotmail.com, Luxushotel nordwestl. der Stadt, Pool; teuer
Sri Malaysia Hotel, Jalan Sungai Ujung, Tel. 746 4180, Fax 764 4179, etwas außerhalb des Zentrums, Zimmer mit Klimaanlage, Bad und Fernseher; günstig

Die Minangkabau-Küche ist bekannt für den großzügigen Gebrauch von Chilli. Spezialitäten sind Masak Lemak, eine scharfe Fischsuppe mit Kokosmilch und Rendang, ein Rindfleisch-Currygericht mit Kokosmilch. Am besten kann man diese in den *foodstalls* südlich des Bahnhofs probieren

In Seremban:
Taman Seni Budaya Negeri (State Museum), 3 km nordwestl. des Zentrums nahe dem Nord-Süd-Highway, tägl. 10–18 Uhr, Fr mittags geschl., Eintritt frei, Kunsthandwerk, auf dem Gelände stehen einige restaurierte Minangkabau-Häuser
Seremban Lake Gardens, von den Engländern angelegter Landschaftsgarten im Zentrum der Stadt, Eintritt frei

In Sri Menanti:
Istana Lama, darin das Muzium Di Raja, tägl. 10–18 Uhr, Fr mittags geschl., Eintritt frei, 1902 erbauter Holzpalast im Minangkabau-Stil, das Museum zeigt Memorabilia aus dem Besitz der Sultansfamilie, darunter einige schöne *kris.*

Nach Seremban fahren von der Puduraya Station in Kuala Lumpur alle 30 Min. **Busse,** von Seremban fahren **Expreßbusse** in alle größeren Städte von West-Malaysia. Nach Sri Menanti gelangt man von Seremban, indem man den Bus bis Kuala Pilah nimmt und dort für die restlichen 15 km ein **Taxi** mietet.

Expreßzüge zwischen Kuala Lumpur und Singapur halten auch in Seremban; von frühmorgens bis Mitternacht KTM-Komuter-Zug von und nach Kuala Lumpur

Sibu

Lage: Hintere Umschlagkarte D5
Vorwahl: 084

Chinesisch geprägte Hafenstadt am Rejang-Delta in Sarawak

Visitors Information Centre, 32 Cross Road, Tel. 340 980, Fax 341 280, stbsibu@tm.net.my, Mo–Do 8–16.15, Fr 8–16.45, Sa 8–12.45 Uhr, Informationen über Sibu- und die Rejang-Region.

Tanah Mas Hotel, Jalan Kampung Nyabor, Tel. 333 188, Fax 333 288, tanamas@po.jaring.my, Zimmer mit Klimaanlage, Minibar und TV, das (relativ) beste Hotel der Stadt, mit Pool und Bar; moderat
Premier Hotel, Jalan Kampung Nyabor, Tel. 323 222, Fax 323 399, gleiche Ausstattung wie das Tanah Mas Hotel; moderat
Kingwood Hotel, Jalan Lanang, an der Esplanade, Tel. 335 888, kingwd@po.jaring.my, gute Mittelklasse, Pool auf dem Dach; moderat
Sarawak Hotel, 34 Cross Rd. (Jalan Lintang/Jalan Wong Nai Siong), Tel. 333 455, Fax 320 536, neben dem Taxistand, einfache Zimmer mit Klimaanlage und Bad; sehr preiswert
Traveller's Hostel, 9 Jalan Bengkel, Tel. 311 677, einfach und laut, aber sauber; sehr preiswert
Die Hostels in den Straßen um die Busstation und den Hafen zielen weniger auf Traveller-Kundschaft denn auf liebesbedürftige Matrosen und Holzfäller

Capitol Restaurant, gegenüber dem Premier-Hotel in einer Seitenstraße der Jalan Kampung Nyabor, ge-

pflegter Speisesaal, gehobene chinesische Küche und Klimaanlage; günstig
Normah Café, Jalan Bengkel, malaysische *food stalls* servieren gutes *rendang, saté* und Curries; günstig
Sugar Bun & Applebee's Bakery, Jalan Wong Nai Siong, gegenüber dem Sarawak Hotel, süße Brötchen, Rührei und Kaffee zum Frühstück; günstig
Pasar Malam, Leboh Market und Umgebung, abends werden hier Verkaufsstände mit allerlei Tand, Kleidung, Kassetten, Obst und Leckereien aufgebaut, keine Tische zum Essen

Cultural Exhibition Hall, Civic Centre, Jalan Tun Abang Haji Openg, Di–Sa 10.30–17.30 Uhr, Eintritt frei, kleine, interessante Ausstellung zur Geschichte der Region
Tua Pek Kong Temple, Esplanade, der 1870 erbaute Tempel wurde 1987 um die siebenstöckige Pagode ergänzt, das Wahrzeichen Sibus, Eintritt frei

Ngiu Kee Department Store, Jalan Bako/Ecke Brooke Dr., Kleidung und Supermarkt
Parkson Grand Shopping Centre, Jalan Padang, Sibus modernste Einkaufspassage, guter Supermarkt

Sibu ist der erste Stopp für **Touren auf dem Rejang**, Langhaustouren weiter flußaufwärts lassen sich von hier organisieren. Sazhong Travel Service, 4 Central Rd., Tel. 336 017, Fax 338 031, sazhong@tm.net.my, bietet Tagestouren zu Langhäusern in der Umgebung von Sibu und neuntägige Trips zu Kenyah-Langhäusern am oberen Balui an: je weiter desto teurer.

Von Sibu, Busstation Jalan Khoo Peng Long/Esplanade, fahren tägl. morgens und abends mehrere **Fernbusse** nach Kuching (6 Std.) und Miri; von dort mehrere Abfahrten nach Sarikei (1,5 Std.) und Bintulu (3,5 Std.)

Der **Flughafen** liegt außerhalb der Stadt, Tel. 334 351; tägl. mehrere Flüge nach Kuching, Miri und Bintulu; MAS-Büro, 61 Jalan Tunku Osman, Tel. 326 166
Anleger für flußaufwärts fahrende **Boote** an der Jalan Khoo Peng Long, die Abfahrtzeiten sind auf den Anzeigetafeln der Boote abzulesen; keine Reservierungen, die Tickets werden kurz vor der Abfahrt am Boot verkauft; tägl. 7–15 Uhr viele Abfahrten bis Kapit, einige mit Stopps in Kanowit und Song. Nur bei ausreichendem Wasserstand auch ein direktes Boot nach Belaga. Nach Kuching fährt am späten Vormittag ein direktes Expreßboot, dreimal wöchentl. gibt es einen Service via Sarikei.

Singapur

Lage: Vordere Umschlagkarte H1
Stadtpläne S. 249, 253 und 256
Vorwahl: 065, von Malaysia 02

Business- und Lifestylemetropole von Südostasien

Singapore Tourism Board (STB), Tourism Court, 1 Orchard Spring Lane, Singapore 247729, Tel. 736 6622, www.newasiasingapore.com, tägl. 9–17 Uhr; Hauptbüro, gegenüber dem Traders Hotel nahe der Orchard Rd.
STB Tourist Information Centre, 328 North Bridge Rd., 02-34 Raffles Hotel Arcade, Tel. 1-800 334 1335/6 (gebührenfrei von Singapur), tägl. 8.30–19 Uhr; das STB gibt halbjährl. den »Official Guide Singapore« heraus, ein über 150 Seiten starkes Heft, in dem die meisten Sehenswürdigkeiten, aktuelle Veranstaltungen und Einkaufstips aufgeführt sind. Außerdem gibt es Broschüren über einzelne Stadtviertel, Hotelverzeichnisse, Restaurantführer und Karten.

Raffles Hotel, 1 Beach Rd., Tel. 337 1886, Fax 339 7650, das Aushängeschild der Singapurer Hotels, nicht nur Unterkunft, sondern eine Attraktion an sich, daher ist an der Bar kaum ein Getränk unter 20 S$ zu bekommen; sehr teuer
Marriott Hotel, 320 Orchard Rd., Tel. 735 5800, Fax 735 9800, marriot@singnet.

com.sg, internationaler Standard an der Orchard Rd., wegen des chinesischen Daches auf dem pagodenähnlichen Turm in der Masse der Betonkästen gut auszumachen; sehr teuer

Westin Stamford & Westin Plaza, 2 Stamford Rd., Tel. 338 8585, Fax 338 2862, www.westinsingapore.com, im Raffles-City-Komplex neben dem Raffles Hotel, das Westin Stamford darf sich rühmen, die höchsten Hotelzimmer der Welt zu haben, aus dem 70. Stock genießt man eine superbe Aussicht, wer hier nicht logieren möchte, kann die Aussicht in der Bar und im Restaurant genießen; sehr teuer

Intercontinental, 80 Middle Rd., Tel. 338 7600, Fax 338 7366, singapore@interconti.com, sehr elegante Atmosphäre, einige restaurierte chinesische *shop houses* sind in den Bau einbezogen und werden als Heritage-Suiten vermietet, an der MRT-Station Bugis; sehr teuer

The Duxton, 83 Duxton Rd., Tel. 227 7678, Fax 227 1232, duxton@singnet.com.sg, Designerhotel in renovierten chinesischen Geschäftshäusern, edle Möbel, viel Atmosphäre, in einer ruhigeren Seitenstraße von Chinatown nahe dem Ausgehviertel Tanjong Pagar; sehr teuer

The Fullerton, 1 Fullerton Square, Tel. 733 8388, Fax 735 8388, info@fullertonhotel.com, MRT Raffles Place, 2001 eröffnetes Luxushaus im historischen Fullerton Building. Das 1928 erbaute klassizistische Gebäude liegt an der Mündung des Singapore River und hat wohl den schönsten Seeblick der Stadt. Die Zimmer sind chic durchgestylt, die Badezimmer vom französischen Designer Philippe Starck entworfen. Einige der historischen Details sind in die heutige Hotelwelt gerettet worden, so kann man in der Post-Bar unter der alten Stuckdecke einen gepflegten Drink nehmen; sehr teuer

Albert Court Hotel, 180 Albert St., Tel. 339 3939, Fax 339 3252, sales.mktg@albertcourt.com.sg, im Kolonialstil eingerichtet, nahe der MRT-Station Bugis; teuer

Strand Hotel, 25 Bencoolen St., Tel. 338 1866, Fax 336 3149, gutes Preis-Leistungsverhältnis, etwas renovierungsbedürftig; moderat

Hotel Bencoolen, 47 Bencoolen St., Tel. 336 0822, Fax 336 2250, www.hotelbencoolen.com.sg, Mittelklassehotel in der Nachbarschaft des Strand Hotel, Dachgarten; moderat

Damenlou Hotel, 12 Ann Siang Rd., Tel. 221 1900, Fax 225 8500, in renovierten chinesischen Geschäftshäusern, ohne antikes Interieur, gutes Café, mitten in Chinatown; moderat

The Inn at Temple Street, 36 Temple Street, Tel. 221 5333, Fax 221 5391, theinn@mbox4.singnet.com.sg, adrettes Chinatown-Hotel in mehreren restaurierten *shophouses*. Alle Zimmer haben Fenster (Seltenheit in dieser Kategorie), und es gibt ein gutes Frühstück; moderat

Perak Lodge, 12 Perak Rd., Tel. 296 9072, Fax 392 0919, reservations@peraklodge.net, freundliches *guesthouse* der gehobenen Klasse, ansprechend möbliert, wenngleich einige Räume fensterlos sind, 10 Min. zu Fuß zur MRT-Station Bugis, moderat

Kerbau Inn, 22 Belilios Lane, Tel. 291 2291, Fax 291 9291, kerbauinn@pacific.net.sg, MRT Bugis, Budgethotel in einer restaurierten *shophouse*-Zeile im Herzen von Little India. Die Zimmer sind winzig, teils ohne Fenster, aber sauber; günstig

Little India Guesthouse, 3 Veerasamy Rd., Tel. 294 2866, schlicht, in der Nachbarschaft noch mehrere *guesthouses* in dieser Kategorie; sehr preiswert

YMCA, 1 Orchard Rd., Tel. 336 6000, Zimmer und Schlafsaal, Swimmingpool und McDonald's Restaurant im Hause, zentrale Lage an der Dhoby Gaut MRT-Station, die Flughafenbusse halten vor der Haustür; moderat-sehr preiswert

Alkaff Mansion, 10 Jalan Blangah Green, Tel. 278 6979, in einem kolonialen Bungalow auf dem Hügel neben dem Mount Faber, Spezialität: Reistafel, die von acht in Sarongs gekleideten Kellnerinnen ›zelebriert‹ wird, leider ist das Essen nicht so ganz so gut wie diese Show, unbedingt reservieren; teuer

Blue Ginger, 97 Tanjong Pagar Rd., Tel. 222 3928, stilvolles Restaurant mit *Nyonya*-Küche; moderat

Azizah's, Albert Court Hotel, 180 Albert St., Tel. 235 1130, malaysische Küche

Doc Cheng's, Raffles Hotel, 328 North Bridge Rd., *East-meets-west*-Küche mit chinesischem Akzent; moderat–günstig

Stars, 30 Victoria St., im Chijmes-Hof, mediterrane und internationale Küche, schöne Terrasse; günstig

Tango Tapas, 35 Lorong Mambong, Tel. 463 7365, Tapas und Tex Mex Bar im trendigen Holland Village; günstig

Mouth, 133 New Bridge Rd., Chinatown, die Spezialität dieses lebhaften chinesischen Restaurants ist Dim Sum, vormittags bis 16 Uhr geöffnet; günstig

Komala Vilas, 78 Serangoon Rd., eines der populärsten Restaurants in Little India, der erste Stock ist klimatisiert, vegetarisch; günstig

Sushi Sagano, 02-46 Bugis Junction Shopping Centre, *sushi, tempura* und japanische Nudelgerichte; günstig

Pornping Thai Restaurant, Golden Mile Complex, 5001 Beach Rd., nahe dem Busbahnhof für Malaysia und Thailand, thailändisches Singha-Bier; günstig

Gegenden mit Restaurants und Food Stalls:

Lau Pa Sat Festival Market, Robinson Road, Ecke Cross Street, tägl. 10–22 Uhr, Schickes *hawker centre* in einer restaurierten viktorianischen Markthalle in Chinatown, verschiedene Stände verkaufen vor allem chinesische Gerichte, aber auch indisch und malaysisch ist dabei; günstig

Bugis Village, zwischen Waterloo St. und Victoria St., chinesische Open-air-Restaurants spezialisiert auf Meeresfrüchte; günstig

Newton Circus Hawker Centre, Newton Circus (Ecke Scotts Road und Cemenceau Avenue), neben der MRT Station Newton, praktisch 24 Stunden geöffnetes typisch Singapurer *food centre*; günstig

Clarke Quay, neben dem Saté Club unter freiem Himmel große Auswahl an Restaurants und Kneipen, man kann draußen sitzen und auf den Singapore River blicken oder auch die Annehmlichkeiten der Klimaanlagen in den Restaurants im ersten Stock der restaurierten *shop houses* genießen.

Boat Quay, alte Häuser mit Straßencafés und Restaurants am Singapore River vor der Skyline der Banken um den Raffles Place

Abdul Gaffor Mosque, Dunlop St., 1910 erbaute indische Moschee

Armenian Church, Hill St./Coleman St., tägl. 8–19 Uhr, 1835 im palladianischen Stil vom seinerzeitigen Singapurer Stararchitekten George Coleman erbaut

Asian Civilisations Museum, 39 Armenian St., Tel. 375 2510, tägl. außer Mo 9–17.30 Uhr, www.museum.org.sg/acm/acm.html. Textilien, Schmuck und Alltagsgegenstände der chinesischen Volksstämme

Chinese and Japanese Gardens, 1 Chinese Garden Rd., Tel. 264 3455, tägl. 9–18 Uhr, Eintritt, schön angelegte Landschaftsgärten etws außerhalb der City, MRT-Station Chinese Garden

City Hall, St. Andrews Rd., am Padang, neoklassizistische Gebäude mit reicher Geschichte, hier kapitulierten die Japaner 1945

Eu Yan Sang Medical Hall, South Bridge Rd./Ann Siang Hill, chinesische Apotheke mit exotischem Warenangebot

Fort Canning Park, Canning Rise, hier residierten bis zur Ankunft von Raffles die malaysischen Sultane, heute befindet sich dort ein kleiner europäischer Friedhof aus Kolonialzeiten

Istana Kampung Glam, Sultan Gate, nahe Beach Rd., 1840 erbauter kleiner Palast für die malaysische Sultansfamilie

Istana Negara, 1869 als Gouverneurssitz erbaut, heute Residenz des Staatspräsidenten von Singapur, für Besucher nur während des Empfangs zum chinesischen Neujahr geöffnet

Nagore-Dhurga-Schrein, Teluk Ayer St., 1830 errichtete Gebetsstätte der indischen Muslime

Padang, 1850 angelegter Cricket-Platz mit zwei Sportklubs, dem Singapore Cricket Club und dem Singapore Recreations Club

Parliament House, High St., Tel. 336 8811, den Sitzungen des Singapurer Parlaments in dem viktorianischen Gebäude kann man nach Voranmeldung beiwohnen

Raffles Landing Site, hier betrat Sir Stamford Raffles 1819 Singapurer Boden, die marmorne Raffles-Statue ist eine Replik von 1972 des Marmororiginals von 1887, das heute vor der Victoria Concert Hall steht

Sentosa Island, kleine Insel im südlichen Hafen von Singapur, Auskunft Tel. 275 0388, zu erreichen mit Drahtseilbahn, Bus oder Fähre, auf der Insel Vergnügungspark, Museen und das Aquarium Underwater World

Singapore Art Museum, 71 Bras Basah Rd., Tel. 375 2510 (Information für alle Museen), www.museum.org.sg, Di–So 9–17, Mi bis 21 Uhr, Eintritt, ständige Sammlung asiatischer Künstler und Wechselausstellungen internationaler Kunst

Singapore Botanic Garden, Cluny Rd., Tel. 1-800-471 9933, tägl. 5 Uhr– Mitternacht, Eintritt frei, 1859 eröffneter Park mit Spazierwegen und exotischen Pflanzen, eine Oase der Ruhe unweit der quirligen Orchard Road

Singapore History Museum (National Museum), 93 Stamford Rd., Tel. 337 9940, tägl. außer Mo von 9–17.30 Uhr, Eintritt, in Dioramen wird Singapurs Geschichte vom Fischerdorf zur modernen Großstadt nachgestellt

Singapore Science Centre, Science Centre Rd., Tel. 425 2500, tägl. 10–18 Uhr, Eintritt, etwas außerhalb im Stadtteil Jurong, Technologiemuseum mit zahlreichen Animationen und Schauversuchen

Singapore Zoo, Mandai Lake Rd., Tel. 269 3411, tägl. 8.30–18 Uhr, Eintritt, außerhalb der City an einem Trinkwasserreservoir, gilt mit den natürlichen Gehegen als einer der schönsten Zoos der Welt, Tier-Shows, Streichelzoo

Sri Mariamman Temple, South Bridge Rd./Temple St., tägl. 8–20 Uhr, mittags meist geschl., 1843 fertiggestellter hinduistischer Tempel in Chinatown

Sri Veramakaliamman Temple, Serangoon Rd., 1881 erbauter hinduistischer Tempel, Zentrum der Thaipusam-Feierlichkeiten Ende Oktober

Srinivasa Perumal Temple, 397 Serangoon Rd., tägl. 8–20 Uhr, nachmittags häufig geschlossen, hinduistischer Tempel aus dem 20. Jh., hier finden alljährlich im Januar/Februar die Thaipusam-Feierlichkeiten statt

St. Andrew's Cathedral, Coleman St., tägl. 9–17 Uhr, 1862 geweihte neogotische Kirche

Sultan Mosque, North Bridge Rd. nahe Arab St., tägl. 9–17 Uhr, nicht während der Gebetszeiten, 1928 vollendete Moschee mit goldener Kuppel

Supreme Court, St. Andrew's Rd., am Padang, 1939 im klassizistischen Stil erbautes Gerichtsgebäude, zuvor stand hier das vornehme Hotel de 'L Europe

Thian Hock Keng Temple, Telok Ayer St., der Tempel des Himmlischen Glücks wurde 1842 fertiggestellt, 1999 renoviert

Underwater World, Sentosa Island, Tel. 275 0030, tägl. 9–21 Uhr, Eintritt

Die großen **Einkaufszentren** in Singapur kann man eigentlich gar nicht verfehlen, die Orchard Street ist gesäumt mit riesigen Konsumtempeln, die von Luxusboutiquen über Elektronikgeschäfte und Kaufhäuser alles beherbergen, was das Herz begehrt und die Kreditkarte bezahlen kann. Nicht zuletzt aufgrund des relativ starken Singapur-Dollar ist Elektronik nur noch selten billiger als in der EU, auch internationale Modemarken werden hier mittlerweile teuer bezahlt. Souvenirgeschäfte in Chinatown haben sich auf unechte Antiquitäten und echten Kitsch spezialisiert, um die Bugis Street findet man gefälschte Designer-T-Shirts und Uhren. Etwas individuellere Einkaufserlebnisse bieten ein Spaziergang durch Little India, die chinesischen Emporien in Chinatown oder die Antiquitätenläden im Vorort Holland Village

Raffles Shop, Raffles Hotel Shopping Arcade, 1 Beach Rd., Raffles-Tiger auf T-Shirts, Teelöffeln, Schokolade, Schürzen...

Yue Hwa Chinese Products, New Bridge Rd./Ecke Cross St., Produkte aus chinesischer Fabrikation vom seidenen Schlafanzug bis zu skurrilen Massage-Werkzeugen

Muji's, Parco Bugis Junction, im Seiyu-Kaufhaus, Schreibwaren, Mode und Haushaltsgeräte im japanischen Design
Este'h Studio, 25B Lorong Liput, im Holland Village, Antiquitäten, Stoffe und Möbel aus Indien, Indonesien und Malaysia
Tea Chapter Trading, 9–11 Neil Rd., Tanjung Pagar, der Laden für Tee-Freaks, man kann sich auch in die Kunst der Teezeremonie einweisen lassen
KK Market, Zhujio Centre, zwischen Sungai Road und Buffalo Road in Liitle India, Mo–Sa von frühmorgens bis 15 Uhr. Einer der wenigen übriggebliebenen *wet markets* in Singapur. Hier gibt es alles, was frisch *(wet)* ist, für Westler exotisches Obst und Gemüse. Einheimische Küchenutensilien und Gewürze eignen sich gut als ausgefallene Souvenirs
Computer-Zubehör u. a. im Funan Centre, North Bridge Rd., ist meist in Malaysia billiger, Raubkopien von Software gibt es in Singapur nicht mehr
Kameras u. a. im Lucky Plaza und Centrepoint, Orchard Rd., People's Park Complex, Chinatown, immer auf internationale Garantiekarten achten

Das **Nachtleben** in Singapur ist dank einer spendierfreudigen Singapurer Jugend und einer großen Zahl hier lebender Ausländer *(expats)* ziemlich lebhaft. Ständig eröffnen neue Bars und Clubs, die sich in Coolness und Hip-Faktor überbieten wollen. Um den Boat Quay, den Robertson Walk, die Mohamed Sultan Road und im Vorort Holland Village haben sich regelrechte Kneipenviertel entwickelt.
Bar & Billiard Room, Raffles Hotel, 1 Beach Road, Tel. 337 1886, tägl. 12–1 Uhr, die Bar des Raffles-Hotel, wo es neben dem berühmten Singapur Sling eine reiche Auswahl an Whiskey und Cognac gibt sowie die Legende, daß hier 1902 ein leibhaftiger Tiger erlegt wurde.
Paulaner Brauhaus, Milennia Walk, 9 Raffles Blvd., Tel. 337 7123, tägl. 12–1 Uhr, Wurst, Sauerkraut, Bier und jeden Abend Party; günstig
The Elephant Pub, Winsland House, 165 Penang Road, Tel. 735 2220, tägl. 16–3 Uhr, originalgetreuer englischer Pub in einem restaurierten Kolonialgebäude, komplett mit Chesterfield Sofas und Jagdtrophäen
Compass Rose Bar, 71. Stock Westin Stamford Hotel, 2 Stamford Road, tägl. 12–1 Uhr, rühmt sich eine der höchsten Bars der Welt zu sein und hat sicher einen sagenhaften Ausblick über Singapur bis aufs malaysische Festland und die indonesische Inselwelt (bei klarem Wetter)
Fat Frog, 45 Armenian Street, Di–So 12–0 Uhr, die Kneipe des Substation Arts Centre, keine Schicki-Mickis hier, mehr Künstlerflair mit kleinem Biergarten
J. P. Bastiani Bar, 01-12 Merchant's Court, Clarke Quay, Tel. 433 0156, Mo–Fr 18–0 Uhr, Sa 18–1 Uhr, neben internationalen Weinen gibt es hier auch gute Pizza und andere mediterrane Speisen, angeschlossen ist ein Weinladen mit Winzerkelleratmosphäre.
Emoh Café, 9 Circular Rd., in der Parallelstraße zum Boat Quay, unten Bistro, Internet-Café im 1. Stock, meistens rund um die Uhr geöffnet
Hu ú, 77 Bras Basah Rd., Tel.338 6828, tägl. 17–2, am Wochenende bis 3 Uhr, Jazz und Acid Jazz im Singapore Art Museum

Clubs und Discos:
DBL O, 02-20 Robertson Walk, 11 Unity Street, Mo–So von 21–2 Uhr, www.dbl-o.com, Tel. 735 2008, hipper Club im Mohamed Sultan Road Nachtclub-Viertel. Der Club lädt oft die Creme der internationalen DJ-Szene ein, die alles von House bis Hardhouse auf den Plattenteller legen, bis der Boden bebt. Oft Themenparties und Girls Nights mit freien Getränken fürs weibliche Geschlecht.
Sugar, 13 Mohamed Sultan Road, Mo–Sa 20–3 Uhr, Tel. 836 0010, witzig gestylte Bar und Club, internationale Djs, Mindestverzehr
Hard Rock Café, HLP House, 50 Cuscaden Road, tägl. 12–3 Uhr, Singapurer Filiale der weltweiten Kette, neben allerlei Textilien und Schnickschnack mit der Aufschrift Hard Rock Café Singapore gibt es Bier, deftige Küche und laute Musik, am Wochenende Mindestverzehr; günstig

Venom, Pacific Plaza Penthouse, 9 Scotts Rd., Tel.734 7677, Disco mit Einlaßkontrolle, *dress code: very smart and trendy!,* Mindestverzehr
Zouk Club, 17 Jiak Kim St., Tel. 169 420, www.zoukclub.com.sg, Musikclub mit internationalen DJ's, House, Hip Hop, Mindestverzehr

Die Singapurer **Theaterszene** gehört mittlerweile zu den lebhaftesten im asiatischen Raum. Englischsprachige Produktionen sind in der Mehrzahl, daneben gibt es auch indische und chinesische Aufführungen und die traditionellen ethnischen Theater. Auf der What's on-Seite der »Straits Times« und im 14täglich-erscheinenden Magazin »I-S« findet man neben Restauranttips und vielen Anzeigen auch Veranstaltungshinweise sowie das Programm der Singapurer Museen.
Singapore Repertory Theatre, 20 Merbau Road, nahe Robertson Quay, Tel. 221 5585, www.singrep.com, Anfang 2001 eröffnetes hochmodernes Haus mit 400 Plätzen. Gespielt wird ein Mix aus Broadway- und Westend-Stücken, aber auch Klassiker wie Shakespeare. Das Ensemble besteht aus Singapurer und internationalen Schauspielern.
Victoria Concert Hall, Empress Pl., Tel. 338 1230, Spielstätte des Singapore Symphony Orchestra
Victoria Theatre, 9 Empress Pl., Tel. 337 7490, Stücke von Shakespeare bis Shaw, auch Kabarett
The Substation, 45 Armenian St., Tel. 337 7800, Tanz, Theater, Performances und Ausstellungen
Kallang Theatre, Stadium Walk, Tel. 440 3970, Theater, in dem häufig Gastspiele internationaler Truppen stattfinden
Black Box Theatre, Fort Canning Centre, Tel. 338 4077, Aufführungen unabhängiger Theater- und Tanzgruppen
Sistic, Tel. 348-5555, Ticketagentur für verschiedene Veranstalter mit Büros u. a. im Raffles City Shopping Centre, North Bridge Rd.; Parco Bugis Junction, Victoria St.; The Forum Shopping Mall, Orchard Rd., www.sistic.com.sg

Januar/Februar: Chinesisches Neujahrsfest. In den Wochen vor dem Neujahrstag werden die Straßen in Chinatown mit Lampions geschmückt, Bühnen für chinesisches Theater aufgebaut, und bisweilen sieht man Drachentanzgruppen in den Straßen. An den beiden Feiertagen selbst ist es dagegen ziemlich ruhig, weil viele Singapurer in Urlaub fahren und viele Restaurants und Läden geschlossen sind.

Thaipusam: Hindustisches Fest, an dem der Triumph des Guten über die dunklen Mächte gefeiert wird. Prozession vom Sri Srivinasa Perumal-Tempel in Little India zum Chettiar-Tempel in der Tank Road, viele Männer tragen geschmückte Metallgestelle *(kavadi)* und durchbohren ihre Haut mit Spießen und Haken.
April: Singapore Food-Festival, spezielle Gerichte in vielen Singapurer Restaurants und Cafes; Singapore Film Festival, internationale Filme, auch Programmkino, in verschiedenen Kinos und Theatern.
Juni: Singapore Arts-Festival, Internationales Kulturfest; Great Singapore Sale, Sonderangebote in Geschäften
August/September: 9. August: National Day, Paraden im Zentrum; Mondkuchenfest, zur Erinnerung an die Befreiung von der Mongolenherrschaft verschenken die Chinesen kleine süße Kuchen, Chinatown ist mit Lampions geschmückt.
Oktober: Deepavali, hinduistisches Fest des Lichts, ganz Little India erstahlt im Lichterglanz

Jurong Bird Park & Jurong Reptile Park, 2 Jurong Hill, Tel. 265 0022, Mo–Fr 9–18, Sa, So 8–18 Uhr, Eintritt, tropische Vögel und Reptilien
Night Safari, im Singapore Zoo, Mandai Lake Rd., Tel. 269 3411, Eintritt, von 19.30 Uhr bis Mitternacht kann man nachtaktive Tiere beobachten
Haw Par Villa Tiger Balm Gardens, 262 Pasir Panjang Rd., tägl. 9–18 Uhr, Eintritt, kitschig schräger Themenpark zur chinesischen Mythologie
Stadtrundfahrten von lizensierten Agenturen können meist im Hotel gebucht werden.

Rundfahrten auf dem Singapore River kann man an den Buden am Clarke Quay buchen, tägl. mehrere Abfahrten, auch abends mit Dinner

Painted Faces Tour ist ein Ausflug in die Welt der chinesischen Oper und ihrer Darsteller mit den maskenähnlich bemalten Gesichtern; im Preis ist ein Abendessen enthalten; 3,5 Std., Singapore Sightseeing Tour East, Tel. 332 3755

Horse Racing Tours, Halbtagesausflug zur Pferderennbahn, inkl. Mittagessen, nur an Renntagen (an Wochenenden von April bis Dezember); Gray Line Tours, Tel. 331 8244. Auf dem Renngelände besteht ein recht strenger *dress code*, Besucher in Jeans, Shorts, T-Shirt oder Sandalen werden nicht eingelassen

Busse aus Malaysia nach Singapur kommen am Ban San Bus Terminal in der Queen St., Ecke Arab St. in der Nähe von Little India an. Langstreckenbusse aus Thailand fahren bis zur Lavender Street Busstation, Beach Rd./Ecke Crawford Rd. Von Singapur nach Johor Bahru fahren von 6 bis 24 Uhr alle 15 Min. Busse ab Ban San Terminal. Von Singapur nach Kuala Lumpur über Seremban und nach Melaka fahren die meisten Busse morgens in 6 Std. ab Ban San. Abfahrten nach Butterworth, Kota Bahru, Kuala Terengganu, Kuantan, Mersing (dem Hafen für die Insel Tioman) morgens ab Lavender Street Bus Station.

Ab Ban San Bus Station gibt es **Sammeltaxis** nach Johor Bahru, in Johor Bahru kann man an der Busstation ein malaysisches **Taxi** für die Weiterfahrt in Malaysia bekommen.

Mietwagen: Wer mit dem Mietwagen nach Malaysia weiterreisen möchte, mietet den Wagen besser in Johor Bahru. Das ist wesentlich günstiger, in Singapur ist ein eigener Wagen aufgrund der vielen Sperrzonen und Parkplatzregulatorien nur hinderlich.

Der **Changi Airport in Singapur** gilt als einer der bestorganisierten Flughäfen der Welt, 18 km östl. der Stadt; Tel. 1-800-542 1234, gebührenfrei von Singapur; vom Flughafen in die Stadt fährt in regelmäßigen Abständen Bus Nr. 36 bis zur Kreuzung Orchard Rd./Bras Basah Rd., nahe der Bencoolen St. und der MRT-Station Dhoby Ghaut. Ein Shuttle-Bus fährt vom Flughafen die großen Hotels an. Der Flughafen hat zwei Abflugterminals, das Terminal ist meist auf dem Ticket vermerkt. An der Straße sind Schilder angebracht, welche Airline von welchem Terminal fliegt. Ein Zug verbindet die beiden Terminals

Flüge mit Silkair und Pelangi Air zur Insel Tioman in Malaysia werden vom alten Flughafen abgewickelt; dort gibt es keine Wechselstube, man sollte bereits ein paar Singapur-Dollar in der Tasche haben, um Bus oder Taxi bezahlen zu können

Singapore Airlines & Silk Air, 77 Robinson Rd, Tel. 223 8888

Malaysian Airlines & Pelangi, Singapore Shopping Centre, 190 Clemenceau Ave. Tel. 336 6777

Lufthansa, Palais Renaissance, 390 Orchard Rd., Tel. 737 9222

Qantas, The Promenade, 300 Orchard Rd., Tel. 737 3744

Swissair, Wisma Atria, 435 Orchard Rd., Tel. 737 8133

Lauda Air, Lian Huat Building, Tras St., Tel. 226 2833

British Airways, United Square, 101 Thompson Rd., Tel. 253 8444

Der **Bahnhof** liegt an der Keppel Rd., die nächste MRT-Station ist Tanjong Pagar in Chinatown, bei Ankunft der Züge warten Taxis; Tel. 222 5165, die Fahrkartenschalter haben tägl. von 9 bis 19 Uhr geöffnet. Die Website der malaysischen Eisenbahngesellschaft (www.ktmb.com.my) gibt Auskunft über die oft wechselnden Abfahrtzeien. Alle Züge aus Thailand und Malaysia nach Singapur kommen hier an, die Grenzkontrollen bei der Ausreise aus Malaysia finden im Zug in Johor Bahru statt, die Singapurer Beamten kontrollieren in Woodlands, der ersten Station hinter dem Causeway, alle Passagiere müssen dazu den Zug verlassen. Richtung

Norden über Kuala Lumpur bis Butterworth fahren tägl. drei Züge, nach Bangkok einmal tägl. der internationale Expreß, nach Kota Bahru über Jerantut und Kuala Lipis einmal tägl. der Timuran Express; zwei luxuriöse Züge verkehren auf der Westküstenlinie: Der Eastern & Oriental Express, der von Singapur in drei Tagen bis Bangkok fährt und die etwas preisgünstigere Peninsular Line bis Melaka; zu buchen über Eastern & Oriental Express Deutschland, Tel. 0221-3380300, Fax 0221-3380333, www.orientexpresstrains.com; Peninsular Line zu buchen in Singapur über Tel. 2242588.

Fähren auf die indonesischen Inseln Batam und Bintang legen vom Regional Ferry Terminal im World Trade Centre, Keppel Rd., ab. Die Expreßboote nach Batam fahren von 8 bis 18 Uhr alle halbe Stunde, Fähren nach Bintang dreimal tägl.; Fährverbindungen und Inseln sind an Wochenenden oft überfüllt; vom World Trade Centre legen Kreuzfahrtschiffe nach Malaysia (Penang, Langkawi) und Phuket in Thailand ab, z. B. Star Cruise, Tel. 7336388

Sipadan

s. Pulau Sipadan S. 326

Sukau

Lage: Hintere Umschlagkarte H7

Dschungel-Lodges im Nasenaffengebiet am Kinabatangan-Fluß im Osten von Sabah

Die Lodges der Tourveranstalter liegen nahe der Mündung des Menggambil-Flusses in den Kinabatangan. Transfer von Sandakan, Bootsausflüge auf der Suche nach Nasenaffen, Übernachtung und Vollpension sind in den Pauschalangeboten enthalten; alle Lodges teuer. Die Anreise erfolgt mit Geländewagen von Sandakan durch Rodungsgebiete und Ölpalmenplantagen, unterwegs werden die Gomantong-Höhlen und die Schwalbennestpflücker besucht. Die Anreise mit dem Boot von Sandakan bietet aufgrund der hohen Kosten kein Veranstalter mehr an. Auf eigene Faust nach Sukau zu reisen ist nicht empfehlenswert.
Sukau River Lodge, zu buchen über: Wildlife Expeditions, neunter Stock, Wisma Khoo Siak Chiew, 4th Ave., 90009 Sandakan, Tel. 089-219616, Fax 214570, Chalets am Ufer des Menggambil-Flusses
Proboscis Lodge Sukau, zu buchen über: Sipadan Dive Centre, elfter Stock Wisma Merdeka, Jalan Tun Razak (am Hyatt Hotel), Tel. 088-240584, Fax 088-240415, www.jaring.my/sipadan, geräumige Chalets mit Veranda, ruhig
Sukau Rainforest Lodge, zu buchen über Borneo Eco Tours, 12 A Lorong Bernam 3, Taman Soon Kiong, 88300 Kota Kinabalu, Tel. 088-234009, Fax 088-233668, www.borneoecotours.com, sehr angenehme Anlage, nach allen Regeln des Öko-Tourismus erbaut

Die Lodges bieten **Bootstouren** auf dem Kinabatangan und dem Menggambil an, um die Nasenaffen in den Mangroven zu beobachten, geführte Wanderungen.

Taiping und Maxwell Hill (Bukit Larut)

Lage: Vordere Umschlagkarte F4
Vorwahl: 05

Chinesisch geprägte, alte Minenstadt am Fuße des Maxwell Hill in Perak mit sehenswertem Landschaftsgarten

In den Hotels gibt es die Karte »Heritage Tour of Taiping«, welche die historischen Gebäude und die Geschichte der Stadt beschreibt

Legend Inn, 2 Jalan Long Jaafar, Tel. 8060000, Fax 8066666, gegenüber der Expreßbusstation, das beste Hotel am Ort mit geräumigen Zimmern; moderat–günstig

Sri Malaysia Hotel, 4 Jalan Mansur, Tel. 8069502, Fax8069495, am Rande der Lake Gardens gelegen, 10 Min. vom Zentrum; günstig
Old Town Resthouse (Lagenda Hotel), 101 Jalan Stesyen, Tel. 805 3333, Fax 808 3355, alter kolonialer Charme in dem jüngst apricotfarben renovierten alten Regierungs-Gasthaus, Zimmer mit und ohne Klimaanlage, gutes Frühstück im eigenen Café; moderat–günstig
Maxwell Hill Bungalows & Resthouse, die unterschiedlich großen Chalets liegen auf dem Maxwell Hill oberhalb von Taiping, am Wochenende sind sie schnell voll, in der Woche ist es nahezu ausgestorben, wenn nicht gerade Schulferien sind; zu buchen über das District Office Taiping, Tel. 8077241; günstig–sehr preiswert

Kedai Kopi Peace, Jalan Iskandar, das gleichnamige Hotel darüber ist ein Bordell, aber der chinesische *coffee shop* mit bunt glasierten Fliesen hat trotz des erbärmlichen Zustands viel Atmosphäre; günstig
Restaurants am Lake Garden, Circular Rd. an der Einmündung Jalan Birch, angenehmer Ort für ein Abendessen im Garten mit Blick auf den See; günstig
Foodstalls am Markt und gegenüber der Busstation

Perak Museum, Jalan Tamin Sari, 10 Min. zu Fuß vom Zentrum, tägl. 9–17 Uhr, Fr nachmittag geschl., Eintritt frei
Zoo Taiping, Eingang von der Circular Rd., Lake Garden, nahe der Einmündung der Straße auf den Maxwell Hill, tägl. 8.30–18.30 Uhr, Eintritt

Der **Lake Garden** lädt zum Spaziergang ein, besonders schön am frühen Morgen, wenn die Taipinger sich zum Joggen und Tai-Chi treffen

Oberhalb der Stadt liegt der **Maxwell Hill**, die älteste *hill station* von Malaysia, neuerdings malaysisch Bukit Larut genannt. Landrover fahren von 8 bis 18 Uhr stündl. von der Station am Fuße des Hügels am Ende der Waterfall Rd., die durch den Lake Garden führt. Die Station ist 20 Min. zu Fuß vom Lake Garden, 40 Min. vom Zentrum oder 10 Min. mit dem Taxi. Der Landrover braucht je nach Temperament des Fahrers 40 Min. bis 1 Std. für die 72 Haarnadelkurven, die Bergstraße ist schmal und steil und kann immer nur in einer Richtung befahren werden. Zu Fuß braucht man für die 10 km 4 Std. bis zum Bukit Larut Guesthouse.

Taiping liegt östl. der Nord-Süd-Autobahn. **Überlandbusse** nach Taiping halten an der Station in Kemunting, 7 km von Taiping, von dort **Busse** und **Taxis** nach Taiping. Von Taiping kann man die Tickets nach Kuala Lumpur, Johor Bahru und Kuantan kaufen, wobei die meisten Fernverbindungen **Nachtbusse** sind. **Lokale Busse** fahren nach Kuala Kangsar, Ipoh und Lumut.

Ferntaxis fahren von der Busstation am Markt ab

Die **Züge** der Westküstenlinie halten in Taiping, der Bahnhof liegt 1 km westl. des Zentrums; nach Norden und Süden fahren vormittags und nachmittags Züge, nach Butterworth dauert die Fahrt 2 Std., nach Kuala Lumpur etwa 6 Std.

Taman Negara-Nationalpark

Lage: Vordere Umschlagkarte G4
Vorwahl: 09

Großer Nationalpark im Landesinnern von West-Malaysia

Department of Wildlife and National Parks, neben der Rezeption des Taman Negara Resort, vermittelt *tour guides* und hat Wanderkarten, hier wird auch Dschungelausrüstung verliehen; in Kuala Lumpur gibt es einen Informationsschalter im MATIC Tourist Information Centre, 109 Jalan Ampang, Tel. 03-262 7682; im Büro des Taman Negara Resort, , Komplex Antarabangsa, Jalan Sultan Ismail, neben dem Hilton Hotel, Tel. 03-

245 5585, Fax 03-245 5430, kann man Unterkünfte im Park und einen Shuttlebus von Kuala Lumpur bis zur Bootsanlegestelle in Kuala Tembeling buchen.

Taman Negara Resort, Kuala Tahan, Tel. 266 3500, Fax 266 1500, mehr oder weniger komfortable Chalets mit Veranda, Zimmer im Hostel und mehrere Schlafsäle im Park-Hauptquartier in Kuala Tahan. Das feuchte Dschungelklima und wahrscheinlich mangelnde Pflege sind der Grund, warum diese ehemals schöne Anlage mittlerweile einen etwas heruntergekommenen Eindruck macht, vielleicht wird ja bald renoviert. Angeschlossen ist ein etwas überteuertes Restaurant mit westlicher und lokaler Küche und schönem Blick über den Fluß, außerdem Informationszentrum; teuer–moderat

Am gegenüberliegenden Flußufer im Dorf Kuala Tahan:
Tembeling Riverview Camp, Kuala Tahan, Tel. 266 6766, mehrere Vierbett-Zimmer in einem Langhaus, Gemeinschaftstoilette, zwei Zimmer mit eigenem Bad in einem Chalet mit Blick auf den Fluß, gutes Restaurant, auch Touren; günstig–sehr preiswert
Teresek View Village, Tel. 266 3065, Hütten und Zimmer, mäßig sauber, hier ein kleiner Supermarkt, der Insektenschutz, Kekse, Cola u.ä. verkauft; günstig–sehr preiswert
Tahan Guesthouse, Tel. 266 7752, *guesthouse* am Ortsrand nahe der Moschee, winzige Zimmer mit Bad und Balkon; sehr preiswert

Weiter flußaufwärts:
Nusa Camp, Tel. 266 3043, Büro an der Bootsanlegestelle in Kuala Tembeling, 15 Bootsminuten flußaufwärts vom Park-Hauptquartier in Kuala Tahan, zwischen dem Nusa Camp und Kuala Tahan verkehren regelmäßig Boote, Zeltplatz, Schlafsaal, Nur-Dach-Hütten und geräumige Chalets, einfach; günstig–sehr preiswert
Trenggan Lodge, 30 Bootsminuten flußaufwärts vom Park-Hauptquartier, zu buchen über das Taman Negara Resort, Chalets mit Ventilator, Bad und Veranda, zum Teil mit Blick auf den Fluß, Restaurant, sehr ruhig, guter Ausgangspunkt für Wanderungen; günstig
Buchungen für Nusa Camp und Trenggan Lodge auch über Taman Negara Resort, s. oben

Im **Restaurant des Taman Negara Resort** einheimische und internationale Gerichte sowie Bier; günstig
Auf dem Fluß unterhalb des Dorfes Kuala Tahan liegen vier **schwimmende Restaurants**, die von morgens bis abends einfache Gerichte servieren

Wanderungen im Dschungel kann man mit Ausnahme der mehrtägigen Touren auf den Gunnung Tahan auf eigene Faust unternehmen. Die Wege sind gut gekennzeichnet und nahe dem Resort ziemlich ausgetreten und belebt. Je weiter weg man sich vom Park-Headquarter bewegt, desto ruhiger und regenwaldiger wird es. Wer wirklich den Dschungel erleben will, sollte also entweder im Nusa Camp oder der Trenggan Lodge übernachten oder eine geführte Mehrtagestour unternehmen. Das Resort organisiert geführte Nachtwanderungen, bei denen man nachtaktive Tiere sehen kann. Für Flußtouren kann man im Wildlife Office Boote stundenweise mieten. Die Unterkünfte bieten River-Rafting-Touren und *rapid-shooting* in Gummireifen an. Bei letzteren hat es in der Vergangenheit ernsthafte Unfälle gegeben!

Obwohl mittlerweile eine Straße bis zum Dorf Kuala Tahan führt, ist die zwei- bis dreistündige Anreise mit **Langbooten** von Kuala Tembeling über den Tembeling-Fluß die beschaulichere und populärste Variante. Mehrere Boote fahren um 9 und 14 Uhr von Kuala Tembeling in den Park bis zum Hauptquartier in Kuala Tahan. Zurück zu denselben Zeiten.

Nach Kuala Tembeling fährt der **Shuttlebus** des Taman Negara Resort morgens von Kuala Lumpur/Hotel Istana, er erreicht die 14-Uhr-Boote.

An der Bootsanlegestelle warten **Minibusse,** die nach Jerantut fahren und die Fahrgäste bis zum Hotel oder zum Busbahnhof bringen;
Taxis und **Überlandtaxis,** die man unter Tel. 09-266 4537 reservieren kann. Die offiziellen Preise sind an einer Tafel angeschlagen.

Tasik Kenyir

Lage: Vordere Umschlagkarte G 4/5
Vorwahl: 09

Stausee in Terengganu an der Grenze zum Taman-Negara-Nationalpark

Tasik Kenyir Tourist Information Centre, Tel. 010-934 0101, Sa–Mi 9–17, Do und Fr 9–13 Uhr, auf dem Hügel oberhalb der Bootsanlegestelle, Informationsbroschüren und Tips für Touren auf dem und um den See.

Die meist einfachen Unterkünfte liegen auf den Inseln des Sees. Ausnahme ist das
Tasik Kenyir Golf Resort, Tel. 666 8888, Fax 666 8899, luxuriöse Anlage auf einer Landzunge in einer ehemaligen Ölpalmenplantage, Chalets mit Fernseher, Klimaanlage, Pool, Kindergarten, auf einer Nachbarinsel der schön gestaltete Golfplatz; teuer–moderat
Little Traveller Resort, Tel. 622 9564, zwölf Zimmer in einem großen Hausboot, für den Standard recht teuer; moderat–günstig
Hundreds Island Resort, Tel. 681 1348, schwimmende Chalets nahe dem Lasir-Wasserfall; günstig
Musang Kenyir Resort, Tel. 622 9917, liegt etwa eine Bootsstunde von der Anlegestelle, aber nahe an drei schönen Wasserfällen, einfache Ausstattung; günstig

Das Ping Anchorage in Kuala Terengganu organisiert gute Touren zum Tasik Kenyir, übernachtet wird in Zelten oder auf Hausbooten. **Ping Anchorage Traveller's Homestay,** 77 Jalan Dato Isaacs, Tel. 622 0851, 622 8824, Fax 622 8093, www.pinganchorage.com.my; günstig

Restaurants in den Unterkünften, *food stalls* am Bootsanleger

Für **Ausflüge** auf dem See, zum Fischen und Fahrten zu den Wasserfällen kann man Boote mieten. Im Golf Resort kann man **Jet Ski** und **Wasserski** mieten. Der **Golf**platz steht gegen eine *green fee* auch Nicht-Hotelgästen zur Verfügung, Schläger werden verliehen.

Anreise: Von Kuala Lumpur fährt um 20 Uhr ab Putra Bus Station ein **Bus** zum See und kommt früh am nächsten Morgen an. Darüber hinaus ist die Anreise mit öffentlichen Bussen schwierig, Service nur bis Kuala Berang.

Temerloh

Lage: Vordere Umschlagkarte G3
Vorwahl: 09

Markt- und Umsteigeort auf halber Strecke zwischen Kuala Lumpur und Kuantan

Tourist Information Office, Tel. 296 0812, Mo–Sa 10–16 Uhr, neben der Busstation

Sri Malaysia Hotel, Tel. 296 5779, Fax 296 5711, Jalan Mahzmah, schlichte Zimmer mit Klimaanlage und Fernseher; günstig
Rumah Rehat Temerloh, Tel. 296 3218, Fax 296 3254, Jalan Dato Hamzah, auf einer Anhöhe über dem Fluß, 10 Fußminuten von der Busstation; günstig

So vormittag findet am Fluß der große **Wochenmarkt** statt

Anreise: Nach Temerloh fahren häufig **Busse** von Kuala Lumpur und Kuantan. Von hier steigt man in die Busse nach Jerantut um (für den Taman Negara-Nationalpark), die den ganzen Tag über fahren.

Tioman

s. Pulau Tioman S. 327

Tunku Abdul Rahman-Meerespark

Lage: Hintere Umschlagkarte G7

Fünf Koralleninseln vor Kota Kinabalu

Gayana Island Resort, Pulau Gaya, Reservierungen in Kota Kinabalu, Lot 16, Wisma Sabah, Jalan Tun Razak, Tel. 088-245 158, Fax 245 168, gayana@tm.net.my; teuer–moderat
Mamutik Dive Lodge, Pulau Mamutik, hat drei einfache Zimmer, Vollpension inkl. Tauchgänge, wird von Borneo Diver's betrieben (Anschrift siehe Kota Kinabalu S. 286); günstig

Manukan Island Resort, Pulau Manukan, über: Kinabalu Gold Resorts, Block C, Komplex Karamunsing, 88300 Kota Kinabalu, Tel. 243 629, Fax 242 861, nature@kinabalu.net; moderat

Boote nach Pulau Manukan legen stündl. von der Anlegestelle an der Jalan Tun Fuat Stephens hinter dem Hyatt Hotel ab. Für alle Inseln können günstig Boote von privaten Betreibern gemietet werden, feste Abholzeiten vereinbaren und Schwimmwesten anziehen!

Turtle Island-Nationalpark

s. Pulau Selingan S. 326 und Sandakan S. 329

Reiseinformationen von A bis Z

Ein Nachschlagewerk – von A wie Anreise über N wie Notfälle bis Z wie Zeitzonen – mit vielen nützlichen Hinweisen, Tips und Antworten auf Fragen, die sich vor oder während der Reise stellen. Ein Ratgeber für die verschiedensten Reisesituationen.

Anreise

■ ... mit dem Flugzeug

Direkte Linienflüge aus Europa nach Malaysia landen in Kuala Lumpur, auf dem internationalen Flughafen KLIA 65 km südwestlich der Stadt in Sepang.

Malaysia Airlines fliegt täglich nonstop von Frankfurt, zweimal wöchentlich von München. Malaysia Airlines und Lauda Air fliegen nonstop mehrmals wöchentlich von Wien, MAS und Swissair von Zürich. Wer nur nach Borneo möchte, kann von Frankfurt mit Royal Brunei nach Bandar Seri Begawan auf Brunei fliegen. Günstige Flugangebote mit Stopps gibt es je nach Saison auch von British Airways über London und Singapore Airlines mit Zwischenstopp in Singapur.

Service am KLIA: Durchgehend geöffnete Wechselstuben der großen Banken befinden sich vor der Gepäckausgabe und in der Ankunftshalle, die Kurse sind etwas besser wie in der Stadt. In der Ankunftshalle gibt es Schalter der Mietwagenfirmen und einiger großer Hotels sowie eine Tourist Information. Gepäckaufbewahrung im Main Terminal Building, Level 3 und 5.

Transport in die Stadt: Vom Flughafen fahren keine Stadttaxis, sondern nur die Wagen des Airport Limo Service. Es gibt einen Budget- und einen Premier-Service, der Unterschied besteht nur im Autotyp. Beide werden mit Coupons bezahlt, die man am Schalter in der Ankunftshalle, 50 m rechts vom Ausgang der Gepäckausgabe, kaufen kann. Budget-Service nach Kuala Lumpur City kostet je nach Ziel zwischen 12 und 15 €, Premier 20 €. Die Limousinen brauchen je nach Verkehrsdichte zwischen 45 Minuten und einer Stunde in die Stadt. Klimatisierte Airport-Shuttlebusse nach Kuala Lumpur fahren ab der Haltestelle Arrival Hall, Tickets kosten etwa ein Drittel des Limo-Preises, sie werden in der Ankunftshalle neben dem Limo-Couponschalter verkauft. Die Busse fahren bis zur Haltestelle »Jalan Duta« am Rande des Zentrums, dort stehen Stadttaxis für die Weiterfahrt ins Stadtzentrum. Eine Schnellbahnverbindung zum neuen Bahnhof Kuala Lumpur Central wird im April 2002 eröffnet. Fahrtzeit 30 Minuten, Fahrpreis 35 RM.

Von der Stadt zum Flughafen kosten normale Taxis mit Taxameter umgerechnet 9 bis 11 €, dazu werden 2 € Flughafen-Aufschlag gerechnet. Die Airport-Shuttlebusse von der Haltestelle Jalan Duta fahren alle 15 Minuten zum Flughafen ab und brauchen etwa eine Stunde. Die Airport-Tax ist gewöhnlich im Ticketpreis enthalten, auch bei lokalen Flügen.

Fluggesellschaften
Büros in Kuala Lumpur, Telefonvorwahl, wenn nicht anders vermerkt, Tel. 03

Air Asia,
Level 6,
Wisma HICOM,
2, Jalan U1/8,
40000 Shah Alam,
Tel. 745 7777

British Airways,
achter Stock, Rohas Perkasa,
8 Jalan Perak/Ecke Jalan P. Ramlee,
50450 Kuala Lumpur,
Tel. 2167 6188

Cathay Pacific Airways,
UBN Tower,
10 Jalan P. Ramlee,
Tel. 238 3377

Emirates,
UBN Tower,
10 Jalan P. Ramlee,
Tel. 232 5288, Fax 232 4788

Garuda Indonesia,
Level 3,
Menara Lion,
Jalan Ampang,
50450 Kuala Lumpur,
Tel. 2162 2811

Lufthansa,
dritter Stock, Kenaga International,
Jalan Sultan Ismail,
Tel. 261 4666, Fax 261 3079

Malaysian Airline System,
MAS Building,
Jalan Sultan Ismail,
Tel. 746 3000 (24 Std.)

Qantas Airways,
achter Stock, Rohas Perkasa,
8 Jalan Perak/Ecke Jalan P. Ramlee,
Tel. 2167 6188

Royal Brunei,
UBN Tower,
10 Jalan P. Ramlee,
Tel. 230 7166

Singapore Airlines,
2 Jalan Dang Wangi, Wisma SIA
(nahe der Kreuzung Jalan Ampang),
Tel. 292 3122

Swiss Air,
2 Jalan Dang Wangi,
Tel. 291 3254

Thai Airways,
dreißigster Stock, Wisma Goldhill,
67 Jalan Raja Chulan,
Tel. 201 2900, Fax 202 5805

■ … von Thailand

Die Eisenbahnlinie führt von Bangkok über Butterworth im Norden von Malaysia an der Westküste entlang bis nach Singapur. Täglich fährt ein internationaler Expreß von Bangkok nach Butterworth und weiter über Kuala Lumpur und Singapur. Täglich mehrere Flüge von Bangkok und Phuket nach Kuala Lumpur, Singapur und Penang.

■ … von Indonesien

Von Medan und Dumai auf Sumatra fahren täglich mehrere Fähren in zwei bis drei Stunden nach Melaka. Von Pontianak in Kalimantan fahren Busse in neun Stunden nach Kuching in Sarawak. Internationale Flüge von Jakarta, Denpasar, Medan, Pontianak nach Kuching, Kuala Lumpur, Penang und Singapur.

■ Einreisebestimmungen

EU-Bürger und Schweizer benötigen zur Einreise nach Malaysia, Singapur und Brunei einen Reisepaß, der auch bei der geplanten Ausreise noch mindestens sechs Monate gültig sein muß. Vor der Paßkontrolle muß jeder Besucher eine *disembarcation card* ausfüllen, in der nach Adresse, Geburtsdatum, Beruf und Zweck des Aufenthalts gefragt wird und die mit dem Reisepaß bei der Paßkontrolle übergeben wird. Bei jeder Ein- und Ausreise aus Sarawak und Sabah ist eine weitere Paßkontrolle nötig, auch wenn man vorher schon in West-Malaysia war. Österreicher benötigen für die Einreise nach Brunei ein Visum, das bei der Botschaft in Deutschland beantragt wird.

In Malaysia und Singapur wird das Visum *(social visit pass)* bei der Einreise erteilt und in den Paß gestempelt. Es berechtigt in Malaysia und Singapur zu einem Aufenthalt von drei Monaten, in Brunei zu 14 Tagen. Wer in Sarawak einreist, erhält eine Aufenthaltserlaubnis für vier Wochen. In jedem *Immigration Office* können die Visa in der Regel problemlos für 20 RM verlängert werden, oder man reist kurz nach Singapur, Thailand oder Indonesien aus und bekommt bei der Wiedereinreise einen neuen Stempel.

Headquarter of Immigration in Kuala Lumpur
Blok 1, Pusat Bandar Damansara
Jalan Damansara,
Tel. 03-255 5077, Fax 256 2340

Zoll- und Devisenvorschriften

Jeder Ein- und Ausreisende (auch die Malaysier) muß ein *traveller's declaration form* ausfüllen, auf dem Malaysische Ringgit und ausländische Währungen, die man bei sich trägt, angegeben werden müssen. Ausländer dürfen ausländische Währungen und Reiseschecks in unbegrenzter Höhe einführen. Ausführen dürfen sie ausländische Währung bis zu dem Wert, den sie auch eingeführt haben, was durch das Formular zu belegen ist. Maximal 1000 Malaysische Ringgit dürfen ein- bzw. ausgeführt werden. Für Singapur und Brunei gelten keine Beschränkungen.

1 l Alkohol, 200 Zigaretten, Kosmetik im Wert bis 200 RM und Geschenke im Wert bis 200 RM können zollfrei nach Malaysia eingeführt werden. In Singapur und Brunei gelten dieselben Bestimmungen für Alkohol und Zigaretten. Tiere, Pflanzen und Pflanzensamen unterliegen in Malaysia und Singapur mindestens einem Monat Quarantäne.

Bespielte Videobänder oder pornographisches Material dürfen in alle drei Staaten nicht eingeführt werden, Antiquitäten müssen deklariert werden, in Malaysia braucht man die Ausfuhrgenehmigung vom Generaldirektor der Museen.

In Malaysia und Singapur gilt die Todesstrafe für Drogenhandel! Wer Drogen über die Grenze schmuggelt, kann gehängt werden, auch als Ausländer, was beide Länder in den letzten Jahren bewiesen haben.

Ärztliche Versorgung

In den größeren Orten gibt es ausreichend ausgestattete Arztpraxen, die in Malaysia *klinik* heißen. Viele Ärzte sprechen Englisch, haben in England oder Australien studiert, so daß die Verständigung kein großes Problem ist. Die ärztliche und zahnärztliche Behandlung ist billig, Medikamente ebenfalls.

Notruftelefon

In Malaysia Tel. 999
In Singapur Tel. 995
In Malaysia gibt es keine Ambulanz mit Notarzt, es ist nur ein Sanitäter im Wagen, bei schweren Unfällen in den großen Krankenhäusern anrufen.

Private Krankenhäuser

Ampang Puteri Specialist Hospital,
1 Jalan Mamanda 9,
68000 Ampang
(Vorort von Kuala Lumpur),
Tel. 427 2500,
24-Std.-Notrufservice, Tel. 427 7060

Pantai Medical Centre,
8 Jalan Pantai,
59100 Kuala Lumpur
(im citynahen Vorort Bangsar),
Tel. 282 5077,
24-Std.-Notrufservice, Tel. 285 2288, 285 2200

Apotheken

Apotheken heißen *pharmacy* und bieten eine große Auswahl traditioneller asiatischer und westlicher Medikamente an. Rezeptfreie Medikamente sind billiger als in Europa, die Pille und die Malariaprophylaxe Resochin sind rezeptfrei und auch wesentlich billiger als zu Hause. Rezeptpflichtige Medikamente werden vom Arzt in der Klinik ausgehändigt.

Auskunft

... in Deutschland

Malaysia Tourism Promotion Board
Roßmarkt 11,
60311 Frankfurt/Main
Tel. 0 69 28 37 82, Fax 28 52 15
www.tourism.gov.my

Singapore Tourist Promotion Board
Hochstraße 35–37, 60313 Frankfurt/Main,
Tel. 069-2977 00, Fax 069-29 78 9 22,
www.newasia-singapore.com

Eine Auskunftsstelle für Brunei gibt es nicht. Zur Not kann man sich an die Botschaft wenden.
Botschaft von Brunei,
Kaiser-Karl-Ring 18, 53111 Bonn
Tel. 0228-67 20 44, Fax 68 73 29

... in Österreich und der Schweiz

Singapore Tourist Promotion Board
Löwenstraße 51, 8001 Zürich,
Tel. 01-211 7474, Fax 01-211 7422,
stb@singapore.my

... in Malaysia

Tourism Malaysia unterhält nahezu in jedem größeren Touristenort ein Informationsbüro.

Tourism Malaysia
zweite Etage, Menara Dato'Onn,
Putra World Trade Centre,
nahe Pan Pacific und Legend Hotel,
45 Jalan Tun Ismail, Tel. 441 1295;
Shop Lot 1, Plaza Putra, unter dem Merdeka Square, Tel. 293 6661

Malaysia Tourist Information Complex (MATIC)
109 Jalan Ampang, gegenüber dem Renaissance Hotel, Tel. 2164 3929, Fax 2162 1149

... in Singapur

Tourist Information Centre
Level 2, Raffles Hotel Shopping Arcade
328 North Bridge Rd.,
Tel. 1-800 334 1335 (gebührenfrei),
tägl. 8.30–20 Uhr

Tourist Information Centre
Tourism Court 1, 1 Orchard Spring Lane
Tel. 1-800-738 3778 (gebührenfrei)
oder 736 6622, Fax 736 9423
(Singapur-Vorwahl von Malaysia: 065),
tägl. 8.30–18 Uhr

Autofahren und Mietwagen

Das Straßennetz in West-Malaysia ist gut ausgebaut und beschildert, trotz Linksverkehr kann man sich schnell zurechtfinden. In den größeren Städten ist der Verkehr recht stark, Einbahnstraßensysteme entwickeln sich schnell zu Labyrinthen. Die Beschilderung der Stadtautobahnen in Kuala Lumpur ist für Neulinge etwas verwirrend und fast nur malaysisch. Außerhalb der Städte ist das Fahren angenehm, es gibt reichlich Tankstellen, Benzin ist dank staatlich regulierter Preise sehr billig. In jeder mittelgroßen Ortschaft gibt es Autowerkstätten, die Autovermieter geben auch eine Notrufnummer für Pannen an.

Nord-Süd-Verbindungen:

Entlang der Westküste verläuft von Johor Bahru im Süden bis zur thailändischen Grenze im Norden der gebührenpflichtige Nord-Süd-Highway, der teilweise dreispurig ist. Die Route 1, die Vorläuferin dieser Autobahn, verläuft fast parallel, die Straße hat zwar nur eine Spur in jede Richtung, kostet aber nichts und wird deswegen auch stärker frequentiert. An der Ostküste führen die Route 3 und 14 von Johor Bahru nach Kota Bahru, die Straße wurde auch mit Blick auf Touristen aus Singapur gut ausgebaut. Durch das Landesinnere verläuft die Route 8, die kurz hinter Kuala Lumpur nach Norden abzweigt und über Kuala Lipis und Kuala Krai bis Kota Bahru führt.

West-Ost-Verbindungen:

Von Kuala Lumpur führt die für Unfälle berüchtigte Route 2 über Temerloh nach Kuantan an die Ostküste, die Strecke ist etwa 70 km autobahnähnlich ausgebaut, danach windet sie sich zweispurig durch die hügelige Landschaft und kleine Ortschaften. Der East-West-Highway (Route 4) im Norden führt von Butterworth nach Kota Bahru. Im Süden der Halbinsel gibt es noch kleine Verbindungsstraßen an die Ostküste, die beste ist die Route 50, die von Ayer Hitam nach Mersing, dem Hafen für Tioman, führt.

Ungefähre **Reisezeiten** mit dem Auto:
Kuala Lumpur–Johor Bahru: 5,5 Std.
KL–Melaka: 2,5 Std.
KL–Cameron Highlands: 3,5 Std.
KL–Mersing: 7 Std.
KL–Butterworth: 5,5 Std.
KL–Kuantan: 5 Std.
Kuantan – Kota Bahru: 5 Std.
Butterworth – Kota Bahru: 6 Std.

In Sarawak sind die Straßen um Kuching gut, auch der Trans-Sarawak-Highway von Kuching bis Miri ist gut ausgebaut. Viele Strecken können hier nur mit Booten oder Flugzeugen zurückgelegt werden. In Sabah sind die Hauptstraßen von Kota Kinabalu nach Kudat, Sandakan und Semporna ebenfalls ausgebaut, für Nebenstraßen ist oft ein geländegängiges Fahrzeug angeraten.

Autovermietungen

Mietwagen gibt es in allen größeren Städten, viele internationale Autovermietungen haben auch Flughafenbüros, bei Mietzeiträumen über eine Woche kann man handeln. Ein internationaler Führerschein ist erforderlich, einige Vermieter akzeptieren auch einen nationalen Führerschein. Die Preise rangieren zwischen 30 € pro Tag für das einfachste Modell (Proton Saga) bis zu 130 € pro Tag für einen Geländewagen, inklusive Versicherung. Alle Wagen haben Klimaanlage. In Malaysia sind die Mieten günstiger als in Singapur, wer mit einem in Malaysia gemieteten Wagen in die Inselrepublik fahren will (und umgekehrt), muß einen Aufschlag zahlen.

Verkehrsregeln

Dank britischen Einflusses wird links gefahren, in den Kreisverkehren hat der von rechts Kommende Vorfahrt. Es besteht Anschnallpflicht auf den Vordersitzen und Helmpflicht für Motorradfahrer. Auf den Autobahnen und ausgebauten Landstraßen liegt die Geschwindigkeitsbegrenzung bei 90 km/h (auf dem Nord-Süd-Highway bei 110 km/h), in Ortschaften bei 50 km/h, Radarfallen sind häufig, und die Strafen für Überschreitungen liegen nicht unter 40 €.

Behinderte

Gehbehinderte erfahren in Malaysia zwar freundliche Hilfsbereitschaft, auch hilft Improvisationstalent, Hindernisse überwinden, aber behindertengerechte Einrichtungen sind selten. Nur die internationalen Hotels haben manchmal entsprechende sanitäre Anlagen und Zimmer. Die Natursehenswürdigkeiten sind häufig nur mit Booten oder Fußmärschen zu erreichen, und die Überlandbusse sind sehr eng.

Bettler

In Malaysia, wo es kein Sozialsystem für Körperbehinderte gibt, sind viele auf ein Almosen angewiesen. Blinde und Körperbehinderte bitten auf Bahnhöfen, Nachtmärkten und an den Essensständen um ein paar Münzen, die auch von den Einheimischen gern gegeben werden. Bei bettelnden Kindern sollte man bedenken, daß sie bei ausreichenden Einkünften durch Betteln womöglich nicht mehr zur Schule gehen (dürfen) und damit aller Zukunftschancen beraubt werden.

Buchhandlungen

In vielen internationalen Hotels gibt es einen Buchladen, der neben Zeitungen und Zeitschriften auch Reiseführer und Unterhaltungsliteratur verkauft, meist zu höheren Preisen als in den reinen Buchläden.

Diplomatische Vertretungen von Malaysia, Singapur und Brunei

... in der Bundesrepublik Deutschland

Kurfürstendamm 50, 2. Stock, 10707 Berlin
Tel. 030-8857490, Fax 030-88729028
mwberlin@compuserve.com

... in Österreich

Prinz-Eugen-Straße 18, 1040 Wien,
Tel. 01-505 1042, Fax 01-505 7942

Diplomatische Vertretungen in Malaysia, Singapur und Brunei

■ ... in Malaysia

Deutsche Botschaft,
3 Jalan U-Thant/Ecke Jalan Tun Razak,
50700 Kuala Lumpur,
Tel. 242 9666, Fax 242-241 3943

Schweizer Botschaft,
16 Persiaran Madge,
55000 Kuala Lumpur,
Tel. 248 0622, Fax 248 9035

Botschaft von Österreich,
7. Stock, MUI Plaza Building,
Jalan P. Ramlee,
50250 Kuala Lumpur,
Tel. 248 4277, Fax 248 9813

■ ... in Singapur

Deutsche Botschaft,
545 Orchard Rd.,
14. Stock, Far East Shopping Centre,
Tel. 737 1355, Fax 737 2653

Schweizer Botschaft,
1 Swiss Club Link Rd.,
Tel. 468 5788, Fax 466 8245

Botschaft von Österreich,
1 Scotts Rd., 24. Stock, Shaw Centre,
Tel. 235 4088, Fax 737 1202

■ ... in Brunei

Deutsche Botschaft,
49–50 Jalan Sultan, Wisma Raya,
Bandar Seri Begawan,
Tel. 225 547, Fax 225 583

Generalkonsulat von Österreich,
5/75 Kampung Subok, Taman Jubili,
Tel. und Fax 261 083

Dschungeltouren

Die meisten Reisenden werden in einem der zahlreichen Nationalparks zu einer Wanderung aufbrechen, um dort den Primärregenwald und eine geschützte Fauna zu bewundern. In den Parks ist die touristische Infrastruktur ausreichend bis sehr gut, in den Park-Hauptquartieren stehen teils sogar sehr komfortable Unterkünfte zur Verfügung. Für den Besuch eines Nationalparks ist immer ein *permit* nötig, was nicht mehr bedeutet als eine Registrierung und in der Regel bei der Ankunft im jeweiligen Park problemlos ausgestellt wird.

Bevor man zu einer längeren Tour in den Regenwald aufbricht, sollte man sich darüber im klaren sein, daß das tropisch-feuchte Klima, von Flußdurchquerungen ewig nasse Schuhe, Mücken und Blutegel einem das Leben zuweilen recht unangenehm machen können. Man schläft auf harten Zeltböden oder auf dünnen Matratzen im Langhaus, die Toilette wird im Fluß erledigt. Es ist immer noch ein kleines Abenteuer, bei dem man leicht an seine physischen und psychischen Grenzen stößt. Hier eine Checkliste für die Wildnis:

■ Ausrüstung

Rucksack (nicht mehr als 30 l, eher kleiner),
Schlafsack (Leinen- oder Tropenschlafsack, keine Daunen),
Isoliermatte (faltbar oder aufblasbar),
Wasserflasche und Entkeimungstabletten,
Taschenlampe,
Batterien,
Kerzen,
Feuerzeug,
Taschenmesser,
Kompaß,
Mückenschutzlotion,
Toilettenartikel und -papier,
Sonnenschutzmittel,
dünnes Handtuch,
kleines Erste-Hilfe-Set,
Plastiktüten und eine große stabile Mülltüte als Wasserschutz,
Ersatzschnürsenkel,
Nähzeug,
Lebensmittel und Kochgeschirr (besorgt bei organisierten Touren der Veranstalter)

■ Kleidung

Schuhe mit Profilsohle (Leinen oder Textil trocknen besser als Leder),
Gummisandalen,
T-Shirts,
dünnes, langärmliges Hemd,

zwei lange, leichte Hosen (dünne Baumwolle oder Mikrofaser),
kurze Hose,
Badeanzug oder -hose,
Sarong (Allzwecktuch, für Männer wie Frauen mobile Duschkabine),
Socken,
Sonnenhut,
Knirps (angenehmer als eine Regenjacke, in der man schnell schwitzt),
leichter Wollpullover,
Handschuhe und dicke Jacke (für den Gunung Kinabalu)

Drogen

In Malaysia und Singapur gilt die Todesstrafe für Drogenhandel. Schon der Besitz von Haschisch kann mit mehreren Jahren Gefängnis bestraft werden, wer Drogen über die Grenze schmuggelt, muß mit der Todesstrafe rechnen, auch als Ausländer. In Singapur macht man sich auch schon mit starken Beruhigungsmitteln und Schlaftabletten verdächtig.

Einkaufen und Souvenirs

Singapur ist neben London und New York *das* Ziel für notorische Shopper aus aller Welt, Malaysia kann erstaunlich gut mithalten. Kameras, Computer und Zubehör, Uhren, Kosmetik und Sonnenbrillen sind in beiden Ländern zollfrei. Auf den Inseln Langkawi in West-Malaysia und Labuan vor der Küste von Sabah sind alle Waren zollfrei, auch der sonst überall in Malaysia hoch besteuerte Alkohol. In den Städten scheint das Angebot von Designerkleidung bis zu Hippie-Mode, von Zinnwaren bis zur Holzschnitzerei der Ureinwohner unbegrenzt. In den Kaufhäusern sind die Preise fest, in Einzelhandelsgeschäften und auf den Märkten kann gehandelt werden.

Foto-, Video- und Digitalkameras sind 15 bis 20 % billiger als in Deutschland. Wer vorhat, dergleichen zu erstehen, sollte sich zu Hause Marke, Modell und Preis aufschreiben und in Malaysia oder Singapur in Läden mit festen Preisen nach dem Modell schauen, um einen Richtpreis zu haben. In Einzelhandelsgeschäften kann man weiter über den Preis verhandeln. Unbedingt auf einer internationalen Garantiekarte bestehen, darauf achten, daß das Zubehör original ist und daß auch das gewünschte (und bezahlte) Modell in den Karton kommt.

In den Städten gibt es Kunsthandwerkszentren, die neben Batiken und Sarongs auch Songket-Stoffe, Zinn, Silber, Messingwaren, *Wayang-kulit*-Puppen, Flugdrachen und Schnitzereien anbieten. Der Central Market in Kuala Lumpur, die Kunsthandwerkerdörfer in Kota Bahru und die Geschäfte am Main Bazaar in Kuching sind hervorragende Einkaufsgegenden.

Auf den lokalen Märkten findet man neben Batik-Sarongs oder Korbflechtereien auch Hochlandreis aus Bario. Scharfe Sambal-Saucen, Tee aus den Cameron Highlands, Gewürzmischungen und Dschungelhonig halten lange.

In den kleinen Läden der Chinatowns und der indischen Viertel gibt es chinesisches Porzellan, nützliche Küchengeräte, chinesische Stoffe und indische Seidensaris. Juweliergeschäfte verkaufen aufwendig gearbeiteten Goldschmuck, die Preise sind relativ günstig und abhängig vom Gewicht und dem Gold-Tagespreis.

Vorsicht ist beim Kauf von Antiquitäten geboten. Echte Stücke dürfen nicht ohne Genehmigung ausgeführt werden, gefälschte sind von diesen oft kaum zu unterscheiden, schlimmstenfalls nicht mal im Preis. Gegenstände aus Schildpatt, Krokodilleder und Elfenbein werden hin und wieder angeboten, wer bei der Einreise in Europa damit erwischt wird, riskiert hohe Strafen.

Wie überall in Asien ist Handeln auch in Malaysia ein Abenteuer, manchmal auch etwas ermüdend, aber dann kann man auf größere Geschäfte und Kaufhäuser ausweichen, wo alle Waren mit festen Preisen ausgezeichnet sind. Bevor man anfängt zu handeln, sollte man sicher sein, daß man den Gegenstand zu einem angemessenen Preis auch kaufen möchte, sonst kommt man nur schwer manierlich aus der laufenden Verhandlung.

Man fragt nach dem Preis, der Händler nennt einen, der ist natürlich zu hoch, man fragt nach dem »Best price«, worauf der Händler etwas runter geht. Dann muß man selbst einen Preis nennen, der unter dem liegen muß, den man bereit ist zu zahlen, der Händler tut so, als würde er dadurch bankrott gehen und nennt einen etwas höheren Preis, der aber niedriger ist als sein erstes Angebot usw. Wenn das Handeln ins Stocken gerät, hilft es, ein paar Schritte Richtung Ausgang zu gehen, der Händler wird einen mit einem nochmals reduzierten Angebot zurückrufen. Man wird sich letztlich handelseinig über den *last price.* Eine Faustregel, wieviel Prozent ein Händler reduziert, gibt es leider nicht, das Handeln ist ein Spiel, Unerfahrene müssen meist mehr zahlen, die Händler gehen auch nach Kleidung und schlicht Sympathie, wer gutgelaunt und witzig handelt, kommt garantiert billiger an die Ware!

Elektrizität

Die Stromspannung beträgt in Malaysia und Singapur 220 Volt, Stromschwankungen und -ausfälle sind nicht selten, also Vorsicht mit empfindlichen Geräten und Computern! Die Stecker gleichen den britischen mit drei dicken Pinnen. Adapter kann man in nahezu jedem Kaufhaus in Malaysia günstiger bekommen als zu Hause.

Essen und Trinken

Essen ist der Malaien und Singapurer liebste Beschäftigung, die Gerichte sind vielfältig, exotisch, und für Gäste gibt man sich traditionsgemäß besonders viel Mühe. Ein einfaches Mahl aus Dschungelgemüsen und Reis in einem Langhaus in Sarawak ist ein Erlebnis, genauso wie man sich an den reichhaltigen Buffets der internationalen Hotels erfreuen kann, je nach kulinarischer Abenteuerlust.

Westliche Gerichte bekommt man überall in Malaysia, zumindest in Form von Fast Food à la McDonald's; in den großen Hotels gibt es neben Spezialitätenrestaurants mit malaysischer und chinesischer oft auch gute europäische Küche.

Preiswerter ißt man in den *restoran,* einfache Restaurants, mit chinesischer, indischer, malaysischer Küche, manche servieren auch westliche Gerichte. Einige sind etwas vornehmer mit Tischdecken, Speisekarten und gemütlicher Einrichtung, manche unprätentiös mit Neonbeleuchtung und Plastikstühlen. Eine Mahlzeit ist hier ab 3 € pro Person zu bekommen, Fisch und Meeresfrüchte sind etwas teurer, je nach Fisch bis zu 10 €.

Im *kedai makan* (Eßladen) oder *kedai kopi* (Kaffeeladen, es gibt aber auch Essen) geht es schlichter zu, was nicht bedeutet, daß das Essen schlechter wäre. Es werden einfache Nudelgerichte, gebratener Reis, Gemüse, auch Fisch angeboten. In den *kedai makan* gibt es häufig mehrere Garküchen, die an einen Tisch servieren, bezahlt wird bei Lieferung, selten mehr als etwa 1 € pro Gericht, Tee, Kaffee und Fruchtsäfte kosten etwa 0,5 bis 1 €, in chinesischen *coffee shops* gibt es auch Bier.

Die preiswerteste Art, satt zu werden, bieten *food stalls* oder *hawkers,* mobile Garküchen, die unter freiem Himmel ein paar Tische und Stapelstühle aufstellen und dort den ganzen Tag über Essen auftischen. Die *hawker* sind an Straßenecken zu finden, abends auf den *pasar malam,* den Nachtmärkten, oder in *hawker centres,* überdachten Gebäuden, in denen viele Garküchen operieren.

Neben Gerichten der Malaien, Chinesen und Inder gibt es eine Vielzahl Kombinationen davon, dazu regionale Spezialitäten. Malaien und Inder essen entweder mit der rechten Hand (und nur mit der rechten, die linke gilt als unrein) oder mit Löffel und Gabel, wobei die Gabel die Funktion des Messers übernimmt. Bei Chinesen gibt es Eßstäbchen und für Suppen einen Löffel aus Porzellan. In den Langhäusern oder den Dörfern sitzt man meist auf dem Boden und benutzt die rechte Hand zum Essen.

Feste und Feiertage

In Malaysia und Singapur gilt zwar der westliche gregorianische Kalender, nebenher zählt man in Malaysia auch nach der chinesischen und der islamischen Zeitrechnung, nach der die meisten religiösen Feiertage bestimmt werden. Sowohl das chinesische als auch das islamische System basieren auf den Mondphasen, dessen Jahr etwa zehn Tage kürzer ist als das Sonnenjahr. Die Chinesen schieben etwa alle drei Jahre einen Monat dazwischen, so daß sich die Feiertage gegenüber dem westlichen Kalender maximal um einen Monat verschieben. Im islamischen Kalender gibt es diesen Zusatzmonat nicht, so daß sich der Beginn des Ramadan jedes Jahr um zehn bis elf Tage nach hinten schiebt.

Malaiische Feste werden besonders ausgiebig in den nördlichen Bundesstaaten der Halbinsel gefeiert, chinesische und indische Feste erlebt man am besten in Singapur, Kuala Lumpur und Penang. Auch sollte man bedenken, daß an staatlichen Feiertagen Hotels sowie Transportmittel ausgebucht sind.

Neben den staatlichen Feiertagen gibt es Feste und Festivals, die nur in bestimmten Bundesstaaten gefeiert werden. Tourism Malaysia und das Singapore Tourism Board geben einen »Calendar of Events« heraus, der unter www.tourism.gov.my bzw. www.newasia-singapore.com im Internet steht.

Staatliche Feiertage in Malaysia

1. 1.	Neujahr
Jan./Feb.	Chinesisches Neujahrsfest
März–Mai	Hari Raya Haji (Pilgerfest, 20 Tage vor Awal Muharam)
April–Juni	Awal Muharam oder Maal Hijrah (islamisches Neujahr)
1.5.	Tag der Arbeit
Mai/Juni	Wesak Day (Buddhas Geburtstag)
Juni/Juli	Nabi Mohammad (Mohammeds Geburtstag, zwölf Tage nach Awal Muharam)
31.8.	Merdeka Day, Unabhängigkeitstag
Okt./Nov.	Deepavali (Hindu-Lichterfest), nicht in Sarawak
Nov.–Feb.	Ramadan und Hari Raya Puasa (Ende des Fastens)
25. 12.	Weihnachten

Staatliche Feiertage in Singapur

1. 1.	Neujahr
Jan./Feb.	Chinesisches Neujahrsfest
März/April	Karfreitag
März–Mai	Hari Raya Haji (islamisches Pilgerfest)
1.5.	Tag der Arbeit
Mai/Juni	Wesak Day (größter buddhistischer Feiertag)
9.8.	Nationalfeiertag
Okt./Nov.	Deepavali (hinduistisches Lichterfest)
Nov.–Feb.	Ramadan und Hari Raya Puasa (Ende des Fastens)
25. 12.	Weihnachten

Festivalkalender

Januar und Februar

Chinesisches Neujahrsfest

Das wichtigste Fest der Chinesen, an dem zwei Tage lang alle öffentlichen Einrichtungen geschlossen sind. Das Fest findet alljährlich zwischen dem 20. 1. und dem 20. 2. statt, je nachdem, wann der erste Neumond des Jahres erscheint. Viele Familien dehnen die Feiern auf eine gute Woche aus und reisen gern in die malaysischen Strand-Resorts, die dann ausgebucht sind. Das Neujahrsfest ist für die Chinesen die Zeit für große Familientreffen, Schulden werden beglichen und Streitigkeiten beigelegt. Wochen vorher beginnt ein Kaufrausch, man kleidet sich neu ein, bringt die Wohnung auf Hochglanz und ersteht Orangen, die man als Symbol für Glück und Wohlstand in den Tempeln opfert. Kinder bekommen *ang pow,* kleine rote Umschläge mit etwas Geld. In den Wochen vorher und noch einige Zeit im neuen Jahr ziehen Paraden von Löwentanzgruppen und Stelzenläufern durch die Straßen.

Thaipusam
Das Fest der Hindus aus Tamil Nadu wurde nach dem tamilischen Monat *thai* benannt. Das Fest fällt auf den Tag, an dem der Mond in der Konstellation Pusam (Vollmond) steht. *Thaipusam* wird ausgiebig in den Batu Caves bei Kuala Lumpur, in Penang (Hindu-Tempel in der Waterfall Road), Ipoh (Gunung Cheroh) und in Singapur gefeiert. Gläubige in Trance tragen Milchopfer zur Statue des Gottes Murugan, viele durchstechen ihre Haut mit Haken und Spießen oder befestigen damit geschmückte Zierbögen *(kavadi).*

Ramadan
Im neunten Monat des islamischen Kalenders fasten die Muslime, zwischen Sonnenaufgang und Sonnenuntergang darf weder gegessen noch getrunken werden. Das Ende der Fastenzeit wird gefeiert, in den Familien gibt es ein *open house,* zu dem alle Verwandten und Bekannten willkommen sind. Nach dem Verzicht der vorangegangenen Wochen wird nun geschlemmt.

■ März–Mai

Tour de Langkawi
Internationales Radrennen, das im März zehn Tage durch ganz Malaysia führt, bevor es auf der Insel Langkawi endet.

Ostern
Wird besonders in den katholischen Gemeinden in Melaka mit Kreuzwegen am Karfreitag, Kerzenlichtprozessionen in der Osternacht und Hochämtern am Sonntag gefeiert.

Vesak Day
Die Buddhisten feiern im Mai den Geburtstag Buddhas.

Pesta Kaamatan
Im Mai wird das Erntedankfest der Kadazan-Dusun in Sabah in den Dörfern und in Kota Kinabalu gefeiert, in Sabah sind zwei Tage lang alle öffentlichen Einrichtungen geschlossen.

Hari Raya Haji
Das Fest – zehn Wochen nach Ende des Ramadan – ist der höchste Feiertag der Muslime, auch wenn das Ende des Ramadan meist ausgiebiger gefeiert wird. Hari Raya Haji ist der heiligen Pilgerfahrt der Muslime nach Mekka gewidmet, deshalb sind dann auch viele Malaien Richtung Mekka und Medina unterwegs.

■ Juni–August

Wau Festival
Anfang Juni treffen sich in Tumpat bei Kota Bahru die Drachenbauer.

Gawai Dayak
Anfang Juni ist nicht nur das Erntefest der Iban, es markiert auch den Beginn des neuen Jahres und ist ein Feiertag in Sarawak. Die Iban feiern in den Langhäusern mit Tänzen, traditionellen Zeremonien und reichlich *tuak,* Reiswein.

Singapore Festival of Arts
Das Fest im Juni findet nur alle zwei Jahre statt, das nächste Mal im Jahr 2000. Internationale Musiker – Pop und Klassik –, Tänzer und Schauspieler bevölkern die Bühnen des Stadtstaates, und die Museen zeigen Ausstellungen auf hohem Niveau.

Dragon Boat Festival
Am fünften Tag des fünften Mondmonats gedenkt man eines chinesischen Gelehrten, der sich aus Protest gegen Korruption ertränkte. Der Legende zufolge versuchten Fischer, die seinen Freitod beobachteten, durch heftiges Trommeln einen Drachen von seinem Leib zu halten. In Penang, Melaka, Singapur und Kota Kinabalu finden aus diesem Anlaß Rennen von Ruderbooten statt, die mit einem Drachenkopf und -schwanz geschmückt sind und von Trommlern angefeuert werden.

Nationalfeiertag in Singapur
Am 9.8., Singapur feiert seine Unabhängigkeit mit einer Show und einer Militärparade im National Stadion.

Merdeka Day in Malaysia
Am 31.8. gibt es im Gedenken an die Un-

abhängigkeit Straßenumzüge auf dem Merdeka-Platz im Stadtzentrum.

Fest der Hungrigen Geister
Fest zu Ehren der Seelen der Verstorbenen, die im siebten Mondmonat auf der Erde weilen. Um sie zu erheitern und zu beschwichtigen, bietet man im August den ›hungrigen Geistern‹ leckere Opfergaben und Straßentheateraufführungen an. Besonders in der Chinatown von Singapur und in Penang kann man Aufführungen der Peking-Oper erleben.

■ September–Dezember

Pesta Malaysia
September, zwei Wochen voller kultureller Darbietungen auf den Bühnen von Kuala Lumpur, in vielen Geschäften gibt es Preisnachlässe.

Moon Cake Fest
Erinnerung an den Fall des Mongolen-Reiches, der laut Legende mit verursacht wurde durch geheime Botschaften, die in Küchlein eingebacken waren. Aus diesem Anlaß gibt es am 15. Tag des achten Monats (Okt.) süße *moon cakes* aus Sesam- und Lotussamen mit einer Eigelbfüllung zu kaufen, Kinder ziehen mit Laternen durch die Straßen.

Nine Emperor Gods Fest
Die neun Götter, die nach chinesischem Glauben Gesundheit und Langlebigkeit bringen, werden im Oktober in Singapur in einer Sänftenprozession zum Kiu-Ong-Yah-Tempel in der Upper Serangoon Rd. getragen, Aufführungen chinesischer Opern.

Deepavali
Bei diesem Fest im Oktober/November wird der Sieg des Guten über das Böse, des Lichtes über die Finsternis gefeiert. Vor den Häusern und Tempeln werden Öllämpchen aufgestellt und die Wohnungen mit Lichterketten geschmückt.

Weihnachten
Am 25. 12. ist in Malaysia und Singapur frei, auch wenn es nur wenige Christen gibt. Die großen Einkaufszentren in Singapur und Kuala Lumpur versuchen, sich mit Weihnachtsbaum-, Schlitten- und Engelarrangements zu übertreffen, was angesichts der tropischen Temperaturen recht bizarr wirkt.

Fotografieren

In Südostasien ist fotografieren ein großes Hobby, die Einheimischen stehen untereinander gern für ein Erinnerungsfoto in Positur und haben meist auch nichts dagegen, wenn man sie um ein Foto bittet. Besonders Kinder drängen sich oft vor die Kamera. Bei vielen Ureinwohnern, denen angesichts der Touristen bewußt ist, wie ärmlich sie leben und gekleidet sind, sollte man zurückhaltend sein. Nicht selten verlangen Einheimische, die für einen besonderen Anlaß traditionelle Trachten tragen, Geld für das Posieren – sie wissen, daß viele Fotografen ihre Fotos weiterverkaufen, und wollen daran teilhaben.

An Flughäfen, Grenzen und Militäranlagen sollte man das Fotografier- und Filmverbot unbedingt einhalten; in den Nationalparks wird eine geringe Kameragebühr verlangt, deren Quittung gelegentlich kontrolliert wird.

Farbnegativfilme und Batterien sind in Malaysia und Singapur preiswert, Dia- und Schwarzweißfilme, vor allem mit höheren Lichtempfindlichkeiten, nur in den Städten erhältlich. Negativentwicklung und Abzüge gibt es fast überall im Expreß-Service etwas billiger als zu Hause und in der Regel in akzeptabler Qualität. Dia-Entwicklung wird nur in größeren Städten in Fachlabors geleistet.

Bei der Wahl der Filme sollte man bedenken, daß es auch in den Tropen bedeckten Himmel gibt, daß viele gute Motive, besonders Menschen, sich lieber im Schatten als in der hellen Sonne aufhalten und es im Dschungel dunkler ist. Mit einem 200-ASA-Film ist man generell gut beraten, für den Regenwald darf es ruhig 400-ASA sein.

Frauen allein unterwegs

Alleinreisende Frauen sind für Malaien sehr ungewohnt, für eine Malaiin wäre es undenkbar, allein in die Welt zu ziehen. Ein bißchen Aufmerksamkeit muß man also aushalten, meist in Form von »Hello Miss«-Rufen oder »Küßchen-Küßchen«. Allerdings wird man als alleinreisende Frau längst nicht so häufig und aggressiv angemacht wie in einigen europäischen Ländern. Gewaltverbrechen gegen Touristinnen sind sehr selten.

Am besten schreitet man selbstbewußt durch die Welt und beachtet die Vorsichtsregeln, die man auch zu Hause einhalten würde: Nicht allein nachts durch menschenleere Städte gehen, auch nicht an nächtlichen Stränden allein die Sterne bewundern, sich nicht unbekannten männlichen Reisegefährten oder *guides* anschließen und allzu aufreizende Kleidung meiden. Im städtischen Trubel die Taschen festhalten und nicht lose über der Schulter tragen. Ein Hochzeitsbild und ein Ehering können bei Gesprächen manchmal helfen, es bleibt aber bei den Einheimischen das Unverständnis darüber, daß man allein in der Ferne ist, statt sich um Mann und Kinder zu kümmern.

Oben-ohne-Baden ist ein Tabu, genauso wie öffentliche Schmusereien, die im muslimischen Malaysia unter Strafe stehen.

Geld und Banken

Landeswährung in Malaysia ist der Ringgit (RM), der von den Einheimischen verwirrenderweise manchmal auch Dollar (M$) genannt wird. Ein Ringgit besteht aus 100 Sen. Es sind Banknoten zu 100, 50, 10, 5, 2 und 1 RM in Umlauf. Die 500er und 1000er Noten wurden Ende 1998 bis auf weiteres aus dem Verkehr gezogen. Münzen gibt es als 1 RM, 50, 20, 10, 5 und 1 Sen.

Seitdem 1998 Devisenkontrollen eingeführt wurden, ist der Wechselkurs zum US-Dollar bis auf weiteres staatlich festgelegt. Trotzdem gibt es geringfügige Unterschiede, je abgelegener der Ort, desto schlechter der Kurs ist eine Faustregel. Bei den lizensierten Geldwechslern *(Licensed Moneychanger/Pengurup Wang)* wird man in der Regel schneller und unkomplizierter bedient als in den Banken, auch haben die Wechselstuben in der Regel längere Öffnungszeiten, am Kuala Lumpur International Airport sogar 24 Stunden. Banken haben meist von 10 bis 15 Uhr geöffnet, samstags von 9 bis 12, sonntags sind die meisten geschlossen, in den nördlichen Bundesstaaten freitags. In den größeren Städten gibt es in der Regel keine Probleme, mit Euro oder Schweizer Franken Ringgit zu bekommen, in kleineren Orten hingegen schon, und man sollte amerikanische Dollar dabeihaben.

Der Geldwechsel meist gebührenpflichtig, auch für Reiseschecks werden Gebühren erhoben. Euroschecks werden nicht akzeptiert, jedoch sind Kreditkarten weit verbreitet. An ATM (*automatic teller machines* – Geldautomaten) kann man mit der Kreditkarte und Geheimnummer auch Bargeld abheben. Um Überraschungen hinsichtlich Gebühren und Zugangsberechtigung zu vermeiden, informiert man sich am besten zu Hause bei seinem Kreditinstitut über die Bedingungen.

Bevor man in abgelegenere Regionen fährt, sollte man sich mit genügend Bargeld in kleinen Stückelungen eindecken, weil sich dort meist keine Wechselstube mehr findet.

In Singapur gilt der Singapur-Dollar, S$, unterteilt in 100 Cents. Es gibt Banknoten zu 10 000, 1000, 500, 100, 50, 20, 10, 5, 2 und 1 S$, Münzen zu 1 S$, 50, 21, 10, 5 und 1 Cent.

Der Brunei-Dollar ist genauso unterteilt. Singapur- und Brunei-Dollar haben den gleichen Wechselkurs und sind in beiden Ländern als Zahlungsmittel gültig. Devisenbeschränkungen bei der Ein- und Ausreise existieren nicht.

■ Wechselkurs (Stand Juli 2001):

1 Euro = 3,40 Ringgit, 1,56 Singapore/Brunei Dollar (1 Ringgit = 0,30 Euro)
1 sFr = 2,15 Ringgit, 1,03 Singapore/Brunei Dollar (1 Ringgit = 0,46 sFr)

Da die internationalen Wechselkurse ständig Schwankungen unterworfen sind, am besten den aktuellen Kurs im internet unter www.oanda.com abrufen.

Gesundheit

Für die Einreise nach Malaysia und Singapur werden keine Impfungen vorgeschrieben. Wer aus einem bekannten Gelbfieberinfektionsgebiet einreist, muß eine Impfung nachweisen, die nicht älter als zehn Jahre sein darf.

Impfungen

Rechtzeitig vor der Reise; günstigstenfalls zwei Monate vorher, sollte man seinen Impfschutz überprüfen lassen. Ein Tetanusschutz, eine ausreichende Immunisierung gegen Kinderlähmung (Polio) und Hepatitis A sind unbedingt notwendig. Wer in abgelegenere Gegenden reist, sollte auch eine Typhus-, Hepatitis B-, Enzephalitis- und Tuberkulose-Immunisierung in Betracht ziehen.

Malaria und Denguefieber

Beide Krankheiten werden von Mücken übertragen und können schwere Fieberattacken und Schwindel zur Folge haben. Das Risiko, an Malaria zu erkranken, ist in Singapur gering und auch in West-Malaysia sehr unwahrscheinlich. In Ost-Malaysia gibt es noch Malariaherde, ein Malariaschutz ist also angeraten. Da die Resistenz hier nicht so hoch ist wie in afrikanischen Ländern, wird meist das Chloroquin-Präparat Resochin als Prophylaxe empfohlen, häufig in Kombination mit Paludrine. Viele Ärzte verschreiben zusätzlich Lariam, das aber starke Nebenwirkungen mit sich bringt und daher eher als Medikament für den Notfall gilt. Am besten informiert man sich vorher im Gesundheitsamt.

Gegen Dengue-Fieber gibt es noch keine Vorbeugung. Daher sollte man sich vor Stichen schützen, das gilt auch für Malaria. Mückenschutzcremes, -stifte- und -sprays gibt es in Malaysia und Singapur mit dem natürlichen Wirkstoff aus Citronella-Öl. Mücken sind besonders während der Morgen- und Abenddämmerung aktiv, lange Ärmel und Hosen, helle Kleidung und ein Moskitonetz über dem Bett bieten weiteren Schutz. Räucherspiralen *(mosquito coils)* betäuben Mücken nur.

Stiche, Bisse und Sonnenbrände

Eine Creme mit hohem Sonnenschutzfaktor ist unbedingt empfehlenswert. Bei langem Aufenthalt in der Hitze darf man das Trinken (von nicht-alkoholischen Getränken) nicht vergessen, um sich vor Austrocknung zu schützen.

Beim Sonnenbad an den Inselstränden der Ostküste können die winzigen Sandfliegen zur Plage werden, eine Sonnenmilch mit Insektenschutz hilft. Grundsätzlich sollte man alle Kratzer und Stiche vor Infektionen schützen, desinfizieren und bepflastern. Auch aufgekratzte Stiche können sich im tropischen Klima schnell zu einer Infektion entwickeln.

Magenprobleme und Hygiene

Bei ungewohnter, scharfer Kost können Magenprobleme schnell auftreten, von leichten Verstimmungen bis zu ernsthaften, mehrere Tage dauernden Durchfällen. In leichten Fällen hilft es meist, zu ruhen und viel Flüssigkeit und Salze zu sich zu nehmen, eine beliebte und wirksame Diät sind Cola und Salzgebäck (keine fritierten Chips!).

Beim Essen sollte man die Regel »Schäl es, koch es, oder vergiß es« beherzigen und nicht in allzu abenteuerlichen Etablissements essen. Leitungswasser ist in Malaysia und Singapur meist so stark gechlort, daß es aus hygienischer Sicht unbedenklich ist, aber nicht sehr gut schmeckt. Man kann auf Mineralwasser ausweichen, das in versiegelten Flaschen abgefüllt ist. In ländlichen Gebieten kann man das Wasser mit speziellen Tabletten sterilisieren oder es mindestens fünf Minuten sprudelnd kochen lassen. Eiswürfel stammen meist, aber nicht immer aus hygienisch einwandfreier Fabrikproduktion, sie werden in Plastiktütchen angeliefert.

Internet-Adressen

Tourismus-Organisationen

www.tourism.gov.my
Die offizielle Homepage der staatlichen Tourismus Organisation Tourism Malaysia

www.sabahtourism.com
Die Sabah Tourism Promotion Corporation hält umfangreiche Informationen zu den Nationalparks, einen Veranstaltungskalender und Links zu Reiseveranstaltern bereit.

www.sarawaktourism.com
Die Homepage des Sarawak Tourism Board mit vielen Informationen zu den Nationalparks, Langhäusern und Links zur Reiseveranstaltern

www.sarawakmice.com
Informative Seite mit vielen Links zu Reiseveranstaltern und Hotels in Sarawak

www.newasia-singapore.com
Homepage des Singapore Tourism Board, Veranstaltungskalender, Links und Adressen von Hotels, komplexe Graphik, daher langsam

Transport

www.ktmb.com.my
Homepage der west-malaysischen Eisenbahnen mit Fahrplänen, Preisangaben und einem elektronischen Reservierungsservice

www.malaysiaairlines.com.my
Flugpläne und gute Pauschalurlaubsangebote der malaysischen Fluglinie

Vermischtes

www.visionkl.com
Aktuelle *site* mit Ausgehtips und aktuellen Veranstaltungshinweisen für Kuala Lumpur

www.singaporeeverything.com
Veranstaltungstips, *hot spots* und Adressen von Theatern, Restaurants und Bars in Singapur

www.thestar.com.my
Internet-Version von »The Star«, der populärsten englischsprachigen Tageszeitung von Malaysia mit vielen Links

www.oanda.com/converter/classic
Währungsumrechnungsservice mit tagesaktuellen und historischen Wechselkursen für fast alle Länder der Welt

www.wwfmalaysia.org
Website des World Wildlife Fund Malaysia

www.penang.insights.com.my
Viele Artikel und Hintergrundinformationen zur Geschichte von Penang

Karten

Die Auswahl der in Europa erhältlichen Karten über Malaysia und Singapur ist nicht besonders groß. Die »Globetrotter Travel Map Malaysia« aus dem New Holland Verlag bildet West- und Ost-Malaysia ab, allerdings in einem recht kleinen Maßstab von 1:1000000.

In Buchläden in Malaysia sind Karten des Periplus-Verlags erhältlich, es gibt mehrere Regionalkarten und Stadtpläne in übersichtlichen Maßstäben, mit mehrsprachigen Legenden und guten topographischen Kennzeichnungen. Die Touristeninformationen geben Karten kostenlos heraus.

Die Autobahngesellschaft PLUS hat eine gute »Roadmap of Peninsula Malaysia« publiziert, die staatliche Ölgesellschaft Petronas hat ein »Heritage Mapbook of Peninsular Malaysia« herausgegeben, in dem die Routen gut beschrieben werden. Beide Ausgaben gibt es nur in englischer Sprache.

Kinder

Kinder sind kleine Könige in ganz Südostasien, und man steigt im Ansehen der Einheimischen erheblich, wenn man kinderfreundlich ist oder seine eigenen Sprößlinge mitbringt. Extrabetten, Kinderstühle und Spielzeug sind nahezu überall vorhanden, wenn nicht, ist es den Einheimischen ein Vergnügen zu improvisieren, um es den geliebten Kleinen so angenehm wie möglich zu machen. Größere Hotels haben meist einen Kinderpool, und die flachen Inselstrände sind ohnehin ein hervorragendes Planschbecken. Windeln und Babynahrung sind in den Supermärkten und Touristenzentren erhältlich. Malaysia Airlines gewährt auf Inlandsflügen je nach Alter Kinderrabatte, außerdem gibt es günstige Familientarife. Das Reisen mit Kindern in West-Malaysia ist aufgrund der guten Versorgung und Infrastruktur unproblematisch, in Ost-Malaysia größtenteils auch. Für kleinere Kinder sind längere Bootstouren durch Stromschnellen, Dschungeltreks und schaukelige Busfahrten eine Strapaze.

Bevor man mit Kindern in die Tropen aufbricht, sollte man wissen, wie sie auf die schwüle Hitze reagieren und ob die Kleinen bereit sind, unbekannte Kost zu probieren. Auch Kleinkinder benötigen für die Einreise einen eigenen Reisepaß oder müssen in den Paß eines Elternteils eingetragen werden, ein Kinderausweis genügt nicht.

Kriminalität

Diese Region ist eine der sichersten in Südostasien. Trotzdem sollte man nicht naiv durch die Gegend reisen. Mit Beginn der asiatischen Wirtschaftskrise haben auch die Handtaschendiebstähle in den größeren Städten zugenommen, besonders in Kuala Lumpur. Taschendiebe lauern auch an allen Orten mit Menschenansammlungen, auf Märkten, Bahnhöfen und Flughäfen. Taschen und Rucksäcke nie lose über der Schulter baumeln lassen und in den Bussen das sichere Verstauen des Reisegepäcks überwachen, gegebenenfalls anschließen. In den Zentren des Rucksacktourismus Penang, Perhentian und Tioman kommt es leider immer häufiger zu Einbrüchen in die Strandhütten und auch hin und wieder zu Belästigungen von Frauen. Die harmonische Urlaubsstimmung unter Palmen und der relaxte malaysische Lebensstil täuschen paradiesische Zustände nur vor, wie im Rest der Welt sind die üblichen Vorsichtsmaßnahmen gefordert.

In preiswerten Unterkünften sind Schloß und Riegel nicht immer ein ausreichender Schutz vor Dieben, deshalb sollte man niemals Geld, Schecks, Paß und Tickets im Zimmer lassen, was übrigens auch für die teureren Hotels gilt, die meistens einen Safe im Zimmer oder an der Rezeption zur Verfügung stellen. Wenn trotz aller Vorsichtsmaßnahmen doch einmal etwas gestohlen wird oder abhanden kommt, ist es hilfreich, wenn man von allen wichtigen Dokumenten Kopien bei sich hat.

Vor Betrügern ist man auch beim Einkaufen nie ganz sicher, beim Kauf einer gefälschten Edeluhr in Chinatown sind sich meist beide Seiten über den Echtheitsgrad im klaren, bei Edelsteinen oder Schmuck ist etwas mehr Skepsis angebracht. Auch sollte man sich niemals mit unlizensierten *guides* auf Touren in abgelegene Gebiete begeben.

Lesetips

Dank der ehemaligen Zugehörigkeit zum britischen Kolonialreich ist über Malaysia und Singapur reichlich englischsprachige Literatur erschienen. In der populären Reihe »Oxford in Asia-Paperbacks« erscheinen Reprints von historischen Reiseberichten und kulturgeschichtliche Werke. Die allermeisten Titel sind in den gutsortierten Buchhandlungen der malaysischen Großstädte und in Singapur zu bekommen. In deutscher Sprache sind neben den bekanntesten Werken von Joseph Conrad und Somerset Maugham nur vereinzelt Reiseberichte oder Werke von einheimischen Schriftstellern erschienen.

■ Romane und Erzählungen

Burgess, Anthony: The Malayan Trilogy, Minerva Verlag. Story über einen Schulbeamten während der ausgehenden Kolonialzeit – mit autobiographischen Zügen

Conrad, Joseph: Almayers Luftschloß, Haffmanns Verlag. Ein Europäer um die

Wende zum 20. Jh. in Borneo, gepeinigt vom tropischen Klima und seiner Ohnmacht an diesem entlegenen Winkel der Welt

Conrad, Joseph: Lord Jim, Diogenes Taschenbuch. Die Erzählung eines englischen Schiffsjungen, der in den Gewässern von Malaya alptraumartige Geschichten erlebt; Klassiker

Maugham, W. Somerset: Vor der Party, Diogenes Taschenbuch. Sammlung der bekanntesten Kurzgeschichten von Maugham, die im Kuala Lumpur und Singapur zu Beginn des 20. Jh. spielen

Rajendra, Cecil: Zerbrochene Träume, Horlemann Verlag. Kritische Gedichte zu Gesellschaft, Umwelt und Politik von einem der engagiertesten malaysischen Dichter der Gegenwart

Said, A. Samad: Feuer über dem Fluß, Horlemann Verlag. Erzählung über das Schicksal einer Dorfgemeinde zur Zeit der japanischen Besatzung 1941

Theroux, Paul: Saint Jack, Penguin Verlag. Roman aus dem Rotlichtmilieu von Singapur

Theroux, Paul: The Consul's File, Penguin Verlag. Geschichte eines amerikanischen Gesandten in Johor

Biographien und Autobiographien

Barley, Nigel: Der Löwe von Singapur, Klett-Cotta. Witzig erzählte Biographie von Sir Stamford Raffles

Brooke, Margaret: My Life in Sarawak, Oxford Paperbacks. Die Frau des zweiten Weißen Raja von Sarawak berichtet aus ihrem teils aufregenden, teils traurigen Leben in Sarawak

Brooke, Lady Sylvia: Queen of the Headhunters, Oxford Paperbacks. Auch die Frau des dritten Weißen Raja, Vyner Brooke, erlebt in Sarawak aufregende Zeiten und weiß spannend davon zu erzählen.

Manser, Bruno: Voices from the Rainforest. In Malaysia eigentlich nur unter dem Ladentisch zu haben; der Schweizer Regenwald-Aktivist erzählt von seinem Leben mit den Penan in Sarawak während der 80er Jahre des 20. Jh.

Reiseberichte

Gullick, J. M. (Hg.): They Came to Malaya, Oxford Paperbacks. Anthologie von historischen Reiseberichten

Hansen, Eric: Stranger in the Forest, On Foot Across Borneo.

Harrisson, Tom: Borneo Jungle, Oxford Paperbacks. Berichtsammlung der Teilnehmer einer Expedition der Universität von Oxford 1932

Hose, Charles: The Field Book of a Jungle-Wallah, Oxford Paperbacks. Hose war einer der meistgeschätzten Beamten unter dem Zweiten Raja von Sarawak, Charles Brooke. Seine unbeschreibliche Leibesfülle machte ihm das Leben in den Tropen nicht leichter, seinen Humor hat er deswegen nicht verloren.

King, Victor T.: The Best of Borneo Travel, Oxford Paperbacks. Sammlung von Reise-Erzählungen aus Borneo vom 16. bis zum ausgehenden 20. Jh.

Linklater, Andro: Wild unter Wilden, Rowohlt Taschenbuch. Ein beschwingter Bericht über Anspruch und Scheitern einer journalistischen Expedition zu den letzten Wilden dieser Erde – die Iban von Sarawak entpuppen sich als zivilisierter als das Presseteam.

O'Hanlon, Redmond: Ins Innere von Borneo, dtv. Die Suche nach den letzten Nashörnern in Borneo – die nicht gefunden werden, dafür reiche Schätze an Abenteuern und britischem Humor.

Gesellschaft und Politik

Freeman, Derek: The Iban of Borneo. Kulturgeschichte der größten Volksgruppe in Sarawak

Harrison, Tom: World Within, Oxford Paperbacks. Ein persönlicher Bericht über die japanische Besatzung von Sabah und Sarawak und die Organisation des Widerstands

Mahathir, Mohamad: The Malay Dilemma, Times Editions. Das 1970 erschienene, umstrittene und teilweise sogar verbotene Grundsatzwerk des langjährigen malaysischen Premiers, in der er seine Ansichten über die Benachteiligung und Förderungsmöglichkeiten der Malaien darlegt

Munan, Heidi: Culture Shock Malaysia & Culture Shock Borneo, Times Editions. Sehr angenehm zu lesende Einführungen in die sozialen Eigenheiten dieser beiden Kulturen und Gesellschaften von einer Schweizerin, die seit Jahrzehnten im Lande lebt und mit einem Einheimischen verheiratet ist.

Kunst, Kultur und Sprache

Yeang, Ken: The Architecture of Malaysia, Pepin Press. Der opulente Bildband mit zahlreichen Fotos erzählt die Architekturgeschichte von den Anfängen in Melaka bis zum Bauboom im Kuala Lumpur der 80er Jahre des 20. Jh. Leider seit 1992 nicht ergänzt.

Natur

Homann, Claudia und Eberhard: Malaysia – Reiseführer Natur, BLV Verlag. Sehr detaillierte Beschreibung der Flora und Fauna und der Natur- und Nationalparks, mit Natur-Wörterbuch Deutsch-Englisch

Jackson, Jack: Tauchen und Reisen Malaysia und Singapur, Delius und Klasing. Beschreibt nahezu vollständig die Dive-Sites und Tauchbedingungen in den malaysischen Gewässern

Wallace, Alfred Russell: The Malay Archipelago, Oxford Paperbacks. Der dickleibige Klassiker unter der wissenschaftlichen Literatur über Flora und Fauna in Malaysia und Indonesien, aus viktorianischer Zeit!

Maße und Gewichte

Bis vor kurzem galten in Malaysia und Singapur noch die englischen Maße *inches, feet* und *miles,* Gewichte wurden in *ounces* und *pounds* angegeben. Seit einigen Jahren wird aber offiziell das metrische System benutzt, alle Entfernungen werden in Metern bzw. Kilometern angegeben, bei Temperaturen in Grad Celsius. In kleinen Läden, auf dem Lande und bei so manchem Schneider wird allerdings noch in *inches* und *pounds* gemessen und gewogen.

1 cm – 0,39 inches, 1 inch – 2,54 cm
1 m – 3,28 feet, 1 foot – 30,48 cm
1 Kilogramm – 2,2 pounds,
1 pound – 0,45 Kilogramm

Medien

Englischsprachige Tageszeitungen in Malaysia sind die »The Straits Times« mit einem eher seriösen Erscheinungsbild und die Boulevardblätter »Star«, »Sun« und »Malay Mail«. Daneben gibt es malaysische, chinesische und tamilische Tageszeitungen. In Sabah und Sarawak erscheinen die »Borneo Post« und der »Sarawak Tribune« auf Englisch. In Singapur erscheint die »Straits Times«. Die wöchentlichen Veranstaltungsblätter »Time Out« und »Day & Night« bringen viele PR-Artikel, aber auch informative Veranstaltungstips für Malaysia abseits der Touristenszene. »Journal One« und die journalistisch ehrgeizige »Men's Review« berichten über malaysischen Lifestyle.

Malaysia hat zwei staatliche Fernsehsender, RTM 1 und 2, sowie drei private Sender, TV 3, Metrovision und TV 7, die selten anspruchsvolle Unterhaltung und Information senden, aber viel leichte Kost. Über Satellit strahlt Astro den amerikanischen Nachrichtenkanal CNN, Discovery Channel und einige Film-Kanäle aus. In Singapur gibt es über zehn Sender, die auch in den drei Landessprachen senden, auf Kanal 5 und 12 werden relativ seriöse englischsprachige Programme ausgestrahlt.

Die Medien in Malaysia, Singapur und Brunei unterliegen einer Selbstzensur, die besonders in Krisenzeiten eine objektive Berichterstattung unmöglich macht. Zeitungen und Journalisten, welche die Regierung offen kritisierten, wurden in der Vergangenheit auch schon aus dem Verkehr gezogen, wie vor einigen Jahren der malaysische »Star«. Man übt sich in allen in Malaysia und Singapur erscheinenden Medien in der Kunst des ›zwischen den Zeilen‹-Schreibens und Lesens.

Objektivere Berichterstattung über politische und wirtschaftliche Themen publizieren die wöchentlich erscheinenden Magazine »Asiaweek«, »Far Eastern Economic Review« und die Tageszeitung »Asian Wall Street Journal«.

Deutschsprachige Tageszeitungen sind nur in den größeren Städten mit zwei Tagen Verzögerung und für einen hohen Preis zu bekommen. Wer nach längerer Reise dringend Heimatkontakt braucht, kann es in einem der immer zahlreicher werdenden Internetcafés mit www.tagesschau.de versuchen!

Notfälle

Notruftelefon

In Malaysia	Tel. 999
In Singapur	Tel. 995
In Brunei	Tel. 222 333

In Singapur gibt es ein sog. **Touristentelefon,** das Ihnen rund um die Uhr weiterhilft: Tel. 180 07 38 37 78

Öffentliche Verkehrsmittel

Die öffentlichen Transportsysteme von West- und Ost-Malaysia sowie von Singapur sind sehr gut ausgebaut, verläßlich und preiswert. In Ost-Malaysia fehlen zwar die großen Schnellstraßen, dafür werden die Flüsse als Transportwege genutzt, und es gibt einen Flugservice zu günstigen Preisen in abgelegene Gebiete.

■ Flugzeug

Der Changi-Airport in Singapur und der 1998 eröffnete Kuala Lumpur International Airport sind die Hauptknotenpunkte für den internationalen Luftverkehr. Nationale Flüge in Malaysia sind relativ günstig, von Kuala Lumpur nach Penang zahlt man etwa 120 RM für die einfache Strecke. Flüge zwischen West- und Ost-Malaysia werden sowohl von der staatlichen Gesellschaft MAS als auch von Air Asia angeboten, deren Tickets bestimmten Einschränkungen unterliegen, aber auch günstiger als MAS sind. Für Gruppen ab drei Personen und bestimmte Routenkombinationen gibt es bei MAS Ermäßigungen.

Inlandsflüge gehen sowohl vom Kuala Lumpur International Airport als auch vom alten Flughafen in Subang ab. Wer keine internationalen Anschlüsse zu beachten hat, fliegt von Subang sehr bequem, der Flughafen ist übersichtlich und näher an der Innenstadt von Kuala Lumpur. Wer von Singapur inner-malaysische Ziele anfliegen möchte, sollte in Erwägung ziehen, vom benachbarten Johor Bahru zu fliegen, dort gelten die Tarife der Malaysian Airlines, die oft bis zu 50 % günstiger sind als die Tickets in Singapur. Es verkehrt ein regelmäßiger Airport Shuttle-Bus zwischen Singapur-City und dem malaysischen Johor Bahru.

■ Bus

Das Busnetz ist sowohl auf der Halbinsel als auch in Sabah und Sarawak gut ausgebaut. Längere Strecken werden meist über Nacht gefahren. Die Langstreckenbusse sind klimatisiert, es gibt unterschiedliche Ausstattungsklassen, die vor allem den Sitzkomfort betreffen. Video- und Karaoke-Ausrüstung sind das gewisse Extra. Tickets kauft man am besten an den Busstationen, dort kann man auch einen Blick auf den Zustand der Busse werfen. Vor Feiertagen, langen Wochenenden und auf den Hauptrouten Penang–Kuala Lumpur–Singapur sollte man frühzeitig reservieren.

■ Eisenbahn

Verglichen mit dem Bussystem ist das Bahnnetz in Malaysia ziemlich beschränkt, nicht immer verläßlich und recht langsam. Zum Ausgleich führen die drei Bahnlinien des Landes durch schöne Landschaften, manchmal sogar durch den Dschungel. Aktueller Fahrplan: www.ktmb.com.my.

Die Hauptroute ist die Westküstenlinie, die von Singapur über Tumpat (für Melaka), über Kuala Lumpur, Tapah Road (für die Cameron Highlands), Ipoh und Butterworth (für Penang) bis zur thailändischen Grenze führt. Täglich geht ein Zug bis Bangkok.

Die zweite Linie der Halbinsel führt von Singapur über Gemas, Jerantut (für Taman

Negara), Kuala Lipis (für den Kenong Rimba Park), Gua Musang bis Whakaf Bahru, dem Bahnhof von Kota Bahru.

Die einzige Linie in Ost-Malaysia ist die nur knapp 100 km lange Strecke von Kota Kinabalu entlang der Küste bis nach Beaufort und von dort in das Landesinnere nach Tenom. Immerhin braucht die Dampflok fünf Stunden, die Strecke von Beaufort nach Tenom ist besonders schön. Der komfortabelste aller Züge ist der Eastern & Oriental Express, der Mi, Fr und So von Singapur Richtung Bangkok startet und in Kuala Lumpur und Butterworth hält. Die Reise ist kein billiges Vergnügen, für die zwei Tage und Nächte von Singapur bis Bangkok muß man je nach Abteilklasse mindestens 1000 € pro Person zahlen.

Überlandtaxis

Eine bequeme Alternative zu Bussen und Mietwagen sind die *Long-Distance*-Taxis, die an allen größeren Orten in West-Malaysia zur Verfügung stehen, meist ist die Taxistation gleich neben der Busstation. Die Preise gelten pro Wagen und werden von den lokalen Taxi-Organisationen festgelegt, sie sind auf Anschlagtafeln abzulesen, die Gefahr zu viel zu bezahlen ist also gering. In den Taxis haben bis zu vier Personen Platz, der Preis wird unter den Mitfahrern aufgeteilt, man kann das Taxi aber auch allein mieten, wenn man bereit ist, den vollen Preis zu zahlen.

Schiffe

Zwischen den Inseln vor der Küste von West-Malaysia bestehen regelmäßige Fährverbindungen. Ausnahme sind die Resort-Insel Pangkor Laut und einige kleinere Inseln vor der Ostküste, für die man den Bootstransfer mit der Unterkunft bucht. Nicht alle Inseln haben eine Bootsanlegestelle, so daß man beim Ein- und Aussteigen schon mal nasse Füße bekommt. Während der Monsunzeit von November bis Januar verkehren die kleineren Boote nicht.

Von Melaka kann man nach Medan auf Sumatra übersetzen, einen Fährservice von West-Malaysia nach Sabah oder Sarawak gibt es leider nicht.

Von Kuching entlang der Küste bis nach Sibu und von dort über den Rejang-Fluß in das Landesinnere verkehren täglich mehrere Expreßboote, genauso wie auf dem Baram-Fluß bis Marudi. Im Landesinnern an den Oberläufen der Flüsse geht es mit Langbooten weiter. Bei hohem Wasserstand können diese Gefährte hohe Geschwindigkeiten erreichen, was angesichts etlicher Stromschnellen nicht ungefährlich ist. Auch gute Schwimmer sollten die Schwimmweste tragen, welche die lizensierten Veranstalter zur Verfügung stellen; Gepäck vor Spritzwasser schützen. Bei niedrigem Wasserstand muß man darauf vorbereitet sein, auszusteigen und das Boot über die Untiefen anzuschieben.

Stadtverkehr

Rikschas sind selten geworden, nur noch in Penang, Kota Bahru und Melaka sieht man sie häufiger. Ein Musterbeispiel an Effizienz ist die U-Bahn oder *Mass Rapid Transit* (MRT) in Singapur. Ihr Gegenstück in Kuala Lumpur, die Hochbahn *Light Rail Train* (LRT), befindet sich noch in einem frühen Ausbaustadium. Die Stadtbusse in Singapur sind preiswert, und das Netz ist leicht zu begreifen, was man von den malaysischen Strecken nicht immer behaupten kann.

Einfacher erreicht man sein Ziel mit einem der vielen Taxis, die besonders in Kuala Lumpur sehr günstig sind, eine Stadtfahrt kostet selten mehr als 3 €, in Singapur ist es etwa 20 % teurer.

Öffnungszeiten

Feste Öffnungszeiten gibt es in Malaysia, Singapur und Brunei nicht.
Banken haben meist von 9 bis 16 Uhr geöffnet und sonntags geschlossen, in den nördlichen Bundesstaaten von West-Malaysia ist Freitag der Ruhetag. Die **Wechselstuben** an den internationalen Flughäfen haben längere Öffnungszeiten, manche sogar durchgehend.
Behörden öffnen schon um 8 und schließen gegen 16 Uhr, die meisten haben eine mindestens einstündige Mittagspause, die

in Malaysia freitags durch das Gebet in der Moschee bis zu drei Stunden betragen kann.

Einzelhandelsgeschäfte sind oft mittags geschlossen, haben aber dafür abends bis etwa 21 Uhr geöffnet. Die Einkaufszentren öffnen selten früher als 10 Uhr, schließen gegen 20 Uhr und sind samstags und sonntags geöffnet.

Die **Märkte** beginnen frühmorgens und werden meist schon gegen Mittag wieder abgebaut, bevor die Lebensmittel in der Hitze verderben.

Post

Luftpostbriefe und Karten nach Europa sind von den Großstädten oft nur wenige Tage unterwegs. Briefmarken gibt es bei der *Pos Malaysia,* erkennbar an der rotblauen Markierung an den Gebäuden.

Pakete kann man in jedem Postamt aufgeben, per Luftpost sind sie teurer, aber mit Durchschnittszeiten von zwei Wochen schneller als auf dem Seeweg, für den zwei Monate veranschlagt werden sollten.

In Singapur und jeder größeren Stadt in Malaysia kann man sich postlagernde Briefe zum Hauptpostamt *(General Post Office/GPO)* schicken lassen und gegen Vorlage des Reisepasses abholen. Als Adresse gibt man an: Name der Person (den Namen, nach dem sortiert und gesucht werden soll, unterstreichen); Poste Restante; GPO und die jeweilige Stadt.

Singapore GPO
Robinson Rd., zwischen der Mc Callum St. und der Maxwell Rd.,
Mo–Fr 8–18, Sa 8–2 Uhr

Kuala Lumpur GPO
Jalan Raya, im weißen Dayabumi Complex, Mo–Fr 8–16, Sa 8–14 Uhr

Preisniveau

Malaysia ist ein günstiges Reiseland, wenn auch die Preise hier generell etwas höher liegen als in anderen Ländern Südostasiens wie z. B. Indonesien oder Vietnam. Einfache *guesthouses* kosten etwa 40 RM pro Nacht, Mittelklassehotels mit annehmbarer Ausstattung sind für etwa 100 RM pro Zimmer und Nacht zu haben, Luxushotels dürfen in Malaysia nur in der Landeswährung Ringgit berechnen und nicht wie z. B. in Thailand in teuren US-Dollar.

Die Verpflegungskosten sind minimal, wenn man wie die Einheimischen für 5–10 RM an den mobilen *food stalls* oder in einfachen *coffee shops* ißt, auch gute Restaurants kosten wesentlich weniger als in Deutschland und Europa.

Die Transportkosten sind gering, selbst für lange Busfahrten vom südlichen Ende des Landes in den Norden zahlt man selten mehr als 30 RM. Eine Zugfahrt 1. Klasse von Kuala Lumpur nach Butterworth (Penang) oder Kota Bahru kostet etwa 70 RM. Auch Inlandsflüge sind erschwinglich, von Kuala Lumpur nach Penang bezahlt man zur Zeit etwa 150 RM, von KL nach Kuching etwa 230 RM und nach Kota Kinabalu 380 RM. Organisierte Touren in Sarawak und Sabah sind nicht ganz so billig, wer ein paar Nächte durch den Dschungel trekken und in Langhäusern übernachten will, sollte mit mindestens 350 RM für eine 2-Tages/1-Nachttour rechnen, längere Touren in entlegenere Langhäuser werden teurer.

Wer zum Einkaufen nach Malaysia fährt, kann hier gut sparen. Kameras, Uhren, Kosmetika und viele elektronische Geräte sind steuerfrei. Für den skrupellosen *shopper* gibt es kopierte Computersoftware, Designer-Uhren und Handtaschen zum Spottpreis. Wer die richtige Kleidergröße hat (38 oder kleiner für Frauen und 48 und drunter für Männer, Schuhe nicht größer als 39 bzw. 42) kann besonders in Kuala Lumpurs Boutiquen und Kaufhäusern richtig schicke Mode zum günstigen Preis kaufen.

Wer sein eigenes Mobiltelefon mitbringt, kauft in Malaysia am besten eine *pre-paid*-Karte der verschiedenen Mobilfunkgesellschaften. Damit bekommt man relativ unkompliziert eine eigene malaysische Rufnummer und kann innerhalb Malaysias zu den billigen malaysischen

Mobilfunk-Tarifen anrufen. Auch von zu Hause kann man sich unter dieser Nummer anrufen lassen und natürlich auch nach zu Hause anrufen, wesentlich günstiger als die Roaming-Tarife der deutschen Mobilfunknetze. Leider funktionieren diese Karten nur in Malaysia!

Reisekleidung

»Sowenig wie möglich und davon die Hälfte« sollte das Motto für den Tropenreisenden sein. Für einen Bade-Urlaub braucht man leichte Sommergarderobe aus atmungsaktiven Materialien, einen Badeanzug und bequeme, leichte Schuhe. Freizügige oder körperbetonte Kleidung sollte man in den Städten besonders der nördlichen Bundesstaaten Kelantan und Terengganu aus Rücksicht auf die lokalen Traditionen nicht tragen, Moscheen dürfen Männer wie Frauen nur mit langen Beinkleidern und bedeckten Schultern betreten. Wer im Lande herumreist, wird für eine dünne Jacke oder einen leichten Wollpullover dankbar sein, der in den klimatisierten Bussen und Flughäfen sowie in den höheren Lagen wie den Cameron Highlands gute Dienste tut.

Für Touren im Dschungel oder auf die Berge ist eine umfangreichere Ausrüstung vonnöten (vgl. S. 349). Fast alle Hotels bieten einen *laundry service (dobi)* an, der innerhalb eines Tages für wenig Geld Wäsche wäscht.

Reisezeit

Es gibt keine Jahreszeiten im Sinne der gemäßigten Klimate, die Temperaturen sind das ganze Jahr über gleich warm, meist so um die 30 °C, im Hochland etwas kühler. Die Luftfeuchtigkeit ist ebenfalls konstant hoch: zwischen 70 und 98 %. Die durchschnittliche jährliche Niederschlagsmenge beträgt 2540 mm, im Hochland oft über 5000 mm. In den Cameron Highlands, in den höher gelegenen Regionen von Sarawak und am Gunung Kinabalu in Sabah kann es besonders nachts recht kalt werden, ein Wollpullover ist angebracht. Auf dem Gipfel des Berges bläst ein kalter Wind um 0 °C, Handschuhe, Schal und Mütze machen das Warten auf den Sonnenaufgang angenehmer.

Die meisten Niederschläge fallen während der jährlichen Regenzeit: Die Halbinsel Malaysia liegt von November bis Januar/Februar im Einflußbereich des regenreichen Nordost-Monsuns. Dann kommt es vor allem an der Ostküste zu Regenstürmen, manchmal auch zu Überschwemmungen. Die See ist rauh und die Schiffspassage zu vorgelagerten Inseln unmöglich. Tauchen und Schnorcheln sind in der aufgewühlten See auch kein Vergnügen, und die Sicht ist schlecht. Manche Hotels an der Küste und auf den Inseln haben während der heftigsten Zeit geschlossen.

Auch in Sarawak und im Norden von Sabah regnet es um den Jahreswechsel mehr als sonst. Im Landesinnern bekommt man den Monsun auch noch zu spüren, die Flüsse sind oft reißend und gar nicht ungefährlich. Wanderungen im Dschungel sind dann ein schlammiges Vergnügen, die lästigen, wenngleich harmlosen Blutegel mögen die Feuchtigkeit hingegen sehr und sind in der Regenzeit besonders aktiv.

Angenehmeres Reisewetter bringt der trockene Südwest-Monsun, der Malaysia in den Monaten April bis September/Oktober streift. In dieser Zeit fallen in allen Landesteilen die wenigsten Niederschläge. Zwischen den beiden Monsunen, meist im März und Oktober, wechseln heiße und trockene Perioden mit gelegentlichen Gewitterstürmen ab. Wenn es länger nicht geregnet hat, kann es allerdings vorkommen, daß die Flüsse so wenig Wasser führen, daß man, statt im Boot gefahren zu werden, dasselbe über die Untiefen schieben muß.

Einen völlig verregneten Urlaub wird man in Malaysia ebenso selten erleben wie einen längeren Aufenthalt ohne einen tropischen Regenguß. Der Himmel über Malaysia ist immer in Bewegung. Innerhalb kürzester Zeit können dunkle Gewitterwolken aufziehen, die sich kurz und heftig abregnen. Nach wenigen Minuten scheint dann wieder die Sonne vom strahlendblauen Himmel herab.

Sport

Schnorcheln

Vor den Koralleninseln an der Ostküste von West-Malaysia gibt es viele Riffe, in denen Korallen, bunte Fische und See-Anemonen leben. Mit Glück sieht man kleine Riffhaie oder eine Meeresschildkröte. Manche Veranstalter bieten Bootsausflüge zu Schnorchelorten abseits der Strände an. Schnorchel und Maske kann man in den Unterkünften gegen eine Gebühr ausleihen. Die ohnehin starke Tropensonne wird durch das Wasser wie durch ein Brennglas verstärkt, am besten mit T-Shirt schnorcheln und die Rückseite der Beine mit wasserfester Schutzlotion einreiben.

Tauchen

Wer tiefer hinab will, kann praktisch in jedem Badeort von Malaysia tauchen. Besonders schöne Tauchgründe mit sehr guten Sichtverhältnissen befinden sich an der Ostküste der Halbinsel, mit Ausnahme der Monsunzeiten von Oktober bis Februar. Sogar vor der Küste von Sarawak bieten einige Veranstalter Tauchausflüge an, und die Insel Sipadan im Südosten von Sabah gilt unter Tauchern als Tip. Flaschen, Tarierwesten, Anzüge und Masken können ausgeliehen werden, außerdem werden lizensierte Tauchkurse angeboten. Der Grundkurs für den »Open Water Diver«-Schein ist ab 100 € zu haben, wobei auch hier die Regel gilt, daß Preisbrecher irgendwo sparen müssen, im schlimmsten Fall an der Sicherheit.

Windsurfen und anderer Wassersport

In der Bucht von Cherating finden auch Anfänger gute Bedingungen, Bretter werden für etwa 15 RM/Std. verliehen. Auch die großen Hotels auf Tioman, das Island Resort auf Perhentian und die größeren Hotels am Ostküstenabschnitt von Kuantan nach Marang verleihen Bretter. Das Wassersportzentrum von Malaysia ist Batu Ferringhi auf Penang, allerdings wird hier der lärmenden Variante gefrönt. Den ganzen Tag lang sind Jetskis und Schnellboote mit Wasserskiläufern und Parasailern unterwegs.

Golf

Obwohl sie sich normalerweise lieber im Schatten und in klimatisierten Räumen aufhalten, sind die Malaysier und Singapurer begeisterte Golfspieler. Das haben sie vermutlich den Engländern zu verdanken, die Anfang des 20. Jh. den ersten Golfplatz in Fraser's Hill anlegen ließen. Mittlerweile muß die Zahl der Golfplätze in die Hunderte gehen.

Auf Langkawi können Hotelgäste der Fünf-Sterne-Häuser The Datai und The Andaman im Schatten von Urwaldriesen putten, genauso wie auf dem Platz des Tasik Kenyir Golf Resort in Terengganu, der auf einer der vielen Inseln inmitten des Kenyir-Stausees liegt. Unter ökologischen Gesichtspunkten betrachtet, ist der Unterhalt der Golfplätze auf den Koralleninseln Tioman und Redang fragwürdig, denn für die Pflege des *green* sind chemische Mittel vonnöten, die über das Grund- und Regenwasser in das Meer und damit in die Riffe gelangen.

Strände

Fast die gesamte Ostküste der malaysischen Halbinsel ist von breiten Sandstränden gesäumt, über die sich Kokospalmen neigen. Vor der Küste liegen kleine Koralleninseln mit weißen Puderzuckerstränden und türkisblauem, klaren Wasser. Die Westküste der Halbinsel an der Seestraße von Melaka ist nicht überall zum Baden geeignet, das Meer und die Strände sind teilweise durch Industrie verschmutzt. Auch auf der Insel Penang ist die Wasserqualität eher dürftig, besser ist es weiter nördlich auf der Insel Langkawi.

Die Ostküste ist nur in einigen Teilen touristisch erschlossen, im Abschnitt von Kuantan bis Kuala Terengganu gibt es die meisten Unterkünfte, darunter viele Familienhotels, auch mondäne Resorts mit wunderbaren Gartenanlagen, Golfplatz und anderen Annehmlichkeiten. Das Dorf Cherating entwickelte sich vom einstigen Hippie-Treff zum Bade-Ort mit Chalets, Strandbars und einem Kulturzentrum. Ganz in der Nähe liegt der Club Méditerrané, eine originelle Anlage im malaysischen Stil an einem schönen Strandstück.

Alle Inseln sind mit Booten erreichbar. Nur Tioman hat einen kleinen Flughafen. Auf Tioman und Redang gibt es auch Hotels mit internationalem Standard, dem unvermeidlichen Golfplatz und natürlich Strom und Süßwasser. Überwiegend sind es aber mehr oder weniger einfache Bungalow- oder Hüttenanlagen, manche haben nur Strom, wenn der Generator läuft, das Wasser kommt aus Brunnen und schmeckt zuweilen etwas salzig. Viel Nachtleben sollte man nicht erwarten, Strandbars oder Kneipen sind die Ausnahme, Bier und Alkohol meist nicht erhältlich oder sehr teuer.

Sarawak und Sabah sind bislang keine echten Strandziele, die meisten Besucher wollen den Regenwald erleben, Langhaustouren unternehmen oder Tiere beobachten. Es gibt Orte, in denen man sich nach Dschungeltreks herrlich entspannen kann. Bei Kuching liegt die Santubong-Halbinsel, am dortigen Damai-Strand gibt es drei internationale Hotels mit Gärten und Pools, das Meer ist sauber, wenn auch nicht klar, weil sich hier die großen Ströme des Landes ins Meer ergießen. Im Ölstädtchen Miri in Nord-Sarawak, dem Ausgangspunkt für Touren in den Gunung Mulu-Nationalpark und nach Bario, gibt es zwei schöne Strandhotels. Man kann zum Tauchen hinausfahren, es gibt schöne Riffs, allerdings ist die Sicht nicht so klar wie an der Ostküste der Halbinsel Malaysia.

In Sabah erstreckt sich vor der Küste von Kota Kinabalu der Tunku-Abdul-Rahman-Meeresnationalpark, auf drei der fünf Inseln stehen Unterkünfte zur Verfügung, die an Wochenenden ein beliebtes Ausflugsziel der Einheimischen sind. Rund um die Inseln kann man gut schnorcheln und tauchen. Ein Paradies für Taucher ist die Insel Sipadan im Süden von Sabah, mit einem phantastischen *drop off* und reichem Riffleben, allerdings sind auch die Preise mittlerweile himmlisch hoch.

Telefon und Telefax

Post und Telecom sind in Malaysia und Singapur getrennt, öffentliche Telefone gibt es reichlich, allerdings stellt man sie gern an belebten Straßenkreuzungen und anderen Lärmquellen auf. Es gibt in Malaysia zwei Systeme von Telefonkarten: Telecom Malaysia und Uniphone, es gibt Orte, in denen eine Gesellschaft das Monopol zu haben scheint, deshalb sollte man beide Karten dabeihaben, man kann sie in Läden und Restaurants kaufen. Mobiltelefonbesitzer können über den GSM-Service ihres europäischen Betreibers telefonieren oder sich bei den malaysischen Mobiltelefon-Gesellschaften sogenannte *prepaid cards* kaufen. Diese kann man als SIM-Karte in sein Handy stecken, man bekommt eine neue Nummer, unter der man auch angerufen werden kann, und kann zu den günstigeren Tarifen der malaysischen Gesellschaften telefonieren. Ortsgespräche in Malaysia sind sehr preiswert. Wenn als Vorwahl eine dreistellige Nummer angegeben ist, die mit 01 beginnt, handelt es sich um einen Mobiltelefonanschluß, diese Anrufe sind meist teurer als im Festnetz.

Internationale Ferngespräche kann man an den Telefonen mit dem Zeichen *IDD direct* selbst wählen. Man muß dafür Tel. 00, die Ländervorwahl, die Ortsnetzvorwahl und die Teilnehmernummer wählen, auch wenn an vielen Telefonen noch die alte internationale Zugangsnummer Tel. 007 angegeben ist.

Telefonnummern ändern sich in Malaysia schneller als die Druckerschwärze in den Telefonbüchern trocknet. Zu allem Überfluß werden in Kuala Lumpur, Penang und im Klang Valley seit 2001 alle Telefonnummern von sieben auf acht Stellen umgestellt. In den Telefonbüchern findet sich eine Liste der *pre-fixe* der alten Nummern mit den *pre-fixen* der neuen Nummern – wenn das zu kompliziert ist, kann nur die Auskunft helfen (aber auch nicht immer!), Tel. 1050.

Von Malaysia nach Deutschland
Tel. 0049 – Ortsvorwahl ohne 0 – Teilnehmernummer
Von Malaysia nach Österreich
Tel. 0043 – Ortsvorwahl ohne 0 – Teilnehmernummer

Von Malaysia in die Schweiz
Tel. 0041 – Ortsvorwahl ohne 0 – Teilnehmernummer

Von Deutschland, Österreich und der Schweiz nach Malaysia
Tel. 0060 – Ortsvorwahl ohne 0 – Teilnehmernummer

Von Deutschland, Österreich und der Schweiz nach Brunei
Tel. 0673 – Ortsvorwahl ohne 0 – Teilnehmernummer

Von Malaysia nach Singapur
Tel. 02 oder 065 – Teilnehmernummer

In Singapur kosten Ortsgespräche für fünf Minuten 50 Cent, von privaten Anschlüssen sind sie kostenlos, auch am Flughafen Changi stehen gebührenfreie Telefone zur Verfügung. Ferngespräche kann man von den *Home country direct*-Telefonen führen. Der internationale Zugangscode ist Tel. 001, danach wählt man die Ortsnetzvorwahl ohne 0 usw.

Von Singapur nach Deutschland
Tel. 00149 – Ortsvorwahl ohne 0 – Teilnehmernummer

Von Singapur nach Österreich
Tel. 00143 – Ortsvorwahl ohne 0 – Teilnehmernummer

Von Singapur in die Schweiz
Tel. 00141 – Ortsvorwahl ohne 0 – Teilnehmernummer

Von Deutschland, Österreich und der Schweiz nach Singapur
Tel. 0065 – Teilnehmernummer

Von Singapur nach Malaysia
Tel. 02 – Ortsvorwahl mit 0 Teilnehmernummer

Von Deutschland, Österreich und der Schweiz nach Brunei:
Tel. 00672-2 und Teilnehmernummer

Toiletten

Öffentliche Toiletten in Malaysia sind oft in einem erbärmlichen Zustand, in Singapur dagegen ist ihre Sauberkeit Gesetz. In Malaysia findet man in allen größeren Hotels westliche Sitztoiletten und Toilettenpapier, auf dem Lande gibt es Hock-Klos und statt Toilettenpapier einen Eimer mit Wasser für die linke Hand. In entlegenen Gebieten dienen Flüsse und Bäche als Badezimmer, stromaufwärts wird Wasser zum Kochen geholt und gespült, weiter unten badet man und wieder einige Meter weiter kann man sich erleichtern.

Trinkgeld

Trinkgelder werden außer in Fünf-Sterne-Etablissements nicht erwartet, obwohl man sich über ein paar Münzen extra freut. In Restaurants werden meistens 5 bis 10 % *service tax* aufgeschlagen, die Einheimischen lassen oft das Kleingeld liegen. Taxifahrer verdienen in Kuala Lumpur wegen der extrem niedrigen Tarife sehr wenig und sind dankbar, wenn man den Betrag aufrundet.

Unterkunft

Die Kosten für Unterkünfte sind in Malaysia, Singapur und Brunei im Vergleich zu anderen südostasiatischen Ländern höher. Es ist aber immer noch leicht, ein günstiges Zimmer zu finden, das Angebot ist in den letzten Jahren erheblich gestiegen.

Besonders auf höherem Ausstattungsniveau übersteigt das Angebot oft die Nachfrage, Spitzenhotels locken in der Nebensaison mit attraktiven Sonderangeboten.

In allen drei Ländern werden die Hotelpreise in der Landeswährung berechnet, auch die internationalen Hotelketten dürfen keine US-Dollar in Rechnung stellen. Die Preise gelten für ein Zimmer, nicht für eine Person.

Ein grundlegendes Problem in Malaysia ist die Instandhaltung von bestehenden Unterkünften. Ursprünglich saubere und ansprechende Hotels und Ferienanlagen sind schon nach kurzer Zeit abgewohnt und muffig, was zum einen am tropisch-feuchten Klima liegt, zum anderen leider einfach am Desinteresse der Besitzer. Zum Glück werden in nahezu allen Urlaubsorten des Landes ständig neue Unterkünfte gebaut oder – wenn sie denn ganz heruntergekommen sind – von Grund auf renoviert.

Ein Verzeichnis aller Unterkünfte mit Links zu den jeweiligen Adressen erhält man unter www.tourism.gov.my. Die *website* www.asia-hotels.com listet Mittelklassehotels in ganz Asien auf, für Malaysia findet sich eine ganze Reihe guter Hotels mit kurzen Beschreibungen, Meinungen von anderen Gästen und Nachlässen bei Internet-Buchung, die jedoch in US-Dollar abgewickelt wird.

■ Dormitory

Die billigste Form der Unterkunft ist das *dormitory* (Schlafsaal), meist getrenntgeschlechtlich, in den Zentren der Rucksacktouristen (z. B. Penang, Cherating, Tioman, Cameron Highlands) auch gemischt. Ein Schlafsaalbett kostet zwischen 3 und 5 € pro Nacht.

■ Guesthouses

Einfache *guesthouses* und Hotels bieten in den Städten kleine Zimmer mit Etagentoilette an, die Wände bestehen meist nur aus Sperrholzplatten und reichen manchmal nicht bis zur Decke, was sowohl die Ventilation als auch die Schallübertragung begünstigt. Es gibt freundliche, saubere Häuser mit Gemeinschaftsräumen, in denen man Reisetips austauschen, Tee kochen und Tickets buchen kann, aber auch finstere Löcher, einige wenige fungieren auch als Bordell. Ein Doppelzimmer kostet zwischen 5 und 10 €, wenn ausnahmsweise ein eigenes Bad vorhanden ist zwischen 8 und 20 €.

■ Mittelklassehotels

bieten hinsichtlich Sauberkeit und Ruhe nicht unbedingt Vorteile gegenüber gut geführten Gästehäusern. Die Zimmer haben in der Regel ein eigenes Bad und eine Klimaanlage, manche auch Fernsehen, einen kleinen Kühlschrank und als Zeichen besonderer Exklusivität Teppichboden. Ein Doppelzimmer kostet je nach Ausstattungsklasse 25 bis 40 €.

■ Government-Resthouses

Die *Government-Resthouses (Rumah Rehat)* in Malaysia stehen auch Normalsterblichen zur Verfügung und sind an manchen Orten die einzigen Unterkünfte. Sie sind an private Unternehmer verpachtet und variieren stark hinsichtlich Hygiene und Komfort. Da es sich bei diesen Häusern oft um die alten Gästehäuser der Kolonialregierung handelt, liegen viele an strategisch günstigen Orten, auf Hügelkuppen oder an Flüssen mit Aussicht.

■ Luxushotels

In den Hauptorten und den Touristenzentren gibt es Hotels in gehobener Ausstattung und Fünf-Sterne-Resorts internationaler Ketten. Die Zimmer haben meist Satellitenfernsehen, Klimaanlage, Minibar und Telefon. In den Badeorten gibt es Resort-Anlagen in Gärten mit Zimmern oder Bungalows im einheimischen Baustil mit viel Holz und Naturmaterialien. Die Preise für diesen Luxus sind in Malaysia relativ moderat, vor allem, weil hier in Landeswährung berechnet wird. Zwischen 80 und 150 € werden in der Regel verlangt, für Extras wie eine Privat-Villa mit eigenem Pool können es auch bis zu 350 € sein.

Verhalten als Tourist

Niemand erwartet von Touristen, daß sie alle Regeln und Tabus kennen. Mit den auch im Westen bekannten Tugenden Höflichkeit, Bescheidenheit, Zurückhaltung,

Geduld kann man schon viele Hürden nehmen. Wer trotz aller Vorsicht doch einmal ins Fettnäpfchen tritt, wird meist freundlich und mit einem Lächeln darauf hingewiesen. Die asiatische Zurückhaltung sollte aber kein Freifahrtschein für ungehobeltes Benehmen sein, und die Achtung lokaler Sitten fördert auch den Kontakt mit den Einheimischen.

Die wichtigste Regel ist, niemals in der Öffentlichkeit die Fassung zu verlieren, oder um es asiatisch auszudrücken: das Gesicht zu verlieren. Wutausbrüche, auch leisere, sehr konfrontative Gespräche sind unüblich. Das Zeigen mit dem Finger, Arme in die Hüfte stemmen, arrogante Haltung ganz generell sollten vermieden werden. Auch wenn bestimmte Umweltproblematiken oder politische Umstände kritikwürdig scheinen, kommt es nicht gut an, wenn sich Reisende negativ äußern. Asiaten vermeiden es, unangenehme Dinge beim Namen zu nennen. Auch mit berechtigten Beschwerden kommt man besser durch, wenn man sie gelassen und lächelnd vorträgt.

Ein deutliches Wort ist ebenso unüblich wie ein deutliches »ja« oder »nein«. Besonders negative Antworten werden ungern gegeben, bevor es etwas »nicht« gibt, sagt man lieber, daß es etwas »noch nicht« oder »vielleicht später« gibt. Einheimische werden erschöpften Wanderern nicht verraten, daß der Weg noch sehr weit ist, noch dazu sind Längen- und Zeitangaben besonders auf dem Lande Gegenstand sehr individueller Einschätzung.

Obwohl Malaysia kein strikt muslimisches Land ist, gibt es einige Verhaltensweisen, die inakzeptabel sind. Man sieht zwar häufig junge Männer Arm-in-Arm flanieren, unter Männern und Frauen ist enger Kontakt oder gar Küssen in der Öffentlichkeit tabu. Auch westliche Paare sollten sich daran halten. Nackt- oder Oben-ohne Baden ist unmöglich, abseits der Strände sollte man nicht in Shorts und nabelfreien Hemdchen herumlaufen. In den asiatischen Gesellschaften gilt der Grundsatz »Kleider machen Leute«, besonders in den Städten ist man auf ein adrettes Erscheinungsbild bedacht.

Das Berühren des Kopfes ist nur im familiären Kreise üblich, fremden Kindern sollte man nicht über den Kopf streichen. Die linke Hand gilt als unrein, weil sie bei der Toilette benutzt wird, beim Essen, Entgegenehmen und Reichen von Gegenständen oder Geld immer die rechte Hand benutzen. Während des Ramadan sollte man es den Fastenden nicht schwer machen und in ihrer Gegenwart auf Schlemmereien verzichten.

In Häusern von Malaien und in Langhäusern zieht man die Schuhe aus, hier sitzt man meist auf Matten oder Kissen auf dem Fußboden. Männer mit gekreuzten Beinen, Frauen mit seitwärts untergeschlagenen, was man bei der Wahl der Kleidung bedenken sollte, ein Minirock ist ungünstig. Ist man bei Einheimischen eingeladen, kann man ruhig ein paar Minuten nach der angegebenen Zeit erscheinen, sonst wirkt man nach lokaler Auffassung gierig.

Kleine Geschenke für die Gastgeber und besonders für die Kinder sind immer willkommen: exotisches Obst (in Malaysia sind das Äpfel, Birnen, Apfelsinen, Weintrauben oder gar Erdbeeren), Süßigkeiten und Blumen sind passend. In Langhäusern sind viele kleine, praktische Dinge angemessen, weil sie unter den Bewohnern aufgeteilt werden können. Mal- und Bilderbücher, Buntstifte, Haarschmuck, Batterien, Filterzigaretten und haltbare Lebensmittel sind beliebt. Auf den Genuß von Alkohol sollte man angesichts oft vorhandener religiöser Bedenken – oder ausreichender eigener Bestände – verzichten.

Zeitzonen

In Malaysia und Singapur gilt eine einheitliche Zone, die Zeitverschiebung zur Mitteleuropäischen Zeit beträgt sieben Stunden, während der Sommerzeit in Europa nur sechs Stunden.

Sprachführer

Die malaysische Sprache war und ist in ihrer vereinfachten Form des *Melayu Pasar,* Markt-Malaysisch.

Obwohl man in Malaysia und Singapur selten Probleme haben wird, sich auf Englisch zu verständigen, sind schon ein paar Wörter in der Landessprache eine sympathische Geste gegenüber den Einheimischen.

Die einfache Grammatik begünstigt schnelle Lernerfolge, noch dazu ähnelt die Aussprache sehr dem Deutschen.

Ausspracheregeln

a	wie im Deutschen, am Ende eines Wortes als stumpfes e wie in Schule, *saya* (ich) wird gesprochen saye
e	kurz gesprochen wie in essen, meistens verschluckt, *selemat* (sicher, Begrüßungsfloskel) wird gesprochen slamat
i, o, u	wie im Deutschen
c	wie tsch, *cinta* (Liebe) wird gesprochen tschinta
j	wie dsch, *belajar* (lernen) wird gesprochen beladschar
k	im Wort wie im Deutschen, am Wortende verschluckt, *anak* (Kind) wird gesprochen ana'
w	weich wie im Englischen *water*
y	wie das deutsche j
z	wie das deutsche s
gh, kh	in Wörtern arab. Herkunft wie das deutsche ch in ach
ng	weicher als im Deutschen
ny	wie das deutsche nj
sy	wie das deutsche sch
f, h, r, s	wie im Deutschen

Begrüßung und Höflichkeitsformen

Herzlich willkommen	Selamat datang
Guten Morgen	Selamat pagi
Guten Tag	Selamat tengahari
Guten Abend	Selemat petang
Gute Nacht	Selamat malam
Dankeschön	Terimah kasih
Bitteschön	Sama-sama
Entschuldigung	Minta ma'af
Keine Ursache	Tidak apa apa
Wie geht es?	Apa khabar?
Danke, gut!	Baik-baik, terimah kasih!
Auf Wiedersehen	Selamat tinggal (sagt derjenige, der geht) Selamat jalan (sagt derjenige, der bleibt)
Bis bald	Sampai jumpa lagi
Woher kommen Sie?	Darimana anda?
Ich komme aus ...	Saya dari negeri
Deutschland/	jerman
Österreich/	austria
der Schweiz	swiss

Fragen

Gibt es ...?	Ada ...?
Wer?	Siapa?
Wie?	Bagaimana? Mana?
Was?	Apa?
Warum?	Kenapa?
Wann (Gelegenheit)?	Bila?
Wann (Zeit)?	Waktu mana?
Wieviel?	Berapa?
Wo? Wohin?	Di mana? Ke mana?
Woher?	Dari mana?

Nützliche Adjektive und Verben

Billig/teuer	Murah/mahal
Groß/klein	Besar/kecil
Heiß/kalt	Panas/sejuk
Geöffnet/ geschlossen	Buka/tutup
Rot/blau	merah/biru/
Gelb/grün	kuning/hijau/
Weiß/schwarz/	putih/hitam
Gehen/sitzen	pergi/duduk
Kaufen/verkaufen	beli/jual
Schlafen/arbeiten	tidur/kerja
Essen/kochen	makan/masak
Sprechen/sehen	cakap/lihat
Beginnen/ beenden	mula/sudah
Hereinkommen/ hinausgehen	masuk/keluar
Schwimmen/baden	renang/mandi
mögen/ nicht mögen	suka/tidak suka
Kennen/ nicht kennen	tahu/tidak tahu
Können/ nicht können	boleh/tidak boleh

Zahlen

0	kosong
1	satu
2	dua
3	tiga
4	empat
5	lima
6	enam
7	tujuh
8	lapan
9	sembilan
10	sepuluh
11	sebelas
12	duabelas
20	dua puluh
21	dua puluh satu
100	seratus
110	seratus sepuluh
500	lima ratus
1000	seribu
2000	dua ribu
10 000	sepuluh ribu

Pronomen

Ich	Saya, aku
Du	anda, kamu, awak
Er, sie, es	dia
	kita (inkl. dem Angesprochenen)
Wir	kami (exkl. dem Angesprochenen)
Sie	mereka

Zeit

Stunde/Minute	jam/minit
Wie spät ist es?	Pukul berapa?
Es ist 3 Uhr.	Pukul tiga.
Tag/Woche	hari/minggu
Monat/Jahr	bulan/tahun
im Moment	sekarang
heute	hari ini
morgen	esok
gestern	kelmarin
letzte Woche	minggu lalu
nächste Woche	minggu depan
Mo/Di	Isnin/Selasa
Mi/Do	Rabu/Khamis
Fr/Sa	Jumaat/Sabtu
So	Ahad

Unterwegs

Berg/Hügel	gunung/bukit
Meer/See	laut/tasik
Fluß/Strom	sungai/batang
Insel/Strand	pulau/pantai
Bucht/Kap	teluk/tanjung
Wald/Reisfeld	hutan/padi
Höhle/Wasserfall	gua/air terjun
Straße/Weg	jalan/lorong
links/rechts	kiri/kanan
geradeaus	terus
herunter	turun
weit/nah	jauh/dekat
Norden/Süden	utara/selatan
Westen/Osten	barat/timur
Stadt/Dorf	bandar/kampung
Bus/Flugzeug	bas/kapal terbang
Boot	kapal
Zug/Bahnhof	keretapi/stesyen
Schiff/Hafen	kapal laut/labuan

Fahrkarte/Sitzplatz	tiket/tempat duduk
Wie weit ist es bis ...?	Berapa jauh ke ...?
Wo ist ...?	Di mana ada ...?
Stopp/Ich möchte aussteigen.	Kiri/Saya mau turun di sini.
Hotel	hotel
Unterkunft	rumah tumpangan
Zimmer/-	bilik
Badezimmer-	bilik mandi
Tür/Schlüssel	pintu/kunci
Bett	tempat tidur
Decke	kain selimut
Kissen	bantal
frei/belegt	kosong/penuh
Haben Sie ein freies Zimmer?	Ada bilik kosong?
Wieviel kostet das Zimmer?	Berapa harga untuk bilik ini?
Ich reise morgen ab.	Saya berangkat esok.

Vokabular rund ums Auto

awas	Achtung
ikut kiri	links halten
berhenti	Stopp
kurangkan laju	langsam Fahren
utara	Norden
selatan	Süden
timur	Osten
barat	Westen
lencongan	Umleitung
simpang	Ausfahrt
beri laluan	Vorfahrt gewähren
had laju	Geschwindigkeits-begrenzung
jalan sehala	Einbahnstraße
lebuhraya	Autobahn
jalan rosak	Straßenschäden
orang berkerja dihadapan	Vorsicht, Bauarbeiten
pusat bandar/bandaraya	Stadtzentrum
dilarang melatak kereta	Parkverbot
dilarang memotong	nicht überholen

Gesundheit

Kopf/Auge	kepala/mata
Mund/Zahn	mulut/gigi
Hals/Nase	leher/hidung
Ohr	telinga
Körper/Haut	badan/kulit
Bein/Arm/Gelenk	kaki/lengan/sendi
Knochen	tulang
krank/gesund	sakit/sihat
Knochenbruch	patah tulang
Verletzung	luka
Durchfall/Übelkeit	cirit/rasa mual
Fieber	demam
Arzt	doktor
Zahnarzt	doktor gigi
Krankenhaus	rumah sakit (klinik)
Blut/beißen	darah/menggigit
Schlange	ular
Medizin/Rezept	ubat/surat ubat
Apotheke	farmasi

Speisen und Getränke

Viele Speisekarten in Malaysia und Singapur sind auf Englisch geschrieben.

Getränke

air minum	Trinkwasser
kopi/teh kosong	Kaffee/Tee ohne Milch und Zucker
kopi/teh-O	Kaffee/Tee mit Zucker
kopi/teh susu	Kaffee/Tee mit gesüßter Kondensmilch
ais	mit Eiswürfeln
lassi	indisches Joghurtgetränk
teh ais limau	Eistee mit Limone
ais limau	Limonensaft mit Eis
air buah buahan/jus	Fruchtsaft
teh tarik	›gezogener‹ Tee mit gesüßter Kondensmilch

Gewürze, Geschmack und Zubereitungsarten

pedas	scharf
panas	heiß
sejuk	kalt
goreng	gebraten

manis	süß
assam	sauer
gula	Zucker
garam	Salz
sambal	scharfe Chilipaste
belacan	Paste aus fermentierten Krabben
ikan bilis	winzige Sardellen, getrocknet und gesalzen
kari/gulai	würzige Curry-Gerichte

Fleisch, Fisch und Meeresfrüchte

ayam	Huhn
daging	Rindfleisch
babi	Schweinefleisch
kambing	Lammfleisch
ikan	Fisch
sotong	Tintenfisch
ketam	Salz- oder Süßwasserkrebse
udang	Krabben
telur	Ei
tahu	Tofu

Gemüse

sayur	Gemüse allgemein
kangkung	Blattgemüse, ähnlich Spinat
pakul midin	wilde Farnarten, Spezialität in Sarawak
daal	Linsen
kacang	Bohnen
kobis	Kohl
kentang	Kartoffeln
kentang goreng	Pommes frites
yam	Süßkartoffel

Reis- und Nudelgerichte

nasi	Reis
nasi putih	weißer gekochter Reis
nasi goreng	gebratener Reis, mit Gewürzen, Gemüse und Fleisch
nasi biryani	indischer Basmati-Reis mit Gewürzen
nasi lemak	in Kokosmilch gekochter Reis mit Beilagen
mee	runde Nudeln, ähnlich Spaghetti
mee hun	dünne Nudeln aus Reismehl
kway teow	Bandnudeln
wan tan mee	mit Fleisch gefüllte Nudeln in Brühe
foochow noodles	Nudeln in Sojasoße mit Lauchzwiebeln und Fisch
hokkien fried mee	gelbe Nudeln mit Fleisch, Krabben und Gemüse
char kway teow	gebratene Bandnudeln mit Fisch, Eiern, Gemüse, Chili
laksa	Nudeln, Sojakeime, Krabben, Lauchzwiebeln in einer scharfen Kokosmilchsuppe

Malaiische Gerichte

ayam percik	über Holzkohle gegrilltes, mariniertes Hähnchen
gado gado	Salat aus gedämpftem Gemüse, mit Erdnußsoße
krupok	Chips aus Krabben- oder Fischmehl
otak otak	in Bananenblatt gebackener Fisch-Reis-Kokos-Mix
popiah	Frühlingsrolle
rendang	scharfes Curry mit Fleisch, Ingwer und Kokosmilch
rojak	Salat u.a. aus Gemüse und Obst, mit süßsaurer Soße
saté	Fleischspießchen über Holzkohle gegrillt, mit Erdnußsoße

Indische Gerichte

kari kepala ikan	Fischkopf-Curry
kurma	mild gewürztes Curry-Gericht
murtabak	mit Eiern, Zwiebeln und Fleisch gefüllter Pfannkuchen

roti canai/prata	pfannkuchenartiges Brot aus blättrigem Teig
roti chapati	knuspriges und dünnes Brot
roti naan	im Tandoori-Ofen gebackenes Hefebrot
roti tosai	luftiges pfannengebackenes Brot
tandoori	marinierte Hühnchen, im Tandoori-Ofen gebacken

Chinesische Gerichte

congee	Reisbreisüppchen, chinesisches Frühstück
dim sum	mit Fleisch, Krabben und Tofu gefüllte Teigtaschen
nasi ayam	in Hühnerbrühe gekochter Reis mit Hühnchenfleisch
pau	Hefeklößchen, Füllung aus Bohnen und Fleisch
pah kut teh	Schweinsrippchen mit Sojasoße
bird's nest soup	kleine Nester aus dem Speichel von Seeschwalben in klarer Brühe
steamboat	Gemüse, Fleisch, Fisch und Nudeln werden in Brühe am Tisch gegart

Süße Nachspeisen

ais kacang	geraspeltes Eis mit Sirup, Wackelpudding, süßem Mais, roten Bohnen
cendol	grüngefärbte Reismehlnudeln in Kokosmilch mit Sirup
kueh	bunt gefärbte Küchlein aus Klebreis und Kokos
pisang goreng	in Teig fritierte Banane

Obst

betik	Papaya
chiku	sieht aus wie eine Mischung aus Kartoffel und Kiwi, schmeckt zimtig
durian	›Stinkfrucht‹, unter der stachligen Schale käsig riechendes Fleisch, nie zusammen mit Alkohol genießen
guava	grün, apfelgroß, festes Fleisch mit viel Vitamin C
jambu	Rosenapfel, Fruchtfleisch wie Apfel, nur wäßriger
kelapa	Kokosnuß
limau	Zitrusfrüchte allgemein, *limau manis* – Orangen, *limau assam* – Limone
longan	gelblich, kirschgroß und litschi-artig
mango	Mango, süß und lecker
mangosteen	dunkelrote Schale, säuerlich-erfrischendes Fleisch
nanas	Ananas
nangka	Jackfruit, riesige Frucht, innen festes, gelbes Fruchtfleisch
pisang	Banane
pomelo	riesige Pampelmuse, etwas trokkeneres Fleisch
rambutan	(*Rambut*-Haar), sieht aus wie eine rote Kastanie, innen süßes Fleisch
salak	Schlangenfrucht, braune, schuppige Schale, geschmacklich ein Mix aus Apfel und Nuß

Abbildungsnachweis

Felipe J. Alcoceba / Bilderberg, Hamburg: Titelbild

Joseph Jacobs, Adelaide: Rückseite, S. 3 oben, unten, 6 oben, 7unten, 8, 21, 25, 39, 42, 49, 50/51, 53, 60, 65, 67, 68, 71, 75, 80/81, 86, 88, 100/01, 103, 106, 108/09, 113, 118, 128/29, 132, 135, 138, 145, 160/61, 163, 182, 195, 198, 206/07, 216, 222, 228, 246

Volkmar E. Janicke, München: hintere Umschlagklappe S. 5 unten, 7 oben, 23, 58, 72/73, 77 Mitte 84, 117, 122, 151, 154, 171, 173, 177, 180/81, 192, 193, 211, 232/33, 234/35, 237, 240/41, 251, 254, 258, 260

Gerald Nowak, Fürstenfeldbruck: S. 2 oben, 9, 27, 230/31

Marco Paoluzzzo, Nidau: S. 30, 44, 78/79, 95, 98, 149

G. P. Reichelt / White Star, Hamburg: S. 2 unten, 12, 37, 48, 54/55, 77 oben, unten, 110, 114, 124, 156/57, 164, 174/75, 194, 203, 242/43, 250, 262

Susanne Reichenberg, Kuala Lumpur: S. 4 unten, 5 oben, 47, 66, 169, 184, 214, 252

Horst Schmeck, Köln: S. 6 unten, 33, 245

Arnold Späing, München: S. 4 oben, 11, 14/15, 17, 93, 140, 147, 188/89, 204, 221, 227

Karten und Pläne

Berndtson & Berndtson Productions GmbH, Fürstenfeldbruck

Register

Personenregister

Ortsregister

DUMONT

Richtig Reisen

»Den äußerst attraktiven Mittelweg zwischen kunsthistorisch orientiertem Sightseeing und touristischem Freilauf geht die inzwischen sehr umfangreich gewordene, blendend bebilderte Reihe ›Richtig Reisen‹. Die Bücher haben fast schon Bildbandqualität, sind nicht nur zum Nachschlagen, sondern auch zum Durchlesen konzipiert. Meist vorbildlich der Versuch, auch jenseits der ›Drei-Sterne-Attraktionen‹ auf versteckte Sehenswürdigkeiten hinzuweisen, die zum eigenständigen Entdecken abseits der ausgetrampelten Touristenpfade anregen.«
Abendzeitung, München

»Die Richtig Reisen-Bände gehören zur Grundausstattung für alle Entdeckungsreisenden.«
Ruhr-Nachrichten

Weitere Informationen über die Titel der Reihe DUMONT Richtig Reisen erhalten Sie bei Ihrem Buchhändler oder beim
DUMONT Reiseverlag • Postfach 10 10 45 • 50450 Köln • www.dumontreise.de

Titelbild: Bootstour zu einer Insel
Umschlaginnenklappe: Moschee in Georgetown auf Pulau Penang
Umschlagrückseite: Bajau, ›Seezigeuner‹, in Sabah

Über die Autorin: Susanne Reichenberg, geboren 1965, ist Kunsthistorikerin und war mehrere Jahre in einem Verlag tätig. Seit Jahren reist sie durch Südostasien, zwei Jahre lebte und arbeitete sie in Kuala Lumpur.

1000 Dank an meine Eltern
Susanne Reichenberg

2., aktualisierte Auflage 2002

Satz und Druck: Rasch, Bramsche
Buchbinderische Verarbeitung: Bramscher Buchbinder Betriebe

Printed in Germany 3-7701-4360-4